L'ARRONDISSEMENT DE NYONS

L'ARRONDISSEMENT
DE
NYONS
Histoire — Topographie — Statistique

PAR

A. LACROIX

Archiviste de la Drôme, Secrétaire de la Société
d'archéologie du département, officier de l'Instruction publique
et correspondant du Ministère pour les travaux historiques.

(Publié dans le Bulletin de la Société d'archéologie de la Drôme).

TOME Ier

VALENCE
IMPRIMERIE JULES CÉAS ET FILS

1888

L'ARRONDISSEMENT DE NYONS

HISTOIRE, GÉOGRAPHIE, STATISTIQUE.

Le bienveillant accueil fait à mes études sur l'arrondissement de Montélimar et le concours de la *Société d'archéologie* à leur publication me font un devoir de consacrer à son *Bulletin* un semblable travail sur une autre circonscription de la Drôme.

Celle de Nyons a mérité la préférence uniquement à cause du classement à peu près complet de ses archives communales.

L'arrondissement est du reste peu connu et fort pittoresque.

Formé des anciennes baronnies de Mévouillon et de Montauban, il renferme en 4 cantons et 74 communes une population de 32,796 habitants, pour 111,674 hectares de contenance imposable, dont 66,487 en rochers, en landes et d'une exploitation difficile [1]. Si des montagnes le couvrent à peu près en entier, l'olivier croît et prospère sur les flancs abrités de quelques-unes ; sur d'autres, c'est le châtaignier ; quant à la vigne, le phylloxéra l'a détruite partout : elle y occupait en 1835 jusqu'à 3,820 hectares.

Le tableau suivant donnera une idée des ressources agricoles de l'arrondissement.

---

[1] Le recensement de 1872 accusait 33,109 habitants ; celui de 1877 présente un déficit de 313.

Bois de l'État	87	hectares.
Bois des communes.	6,156	—
Bois des particuliers	21,590	—
Terres labourables, jardins. . .	39,491	—
Prairies	1,340	—
Chemins, rivières.	3,965	—
Terres incultes	1,625	—
Maisons et édifices publics . . .	153	—

Outre l'olivier et le châtaignier, le noyer prospère en quelques endroits, le mûrier et les arbres à fruits aussi.

Les céréales y sont peu abondantes, mais d'excellente qualité.

Faute de routes praticables, ses bois restaient naguère invendus; mais aujourd'hui, sauf dans trois ou quatre communes, les voitures circulent aisément sur tout le territoire et y rendent facile la vente de tous ses produits.

Les rivières de cet arrondissement sont, de l'est à l'ouest : l'Ouvèze, le Thoulourenc et l'Eygues, et de l'ouest à l'est : le Jabron et la Meuge.

L'OUVÈZE, affluent du Rhône avec la Sorgue, prend sa source à Montauban et reçoit : à droite, le ruisseau des *Aspirants*, vers Pierrelongue, et *Aigues Marses*, vers Mollans; à gauche, la rivière des *Gastauds*, venue de Plaisians, le *Menon*, près du Buis, et la *Gresse* ou *Charasse*, à Saint-Auban.

D'Aulan, le THOULOURENC se dirige sur Montbrun par un val pittoresque, passe à Reilhanette et coule ensuite dans le département de Vaucluse, au pied du mont Ventoux, pour rejoindre l'Ouvèze, près de Mollans.

Quant à l'EYGUES, sorti des bois de Laux-Montaux, entre Villebois et Chauvac, il a pour tributaires principaux : à droite, l'*Oule*, près de Remuzat; la *Thune*, près Villeperdrix; le *Bentrix*, près Condorcet; l'*Aubres*, au pied du village de même nom; le *Corrianson* et la *Sauve*, près de Venterol et Vinsobres; à gauche, le *Rieusset* et la *Gaude*, vers Mirabel; la *Bordette*, près des Pilles; l'*Ennuie*, près de Curnier, et le *Merderic*, vers Sahune.

Le JABRON, affluent de la Durance, n'arrose dans la Drôme que la seule commune de Montfroc, où il forme une cascade de 36 mètres au rocher des Baumes.

Quant à la MEUGE ou MÉAUGE, qui prend sa source à Barret-de-Lioure et baigne les murs de Séderon, elle se grossit des eaux du ruisseau de *Villefranche*, de celui d'*Izon*, au-dessous d'Eygalayes, et de la *Lauzanche*, vers Lachau.

Les bassins de ces rivières et torrents forment autant de vallées généralement étroites ou de vals profonds, resserrés parfois entre de hauts rochers de façon à représenter de curieux défilés, comme à Aulan, à Valouse et à Saint-May.

Les vallées de la Meuge, de l'Ouvèze et de l'Eygues sont les plus belles et les plus fertiles. Des montagnes parallèles, coupées, rondes, coniques, de toutes formes leur servent d'abris contre les vents ou leur en procurent même de topiques, comme le *Pontias*, à Nyons, et la *Vésine*, aux Pilles.

Pour s'expliquer la configuration de l'arrondissement, il faut supposer une surface couverte par les eaux de la mer aux époques géologiques et brusquement bouleversée par des soulèvements et des affaissements simultanés ou successifs.

Les courants formés creusent les vallées et les vals selon leur degré de violence et la nature friable du sol, et les rochers seuls restent debout, isolés ou en groupes, placés en lignes droites, courbes ou brisées.

M. Lory pense que la structure de ce pays résulte uniquement de l'intensité et de la multiplicité des dislocations qui ont fait surgir le terrain jurassique à travers de larges ruptures des terrains crétacés, et de la grande étendue des dénudations que ceux-ci ont éprouvées ensuite et qui n'ont laissé subsister que des lambeaux de terrain néocomien, des lambeaux encore moins nombreux de marnes aptiennes, enfin de rares et minimes témoins du groupe de la craie.

Un sol aussi tourmenté et aussi facile à défendre que celui des Baronnies dut être habité de bonne heure par des tribus pastorales, sur lesquelles on manque de détails.

On n'est pas mieux fixé sur l'histoire des peuplades contemporaines des Vocontiens, ni même des Romains, et l'histoire de chaque localité commencera souvent en plein moyen-âge.

A quoi bon s'appesantir sur l'homme préhistorique, dont les mœurs et les vicissitudes nous sont uniquement indiquées par des hachettes, des couteaux ou des pointes de flèches en serpentine ou en silex ?

Ces hommes à demi-sauvages habitaient sans doute les cavernes de Pommerol, les plus célèbres de la contrée, ou les cols de Perty, de Peyruech, etc., et la tradition les a confondus avec les Sarrasins, refoulés vers les Alpes par Charles-Martel.

Avant la construction des châteaux forts, que la féodalité multiplia dans cette région, les renseignements historiques sont excessivement rares.

Depuis cette époque, les lacunes sont encore fort importantes; mais il y a quelque utilité à tirer parti des documents conservés soit pour intéresser l'étranger, soit pour raviver le souvenir des aïeux, soit enfin pour apprendre aux générations futures les étapes de la civilisation.

ARPAVON.

Lou Pavou, en patois, et *Arpao*, en latin, signifie le Paon, et la raison de cette étymologie n'est pas plus facile à expliquer que celle de Villeperdrix, dans son voisinage.

Le premier seigneur avait-il un paon dans ses armes, ou bien avait-il introduit ce roi des oiseaux dans la contrée ? Mystère. Toujours est-il qu'à Sainte-Jalle, non loin de là, vers l'est, le tympan d'une vieille église romane le représente à côté de musiciens et d'autres personnages grossièrement sculptés.

Le village, à 15 kilomètres est de Nyons, son chef-lieu de canton, et à 105 kilomètres de Valence, se trouve placé au sommet d'un coteau de 546 mètres d'élévation, que longe le chemin de grande communication N.º 14 de Nyons à Sisteron et que baignent au midi l'Ennuie et au nord le Rieu-des-Combes.

Les eaux pluviales ont à la longue porté dans les deux rivières une partie de la terre arable de ce coteau. La vallée de l'Ennuie est étroite et ravagée par la rivière. Le versant nord de la montagne de Rochebrune, en face d'Arpavon, offre plutôt des pâturages que des bois, et la seule partie de la commune vraiment fertile, à cause des nombreuses sources qui l'arrosent, occupe le versant méridional des montagnes de Sahune et de Montréal, de plus de 900 mètres d'élévation : là croissent l'olivier et les arbres à fruits.

Arpavon présente, en somme, deux vallées, un coteau et ses deux versants entre deux rivières, puis, au delà du Rieu-des-Combes, le flanc méridional des montagnes de Montréal, et, au delà de l'Ennuie, le revers septentrional de la montagne de Rochebrune, sans parler du val de Gaudon, à la limite orientale de la commune.

En 1835 il y avait 52 hectares de bois communaux, 102 de bois particuliers, 491 de terres labourables, 89 de vignobles, 9 de prairies, 533 de pâturages, 52 de routes et rivières, 9 de terres incultes, 1 d'édifices publics; total 1,338 hectares, dont 1,286 imposables.

La maladie de la vigne et la dénudation constante du coteau principal ont amené, depuis 1835, des modifications assez sensibles, dont nous ignorons le chiffre exact.

Bâti en amphithéâtre au sommet du coteau et jadis ceint de murailles, le village était dominé par un château encore existant en 1518, mais détruit pendant les guerres civiles. Aujourd'hui ses deux portes et son enceinte ont disparu, et plusieurs de ses maisons ne présentent que des ruines. Rien n'indique dans l'ensemble de l'agglomération une prospérité excessive.

Relativement au site, il est monotone, la vue n'embrassant que des terrains peu boisés et la vallée de l'Ennuie.

Mais, du château, on voyait le frais versant des Combes et vers l'ouest, Curnier et les Pilles.

Placé là pour la défense, ce village aspire à se disperser, à cause des exigences de l'agriculture.

M. Mermoz, directeur des contributions directes de la Drôme, évaluait, en 1839, le revenu des propriétés bâties de la commune à 1,115 fr. et celui des propriétés rurales à 12,346, total 13,461 fr. Il doit y avoir peu de différence aujourd'hui, le cadastre n'ayant pas été refait depuis [1].

Les impôts de 1873 se décomposaient ainsi :

	fr.	c.
État	1,421	87
Département.	658	70
Commune	1,582	43
Non-valeurs.	66	18
Total	3,729	18

---

(1) Nouveau projet de répartition, in-4º.

Une autre preuve de l'état stationnaire de la commune se tire de l'état comparatif de sa population.

1789	300 âmes.	1851	337 âmes.
1811	448 [1] —	1861	342 —
1831	328 —	1872	280 —
1841	339 —	1877	272 —

Ces 272 habitants se répartissent ainsi : 42 ménages au chef-lieu de la commune et 143 âmes ; 25 ménages à Charraye, le Devès, les Viarards et le Peynier et 129 âmes.

Si l'on veut savoir maintenant à quelle époque se forma le village, la question n'est pas facile à résoudre, car pendant longtemps la contrée presque entière a dû être couverte de forêts, et ni l'homme préhistorique, ni le Vocontien, ni le Romain n'y ont laissé de traces connues de leur passage.

Il est probable toutefois qu'Arpavon ne remonte pas au delà de l'époque féodale, à cause de sa position élevée, et que ses premiers habitants étaient des serfs, attachés à l'exploitation des fermes de quelque famille puissante, qui s'affranchirent peu à peu, grâce aux mutations fréquentes des maîtres du fief.

Quoi qu'il en soit, leur condition, dans les derniers siècles, n'avait rien d'excessif.

Les d'Agout, originaires du Comtat-Venaissin et alliés avec les Isoard de Die, furent les premiers seigneurs historiques d'Arpavon.

Bertrand de Mison et Isnard d'Entrevennes, fils de Raymond d'Agout et d'Isoarde, vivaient en 1225 [2]. Hugues et Rostaing, seigneurs d'Urban (Vaucluse), et Pierre de Serman tenaient en 1233, à Arpavon et à Sainte-Jalle, des droits de Raymond d'Agout.

---

(1) Ce chiffre doit être approximatif seulement et exagéré.

(2) Collection de M. Morin-Pons, de Lyon. — Mison est près de Sisteron et Entrevennes près des Mées.

Sous Bertrand de Mison des difficultés y surgirent avec Arnaud de Sahune *(de Ansaduna)* et Pierre de Caderousse *(de Chadarossa)*, seigneur de Nyons en partie, fut choisi pour les terminer. Il décida qu'Arnaud livrerait à son rival ses biens et ses droits de Sainte-Jalle et que, désormais, ni lui ni les siens ne pourraient rien y acquérir ; mais qu'à son tour Bertrand lui céderait tous ses droits à Arpavon, sans pouvoir y exercer le moindre acte de propriétaire à l'avenir [1].

Cet Arnaud de Sahune ou d'Ancesune, sorti vraisemblablement de l'ancienne famille des ducs de Caderousse, avait, en 1202, acheté Sainte-Jalle, et Gertut, probablement son fils, en 1231, avait reçu par inféodation les droits de Raymond de Mévouillon sur Arpavon, Montréal, Eyroles, Curnier, Bâtie de Mars et Sahune, ce qui constituait une petite baronnie.

Les Mévouillon tiraient leur nom d'une terre située entre Saint-Auban et Séderon et leur puissance de quelque concession des empereurs d'Allemagne ou des souverains de Provence.

Ils gardèrent leur suprématie sur une partie de l'arrondissement et en particulier sur la baronnie de Sahune jusqu'à l'abandon de leurs terres aux Dauphins, vers la fin du XIIIe siècle, témoin les hommages d'Arnaud de Sahune en 1242 et en 1282 et de Jean en 1288 [2].

Ce dernier seigneur, qui avait épuisé ses finances, en 1330, par l'achat de Rochebrune, se trouvait six ans plus tard vieux, décrépit et sans postérité. Il abandonna au dauphin Humbert II ses terres d'Arpavon, Esparron, Montréal et Sahune, par une donation entre vifs, du consentement de Sara, sa femme. Le prince lui laissa les revenus d'Arpavon, comprenant 80 sétiers de blé de censes, 12 sétiers du moulin et 8 du four, total 100, 4 livres 16 deniers de censes et 6 livres produit des corvées, 140 bottes de foin, 35 sols du ban (amendes) et 14

---

(1) *Inventaire de la Chambre des comptes.*

(2) *Id., id.* et *Inventaire des Dauphins* de M. l'abbé Chevalier.

poules. Le tout représente un fort domaine d'aujourd'hui dans les mêmes contrées [1].

Une remarque importante ressort de l'examen de cet acte, c'est qu'il y avait alors dans la seigneurie 78 maisons, dont la moitié relevait de Guillaume du Saix et d'Hugonne, sa femme. Or, à 4 habitants dans chacune, la population aurait été de 312 âmes en 1336.

Jean de Sahune survécut peu à sa donation et le Dauphin, dont les coffres n'étaient pas toujours pleins, vendit Sahune, Arpavon et les dépendances de la baronnie à Raymond de Baux, prince d'Orange, le 10 novembre 1341.

Trente-sept ans plus tard le fief était saisi à Guillaume de Baux et adjugé au roi-dauphin [2].

Cependant, le 30 janvier 1390, Anne de Baux, fille de Guillaume et femme de Juet Rolland, obtint main levée pour les diverses terres, à condition qu'Arpavon resterait à S. M.

On sait que Louis, Dauphin (plus tard Louis XI), le 20 avril 1457, voulant récompenser Pierre Gruel, maître des requêtes de son hôtel, de quelques avances par lui faites pendant la guerre de Savoie, lui donna la même seigneurie et qu'elle fut réunie au domaine en 1483, à la mort du souverain, puis rendue à Pierre Gruel, président du Parlement de Grenoble.

On ne trouve pas l'explication de la portion de fief qu'avait à Arpavon, au milieu du XIVe siècle, Guillaume du Saix, originaire de Bresse, et qui échut à Hugues Laugier, de Rioms, déjà possesseur des droits de *Matheudis*, veuve d'Hugues Dalmas, en 1363. Raymond Laugier, fils d'Hugues, rendit hommage au roi en 1413.

Cependant, la mission confiée à Guillaume du Saix de ménager un traité de paix entre le dauphin Humbert II et le comte

---

(1) *Inventaires de la Chambre des comptes et des Dauphins.*

(2) Depuis 1349 le Dauphiné était annexé à la France.

de Savoie permet de supposer, à titre de récompense, le don de quelque terre dans les Baronnies.

Par une autre bizarrerie inexpliquée, la seigneurie du Saix, près Veynes, appartint dans la suite à la famille de Gruel.

Le 15 juin 1486, Henri de Gruel, seigneur de Laborel (canton de Séderon), neveu et héritier de Pierre, aliéna Arpavon à Guillaume Eschaffin, de Vaunaveys-lès-Crest, et l'acquéreur s'en dessaisit à son tour, le 12 octobre 1499, au profit de Louis de Thollon, seigneur de Sainte-Jalle, pour 350 florins, lequel, moyennant 8 écus, fut également subrogé aux droits de Rollet de Remuzat, seigneur de Benivay [1].

Comme celle des Sahune, des Mévouillon, des d'Agout, des de Baux, l'histoire des Thollon de Sainte-Jalle trouvera sa place naturelle dans la notice de quelque autre commune de l'arrondissement ; il n'est pas très-facile d'ailleurs, en l'absence de documents certains, d'expliquer de quelle façon Marin de Thollon, fils de Louis, se trouvait contraint de racheter la seigneurie d'Arpavon moyennant 500 écus ou 1,000 livres, et Jacques de Thollon, en 1574, pour 1,374 écus. Un arrêt de la Chambre des comptes du 12 mars 1521 en attribuait la juridiction aux bailli et châtelain delphinaux et aux bailli et jugemage des Baronnies, le vingtain au Dauphin, avec le four, le moulin, les fromages et le pulvérage (droit exigé pour le passage des troupeaux).

En 1540, Fouquet ou Faulquet de Thollon, l'illustre guerrier, avait repris la jouissance de tous ses droits, évalués 100 livres.

A l'extinction de la famille, les commissaires du roi vendirent Arpavon à François de Pingré, originaire de Picardie, receveur des tailles à Montélimar, pour 6,300 livres. L'acte est du 24 septembre 1638, et le 27 mars 1648 la plus-value lui était adjugée au prix de 1,000 livres [2]. Le fief appartenait,

---

(1) *Inventaire de la Chambre des comptes.*

(2) *Inventaire de la Chambre des comptes*, au mot *Arpavon*.

au XVIII° siècle, à Mlle de Cheisolme de Crombis, héritière de Philippe-François de Pingré, et à Charles-Augustin-Joseph de Simiane, baron de la Baume-Transit, seigneur de Mollans, Treschenu, etc. Ce dernier, le 23 novembre 1765, vendit sa part 9,500 livres à illustre seigneur François de Julien, seigneur de Montaulieu, Rocheblave et la Bâtie (Côte-Chaude) [1].

En 1789, Mlle de Cheisolme et François de Jullien possédaient la seigneurie [2] et avaient un juge à tour de rôle pour administrer la justice.

Telle est, brièvement résumée, d'après les titres, l'histoire féodale d'Arpavon. Son histoire ecclésiastique ne nous est qu'imparfaitement connue.

Le prieuré dépendit à l'origine de l'abbaye de Saint-May ou Bodon et fut soumis à la juridiction épiscopale de Sisteron.

D'après le rôle de la cense synodale de la vallée, l'église d'Arpavon, sous le vocable de Saint-Étienne, payait aux XI° et XII° siècles 8 deniers d'Othon pour droit cathédralique à l'évêché de Sisteron.

Jean de Sahune, dans la donation de 1336 en faveur d'Humbert II, dernier dauphin de Viennois, se réserva la faculté de fonder deux chapelles à Arpavon, outre les deux déjà établies par lui, et voulut que le patronage en appartînt au dauphin de Viennois.

Je dois ces détails à l'obligeante érudition de M. l'abbé Isnard, curé de Tulette, membre de la Société d'archéologie.

Voici les renseignements que j'ai recueillis d'autre part :

Il existe dans l'église actuelle une inscription un peu endommagée portant en lettres onciales :

ANNO DNI M C
XLVIII. III ID°. APL. OBIIT
PONCI° LATIL. SACERDOS. PON/////

---

(1) Archives de la Drôme, E. 2292.

(2) *Almanach du Dauphiné.*

CEPIT TEMPLV̄ QVEM FOSSA REC(ONDIT)
QVISQVIS ADES QVI MORTE CADE(S)
STA PERLEGE PLORA : SVM QVOD
ERIS QVOD ES ANTE FVI PRO ME (PRE)
COR ORA.

Soit, en français :
L'an de N. S. MCXLVIII, le 3 des ides d'avril, mourut Ponce Latil, prêtre. Ponce commença le temple où la tombe l'enferme. Qui que tu sois, soumis à la mort, arrête-toi, lis, pleure ; je suis ce que tu seras ; j'ai été ce que tu es ; prie pour moi, je t'en conjure.

« Le point vraiment intéressant de cette inscription, m'a écrit M. l'abbé Cyprien Perrossier, serait de compléter le mot PON... de la 2ᵉ ligne et d'en préciser la signification. Faudrait-il lire *pontifex*, constructeur ? Les mots suivants : *cepit templum* sembleraient indiquer ce sens, et alors l'inscription aurait une véritable valeur historique : ce serait l'épitaphe d'un membre de l'association des frères ou prêtres constructeurs, désignés sous le nom de *pontifices*, parce qu'ils construisaient non-seulement des églises, mais aussi des ponts. Ce Ponce Latil, prêtre, serait le nom de l'architecte de l'église d'Arpavon, mort pendant le cours des travaux qu'il dirigeait et auxquels lui-même avait mis la main comme simple ouvrier. Les mots *cepit templum* (il a commencé ou entrepris cette église) indiquent clairement ce sens. Dès lors, cette précieuse inscription préciserait tout à la fois et l'origine et la date de l'église. Quant au millésime 1148, je le crois exact, parce que le sommet de la pierre me paraît être échancré de chaque côté d'une manière régulière et qu'il ne reste aucune trace d'un 2ᵉ C à la 1ʳᵉ ligne. Un examen attentif de la pierre serait nécessaire pour vérifier cela ; elle vaut la peine que l'on fasse le voyage d'Arpavon. »

Malgré les doutes émis par mon savant collègue, je crois avec M. l'abbé Bompard, curé de la paroisse, qu'il y a *Poncius* à la 2ᵉ ligne, par la raison que *pontifex* serait trop long, la dernière lettre N correspondant au Q(VOD) de la 6ᵉ ligne et qu'on aperçoit ce semble une partie du C.

Il y avait au Buis, vers 1400, un consul du nom de Latil [1].

L'église d'Arpavon n'offre aucun caractère d'architecture, et la pierre peut très-bien provenir d'une chapelle du voisinage.

En 1790, le prieur Cler jouissait d'un pré, d'une terre et d'un jardin d'un revenu de 60 livres et de la dîme de tous les grains, des raisins et des légumes à la cote 20ᵉ, des agneaux et des chevreaux, estimée 800 livres. Les charges comprenaient 80 livres dues aux pauvres pour la 24ᵉ partie, 72 livres pour l'entretien de l'église et 14 livres pour fondation de messes faite en 1652 par la veuve Boisset [2].

Une ordonnance du 24 mars 1825 a érigé Arpavon en succursale.

Sur le versant nord de la montagne qui sépare Arpavon de Rochebrune existe encore une chapelle dédiée à Notre-Dame de Consolation, construite probablement au XVIIᵉ siècle.

Une pieuse bergère gardait son troupeau non loin de l'Ennuie dans un terrain herbeux et chaque jour elle était forcée de le suivre jusqu'au sommet presque aride de la montagne. L'état prospère du bétail rapproché de cette fuite quotidienne fit soupçonner quelque mystère. On émit l'avis que la Sainte-Vierge demandait un sanctuaire au sommet de la montagne, et le sanctuaire fut promis. Toutefois, pour plus de commodité, on le commença à mi-coteau ; mais le travail du jour était invariablement détruit la nuit. Force fut de jeter plus haut les fondations de l'église, auprès de laquelle jaillit alors une source abondante.

On y voit un *ex-voto* de la famille Reynard l'Espinasse, d'Avignon, dont un membre fut guéri de la peste en 1720. Il y avait en 1630 un Lespinasse marié avec Dauphine Delhomme, fille du seigneur de Montferrand, dotée de 1,800 livres, qui habitait

---

(1) *Inventaire des archives de la Drôme*, t. III, E. 3715 et 3720.

(2) Archives de la Drôme, série V. 23.

Arpavon et qui sans doute concourut à la fondation de la chapelle [1].

Les descendants du jeune homme sauvé de la peste acquittent encore aujourd'hui le tribut de leur gratitude et ils ont doté le sanctuaire d'un riche ornement, d'une cloche et d'un très-beau tableau [2].

Lorsque les documents permettent d'étudier la condition du tiers état, je le fais avec empressement ; mais ici les archives égarées en passant de maison en maison par le changement des consuls, m'interdisent toute excursion sur ce terrain. On sait seulement qu'en 1789 la commune plaidait contre Sahune pour ses limites ; que ses productions étaient alors le blé, l'épeautre et les fruits, sauf les olives, le froid ayant tué les oliviers ; que les habitants vivaient de blé, d'épeautre, « d'agland et de pommes de terre » ; que le défrichement du bois d'Aubrun était demandé ; que le bétail agricole comprenait quelques mules, quelques bœufs et ânes et peu de bêtes à laine, à cause de la cherté du sel ; qu'il n'y avait aucun revenu communal ; que la 24e partie de la dîme procurait aux pauvres 18 émines de blé ou d'épeautre ; qu'un petit local sans fondation servait de refuge aux pauvres et aux malades de passage, et qu'il n'y avait pas d'école.

La population est restée fidèle à l'agriculture, aux mœurs et aux croyances des aïeux ; elle est honnête et laborieuse et lutte avec effort contre la stérilité d'un sol labouré par les pluies d'orage

---

(1) Archives de la Drôme, E. 2343.

(2) NADAL, *Le mois de Marie à l'usage du diocèse de Valence*, p. 49.

AUBRES.

Aubres est dans la vallée de l'Eygues à 3 kilomètres est de Nyons, son chef-lieu de canton et d'arrondissement ; la route du Pont-Saint-Esprit à Briançon conduit à l'ombre des noyers et des oliviers jusqu'à ce lieu, de *Arboribus*, en patois *Aobres*, qui a tiré son nom précisément de l'abondance de ses arbres à fruits.

Le village est bâti au sommet d'un coteau qui suit le cours de l'Eygues et qu'intercepte en cet endroit une déchirure profonde, au fond de laquelle coule une modeste rivière portant le nom de la localité. Rien de particulier n'y attire l'attention, et les ruines seules d'un ancien château témoignent d'une opulence aujourd'hui perdue. Ses maisons longent un chemin du midi au nord et ne présentent ni architecture, ni confort. Le plus beau quartier de la commune se trouve sur la route, non loin de l'embouchure de l'Aubres dans l'Eygues, et si les deux rivières étaient moins sujettes aux débordements, il y aurait là un coin de terre aussi agréable que fertile.

Les 1,989 hectares imposables de la commune se divisaient en 1835 en 839 de bois particuliers, 293 de terres labourables, 59 de vignobles, 4 de prairies et 784 de pâturages; ajoutons-y 82 hectares de routes et de rivières, 8 de terres incultes et d'édifices publics et nous arriverons à 2,070 hectares.

Aujourd'hui ces chiffres ne sont plus exacts; car, indépendamment des vignobles absents, une loi du 22-28 avril 1865 a distrait de la commune d'Aubres une partie de son territoire pour l'annexer à celui des Pilles, qu'il resserrait de trop près.

Voici un passage du rapport qui a motivé la mesure législative : « Le village des Pilles se trouve situé sur la limite extrême du territoire de la commune de ce nom et de celle d'Aubres. Un groupe de maisons, qui n'est que la continuation de la principale rue du village, est, au contraire, compris dans la commune d'Aubres, dont le chef-lieu est situé à 5 kilomètres environ. Les habitants de ce faubourg, qui sont au nombre de 51, demandent unanimement à être placés sous l'administration de la municipalité des Pilles, village avec lequel ils ont toutes leurs relations. »

Par cette loi, 100 hectares environ de terrain montagneux ont passé d'Aubres aux Pilles [1], les droits d'usage seuls ayant été respectés.

La *Statistique de la Drôme* réduit toute l'histoire de la commune à cette particularité qu'avant la Révolution elle dépendait à la fois du Dauphiné et du Comtat-Venaissin.

Nous avons quelques renseignements de plus à présenter au lecteur, tout en lui avouant que la perte des archives communales les rendra forcément incomplets.

Le Comtat-Venaissin, dévolu aux souverains pontifes dès les premières années du XIIIe siècle, avait plusieurs enclaves dans sa partie haute ou septentrionale et notamment celles de Montréal, de Valouse, Eyrolles, les Pilles, Aubres et de Valréas et ses environs.

Or, d'après une carte de 1768, époque d'une annexion momentanée à la France, l'enclave d'Aubres et des Pilles se trouvait sur la rive droite de l'Eygues, c'est-à-dire précisément du côté de l'agglomération principale des Pilles et du village d'Aubres [2].

D'autre part, les barons de Montauban, dont les Dauphins obtinrent la succession, étendaient leur suzeraineté sur le territoire de la commune compris entre la rivière d'Eygues et Châteauneuf-de-Bordette.

---

(1) *Moniteur officiel*, p. 363.
(2) *Invent. des archives de la Drôme*, C. 3.

Mais, comme les limites des deux souverains n'étaient pas déterminées d'une façon précise, l'histoire des seigneurs qui relevaient de l'un ou de l'autre est demeurée excessivement confuse.

En 1235, Nicolas *Alcucrini* se reconnaissait vassal de Draconet de Montauban pour ses droits aux châteaux d'Aubres, Montauban et Valréas[1].

A partir de ce moment, pendant près d'un siècle, les archives sont muettes sur les destinées du fief.

Nicolas Constant, de L'Albe ou L'Albenc (Isère), docteur en droit, et à ce titre estimé des Dauphins, qui lui confièrent des missions délicates auprès du duc de Savoie et du roi de France, reçut d'Henri, élu évêque de Metz, baron de Montauban et régent de la province, la seigneurie de Châteauneuf-de-Bordette en 1323 et celle d'Aubres en 1328, pour la moitié et la 36ᵉ partie de l'autre moitié, le territoire de *Braquosa* et la tour de même nom, avec toute justice, fiefs, arrière-fiefs, droits et dépendances, sous la réserve de l'hommage.

Avant lui, en 1304, Rican de Caderousse prenait le titre de seigneur d'Aubres, et les hommages des 30 mars et 21 septembre 1330, rendus par Nicolas Constant au dauphin Guigues, expliquent positivement qu'il tenait le fief du même Rican, disgracié, on ignore pourquoi.

Un autre hommage à Humbert II, du 13 janvier 1334, donne pour confins à Aubres les murs des Pilles, Châteauneuf-de-Bordette, Nyons et Venterol.

Cette même année, le 22 octobre, le Dauphin ratifia les acquisitions et possessions de son vassal à Montaulieu, Aubres et Châteauneuf[2].

Le fils de Nicolas Constant figure avec le même prénom dans un acte d'hommage de 1341, et sa fille unique ou sa sœur,

---

(1) L'abbé Chevalier, *Inventaire des archives des Dauphins*, N.º 1311.

(2) *Invent. de la Chambre des comptes*, au mot *Aubres*. — *Inventaire des Dauphins.* — Valbonnais, t. II, p. 121.

Noblette, porta leurs biens à Pons de Remuzat; car leur fils, Raymbaudet, rendit ses devoirs féodaux au Dauphin le 17 septembre 1349 et vendit son fief d'Aubres à Guy de Morges, seigneur de Verclause, qui en prêta hommage le 10 mai 1370.

A Guy succéda Guillaume, vassal du roi-dauphin en 1377, et les ténèbres les plus épaisses voilent alors l'histoire du fief pendant un siècle environ.

On trouve à Aubres en 1483 Louis de Thollon, possesseur d'une portion du fief, et en 1540 et 1549 Jean; puis, le 3 mai 1548, Falques ou Faulquet, qui en vend à Gabriel Girard les château et seigneurie pour 1,500 écus d'or sol.

L'acquéreur appartenait à une famille avignonaise, connue dans la suite sous le nom de Gérard ou Girard d'Aubres. Dragonet avait professé le droit avec distinction dans la capitale du Comtat, dès 1485, et devint primicier (premier dignitaire) de l'université d'Avignon. Pierre, son fils, obtint les mêmes honneurs, de 1528 à 1549, et son petit-fils, appelé aussi Pierre, servit avec distinction et bravoure dans les guerres du XVIe siècle et fut premier consul d'Avignon en 1563, en 1577, en 1594 et en 1602, et viguier en 1576 [1].

Nostradamus, historien de Provence, vante les mérites « et l'irréprochable preudhommie » du sieur d'Aubres, de la famille des Gérards, « que l'on tient pour l'une des plus honorables d'Avignon, » chevalier du Saint-Père et de Saint-Michel [2], et l'on doit s'en rapporter au témoignage d'un contemporain.

Nous voyons sa cavalerie au service du comte de Suze en 1573, dans les environs d'Orange, et lui-même faire lever le siége du fort Saint-Firmin près d'Uzès et prendre cinq pièces de canon aux Calvinistes en 1575 [3].

---

(1) *Inventaire de la Chambre des comptes*. — BARJAVEL, *Dictionnaire histor. de Vaucluse*, t. II, p. 20.

(2) *Histoire et chroniques de Provence*, p. 448.

(3) Le P. JUSTIN (BOUDIN), *Hist. des guerres excitées dans le Comté Venaissin*, t. II, p. 106, 137.

Ce gentilhomme était le fils de Gabriel, acquéreur d'Aubres pour la moitié et la 36ᵉ partie de l'autre moitié, auquel le roi fit abandon des lods.

La vente de 1548 suscita quelques difficultés à Henri de Gérard, fils et successeur de Pierre ; mais une transaction de 1613 les aplanit tout à fait.

Amédée, fille d'Henri, épousa Gaspard de Brancas, baron d'Oyze, mort à L'Isle, en 1620, à 67 ans et inhumé à côté de son père, qui se signala à Jarnac et à Moncontour.

Diane de Gérard, dame d'Oyze, en transigeant avec Gabriel de Grillet, baron de Brissac, rendit ce dernier maître du fief d'Aubres.

La famille de Grillet avait passé de la Bretagne dans la Bresse, et de là dans le Comtat, au XVᵉ siècle. Gabriel fut colonel de l'infanterie du pape et d'un régiment de son nom au service du roi de France et chargé du blocus d'Aix. Son testament date de 1638.

Il rendit hommage au roi-dauphin. Jacques, le 18 mai 1677, Joseph, le 11 décembre 1683, Antoine, le 18 décembre même année, et Joseph-Antoine, le 18 janvier 1685, imitèrent son exemple [1].

L'un d'eux, coseigneur de Saint-Andéol et de Maillane, syndic de la noblesse du Comtat et député au roi Louis XIV, en 1682 épousa Jeanne-Angélique de Tonduti-Blauvac et laissa, entre autres enfants, Louis, qui traversa la Doire à la nage, en 1706, pour sauver le drapeau de son régiment et mourut en 1736 à Aubres.

L'extinction de sa famille fit passer la terre chez les Tonduti-Blauvac, originaires de Nice et amenés dans le Comtat par leur science en droit civil et canonique [2].

---

(1) *Inventaire de la Chambre des comptes.*

(2) BARJAVEL, *Dictionn. hist. et biogr. de Vaucluse.* — *Lettre de Fabry de Châteaubrun sur la noblesse avignonaise et comtadine.*

Jusqu'ici nous n'avons parlé que des vassaux des Dauphins ; il reste à mentionner ceux du pape.

Or, l'*Inventaire des archives de Vaucluse* nous révèle seulement Louis de Thollon-Sainte-Jalle et André Dauphin, vers la fin du XVe siècle ; Joseph de Fortia, fils de Charles-Bernard et de Marie de Thollon, au XVIIe siècle ; Diane de Gérard, vers 1633, Paul-François d'Andrée et les Tonduti-Blauvac [1].

N'est-il pas évident, d'après cette liste, que les mêmes familles, pour le même fief, relevaient à la fois du pape et du Dauphin ?

Ce qui l'est beaucoup moins, c'est la différence des noms des derniers seigneurs.

Une note rédigée par un ancien curé de la paroisse énumère ainsi les anciens seigneurs :

« Noble Pierre de Girard, de 1547 à 1620 ;
» Henri de Girard, fils de Pierre, en 1620 ;
» Mme de Samarias ;
» Paul de Fortias ;
» M. de Feraud [2]. »

La maison de Fortia, une des plus anciennes de la Catalogne, vint s'établir à Montpellier vers 1390, et successivement à Chailly, au Plessis, à Avignon, Carpentras, Caderousse et Pernes [3].

Nous la retrouverons aux Pilles, dont elle a illustré le nom.

Un cadastre d'Aubres de 1414 mentionne nobles Bertrand Faraud *(Faraudi)*, Louis Rodigon *(Rodigo)* et Guillaume Roland, chevalier, parmi les propriétaires du lieu, avec la qualification nobiliaire [4].

---

(1) *Inventaire des archives de Vaucluse*, B. 8, 10, 11, 12, 14, 15, 16, 17, 41.

(2) Archives de la Drôme, E. 2993.

(3) *Histoire de la maison de Fortia*. In-12.

(4) Archives de la Drôme, E. 2993.

Feraud et Faraud seraient-ils le même personnage ?

Quant à Mme de Samarias, nous avouons humblement ignorer son histoire et son origine.

Le *Dictionnaire des Gaules* d'Expilly fait posséder Aubres au XIVe siècle par la famille de Budes, puis par les Gérard et par les Fortia des Pilles.

Ici encore se présente une difficulté. S'agit-il des Budes-Guébriant, famille de Bretagne, qui a produit un maréchal de France, ou des Budos de Portes-Bertrand, en Vivarais, qui s'éteignirent avec Marie-Félicie, après avoir donné leurs biens aux princes de Conti ?

De plus heureux chercheurs éclairciront le fait. Signalons seulement dans ce dictionnaire l'erreur commise au point de vue religieux : Aubres dépendant du diocèse de Die, au lieu de celui de Sisteron.

Enfin l'*Almanach du Dauphiné pour* 1789 attribue la seigneurie du lieu à la duchesse de Gadagne, ce qui pourrait s'expliquer à la rigueur par le mariage de Françoise-Gabrielle-Charlotte de Fortia avec Joseph-Louis-Marie de Galéan, duc de Gadagne, baron de Vedènes, etc., du 7 septembre 1749 [1].

Mais il résulte du rapport d'experts dressé, le 17 octobre 1793, pour la vente des biens nationaux d'Aubres qu'ils avaient été confisqués « au nommé Blouvac, cy devant seigneur, résidant ordinairement à Avignon et émigré ».

Cette indication, rigoureusement authentique, nous ramène de la sorte aux Tonduti-Blauvac et nous indique pour leurs immeubles :

Un château, avec basse-cour, écuries, remise, cuisine au rez-de-chaussée et chambre à la suite, estimé 700 livres;

Une grande salle, de 4 cannes de long sur 22 pans de large, une chambre contiguë, à gauche, et une petite chambre, à droite, « y ayant une voûte au-dessus et une au plain pied, » avec un magasin à huile au-dessous; un colombier, avec

---

(1) *Histoire de la maison de Fortia,* p. 218.

cabinet et écurie, en allant au moulin à huile, estimés 700 livres. Les murailles du château de ce côté, au levant, présentent des lézardes et les cheminées des chambres ont été démolies ;

Une terrasse, environnée de murs et à plain pied de la basse-cour, évaluée 800 livres ;

Un moulin à huile, au-dessous de la grande salle ci-dessus, estimé 300 livres ;

Une terre près du village ;

Un verger au Coullet, etc. [1].

Là s'arrête fatalement l'histoire très-incomplète du fief.

Au point de vue religieux, les documents ne sont ni explicites ni variés.

Au XIVe siècle le prieuré dépend du diocèse de Die et de l'archiprêtré du Désert, avec une taxe de 30 livres pour décimes. Plus tard, l'ordre de Saint-Ruf de Valence y lève la dîme des grains, du vin et du chanvre à la cote 25e et y place un curé, à la portion congrue, après avoir fait irrégulièrement séparer en 1631 la cure du bénéfice.

L'évêque de Die, faisant sa tournée pastorale, en 1644, reçut à cet égard les plaintes des paroissiens et enjoignit au prieur de produire les titres de cette division, à peine d'être obligé de faire lui-même le service religieux.

Les considérants de cette ordonnance méritent d'être connus pour l'intelligence de l'histoire locale.

« Le service divin de la paroisse, dit le prélat, sera comme abandonné a ladvenir, car a grand'pene pourra on trouver aucun pretre de probité et capacité suffisante qui veulle se resoudre dhabiter dans ladite paroisse pour navoir de quoy sabiller, nourrir et entretenir decemment, selon sa condition, ni achepter les livres necessaires et suporter les charitez, fraiz de sinodes et beaucoup dautres charges esquelles il est tenu.

» Les prieurs et leurs rentiers font ordinairement disputer

---

(1) Archives de la Drôme, série Q.

aux curés ou vicaires la portion congrue de 200 livres, mesme la leur font consumer en despans.

» Les prieurs d'Aubres, comme plusieurs autres en pareil cas, se sont reservé la nomination des curés ou vicaires, et, soubs pretexte de lad. nomination, ils sont ordinairement à la recherche de personnes de peu de doctrine et viticuses, pour traicter plus facilement avec elles de leur congrue portion et en eschapper au meilleur compte qu'ils peuvent, qu'est cause que lheresie et une infinité d'autres maux s'estant introduits dans le diocèse en partie par la mauvaise vie et peu de capacité de tels et semblables miserables prebtres, s'y conservent par les mesmes voyes, et nous n'en pouvons trouver d'autres de probité et capacité sufisante qui veulent prendre teles vicairies dans le diocèse.

» Outre les grands ravages de l'heresie, la charité des catholiques qui restent y est grandement refroidie ; la pluspart des esglises sont ruynées et sans ornements. Le pays est extremement montueux, difficile et sauvage, telement que nous sommes necessités ou de faire cesser le divin service en presque partout notre diocèze ou nous servir de prebtres esquels la probité et la capacité nécessaires defaillent, le tout au grand scandale, opprobre et ruyne de la religion catholique. »

A cette date l'église de Saint-Pierre était ruinée en partie et le culte célébré dans celle de Saint-André, dans le village.

La paroisse comptait 55 familles catholiques et 25 protestantes.

La dîme et les fonds du prieur rapportaient 125 écus, francs de toutes décimes et part des pauvres.

En 1664 l'église Saint-André est convenable. La population se compose de 60 familles catholiques et de 20 protestantes. Les revenus du prieuré atteignent 300 livres environ.

Quelques années plus tard, en 1687 et en 1759, le prieur de l'ordre de Saint-Ruf les avait abandonnés au curé, moyennant une pension de 20 livres.

L'église Saint-Pierre, devenue chapelle rurale en 1664, abandonnée en 1695, avait été paroissiale autrefois. Elle se trouvait en 1704 à 1,000 pas du village et les chapelles du Rosaire et du Calvaire à 300 pas.

Ces trois chapelles, dans un état décent en 1759, n'avaient plus de revenus; celle de Saint-Joseph avait remplacé celle du Rosaire, bénite en 1730.

Les visites épiscopales, où nous puisons ces renseignements, nous apprennent encore qu'une aumône de 10 émines de blé se distribuait le lundi (et plus tard le mardi) de Pâques en 1644 et qu'en 1704 le curé exprimait le vœu de la voir consacrer à la nourriture des pauvres pendant l'hiver, mais que les riches, à cause des 10 à 12 pains en provenant, se refusaient à cette modification philanthropique.

On y voit aussi une école tenue en 1687 par un instituteur de la localité, moyennant 10 écus de gages. En 1695 le maître était accusé de négligence et en 1699 aussi. L'exiguité de son traitement l'obligeait à travailler la terre, et l'approbation épiscopale éloignait tous les candidats, au témoignage du curé.

En 1704 il recevait 24 écus et en 1759 cent livres [1].

Des notes laissées par un curé d'Aubres fixent au 30 novembre 1705 la bénédiction de la chapelle du Calvaire, rétablie par le zèle de Charles Fauchier, ermite de Nyons et ensuite du lieu, sous le nom de saint Césaire, et des habitants de la paroisse. Cet ermite mourut en 1730, âgé de 95 ans. Frère Gabriel prenait aussi le titre d'ermite en 1759, bien que domicilié dans le village.

La succursale d'Aubres remonte au 4 septembre 1822.

Quelques mots sur le tiers état doivent terminer cette notice.

Il se recrute uniquement d'abord parmi les esclaves de quelque riche Romain ou Gallo-Romain; dans la suite ces esclaves deviennent des serfs, puis des main-mortables et enfin des hommes libres.

Faute de documents, les dates de ces transformations sociales diverses nous manquent totalement pour Aubres.

---

(1) Archives de la Drôme, évêché de Die.

En 1334, les Dauphins y perçoivent 8 sommées 6 émines de gros blé, pour censes et servis ; 8 sommées 5 émines de gros blé, 3 sommées 3 émines de seigle, 13 sommées 5 émines de grains pour tâches et vingtain ; 7 sommées 5 émines de blé des moulins ; 7 émines d'avoine, 2 sommées de vin pour censes, ainsi que 1 livre de poivre, 3 de cumin, 6 de cire, 5 poules, 5 sommées d'huile, etc. Dix ans plus tard, les habitants s'étaient, paraît-il, libérés de ces charges moyennant une pension annuelle de 90 florins d'or.

En 1540, Faulquet de Thollon, qui tenait 3 portions du fief, noble Antoine Gaudelin possédant la quatrième, en évaluait le revenu à 15 livres. Jean de Sainte-Jalle y avait aussi une part de juridiction, un droit de pulvérage et des lods valant ensemble 10 florins de revenu. Enfin, Barthélemy Dauphin, écuyer, maître de la 8ᵉ partie du mandement, possesseur de quelques hommes, d'un château détruit, de la juridiction et des droits seigneuriaux, portait aussi à 10 florins son revenu annuel, toutes charges déduites.

En 1614, Henri de Girard, pour la moitié et la 36ᵉ partie de l'autre moitié du fief, retirait de son château, de ses juridiction, censes, propriétés, trentain de tous grains et autres droits 25 livres de revenu net. A son tour, Jacques de Grillet, en 1677, déclarait posséder la seigneurie en toute justice, le four banal, affermé 29 écus, le trentain des grains, soit 7 sommées et 2 émines de blé et 4 sommées de seigle, 5 vergers de 50 éminées, le treizain des olives et les lods. Il ajoutait que le seigneur des Pilles (de Fortia) avait un 8ᵉ du trentain et des lods.

En 1742, Jacques-Joseph de Grillet de Brissac accusait 45 livres pour le revenu de son four, 30 pour le moulin à huile, 52 1/2 pour les droits seigneuriaux ou le trentain des grains, 30 pour les censes, en argent, volaille, etc., total 157 livres 1/2, dont la moitié seule devait le dixième au roi, l'autre moitié relevant du Saint-Siége et de la Chambre de Carpentras. Ce mémoire ajoute que, deux ans auparavant, la grande sécheresse et la gelée rendirent presque nulle la récolte des olives et que l'année précédente le froid endommagea beaucoup les oliviers.

Indépendamment des redevances féodales et de la dîme, les habitants payaient au roi, en 1768 et 1780, à raison de 3/4 et une fraction de feu, 307 livres de tailles.

En 1735 les habitants réclamaient la jouissance de la modération du sel accordée par le concordat intervenu entre les fermiers de France et les habitants du Comtat.

Aujourd'hui les impôts sont répartis différemment et voici les parts de 1873 :

État . . . . . . .Fr.	1,799 74
Département.	779 89
Commune	1,086 80
Non-valeurs. . . .	90 47
Total . . .	3,756 90

Un cahier de notes sur les familles du pays signale les faits suivants :

« Le 19 décembre 1718, les gardes du tabac attaquèrent quatre contrebandiers portant du tabac et du sel proche la grange d'André Lafont, des Pilles, au quartier de Bordette, auquel combat il y en a eu deux de blessés et un mort. » Ce dernier, par autorité de justice, fut enterré près de la grange.

» Le 25 septembre 1742 on a appris que la cour du Parlement de cette province a ordonné à Jean Favier, à Jean-François et à Alexandre Favier, détenus longtemps à Grenoble pour fait de religion, de se conformer aux édits et déclarations du roi concernant la religion ; avoit pareillement ordonné de démolir et razer la grange de la Marre de la combe de Sauve, où les huguenots s'étoient assemblés, et on a commandé les protestants pour y travailler. »

Comme preuve de la salubrité du pays, on pourrait encore rappeler, d'après les mêmes notes, que, de 1758 à 1800, 24 personnes de plus de 80 ans y furent ensevelies, dont une de 106 ans, et 47, de 1756 à 1797, de 70 à 80 ans [1].

---

(1) Archives de la Drôme, E. 2993.

On ignore les dévastations commises dans ce lieu pendant les guerres du XVI° siècle ; seulement, le P. Justin (Boudin) rapporte qu'en 1576, Damville ayant accordé une trêve, des difficultés surgirent du côté des protestants et qu'à la fin ils consentirent à évacuer les Pilles et Aubres, moyennant une somme de 1,600 livres et la promesse de n'être point inquiétés au sujet de la religion pendant la durée de la trêve [1].

Voici les chiffres de la population à différentes époques :

1664	80	familles	320 âmes.
1809	90	—	390 —
1831	» »	—	337 —
1841	» »	—	342 —
1851	» »	—	348 —
1861	» »	—	366 —
1872	83	—	296 —

Je dois à l'obligeance de M. le Maire et de M. l'Instituteur d'Aubres quelques renseignements complémentaires tout à fait bien placés ici.

La contenance cadastrale actuelle est de 1,944 hectares 33 ares, dont 198 en terres labourables, 81 en oliviers, 57 en vignes, 825 en bois taillis, 768 en pâtures ou landes, etc.

Relativement au château des Tonduti-Blauvac, aliéné à la Révolution, il a été complètement démoli vers 1845 et il n'en reste plus que des ruines sans intérêt.

Si la tradition ne conserve aucun souvenir des anciens seigneurs, cela tient à ce qu'ils résidaient à Avignon ou dans le Comtat. Le rocher en face de l'Eygues, au sud-est du village, paraît avoir été l'emplacement d'un autre château, car le nom de *châtelas* et quelques pans de murs en font foi. C'était sans doute le fief des seigneurs de Châteauneuf-de-Bordette. Il y avait aussi, d'après la tradition, le *châtelas du pape* près de l'église du village, nouvellement restaurée.

L'église de Saint-Pierre est démolie. Celle de la paroisse par

---

(1) *Histoire des guerres suscitées dans le Comté Venaissin*, t. II, p. 179.

sa nef semble appartenir au XIVᵉ siècle et avoir servi de chapelle au château papal. Deux chapelles : le Rosaire et Saint-Pierre, celle-ci construite en 1829, donnent à l'édifice la forme d'une croix latine.

Le village possède encore la chapelle des Pénitents, dédiée à saint Joseph, et, à 100 mètres environ, la chapelle du Calvaire, bâtie, d'après la légende, par une bergère, en reconnaissance de ce qu'un orage épouvantable avait épargné elle et son troupeau.

Ces divers édifices religieux n'offrent rien de remarquable au point de vue de l'art; cependant un petit tableau représentant saint Pierre, venu de l'ancienne église de même nom et conservé aujourd'hui dans l'église paroissiale, dédiée à saint André, ne paraît pas dépourvu de mérite.

Contrairement à la carte du Comtat, le territoire dauphinois était sur la rive droite de l'Eygues et le comtadin sur la rive gauche.

Quant aux curiosités naturelles, elles se réduisent à une grotte, dite de l'*Enfarnet*, à 2 kilomètres nord-est du village. On peut descendre dans l'intérieur à l'aide des aspérités du rocher; mais tous les curieux qui ont essayé d'en explorer les sinuosités bizarres n'ont pas osé poursuivre jusqu'au bout leurs incursions souterraines. Une source assez abondante, même en été, sort des fissures des parois de cette grotte et la rend inabordable en temps de pluie.

Cette circonstance explique sans doute pourquoi la caverne n'a jamais été habitée.

AULAN.

L'ordre alphabétique nous conduit du canton de Nyons dans celui de Séderon, et pour arriver à Aulan on peut partir de Nyons, du Buis, de Montbrun ou de Séderon même. Dans le premier et le dernier cas on suit le chemin de grande communication N.º 14, de Nyons à Sisteron, par Sainte-Jalle, Saint-Sauveur, Saint-Auban et Mévouillon, dont il est peu éloigné, vers le sud-est. Du Buis et de Montbrun on a le chemin N.º 59, en voie de construction, qui traverse la commune d'Aulan. Ce chemin, en partant de Montbrun, est tout à fait pittoresque, longeant un val solitaire et étroit, entre deux rochers élevés, au bord du Thoulourenc, qui roule ses eaux limpides de roche en roche.

Le village est à 12,205 mètres nord de Séderon, à 46,519 mètres sud-est de Nyons et à 136,311 mètres sud-est de Valence.

Son nom, d'après M. de Coston, signifie maison avec la forme *Aulana* d'un acte de 1284 et grande maison ou réunion de maisons avec la forme *Aulancum* [1].

Le château seigneurial, dépourvu d'architecture extérieure, domine l'humble village, dont les maisons se trouvent jetées sans ordre, en amphithéâtre, sur le versant d'un coteau qui se termine en triangle à la jonction du Thoulourenc avec un de ses affluents, tous les deux à l'état de modestes ruisseaux.

Rien ne frappe l'attention dans ce hameau, bâti sur le rocher en partie, à plus de 700 mètres au-dessus du niveau de la mer. Les campagnes voisines, du côté de Mévouillon et du Poët-en-

---

(1) *Étymologies des noms de lieu du département de la Drôme*, p. 92. — *Inventaire des Dauphins*, p. 234.

Percip, présentent cependant des parties bien cultivées et fertiles en céréales.

Le territoire communal comprenait, en 1835, une contenance totale de 1,055 hectares : 76 en bois communaux, 149 en bois particuliers, 251 en terres labourables, 1 en vignes, 11 en prairies, 513 en pâturages, 27 en rivières ou chemins, 26 en terres incultes et 1 en édifices publics.

Il doit y avoir aujourd'hui peu de changements, et, d'après M. Mermoz, directeur des contributions directes de la Drôme en 1839, les 1,028 hectares imposables donnaient un revenu de 3,084 fr., soit 3,468 francs avec les propriétés bâties. D'après lui, le revenu moyen d'un hectare serait de 9 francs 60 c. à Arpavon, de 7 francs 20 c. à Aubres et de 3 francs à Aulan [1].

Privée d'archives et peut-être même de traditions, cette localité a dû son renom aux seigneurs qui l'ont possédée ; aussi tâcherons-nous de rappeler les plus illustres d'entre eux.

Elle appartint d'abord aux Mévouillon, maîtres d'une partie des Baronnies, et Raymond, l'un d'eux, le 13 mai 1240, la céda à Hugues de Montbrun, pour 27,000 sols viennois et sous la réserve de l'hommage.

L'acquéreur accomplit ce dernier devoir le 7 mai 1268, et l'acte stipule que les habitants d'Aulan peuvent faire paître leur bétail sur les territoires contigus de Villefranche, de Mévouillon et de Barret-de-Lioure [2].

On sait qu'à l'origine de la féodalité nul ne pouvait quitter la seigneurie où il avait un établissement sans une permission formelle du seigneur, et que de là vinrent les expressions de manants, *manentes*, et d'hommes de *suite* et de *poursuite*, portant la servitude même en ville franche. C'était un reste de l'esclavage ancien [3].

---

(1) *Nor Jeau projet de répartition.*
(2) *Inventaire de la Chambre des comptes,* Aulanc.
(3) *Usage des fiefs,* 1re part., p. 179.

En 1281, André Bertrand, ayant vu ses biens confisqués, pour un changement de domicile non autorisé, finit par obtenir son pardon du seigneur d'Aulan [1].

La donation de la baronnie de Mévouillon au dauphin Humbert Ier en 1293 ne mentionne pas le fief d'Aulan. Suivit-il le sort commun des autres terres ? Nous l'ignorons.

Après l'abdication d'Humbert II et l'année même de la mort de ce prince, Bertrand de Baux, chevalier, seigneur de Brantes, village au pied du mont Ventoux, donnait Aulan au prince Charles, en reconnaissance de bienfaits reçus [2].

Le nouveau Dauphin ou ses successeurs l'inféodèrent à la maison de L'Épine.

Ni les causes, ni les dates de ces libéralités ne se trouvent dans les historiens.

Quoi qu'il en soit, le 5 novembre 1413, Louis de L'Épine, fils de Baudon, en rendait hommage à la Chambre des comptes de Grenoble.

Sa famille tirait son nom d'une commune des Hautes-Alpes, entre Serres et Rozans, sur la route de Gap au Pont-Saint-Esprit.

Chorier parle ainsi d'une fontaine merveilleuse de cette localité : « Durant les longues sécheresses et les ardentes chaleurs, les peuples y viennent en procession. Une fille, mais vierge, y entre, n'ayant sur elle que sa chemise. Cependant que les autres continuent leurs prières, elle nettoie le lit de cette fontaine avec quelque sorte de respect. Elle n'a pas sitôt achevé que le ciel, à ce que l'on dit, répand abondamment sur la terre la pluie qu'elle lui demandait [3]. »

Moulinet, dans ses notes manuscrites, appartenant à M. Morin-Pons, cite des actes de 1270, de 1272, de 1323, de 1335 et de 1357, où figurent Arthaud et Roger de L'Épine.

---

(1) *Inventaire de la Chambre des comptes.*
(2) *Invent. de la Chambre des comptes*, Aulanc.
(3) *Histoire abrégée du Dauphiné*, t. I, p. 9.

Le *Cartulaire de Die* recule l'antiquité de la maison jusqu'à 1203 et 1220 [1]. Chorier la dit originaire du Diois et Guy Allard en commence la filiation à l'an 1290. Selon ce dernier, elle forma deux branches : celle d'Aulan et celle du Poët-Sigillat, issue de la première. A celle d'Aulan appartenaient Rican, chevalier, en 1300; Louis et Philibert, de la milice de Saint-Jean-de-Jérusalem, en 1550 et 1600. Toutefois, comme on trouve, au XIVe siècle, la terre de L'Épine et celle du Poët-Sigillat aux mains des de Morges, les affirmations de Guy Allard ne paraissent pas à l'abri de toute critique.

En 1421, Guigues de L'Épine, dit L'Épinette, se reconnaît vassal du Dauphin, en qualité d'héritier de Louis, son neveu. C'est lui qui achète, en 1426, la part de Catherine de Chastel au Poët-en-Percip, pour 260 florins.

L'absence de titres ne permet pas de suivre sa postérité de branche en branche avec les détails d'une généalogie en règle. On trouve en 1541 Falques ou Faulquet, fils de Michel, seigneur d'Aulan, et en 1573, Louis, domicilié à Malaucène, où il disposa de ses biens le 25 juillet, en présence de Reynaud de L'Épine, seigneur du Poët, son oncle, de François d'Urre, seigneur de Mollans, et de Jean de Vesc, seigneur de Nocase. Il était fils de Louis et de Marguerite d'Urre, et, « pour l'amour fraternel qu'il portoit à Hercule et en considération de son mariage avec Antoinette de Panisse, il lui donna tous ses biens paternels et maternels en Dauphiné et Comtat [2]. »

Un procès naquit de cette donation. Quoi qu'il en soit, Guillaume, fils d'Hercule, privé de postérité masculine, fut le dernier de sa race en possession d'Aulan : Isabeau, une de ses filles, en donnant sa main, vers 1640, à François de Suarez, porta cette terre dans la maison de son mari et lui assura de la sorte un nom mémorable dans l'histoire et dans les belles-lettres.

---

(1) M. l'abbé Chevalier, *Cart. de Die,* pp. 43 et 62.

(2) Archives de la Drôme. — Supplément aux familles.

Un poète inconnu composa en l'honneur d'Isabeau de L'Épine, dame d'Aulan, quelques vers en forme d'épitaphe, où ses mérites sont rappelés. Nous les reproduisons ici, malgré leurs imperfections :

> Ce corps, des Grâces si chéri,
> Grand chef-d'œuvre de la nature,
> Gist dedans ceste sepulture.
> L'esclat du beau sexe est peri ;
> Nos yeux ont perdu leurs délices,
> Car la mort, sur des artifices
> Pressans, incogneus et divers
> Eslevant sa noble conqueste,
> A fait une simple squelette
> Du plus beau composé qui fust en l'univers.
> L'Espine a veu mourir sa fleur
> Dans la tendresse de son age,
> Mais sans recevoir du domage.
> Car ses beautés par la douleur
> Jamais ne parurent estaintes,
> Et parmi ses vives atteintes
> Jamais on ne vit abattu
> Ce cœur d'invincible constance,
> Son mal fist veoir sa patience,
> Ainsi que sa santé nous fist veoir sa vertu [1].

II. — Les Suarès-d'Aulan.

La famille de Suarès, qui succédait à celle de L'Épine dans les terres d'Aulan, Le Poët et La Rochette, jouit autrefois en Espagne d'un illustre renom, et une de ses branches s'établit à Avignon, vers 1530, avec Didace, mari d'Éléonore Olivieri, fille de Jacques-Louis et de Louise de Bésignan. Il était originaire de Cordoue, d'après son épitaphe, et mourut en 1553.

---

(1) Archives de la Drôme, supplément aux familles.

Fabry de Châteaubrun place cette maison parmi celles « qui, s'étant tirées du pair ou par leurs richesses ou par leurs alliances, ont quitté la robe ou sont sur le point de la quitter [1] ».

Des enfants de Didaco, *Pierre* fut capitaine d'infanterie; *Jean*, chanoine et grand vicaire d'Avignon; *Marc* et *Gaspard*, aussi chanoines, et *Joseph*, l'aîné, jouit de la confiance des cardinaux de Bourbon et d'Armagnac et devint lieutenant général de la légation en 1570. Ses vastes connaissances avaient donné lieu au proverbe « science de Suarès ».

Le testament de Jean Suarès, du 11 mars 1569, appelle son père Diego, et non Didaco, et sa mère Héliénore Olivieri, et ses héritiers universels Joseph, docteur en droit, Pierre, Marc et Gaspard Suarès, ses frères [2].

Il y a aussi des legs à Fise et Violand Suarès, ses sœurs.

Le 6 septembre 1578, Marc testa, à son tour, en faveur de sa mère, Aliénor Olivieri, de Gaspard, de Violand et de Fise, ses frère et sœurs [3].

Pierre laissa une postérité qui se perpétua jusqu'au delà du milieu du XVIIIe siècle.

Quant à Joseph, il eut de son union avec Clémence de Lopis ou Lopès, d'une famille espagnole transplantée dans le Comtat dès le XVe siècle et féconde aussi en hommes savants : *Louis*, chanoine et grand vicaire d'Avignon; *Henri*, docteur en droit, père du savant collectionneur de même nom[4]; *Jean-François*, Jésuite, ami de saint Louis de Gonzague; *François*, protonotaire apostolique, prévôt de l'église d'Avignon et recteur du Comtat en 1627, loué par de Thou, et *Joseph*, l'aîné, « comte aux lois, auditeur de rote, régent de l'université d'Avignon » et conseiller au parlement d'Orange.

---

(1) Pithon-Curt, *Hist. de la noblesse du Comtat*, art. *Suarez*. — *Lettre de Fabry de Châteaubrun sur la noblesse du Comtat en 1715*, br. in-8°.

(2) Archives de la Drôme, E. supplément.

(3) Archives de la Drôme, supplément.

(4) Ses manuscrits sur Avignon sont à la Bibliothèque nationale.

Il est appelé Joseph le Jeune et docteur en droit dans une requête adressée au vice-légat pour être réintégré en ses droits, honneurs et fonctions de professeur de l'université et de juge d'Avignon, après sa déclaration d'innocence sur l'accusation portée contre lui par l'avocat fiscal de la légation d'avoir écrit contre Dominique de Grimaldi, archevêque et vice-légat, un libelle célèbre *(famosi)*, en 1588. Cette requête fut accueillie favorablement en 1591 [1].

Il était mort en juillet 1627 et avait épousé Jeanne de Pol de Saint-Tronquet.

L'inventaire de ses biens nomme pour ses enfants : *Joseph-Marie*, docteur en droit; *Louise-Françoise, Louis-Marie, Charles-Joseph, Jean-François* et *François*, l'aîné, docteur en droit, mari d'Isabeau de l'Épine, et énumère un nombre considérable d'ouvrages de droit dans sa bibliothèque.

Joseph-Marie naquit à Avignon le 4 juillet 1559. « Son goût pour les choses saintes et son génie naturellement porté à l'étude des belles cognoissances lui firent embrasser de bonne heure l'état ecclésiastique. En 1621, François, son oncle, prévôt de l'église d'Avignon, homme d'un mérite distingué et d'une grande pénétration d'esprit, jeta les yeux sur lui pour le faire coadjuteur, et le cardinal François Barberin, le protecteur des gens de lettres de son siècle, voulant avoir auprès de lui Suarez, à cause des rares qualités et de la grande érudition dont il sçavoit que ce jeune abbé estoit orné, l'attira à Rome, l'an 1627. A son arrivée, il lui confia sa belle et fameuse bibliothèque. Cette grande ville fut un théâtre propre à faire paroître le talent que Joseph-Marie avoit pour l'éloquence et pour la littérature. Il fit plusieurs discours devant le Souverain-Pontife et le sacré collége des cardinaux et quelques dissertations historiques et critiques, que les savans d'Italie louèrent publiquement. Ces discours et ces dissertations virent le jour par l'em-

---

(1) Archives de la Drôme, E. supplément. — Sur Dom Grimaldi, voir BARJAVEL, *Dict. hist. du Comtat.*

pressement que les curieux temoignerent de les avoir, et il en fit plusieurs éditions. Au commencement de l'an 1630, la ville de Rome, voulant avoir un homme aussi illustre pour citoyen, lui en expedia des lettres et de patrice romain, distinction qu'elle attacha aussi à tous les descendans de sa famille. Trois ans plus tard il fut fait *chambrier* (camérier) secret d'Urbain VIII, qui le cherissoit et lui en auroit fait ressentir des effets plus considérables, si Suarez avoit été plus soigneux de les solliciter. Sa reputation, qui s'étendoit toujours davantage, lui procura des amis illustres, les uns par leur naissance et dignités, les autres par leur sçavoir et leurs habiletés dans les beaux-arts. L'evesché de Vaison ayant vaqué, Suarez en fut pourvu le 8 juin 1633 et le 9 aoust suivant il fut sacré evesque de cette eglise dans la capitale du monde chrestien, qui le vit partir avec regret dans le mois de novembre 1634 [1]. »

Il prit possession de son siége le 24 décembre suivant. En 1657 il fut rappelé à Rome, où il demeura un an. Nous le voyons en 1652 à la Grande-Chartreuse et à Grenoble, auprès de Lesdiguières, avec le cardinal Barberin; à Rome, de 1654 à 1658; à Lyon, auprès du roi Louis XIV, en 1658; à Avignon en 1660, auprès de Mazarin et de la reine-mère; à Rome en 1664, prêtant au nom du Comtat serment de fidélité et d'obéissance au pape.

Alexandre VII le retint auprès de lui et nomma en sa place à Vaison Charles-Joseph de Suarès, son frère, lequel fut sacré en 1667.

Il mourut à Rome le 7 décembre 1677 et eut son tombeau dans l'église Saint-Pierre.

La liste de ses nombreux ouvrages se trouve dans l'histoire des évêques de Vaison et dans le *Dictionnaire* de Barjavel; plusieurs se réfèrent à l'archéologie et à l'histoire du Comtat.

Charles-Joseph, qui le remplaça sur le siége de Vaison, était né en 1618. Il prêcha à Rome devant le pape et devint chanoine

---

(1) Notice manusc. aux archives de la Drôme, E. supplément.

d'Avignon, primicier de l'université et grand-vicaire de l'archevêque. « Il s'acquittait de ses fonctions épiscopales, dit Barjavel, avec le plus grand zèle, jeûnait et se macérait fréquemment, et mourut, le 7 novembre 1670, à Vaison, où il fut enseveli dans la cathédrale.

Louis-Marie, protonotaire apostolique, consulteur du Saint-Office, prévôt de Notre-Dame des Doms et grand-vicaire, se fit remarquer par sa grande charité.

Jean-François, capitaine de cuirassiers et mestre de camp de cavalerie pour le pape, défit, en 1643, une partie de l'armée des princes ligués d'Italie près de Pistoie et s'empara de leur artillerie.

Le seigneur d'Aulan, François de Suarès, est qualifié auditeur de rote dans un procès contre Louis de Thollon, seigneur de Clermont près Remuzat.

Devenu veuf d'Isabeau de L'Épine, il se remaria le 15 septembre 1653 avec Jeanne de Bérard de Bernis, dont il hérita, ainsi que de Louis-Marie, évêque de Vaison, son frère.

Enfin, *Louise-Françoise* s'unit avec Balthazar-François de Fougasse.

Du mariage de François avec Isabeau de L'Épine naquirent : *François-Quinide* et *Louis-Alphonse*. Ce dernier avait eu pour parrain le cardinal Richelieu, archevêque de Lyon, frère du ministre. Il étudia à Avignon et à Paris, fut coadjuteur de son oncle Louis-Marie en la prévôté de Notre-Dame des Doms en 1665, protonotaire du Saint-Siége en 1668 et prononça à Rome, l'année suivante, le panégyrique de saint François de Sales. Sacré évêque de Vaison, le 17 mai 1672, il fonda un couvent de Dominicains dans sa ville épiscopale et assembla un synode en 1673. Sa mort est du 13 mars 1685.

François-Quinide, l'aîné, naquit à Vaison le 20 août 1639 et fut tenu sur les fonts sacrés par le cardinal François Barberin et par Jeanne de Pol de Saint-Tronquet, veuve de Joseph Suarès.

Son épitaphe nous apprend qu'il honora son pays par la pureté de ses mœurs, l'intégrité de son caractère, l'élévation de son esprit et par son habileté dans le maniement des affaires.

Ayant été viguier et deux fois premier consul d'Avignon, il mourut en 1717, laissant de Gabrielle de Brancas, sœur du marquis de Brancas-Villeneuve, qu'il avait épousée le 19 décembre 1687, étant veuf de Marie de Bellis, plusieurs enfants, dont la valeur et le mérite rehaussèrent encore la gloire de leur maison.

Le premier, *Jean-François*, marquis d'Aulan, continua la postérité ; *Joseph-Toussaint,* dit le baron d'Aulan, fut capitaine d'infanterie ; *Louis-Marie,* nommé au siége épiscopal d'Acqs ou Dax (Landes), vers 1736 ; *Benezet,* chevalier de Malte, et *Henri,* chevalier du même ordre, capitaine et colonel de grenadiers royaux, puis maréchal de camp et commandant de l'île de Ré.

Jean-François avait obtenu la main, le 27 juillet 1724, d'Anne de Vichy-Chamron, fille de Gaspard, marquis de Chamron, seigneur de Ligny, L'Étang, Villerêt, etc., ci-devant commandant des gendarmes de Mgr le duc de Berry, et d'Anne Brulart. Elle était sœur de Gaspard de Vichy, comte de Chamron, capitaine de cavalerie au régiment Commissaire général ; de Nicolas de Vichy, abbé de Saint-Calais, et de Marie de Vichy, femme de Jean-Baptiste du Deffand de La Lande, marquis de La Châtre, connue par ses lettres à Walpole, à Voltaire et à d'autres personnages célèbres de l'époque. Cette correspondance, qui parle de tout et « qui s'étend aux infiniment petits, mais infiniment intéressants de cette société si spirituellement frivole, est un recueil précieux à consulter [1] ».

Gaspard de Vichy, père de Mme d'Aulan, était né du mariage de Gilbert de Vichy avec Madelaine d'Amanzé, sœur de Loüis, premier lieutenant général de Bourgogne, dont les marquises de Châteaugay et de Gadagne étaient les filles.

Une sœur de ce Gilbert de Vichy avait épousé le marquis de Chabrillan, de Dauphiné.

Quant à la mère de Mme d'Aulan, Anne de Brulart, elle

---

(1) *Nouvelle biographie générale,* au mot *du Deffand,* et Archives de la Drôme, E. supplément.

avait pour auteurs Nicolas de Brulart, premier président au parlement de Bourgogne, et Marie Bouthillier de Chavigny, et pour sœur Marie de Brulart, veuve de Louis de Béthune, marquis de Charost, fils du gouverneur de Louis XV.

Marie de Bouthillier, devenue veuve de Nicolas Brulart, s'était remariée avec César-Auguste de Choiseul, duc et pair de France, lieutenant général des armées du roi.

L'archevêque de Sens et l'ancien évêque de Troyes étaient l'un son neveu et l'autre son frère, et la duchesse de La Force, sa nièce.

Nous pourrions multiplier ces détails purement généalogiques; mais il suffira d'ajouter que Marie de Brulart, veuve du marquis de Charost, épousa en secondes noces Charles-Philippe d'Albert, duc de Luynes, pair de France, mestre de camp d'un régiment de cavalerie et veuf de la comtesse de Dunois, et que tous les deux eurent l'honneur, alors si recherché, de former la société intime et habituelle de la reine [1].

C'est donc l'époque la plus brillante et la plus glorieuse de l'histoire de la maison d'Aulan, et, à ce titre, le lecteur nous pardonnera sans doute plus volontiers quelques détails intimes peu connus ou inédits.

Le récit du mariage du marquis d'Aulan avec Mlle de Vichy va nous initier aux usages de l'époque; il est dû à un notaire, chargé de le négocier, appelé Jeaume.

« Le projet de cette union tomba dans la pensée de Mme la marquise de Gadagne, cousine de la dame marquise d'Aulan, et, appres l'avoir communiqué à M. le marquis de Gadagne, son époux, ils commencerent d'en escrire à M. le marquis de Chamron, qui reçut agréablement cette proposition et commença en février 1724 d'en escrire sérieusement à M. de Gadagne, appres avoir retiré Mlle sa fille des S^{tes} Marie de Paris et l'avoir conduite aux dames de Ste Marie à Parey en Bourgoigne.

---

(1) Archives de la Drôme, E. supplément. — *Nouvelle biographie générale*, aux mots *du Deffand* et *Luynes*.

» Le traité de ce mariage fut continué par lettres dans un grand secret jusques au 20ᵉ juin 1724, auquel temps M. le marquis de Chamron écrivit à M. le marquis de Gadagne qu'il ne pouvoit pas se finir par lettres, qu'il faloit envoyer quelqu'un de confience, avec les papiers de M. d'Aulan, pour esclercir certains doutes qui ne pouvoient jamais estre dissipés par lettres.

» M. Jeaume partit d'Avignon le 24 juin 1724, receut de M. d'Aulan pour son voyage et voitures 55 louis d'or de vingt livres, se rendit en diligence à Lyon, de Lyon à Mascon et de Mascon à Chamron, dans l'espace de sept jours et demi; il entra en negociation le landemain; il esclercit tous les doutes qui s'estoient formés dans l'esprit de M. de Chamron sur la valeur et l'estat des biens de M. d'Aulan, sur l'article de ses revenus et sur la legitime et droits de MM. ses quatre frères. Il dressa ensuite les articles de mariage doubles sur les blancs seings que M. d'Aulan lui avoit confié et alla deux jours appres à Parey avec M. de Chamron pour voir la future epouse et lui faire les complimens que la bienseance exigeoit, et pour pouvoir en faire un portrait fidelle à M. Daulan.

» Il arriva à Parey appres avoir essuyé les craintes facheuses que lui donnoit en voyage M. de Chamron, en lui disant que Mlle sa fille pourroit bien, à la persuasion des dames ses tantes, avoir pris la resolution d'estre religieuse. Il laissa prendre le devant à M. de Chamron pour aller au couvent disposer Mlle sa fille, aupres de laquelle il attendroit ledit Jeaume, lequel appres avoir ouï la messe de M. l'abbé d'Amanzé, grand oncle de la future epouse, accompagna ledit seigneur abbé au couvent et vit renouveller ses craintes par la rencontre qu'il eut de M. de Chamron. Au lieu d'attendre au couvent, comme il avoit été dit, il venoit au devant du sieur Jeaume. Celui-ci crut d'abord que M. de Chamron venoit lui dire que Mlle sa fille vouloit prendre le voile.

» Cependent cette crainte fut dissipée par le langage du seigneur de Chamron, qui en approchant le sieur Jeaume lui dit : « Allez, ma fille est preste de vous entendre. » Sur ces paroles le sieur Jeaume alla au couvent avec un tres grand empressement, demanda à saluer les dames tantes et la D^lle leur niece. Tout cela vint, non pas ensemble, les tantes se montrerent les premieres au parloir et firent maintes questions sur les qualités du cavalier, sur ses revenus et sa parenté. Les reponses furent satisfaisantes, et la D^lle niece estant enfin arrivée et s'estant placée au milieu des dames ses tantes, le sieur Jeaume, appres luy avoir fait une profonde reverence, lui dit :

« Mlle, je viens d'Avignon tout expres pour avoir l'honneur de vous saluer et vous faire divers complimens, le premier est celuy de Mme la Marquise de Gadagne, vostre chere cousine, qui vous ayme d'une tendresse infinie et qui m'a remis une lettre que j'ay l'honneur de vous presenter ; le second est de M. le marquis de Gadagne, qui n'a pas pour vous des moindres empressemens, et le troisieme est de M. le marquis d'Aulan, un des plus aymables cavaliers que nous ayons dans nos cantons, qui n'a pas encore osé prendre la liberté de vous escrire, quoyque M. vostre pere luy en aye donné la permission dans les recherches qu'il fait de l'honneur de vostre aliance, ayant voullu auparavant sçavoir par mon ministere de vostre propre bouche la verité de vos sentimens sur l'article. »

» Mlle de Chamron repondit : « Je vous suis obligée, Monsieur, de la peine que vous prenes ; je rends mille graces à ma cousine de Gadagne et à M. le Marquis, son époux, de touttes les bontés qu'ils ont pour moy, et je suis sensible autant que je le dois aux honnestetés de M. le marquis d'Aulan ; vous pouvez luy escrire que je feray agreablement pour luy tout ce que mon pere trouvera à propos. »

» La conversation appres cela ayant duré encor une heure, il fut arreté qu'on la continueroit l'appres dîné, et en effet, appres avoir profitté de la bonne chere de M. l'abbé d'Amanzé, le parloir fut de nouveau rempli et le sieur Jeaume comencea par y presenter les articles au blanc seing remis par M. Daulan. M. de Chamron et Mlle sa fille les signerent doubles, et l'un fut envoyé à M. Daulan avec des instantes prieres de ne pas differer son depart pour venir promptement finir une aussi bonne affaire.

» Tout arriva à bon port à Chamron le dimanche 23 juillet, et le sieur Jeaume fut au devant de MM. Daulan et de Gadagne à demi lieue pour donner certains avis, et la carte ou situation des esprits, qui attendoient leur arrivée. Les publications faites, ces aymables personnes receurent dans la chapelle de M. de Chamron la benediction nuptiale du curé de la paroisse de Chamron, dite de Ligny, le 30 juillet 1724.

» M. Daulan fut accompagné par le sieur Jeaume lorsqu'il alla dans l'apartement de sa future épouse luy presenter la veille de la benediction nuptiale diverses nipes, coiffures, bas, gands et autres bijoux, avec cent louis d'or dans une tres belle bourse; il donna le lendemain aux domestiques de M. de Chamron et au piqueur de M. le marquis de Maulevrier 125 livres d'etrennes. M. de Vichi, frere de la dame, qui vint assez tard pour assister à ce mariage et qui devoit accompagner sa sœur à Avignon, ne peut s'absenter, estant à la veille d'obtenir une companie de carrabiniers; il eut, comme M. son père, pour present des riches neuds d'espée, et la fille de chambre de Mlle une habit fort joli.....

» M. et Mme Daulan partirent de Chamron le vendredi 18 aoust et arriverent à Lyon. Ils en partirent avec leur équipage par un bateau à eux, accompagnés du sieur Jeaume et arriverent le 24 à Villeneuve à onze heures du soir et furent loger chez M. l'abbé de Saint-Victor, et le landemain au matin le baron d'Aulan, frère du seigneur marquis, fut avec trois cheses à porteurs à Villeneuve prendre les nouveaux mariés et Mmes les marquises d'Aulan et de Gadagne et M. le marquis de Gadagne avec leur carrosses furent au bort du Rosne recevoir les nouveaux époux et tout alla descendre chez M. de Gadagne.

» Affin que ce beau et brillant mariage, qui, à quelques envieux prez, a charmé tout Avignon, comme fait avec une aymable et jeune personne, de la premiere condition, avec une constitution de 80,600 livres, sans toucher aux droits du père, et avec une expectative de plus de 200,000 livres de la succession de Mme la duchesse de Choyseul, puisse estre suivi de tous les agremens qui peuvent le rendre parfaitement heureux, il y a bien des reflexions à faire, que M. Daulan, quoyque plein de lumieres, a voulu qu'on mit ici, pour en faire à ses heures de loisir une estude particuliere et les mettre à profit dans les occurences, en homme de bon esprit, tant pour son repos que pour son interest.

» La 1re et la plus importante est celle de l'aage de Mme son epouse, qui n'a que 18 ans et demi, qui n'ayant aucune experience du monde et se trouvant extremement vive, avec beaucoup d'esprit, a besoin d'estre menagée avec prudence, et d'estre introduite dans le monde par des personnes qui puissent et qui veuillent lui donner de bons et salutaires conseils; autrement il semble qu'il lui conviendroit de prendre le parti d'aller rester quelque temps dans ses terres pour laisser un peu meurir ce jeune esprit plain de feu, et faire quelques epargnes, qui, appres des despenses aussi grandes que l'ont esté celles de son mariage, ne seront pas indiferentes.

» La 2e est de faire attention que la pluspart des demoiselles eslevées dans le couvent, ordinairement lassées de la contrainte et de tous les sentimens de religion quon ne cesse de leur inspirer, entrants dans le monde s'y fourrent teste baissée, oublient tous ces bons sentimens et donnent quelquefois dans des travers qui ne finissent qu'avec la vie, et qui détruisent les familles; le seul remede à des si grands maux est qu'un mari rappelle par son exemple ces bons sentimens, et qu'avec autant de douceur que de sagesse il retrace dans le cœur de son epouse touttes ces bonnes impressions et qu'il les cultive ensuite, parce que c'est de la que depend la veritable et solide paix du mariage.

» La 3e tombe sur les domestiques, auxquels il ne faut jamais donner aucune conoissence des remonstrances que l'espoux prudent fait à son epouse, parce que ces mesmes remonstrances deviennent dabort publiques, et lon se donne souvent par cet endroit en spectacle à toutte une ville, qui parle suivant son inclination ou ses interests.

» La 4e regarde l'œconomie de la maison, et sur cet article le bon sens, l'honneur et la bienseance demandent que dez à present M. le Marquis mesure ses revenus avec ses depenses, qu'il voye les charges qu'il supporte, et les dettes qu'il a contracté, qu'il ne multiplie pas facilement les créances sur l'expectative prochaine des successions à venir, parce que cette expectative se trouve souvent reculée et que les depenses peuvent augmenter tous les jours ou par des maladies ou par la naissance des enfans, si Dieu veut en accorder, et il faut nécessairement avoir toujours une bourse en reserve, et surtout faire dans le temps ses provisions pour la maison, car lorsqu'on va acheter en detail on paye les choses au double et le mauvais menage n'acomode pas les maisons. Elles sont souvent aussi incommodées par le grand nombre de domestiques, qui, de nos jours, gaignent des gros gages et servent mal ; le retranchement sur cet article est dun grand advantage..... »

La 5e réflexion se réfère à l'héritage en perspective de Mme la duchesse de Choiseul, et le prudent homme d'affaires conseille à M. d'Aulan de cultiver les bonnes grâces de cette parente et d'aller même à Paris à cet effet, tout en ayant soin de ne pas mener avec lui son épouse, « crainte qu'elle ne prist gout pour cette grande et belle ville et qu'il ne fust ensuite trop difficile de l'en tirer ».

Le récit du mariage de M. d'Aulan présente, dans sa simplicité, quelque chose de grandiose et d'antique, et les réflexions qui l'accompagnent, toutes curieuses qu'elles sont, ont été reproduites moins pour dévoiler des détails purement intimes que pour servir de leçon, même de nos jours.

Les premières années d'un si brillant hymen répondirent pleinement aux espérances des deux familles. M. d'Aulan, revêtu des premiers emplois de la ville et viguier pour la troisième fois, recevait, le 23 juin, un compliment d'un assesseur à l'hôtel de ville ainsi conçu :

« Si je voulois, Monsieur, entreprendre votre éloge, je n'aurois nul besoin de remonter jusqu'à vos illustres ayeux pour raconter les vertus qui les ont distingués : vous nous retracez l'histoire de ces fameux heros et de tous ces grands hommes, j'ose même dire que vous les surpassez. Je ne veux pas non plus relever l'éclat des grandes alliances de votre maison avec les plus illustres familles de la France et de l'Espagne ; nous admirons dans vous quelque chose de plus personnel : les vertus guerrières et politiques composant votre caractère ; nous publions votre équité, votre grandeur d'âme, votre affabilité, votre connoissance de la belle antiquité et votre amour pour les belles lettres. »

Si nous prenons l'année 1727 pour type des occupations purement extérieures et honorifiques de la charge de M. d'Aulan, il nous sera facile de connaître les mœurs et coutumes d'Avignon à cette époque. Or, il nous en a laissé lui-même un résumé fidèle.

La patente de sa nomination reçue, il complimente le vice-légat, remercie le cardinal-légat, prête serment, visite le viguier (sortant), les conseillers, les juges, le fiscal, prie l'archevêque de recevoir son serment à Notre-Dame et le vice-légat, l'auditeur et les chanoines d'y assister. Le 23 juin il reçoit la visite des consuls sans chaperon, de l'assesseur et du primicier en robe, des députés des corps de la cité et des conseillers de l'hôtel de ville ; il suit les juges en robe et le fiscal à l'hôtel de ville pour prêter serment entre les mains du viguier (sortant), qui lui remet le bâton. Harangue de l'assesseur, puis serment à Notre-Dame entre les mains de l'archevêque.

« J'ay esté avec les consuls vieux et nouveaux prendre possession du tribunal de Saint-Pierre, j'ay presenté la collation aux consuls. » Le soir à 10 heures cérémonie des feux de la Saint-Jean et prière à Saint-Jean de Rhodes.

« Le 24 juin, je fus avec les consuls vieux et nouveaux entendre la messe aux Pères de la Doctrine. La veille de Saint-Pierre, cour et premieres vespres à Saint-Pierre. Le jour de la fête, cour, messe, vespres, encensement, procession, souper, à Saint-Pierre. » MM. d'Urban et de Massilian, en son absence, assistent à la fête de Saint-Pierre de Luxembourg. Le 31 juillet, jour de Saint-Ignace, messe aux Jésuites, bouquet ; le 2 août, conseil ; le 12, messe à Sainte-Claire, bouquet ; le 14, premières vêpres à Saint-Agricol, puis procession à l'Hôpital des pèlerins de la confrérie des marchands ; le 15, cour et messe à Saint-

Agricol, messe aux Grands Augustins, gâteau et fenouil, souper à Montfavet; 16 août, souper à Saint-Roch; le 19 août, arrivée du roi d'Angleterre, visite et souper avec lui et le 1er consul chez le vice-légat; le 25, Saint-Louis, messe au noviciat des Jésuites, bouquet; Saint-Augustin, messe aux Grands Augustins, bouquet, bénédiction aux Petits Augustins, bouquet; le 1er septembre, cour et premières vêpres à Saint-Agricol; le 2, cour, messe, vêpres, encensement, procession et souper à Saint-Agricol. Réception des juges et installation après serment. Le 10 septembre, jeux du prix des Jésuites avec le vice-légat; le 11, avec l'archevêque; le 1er octobre, vêpres du bon ange à Saint-Didier, encensement, procession, bénédiction, souper; le 2, cour à Saint-Didier; à la messe, une image; le 4, Saint-François, messe, bénédiction et image aux Cordeliers; le 15, Sainte-Thérèse, messe aux Carmélites; le 19 octobre, messe aux Carmes déchaux pour la canonisation de saint Jean de La Croix; le 26, messe chez les mêmes, et le 27, procession; le 31, cour et premières vêpres à Saint-Agricol; le 1er novembre, cour et messe à Saint-Agricol; le 3, premières vêpres et procession à Saint-Pierre; oraison de l'ouverture des classes aux Jésuites; le 4, cour et messe à Saint-Pierre; le 16, vêpres, encensement, prédication, bouquet et procession pour la canonisation de sainte Agnès; le 19, anniversaire fondé par M. Henrici; le 24, messe à la salle de la maison de ville, fête de saint Clément et des conseillers; le 30, cour au vice-légat, sermon à Saint-Agricol; le 3 décembre, messe à Saint-François-Xavier, où le père provincial donne un bouquet; le 7, cour et sermon à Saint-Pierre; le 14, cour et sermon à Saint-Agricol; « le 17, on tire les conseillers; » le 21, cour et sermon à Saint-Pierre; le 24, compliments au vice-légat et à l'archevêque; le soir, cour et vêpres à Saint-Agricol; lecture de la bulle des conseillers chez le vice-légat; le 25, cour, grand'messe et sermon à Saint-Agricol; le soir, cour, vêpres et bénédiction au même endroit; le 26, cour, grand'messe et sermon à Saint-Agricol, dîner au palais, où le viguier a un fauteuil et boit debout à la santé du pape; cour et vêpres à Saint-Pierre; le 31, dîner au palais, sans distinction de rang, etc. »

Il serait facile de prolonger cette énumération ; mais elle suffit telle quelle à donner une idée de l'emploi du temps du viguier avignonais.

Avant de continuer l'histoire de l'aîné de la famille, le seul d'ailleurs qui se rattache à notre sujet, il est peut-être à propos d'esquisser brièvement la biographie de ses frères.

Joseph-Toussaint, dit le baron d'Aulan, capitaine d'infanterie au régiment d'Orléans, borna son ambition à posséder ce grade et mourut célibataire.

Louis-Marie, nommé acolyte par l'archevêque d'Avignon le 3 juin 1719, puis ordonné prêtre quelques années plus tard, prêcha des missions dans les Cévennes et de pénitencier d'Avignon fut appelé au siège d'Acqs ou de Dax dans les Landes. Ses bulles sont de la fin d'avril 1737 et il prit possession de son évêché par procureur le 7 juin suivant, après avoir été sacré à Saint-Sulpice par le cardinal de Polignac, assisté des évêques de Lescars et d'Uzès.

Nous ne suivrons pas le prélat dans sa carrière épiscopale, nous bornant à rappeler que la Constitution *Unigenitus* [1] faillit le brouiller avec le pouvoir.

« J'ai rendu compte au roi de la réponse que vous avez pris la peine de me faire, lui écrivait le ministre Florentin, le 14 mars 1754. S. M. est satisfaite des assurances que vous lui donnez de votre affection à sa personne et à son service ; mais c'est par votre conduite qu'elle désire en être convaincue. Vous cherchez inutilement à la justifier par les arrêts du Conseil des 29 avril et 21 novembre 1752. En consultant avec moins de prévention celui du 29 avril et les déclarations de 1720 et de 1730, dont il ordonne l'exécution, vous auriez reconnu que S. M. a toujours eu pour objet le silence et la paix dans une matière aussi délicate. Plus elle est résolue à affermir dans son royaume la soumission légitime qui est due à la Constitution

---

(1) De Clément XI, en 1713, contre les *Réflexions morales sur le Nouveau-Testament* du P. Quesnel.

Unigenitus, moins elle souffrira que l'on change la nature de ce décret en lui donnant des qualifications nouvelles ; ce n'est cependant qu'en lui en supposant de nouvelles ou en interprétant faussement celles qu'il a reçuës que l'on pourroit lui donner l'effet que vous lui attribuez. C'est par une suite de l'intention où est S. M. de faire observer ce décret avec le respect qu'il exige qu'elle a trouvé mauvais que ses juges parussent décider indéfiniment qu'il n'y avoit pas de cas possible où l'indécence et la révolte dussent être punies par la privation des sacremens. Mais de cette disposition même de l'arrêt du Conseil du 21 novembre, dont vous abusez, il résulte évidemment que S. M. n'a pas entendu reconnoître pour légitime tout refus public des sacrements fondé sur le deffaut de soumission à la bulle, ni approuver des interrogations indiscrètes, qui, n'étant autorisées par aucune loi de l'Église et de l'État, tendent à introduire des nouvelles formules de foi sans le concours des deux puissances. Je dois encore vous observer que cette notoriété de fait arbitraire, sur laquelle vous vous appuyez, est réprouvée par les maximes du royaume, où l'on n'a jamais pensé qu'elle pût tenir lieu de jugement pour priver les sujets du roi des droits qui leur sont acquis comme citoyens et comme fidèles. C'est sur ces principes que S. M. entend que vous régliez votre conduite, et elle me charge de vous marquer de nouveau que vous ne lui serez agréable qu'autant que vous vous y conformerez et que vous aurez soin d'éviter et d'obliger les ecclésiastiques de votre diocèse à éviter toutes les occasions capables d'exciter du trouble et du scandale. »

Deux ans plus tard, à la nouvelle de la mort subite de l'archevêque d'Avignon, Mme d'Aulan écrivait à Mme et à M. de Stainville d'employer leur influence pour rapprocher l'évêque d'Acqs de sa ville natale. « Ce prélat, disait la lettre, est très-capable de remplir le poste d'Avignon par sa piété et une conduite irréprochable. Jamais il n'a sollicité d'autre siége pour rester tout à son devoir et s'est toujours attiré l'estime et l'amitié des corps où il s'est trouvé placé. S. S. le connaît et le feu cardinal ministre était son ami ; quant à sa famille, on sait qu'elle a déjà fourni trois évêques à Vaison et que la mémoire de Joseph-Marie est encore en vénération à Rome. »

Les démarches demeurèrent sans succès et le prélat démissionnaire dans une de ses lettres, du 13 juin 1772, parle de son successeur, arrivé la veille à Bordeaux.

Il mourut à Avignon le 17 avril 1785.

Voici un témoignage de son zèle, tiré d'une lettre du maréchal de Noailles, du 28 juillet 1754 :

« Je sçais que vous avés entrepris avec les seules ressources de vos revenus la construction d'une maison bien propre à étendre dans votre diocèse les progrès de la religion. Je suis également instruit que votre clergé est un des plus édifiants du royaume, et que, pour être en état de porter vous-même l'instruction chez tous les peuples confiés à vos soins, vous avés appris une langue tout à fait inconnue aux Pères de l'Église... »

Il s'agit ici de la langue basque.

Henri et Benézet de Suarès, chevaliers de Malte depuis 1718 et 1719, se firent remarquer par leur bravoure militaire. Le premier, dit le chevalier d'Aulan, nommé lieutenant en second le 30 mai 1719, se distingua dans les guerres d'Italie et d'Allemagne. A Raucoux, où les Anglais étaient retranchés, il s'empara avec sa troupe d'une batterie et de quatre drapeaux. Cette action d'éclat lui valut le grade de lieutenant-colonel, une gratification de 800 livres et, en 1747, un régiment de grenadiers royaux. Il prit une part glorieuse à la campagne de Brabant et fit merveille au combat de Lauveldt. A sa mort, il était maréchal de camp et commandant de l'île de Ré [1].

Relations littéraires. — Pithon-Curt.

Jean-François de Suarès, seigneur d'Aulan et de Vallerargues (Gard), recevait en 1752 une demande de notes sur sa famille de la part de Gastelier de Latour, chargé par les États de Languedoc de faire le nobiliaire historique de la province.

---

(1) Archives de la Drôme. E. supplément aux familles.

« J'ay trouvé, écrivait celui-ci, votre généalogie dans l'*Histoire de la noblesse du Comté Venaissin*, mais il peut s'y être glissé des fautes d'impression; il peut aussi depuis y être survenu quelques changemens.....; enfin il y manque 1° la datte du premier mariage de noble François-Quinide de Suarès avec D^elle Françoise-Marie de Bellis; 2° la datte de sa mort; 3° la datte de votre contrat de mariage; 4° les dattes des naissances de vos cinq enfans. » L'auteur désirait en outre la communication de copies de lettres de généraux d'armée ou de monarques pour rendre cette généalogie, déjà belle, encore plus intéressante.

En 1767, Donat, avocat au parlement, se disant chargé « de donner au public » un *Dictionnaire topographique du Languedoc*, adressait une requête identique à l'acquéreur de la terre de Baix (Ardèche). Ni l'un ni l'autre n'obtinrent probablement de réponse favorable; mais il n'en fut pas de même pour Pithon-Curt.

Cet écrivain, connu de nos lecteurs par ses généalogies des Adhémar, de Genas, d'Urre, etc., a ou très-peu de biographes, et il y aura quelque intérêt à recueillir dans sa correspondance avec le marquis d'Aulan les faits propres à mettre en lumière sa vie, son style, son orthographe et les vicissitudes de son livre, aujourd'hui fort rare.

Né à Carpentras, le 12 juin 1703, il quitta son pays natal d'assez bonne heure. La première lettre de notre collection, datée de Paris le 11 février 1730, n'a rien d'intéressant; mais le 29 septembre 1735 M. d'Aulan renvoyait la généalogie des Suarès avec force éloges et avec quelques additions et corrections. Il lui demandait aussi, au cas où il persisterait à ne pas accorder l'article *de* aux maisons étrangères, d'en expliquer le motif dans la préface ou introduction de son ouvrage. « J'aurois bien désiré, ajoute-t-il, que vous n'eussiés pas retranché les trois premières generations de la genealogie que je vous envoyay; je vous la renvoy d'une manière plus simple, selon ce qui se lit dans l'Histoire de l'église de Vaison du P. Anselme Boyer, qui a plus de connoissance de la foule et abime de mes

manuscrits et documents que moy, ayant eu la patience de les
tous parcourir pour cette histoire; vous le mettrés ainsi, si vous
le jugés à propos. » Il ajoute qu'il a tiré ses renseignements
du cabinet de feu M. Guy Allard, « advocat au parlement de
Grenoble et genealogiste du Dauphiné, qui recueillit tout ce
qui fut reçu, verifié et emologué par M. Dugué, intendant de
la province, commissaire député par S. M. pour verifier la
noblesse en 1666, et qui recut, verifia et emologua les pieces
justificatives de la descendance des Suarès. Au sujet du marquisat d'Aulan, si vous ne trouvés pas à propos de mettre *marquis*, mettez *seigneur;* mais le roy Louis XIV et les papes
nous ont qualifié mon pere et moy de cette façon dans toutes
les lettres patentes que nous avons d'eux..... »

Le 18 juin, M. d'Aulan réitère le vœu de vérifier au préalable
tout ce qui concerne sa famille et ses armes. « Jay veu autrefois entre les mains du marquis de Malijac un armorial, si vous
en aviés besoin pour ajouter quelque chose au vostre, il seroit
d'une grande ressource. »

Pithon-Curt lui adressa une copie de son travail, le 18 août
1735, en s'excusant de ne l'avoir pas fait plus tôt. « J'ai taché
dans votre article come dans tous les autres de metre tout ce
qui est necessaire et d'en rejetter tout ce qui est inutile; je suis
enemi du verbiage. Je suis persuadé que vous serés content de
ce que j'ai fait. Je n'ai point parlé de la robe, que de la maniere
que vous me l'avés permis. Je n'ai pas jugé à propos de metre
l'article à votre nom, parce que les noms etrangers n'en souffrent point et je puis meme ajouter que l'article (de) ne doit et
ne peut se mettre que devant un nom de terre..... »

Comme l'examen de sa généalogie se prolongeait outre mesure, Forneri écrivit à M. d'Aulan que Pithon-Curt réclamait
son manuscrit (30 septembre 1735). Une lettre du 1er octobre
nous apprend qu'il lui fut renvoyé, avec quelques additions et
des éloges Le tout fut accepté. « Vous pouvés etre assuré d'avoir
satisfaction sur tous les chefs de votre lettre; vous m'en laissés
le maitre et voila justement ce qui captive ma liberté ; je ne
saurois me determiner à resister, lorsqu'on me cède. Est-ce un

fonds de vanité, est-ce foiblesse? Je n'en sais rien. Je ne me conois pas encore assés pour porter un jugement sur moi-même. Vous demandés les choses et vous les proposés d'une manière la plus engageante...... J'aurois déja donné les volumes à imprimer ; mais un libraire d'Utrecht est venu à la traverse ; je ne sais si je m'acomoderai avec lui ou non. Mais, pour le certain, j'observerai également dans le 1er et dans le 2e l'ordre alphabétique.... Il faudra un 3e volume ou tout au moins deux volumes et un supplément..... »

Cette lettre établit que M. d'Aulan s'occupait volontiers de recherches historiques et qu'il avait promis à Pithon-Curt la généalogie des Roaix.

Le 28 décembre, l'écrivain comtadin lui réclama ses 128 quartiers. « Quelques personnes m'ont prié de joindre à leur article une table de leurs quartiers ; mon dessein est de la faire pour les familles qui sont en état de prouver les 16 quartiers paternels et les 16 maternels. ce qui revient à 128 en tout. Huit degrés de filiation de part et d'autre suffisent. Vous sentés bien que vous serés du nombre..... Le nombre des familles qui ont l'avantage d'avoir contracté de bones aliances sans interruption, n'est pas bien grand, ce qui augmentera en quelque manière le relief de celles qui pourront faire les 128 quartiers.... »

M. d'Aulan demanda quelque temps pour achever ce travail.

Le 20 septembre 1736, Pithon-Curt félicitait son noble correspondant sur la nomination de son frère à l'évêché d'Acqs ; puis le 9 octobre, étant à Juziers près Meulan, chez l'abbé de La Fare, il annonçait son prochain retour à Paris et l'impression de son livre. « Je n'en ferai tirer qu'un petit nombre d'exemplaires. Les personnes qui voudront s'en assurer souscriront, si elles veulent, en donnant 6 livres, qui est la moitié du prix qu'il sera vendu, et le reste en recevant l'ouvrage. »

M. d'Aulan répondit, le 3 décembre, de sa terre, qu'il allait rentrer à Avignon et souscrire. Toutefois, il désirait voir le texte de son article auparavant.

Pendant ce temps des difficultés surgissaient, témoin la lettre du 30 septembre 1737 : « Mon manuscrit est entre les mains de

M. de Clerembault, que M. le chancelier m'a donné pour censeur. Il m'a fait déja plusieurs dificultés sur le prétendu défaut de preuves dans des articles où il n'y a rien que de vrai. Dans ceux par exemple où il se trouve des chevaliers de Malte, il n'est pas douteux que les 4 degrés n'ayent été bien prouvés. Il exige cependant que j'indique les mariages et testaments avec les noms des notaires qui les ont passé, etc. De sorte que je prévois qu'il m'arrêtera indubitablement sur votre article au sujet de l'oubli d'avoir indiqué les pièces et des 3 ou 4 premiers degrés. Je me ressouviens que vous m'avés fait l'honneur de me dire que vous aviés un arrêt de l'intendant du Dauphiné, rendu lors de la recherche de la noblesse ou dans un autre temps; je vous supplie d'en vouloir faire faire un extrait par des notaires et de le faire légaliser. Il en est de même des preuves de MM. vos frères pour Malte et de celles de MM. vos oncles pour Brioude…. Je suis pressé et l'examen est à la veille d'être achevé. Je serois penetré de la plus vive douleur si je n'étois pas en état de satisfaire M. de Clerembault sur ce qui vous regarde…. »

La réponse du 16 novembre ne donna pas satisfaction à l'écrivain : « Je me flatte que M. de Clerembaud ne vous fera aucune difficulté ; ce n'est pas à des familles comme la mienne qu'il en fait. Quoique je n'aye pas l'honneur d'estre conu de luy personnellement, j'auray celuy de l'en remercier, de luy en marquer mes sentimens dans l'occasion et de les luy faire temoigner par des parents et des amis illustres qui ont le bonheur de le conoître. Je vous prie que si la genealogie de ma famille s'imprime, elle y soit conformement à ce que vous avez eu la bonté de me dresser. Si vostre impression est retardée, je pourray vous envoyer mes quartiers ; M. le marquis d'Aubaye travaille aux 128…. Il m'est impossible de faire faire et d'envoyer les copies que vous demandés, ce seroit un abime de recherches et de papiers à envoyer. Je reçois dans le moment une lettre d'un de mes parens d'Espagne, sur l'existence de la branche de Xerès, elle ne pouvoit venir plus à propos…. »

Les craintes de Pithon-Curt ne furent pas de longue durée.

Il écrivait le 8 que son livre était sorti de l'examen, sans aucune difficulté sur l'article Suarès. « Je n'aurois point esté surpris que l'on my eut aresté, attendu que je n'ai cité nulle part les mariages et testaments, contre mon usage. J'ose vous dire que le censeur m'a examiné avec autant d'exactitude que s'il se fut agi d'une matiere d'état et de religion, et qu'il m'a fait des observations et des notes sur des minuties concernant des maisons que vous avoueriés sans difficulté pour aussi bones que la votre. Voila ce qui m'avoit engagé à prendre mes mesures de loin ; je suis charmé que nous n'ayions eu aucune peine là dessus, vous et moi. Me permettrés-vous de me recrier un peu sur le manque de confiance. Vous devés etre assuré que je tiens ma parole quand je la done, et que votre article sera conforme, au moins quant au fonds, à ce que je vous en ay envoyé. Je dis quant au fonds parce que j'ai retranché certaines choses dans les éloges de vos eveques, que M. de Clairambault a trouvé trop longs, selon son gout ordinaire, qui est de reduire tout et de ne vouloir que l'essentiel ; je l'ai cependant fait entrer dans mon dessein et mes eloges des personages illustres ont subsisté et seront imprimés. Vous savés que chacun pense diferemment ; pour moi j'ai été persuadé qu'il faloit orner la matiere sans en alterer la verité et que la maniere de presenter les objets est capable de les agrandir ou de les degrader.... »

Si l'auteur tenait à un faible reste d'indépendance littéraire, M. d'Aulan ne tenait pas moins à la communication du texte à imprimer.

Il se justifia très-poliment et très-habilement sur ce point et lui envoya peu après la généalogie des Belli (janvier 1738). Il paraît que la lettre de Pithon-Curt s'égara ; de là des excuses, le 24 juillet suivant. « Vous recevrez incessamment, ajoutait-il, la copie de votre article tel qu'il a été aprouvé et tel qu'il sera imprimé. Les ouvriers travaillent depuis bien du temps à me mettre en état de contenter la noblesse ; mais, à la verité, leur travail ne seconde pas mon impatience. Je vous assure que l'on est bien à plaindre lorsque l'on se trouve necessairement exposé à la discretion des gens qui n'en ont point ou bien peu. Je les presse autant qu'il m'est possible et cela plus pour remplir l'espèce d'engagement que j'ai contracté avec la noblesse, que pour m'attirer des louanges et des remercimens de sa part. »

Le 21 août, l'auteur remercie M. d'Aulan d'une démarche auprès du vice-légat et il lui annonce l'envoi de la copie exacte de l'article concernant les Suarès. « Vous y trouverés bien des choses que j'ai cru nécessaires et que j'ai laissé, malgré les avis de mon examinateur, qui avoit voulu rendre mon ouvrage plus sec qu'un almanach..... Vous m'en dirés votre mot et il n'y aura rien que je ne fasse, quelque difficulté que je rencontre, persuadé que vous ne pensés que selon la plus juste raison. M. Forneri a débité, il y a longtemps, les douze soubscriptions que je lui avois envoyées; en voilà une que je viens de faire et qui sera la 31e seulement, parce que c'est à ce nombre que je m'étois fixé pour contenter mes amis..... »

A la suite se trouve une quittance de quinze livres à M. le marquis d'Aulan, pour sa souscription à l'*Histoire de la noblesse d'Avignon et du Comté-Venaissin*, datée de Paris, le 21 août 1738.

31 exemplaires à 15 livres, il y avait à peine de quoi payer le brochage et une partie de l'impression! Aussi l'auteur provoquait-il, le 1er août, la réalisation des offres de service de M. d'Aulan : « J'aprens que M. le vice-légat vient d'être nommé nonce en France. Comme il est possible que S. Excel. ait besoin de quelqu'un auprès de lui, soit pour secretaire françois, aumonier, etc., j'ai cru que je pouvois demander ces sortes de places-là. Quand on n'est pas né pour esperer de grands emplois, on doit renoncer à la délicatesse et s'apliquer à se faire un etablissement par son travail. Si ce prelat veut s'acomoder de moi, je pourrai lui servir en meme tems de secretaire et d'aumonier. Je ne vous dirai rien sur moi-meme. Je puis seulement vous assurer qu'il y a ici des gens de consideration qui rendront temoignage sur ma façon de penser et de faire, et qu'assurement M. le nonce peut m'employer à tout ce qu'il peut desirer.... »

La démarche fut faite et n'aboutit pas, le nonce voulant être assuré de sa nomination avant tout, car la cour de France y faisait obstacle. C'est une lettre du 11 août qui l'apprend.

Le 19 mars 1741, le 1ᵉʳ volume de l'*Histoire de la noblesse du Comtat* s'achevait et le 2ᵉ était chez l'imprimeur. Le tout devait paraître au mois de novembre. L'ordre alphabétique reportant les Suarès au 3ᵉ, l'original de l'article à imprimer fut confié à M. d'Aulan.

« Vous observerés, s'il vous plaît, que je n'y ai cité ny datte, ny notaire, contre mon usage ordinaire. Il seroit fort à propos de les ajouter, car il semble que votre article ait été fait au hazard et sur de simples mémoires, au lieu que tous les autres sont faits sur les preuves litterales ou historiques. J'ay eu l'honneur de vous en dire mon sentiment autrefois... » La lettre contient, de plus, une copie de la généalogie des Fougasse, imprimée dans le 1ᵉʳ volume, non encore livré alors.

L'année suivante nous montre M. d'Aulan retenu dans ses terres par des incommodités et l'auteur en convalescence; puis, en 1741, les échanges de lettres roulent encore sur l'article Suarès, à communiquer et à modifier, d'après de nouvelles découvertes. Les négociations continuaient même en novembre, puisqu'une lettre du 10 promet de différer jusqu'aux premiers jours de janvier suivant l'impression du 3ᵉ volume. « Je voudrois bien que M. votre cousin vous eut fourni d'icy à ce temps-là de quoy parler à fonds de votre nom, pour lequel on ne sauroit s'intéresser autant que je m'intéresse... Je crois devoir vous aprendre que Mᵉˡˡᵉ de La Roche-sur-Yon [1], princesse du sang royal, a eu la bonté de me faire son aumonier et me doner place dans son conseil, après m'avoir doné gratis peu de jours auparavant les charges de maître des eaux et forets et de bailly de son comté-pairie de Senonches, qui est une seigneurie de 12 à 15 bourgs ou paroisses de pres de 100 mile livres de rente et dont les affaires ressortissent directement au parlement de Paris. Il faut esperer qu'enfin mon etoile cessera d'etre fixe et qu'après avoir touché de près à ma fortune, sans avoir pu la rendre favorable, j'en arracherai pied ou aile. »

---

(1) Louise-Adélaïde de Bourbon, fille de François-Louis de Bourbon, prince de Conti, et de Marie-Thérèse de Bourbon.

La lettre est datée de Senonches, par Brezolles, au Perche ; elle fut suivie des compliments et félicitations de M. d'Aulan.

Pendant que l'auteur s'élevait en dignités, les imprimeurs négligeaient l'impression de l'*Histoire de la noblesse du Comtat* et le 22 avril 1742 le 2ᵉ volume n'était pas encore achevé. Ce délai permettait d'attendre de nouveaux détails sur les Suarès d'Espagne. Alors aussi Pithon-Curt s'occupait de son établissement à Senonches. « Je vous assure, mandait-il à ce propos, que ce n'est pas un petit embarras pour moy qui vis à Paris en garçon depuis 13 ou 14 ans. L'embarras est d'autant plus grand que dans le nombre (d'amis) que l'on a, il ne s'en trouve pas un seul qui soit en etat de prêter 5 sols, ains au contraire.... »

Le 3 janvier 1743, les deux premiers volumes étaient prêts et dès que l'ouvrage aurait été présenté au roi les souscripteurs seraient servis. « Je retoucherai mon 3ᵉ volume, encore manuscrit, avant de faire un nouveau marché avec l'imprimeur, car j'ay été trop lezé dans celui que j'ay fait avec lui pour les deux premiers, heureux si je trouve à m'indamniser ! »

Au mois de mai suivant, l'abbé Pithon-Curt allait se fixer à Verneuil, à cause d'un petit bénéfice qu'il avait près de cette ville. A la même date, là souscription à son livre était close et les libraires en avaient des exemplaires. L'auteur s'excusait de ne pouvoir copier l'article Suarès, à cause de ses nombreuses affaires et de l'indiscrétion des copistes. « Je me suis si mal trouvé d'avoir confié de mes cahiers pour oser m'y exposer de nouveau. Un fripon à qui je faisois gagner du pain avoit la bonté de les communiquer à cent personnes et les faisoit promener de boutique en boutique pour les vendre, avec l'esperance de livrer tout l'ouvrage. »

Malgré cela, les demandes de communication continuèrent ; et les compliments les mieux tournés les accompagnaient toujours. « Il seroit bien à souhaitter pour la gloire de ce pays qu'un genie aussi brillant et aussi penible que le votre résidat dans cette province, je vous en fournirois les memoires manuscrits que j'ay dans mon cabinet ; ils sont immenses ; vous en pourriez faire la plus belle histoire, n'ayant que celle que Fanton (Fantoni Castrucci) a fait en italien. »

Cette idée d'une histoire de la province sourit à notre auteur.
« Je serois bien flatté, écrivit-il de Boissy près Verneuil, le 5
juillet 1743, qu'on voulut s'en raporter à mes mediocres talens,
et quoique je sente à merveille qu'il s'y trouvera des endroits
delicats par raport à la cour de Rome, j'ay encore assés de
courage pour publier la vérité, pour laquelle il semble que l'on
ne se donc de la peine que pour ne pas la conoitre. Je dis donc
que le danger de déplaire dans ce travail ne m'arrêteroit point
si je l'entreprenois ; mais come la province ne me paroit pas
disposée à aider et à encourager un auteur qui rendroit ce
service important et à ses concitoyens et à la république des
lettres, il s'ensuit qu'un auteur qui voudroit traiter cette matiere
seroit obligé de s'en tenir simplement à l'emulation. Ce motif
est puissant, je l'avoue, chez moy, surtout lorsque j'ecoute les
sentimens que la nature me donc pour mon pays natal ; cela
peut-il suffire ? Non en verité, lorsque l'on n'est pas à son aise
et que l'on n'a pour toute fortune qu'un benefice médiocre dont
on ne peut gagner les fruits que par un travail aussi assidu
qu'il est légitime. Il seroit d'autant plus facile à la province de
mettre un home de mon etat à portée de travailler à son aise,
qu'il est plus susceptible de bienfaits soit de la part de la république, soit de la part des particuliers zelés pour le bien et la
gloire comune. Vous allés aprés ces reflexions croire peut-être
que je suis bien éloigné de m'apliquer à l'histoire epineuse du
Venaissin, point du tout, car il ne tiendra qu'à ceux qui ont
des matériaux de me les fournir pour me faire succomber à la
tentation. J'en ay fait en mon particulier une collection dont je
ne pense pas qu'on aye conoissance à Avignon, parce que j'ay
puisé à Paris dans les sources que j'y ai trouvées, et lorsque je
n'ay pu moissonner abondamment, je me suis appliqué à glaner,
toujours conduit par l'amour de la patrie et de la vérité. On doit
sentir ce que je dis, si l'on fait attention à quelques notes jettées
dans quelques endroits de l'*Histoire de la noblesse*, et voir même
que j'aurois pu y en semer davantage, si la crainte de prevenir le
travail de mon ami et de paroitre avoir de l'affectation ne m'eut
arrêté. Je suis forcé de rester icy jusqu'à la fin de l'automne

pour faire ma petite recolte et pour satisfaire au devoir de la residence, parce que mon benefice m'y oblige. Je ne suis qu'à une bone journée de Paris; ainsi le voyage est court et d'autant plus facile que j'ay une chaise à moy, dont on m'a fait present depuis peu. Au reste, je sens bien que ce seroit une grande douceur pour moy d'habiter un pays que j'aime et où j'imagine que je trouverois assés d'amis raisonables et spirituels pour m'y former une société utile et amusante. Mais il faudroit pour cela que j'y eusse un établissement honnete et aisé. Hé! qui me le procurera? Persone. »

Cette lettre fit plaisir à M. d'Aulan, qui en remercia l'auteur. Celui-ci, le 20 septembre 1743, parlant d'un travail qui suivra son 3e volume et destiné à ses compatriotes, demande communication des recherches des illustres oncles de Jean-François de Suarès. Fut-il écouté? Tout ce qu'on sait par la correspondance arrivée jusqu'à nous, c'est qu'une lettre du 16 janvier 1744 annonce l'envoi par Forneri, depuis la fin du mois précédent, de l'*Histoire du Comtat.* « C'est sur quoy il faudra travailler désormais, dit Pithon-Curt.... Je retourne lundi prochain à Paris pour y prendre les arrangemens convenables à l'impression de mon 3e volume, dans lequel votre famille se trouve comprise. Je vous prie de croire que j'ay fait pour vous tout ce que j'ay cru de plus honorable et de plus flatteur, sans pourtant doner dans l'emphase, parce que je crois qu'il est plus aisé de plaire en écrivant et en parlant simplement. Jusqu'icy je n'ay osé vous mander que les grands frais que j'ay eté obligé de faire pour mes deux premiers volumes m'avoient determiné à n'employer personne que sous condition de contribuer aux frais de l'edition de ce 3e volume. Il est vrai que vous avés souscrit pour les trois ensemble. Aussi aurés-vous les 3 volumes *gratis,* tout de même que si votre famille n'y etoit pas comprise; mais si vous voulés m'empécher de perdre, je vous prie de vouloir bien entrer dans les frais de l'impression, que j'ay reglés à 72 livres. Je dis que je vous prie, parce que pour peu que cela vous deplaise, vous n'enverrés rien du tout, et que je serois faché d'exiger de vous une chose qui ne seroit pas de votre gout. Je me flatte que les bontés que vous avés pour moy vous engageront à entrer dans mes interêts et à les menager, puisqu'il est certain qu'il m'en a couté plus de 5,000 livres, dont il ne m'est pas rentré jusqu'icy la dixième partie. »

Une lettre de M. d'Aulan du 17 avril ne parle pas de concourir aux frais d'impression; sans doute qu'elle n'est pas la réponse à la communication précédente.

Le *Mercure de France* annonçait en février 1747 l'apparition dans le cours de l'année du 3ᵉ et dernier volume de l'*Histoire de la noblesse du Comtat*; aussi de nouvelles démarches sont-elles faites alors auprès de l'auteur pour ajouter à l'article des Suarès quelques détails sur les exploits militaires du chevalier d'Aulan et pour avoir communication de tout l'article; puis des indispositions et des maladies ralentissent les relations épistolaires. Le 18 mars 1748 Pithon-Curt prie son correspondant de retirer des mains de M. Eydoux, notaire de Carpentras, 4 extraits d'actes concernant Mme la duchesse de Luynes, dont il a besoin pour le supplément de son 3ᵉ volume. Le 3 octobre 1749, l'auteur, en recevant des cartes du Comtat, déclare qu'il en a fait graver une, il y a deux ans, plus détaillée et plus exacte que celle du P. Bonfa, celle de Martineau « ne valant rien au monde », ainsi qu'une vue de Vaucluse, dont il a été tiré moins de 40 exemplaires, afin de ne pas user la planche, lorsqu'il faudra d'autres tirages pour l'*Histoire du Comtat* et des antiquités romaines et curiosités.

M. d'Aulan, toujours préoccupé de ses quartiers, en 1750, craignait encore des changements de la part de Pithon-Curt. « Il a, écrivait-il à son frère, une si grande fertilité d'idées, qu'il aime à changer, et je souhaite qu'il soit exact à ce que je luy ay envoyé. » L'auteur s'exécuta et annonça que son ouvrage ne contiendrait point d'autres tableaux de quartiers. « Ainsi c'est une distinction pour vous. » (20 avril 1750.) A cette date il envoyait à M. d'Aulan, par l'entremise de Forneri, un paquet de toutes ses gravures en épreuves. Les deux derniers volumes de l'*Histoire de la noblesse du Comtat* touchaient à leur fin et une lettre de son correspondant exprime le désir de savoir si celle de la province est bien avancée.

Le 7 août 1750, Fornéri répondit à M. d'Aulan qu'il n'avait reçu aucun paquet « des stampes qu'il avoit fait graver. L'abbé Pithon devoit mettre ses deux derniers volumes du nobiliaire en vente avant la fin de mai. Je n'ai plus entendu parler de lui, dont je suis tres mortifié. Pour achever et faire imprimer ses deux derniers volumes, il a tout suspendu à mon égard. Je déplore le malheur de ma surdité, qui m'a empeché d'aller moi-même à Paris, et tout seroit sans doute fini. J'ai dependu et je depends encore d'un ami qui a voulu vaquer à ses propres affaires avant qu'aux miennes ; je n'ai qu'à prendre patience.... »

Nous touchons ici au point délicat de la question. Avant de l'aborder, finissons-en avec l'*Histoire de la noblesse*. Pithon-Curt, d'après une lettre du 5 juillet 1751, s'était associé à quelque éditeur pour ses deux derniers volumes, qu'il fit distribuer à Carpentras par l'épicier Vincent. « Vos libraires d'Avignon ont voulu tirer au bon marché, au moyen de quoy je me passerai d'eux. » Quant à M. d'Aulan, qui avait souscrit au 3º et non au 4º, car il n'y eut pas de souscription pour celui-là [1], il reçut d'un ami l'ouvrage entier et complet et abandonna à l'auteur sa souscription, se félicitant de faire en sa faveur ce petit sacrifice (26 mai 1752).

Fornéri, historien et naturaliste, a sa biographie complète dans le savant ouvrage de Barjavel. Il passa une partie de sa vie à recueillir des matériaux sur l'histoire du Comtat et confia ses manuscrits à Pithon-Curt pour les faire imprimer. Celui-ci les retoucha, les augmenta et, après la mort de Fornéri, annonça exclusivement en son nom une *Histoire du Comté Venaissin* en 6 vol. in-4º. Le prospectus, imprimé chez Didot, remonte à 1757. Mais Barjavel nous apprend que le gouvernement de France lui défendit de publier son histoire « ni dans le royaume ni à l'étranger, si ce n'est dix ans après l'impression de celle de Fornéri [2] ».

---

(1) Le 4º se vendait 9 francs en 1752.
(2) *Dictionnaire historique, biographique,... de Vaucluse.*

Que disent nos lettres autographes sur ces points ? Elles constatent le prêt à Fornéri et à Pithon-Curt par le marquis d'Aulan des notes de Guintrandi sur Fantoni-Castrucci, la publication d'un prospectus de l'histoire d'Avignon par Morenas et la promesse faite à Pithon-Curt par M. d'Aulan des estampes du dauphin André, du brave Crillon et autres. Puis, nous lisons dans une lettre de Pithon-Curt, du 20 janvier 1752, le passage suivant :

« Je donerai dans le courant de cette année l'histoire du pays à imprimer. Celle des homes illustres en est la suite et n'en fera qu'une petite partie, car je compte que tout l'ouvrage sera de 4 volumes in-4°…. Est-ce que vous n'avés plus d'écrivains publics ? Que sont devenus les La Baume et les Morenas ? Il est facheux qu'ils ne se mêlent plus de vos papiers périodiques. Ils étoient fort bons et fort recherchez. »

De son côté, Forneri écrit le 12 mai : « J'attends avec impatience de recevoir quelque lettre de l'abbé Pithon qu'il est enfin arrivé à Paris. Je persiste dans le dessein de ne mettre point dans mon histoire les listes des viguiers et primiciers que je vous avois prié. J'ai fait quelques decouvertes touchant mes hommes illustres, que j'ai envoyées à Paris pour être jointes. »

Le 28 janvier 1755 Pithon-Curt fait à M. d'Aulan des aveux importants sur la question.

« Je suis tres convaincu, dit-il, de l'excellence et de la richesse de vos matériaux, s'ils existent encore en leur entier et tels que vos illustres et savants parents les ont accumulés. Je suis à l'égard de ces belles collections come à l'égard de celles de M. de Peiresk, actuellement à Carpentras, c'est-à-dire tres desireux de les compulser ; mais il faut là dessus que je me modère et que je m'en tiene à l'estime que je fais de toutes ces richesses. On en trouve ailleurs et j'en ay profité de manière à surprendre les Morenas et autres travailleurs du pays ; car on a souvent des yeux qui ne servent qu'à voir et non à observer. Le bon Horace savoit bien qu'en dire :

> Sumite materiam vestris, qui scribitis, æquam
> Viribus et versate diu quid ferre recusant
> Quid valeant humeri……

» Les Morenas et les Forneri se sont crus assés forts pour un fardeau trop pesant pour eux. Ils ne l'ont envisagé que par le bout, c'est-à-dire par le profit qui leur en reviendroit ; mais ils n'ont pas essaié leurs forces; ils succomberont.... » Il ajoute, après une appréciation sévère du *prétendu abrégé de M. Fleury* par Morenas : « Je suis donc bien éloigné de me prêter à une société de travail dont le resultat me couvriroit de confusion.... J'ay écrit à MM. d'Avignon seulement pour avoir communication de quelques materiaux et non pour avoir ni pension, ni gratification.... Pour ce qui est du nobiliaire, je crois pouvoir dire, apres avoir travaillé pendant dix ans sur cette matiere et y avoir depensé 12 à 15,000 livres, que je doute de son execution. En tout cas, j'aplaudirai tres volontiers à l'ouvrage, s'il est bon et s'il vaut mieux que le mien. »

Le 27 mars 1756, l'auteur, étonné du silence de M. d'Aulan, au sujet d'un manuscrit offert, lui écrit : « J'avois eu l'honneur de vous le demander et c'est justement depuis ce tems-là que je n'ay aucune nouvelle de vous. Come les absans ont toujours tort, j'ay imaginé quelque manœuvre du vieux Forneri ou de ses partisans qui vous auroit empêché de continuer à m'honorer de votre bienveillance, j'ai eu tort de l'avoir pensé et je vous en fais réparation...»

Il y avait donc rupture alors entre Fornéri et Pithon-Curt. Mais notre correspondance s'arrête précisément à la même époque et ne nous donne pas de solution précise. Était-ce une raison pour négliger les détails curieux qu'on a lus ?

Pithon-Curt, devenu correspondant de l'Académie des inscriptions et belles-lettres, mourut à Verneuil, au Perche, où il était curé, en 1780. Son manuscrit de l'*Histoire du Comtat* paraît s'être égaré depuis, et, à l'exemple de Barjavel, nous exprimerons le regret que des entraves aient été mises à sa publication, car en comparant son œuvre avec celle de Fornéri, en très-grande partie conservée, — mais inédite, — il serait facile de reconnaître la part de recherches de chacun, bien que Pithon-Curt eût profité des travaux de son ami et plus tard de son concurrent.

M. d'Aulan correspondit aussi avec Charles de Baschi, marquis d'Aubais, et il nous reste quatre lettres de ce dernier.

.... « Je voudrois bien que vous succombassiez à la tentation ou vous paroissez etre de venir ici, écrivait-il le 26 avril 1735. J'aurois un veritable plaisir de renouveller l'ancienne connoissance, et je vous promets qu'alors je rappellerai toutes mes connoissances genealogiques. Vous me ferez part de vos idées et je vous dirois naturellement ce qu'il y auroit à faire. Si vous apportiez tous les papiers des Suarez, je vous les rangerois dans le tems que vous seriez ici et vous les rapporteriez....... »

Le 17 juillet 1736, le marquis d'Aubais s'excuse sur sa paresse « passée, présente et future..... L'on me copie les genealogies des Berard, de Villages et de Chambonas...... Presque toutes celles que vous m'avez pretées sont copiées et vous les aurez avec Berard, etc......... Je vais à Uzez pour y voir Mme la duchesse, que je me reproche continuellement de n'avoir pas vue encore; je voudrois bien vous y trouver, et je vous engagerois, à coup sûr, à venir ici, vous verriez que partie de vos besognes sont faites. D'abord apres mon retour, qui sera sans doute fort peu de jours, je ferai finir ce qui reste à vous envoyer et le ferai partir sans delai. S'il y a autre chose qui vous duise ici, vous n'avez qu'à demander et je vous l'enverrai avec grand plaisir. Je suis, mon tres cher marquis, plus que je ne saurois vous l'exprimer, et avec tous les sentimens que je vous ai vouez, votre tres humble et tres obeissant serviteur. »

Il s'agissait des quartiers de noblesse de Mme d'Aulan, réclamés par Pithon-Curt.

Voici la dernière, du 21 décembre 1741.

« On ne peut etre plus sensible que je le suis, Monsieur, à la part que vous voulez bien prendre au mariage de ma fille avec M. le comte d'Urre. Le plaisir que j'ay eu de cette alliance augmente par l'honneur que mon gendre a de vous appartenir. .... Avez-vous bien avancé les recherches pour votre maison? J'ai vu à Paris M. l'abbé Pithon-Curt, qui travaille pour le Comtat; son ouvrage me paroît plein de recherches, et j'espere que les connoisseurs lui rendront la justice qu'il merite... »

M. de Gallier, après avoir cité un passage d'une lettre de d'Anfossy au marquis de Caumont, où Pithon-Curt est comparé à Chapelain, retardant l'apparition de son ouvrage pour prolonger les contributions de ceux qui voulaient être insérés dans son recueil, ajoute avec raison : « Il serait cependant injuste de ne pas reconnaître que les notices très-étendues dont se compose son *Histoire de la noblesse du comté Venaissin* ont sauvé de l'oubli un grand nombre de faits curieux [1]. »

Quant au marquis d'Aubais, né à Beauvoisin près de Nîmes, le 20 mars 1686, marié, le 5 juin 1708, avec Diane de Rosel, dont il eut : Jean-François, marquis du Cayla, Diane-Henriette, femme de Joseph de Monteynard, marquis de Montfrin, et Jacqueline-Marie, qu'Alexandre-François-Joseph, comte d'Urre, épousa, il fut un érudit de premier ordre et un médiocre écrivain.

Relations littéraires. — Mme du Deffand.

Pendant que d'Aubais et Pithon-Curt adressaient leurs découvertes généalogiques au marquis d'Aulan, son épouse entretenait un agréable commerce épistolaire avec sa sœur, appelée par quelques écrivains *la Sévigné du XVIIIe siècle*.

Née en 1697 du mariage de Gaspard de Vichy, marquis de Chamron, avec Anne Brulart, la jeune Marie fut élevée à Paris dans un couvent de la rue de Charonne et n'y reçut qu'une éducation très-irrégulière et très-incomplète, à laquelle son esprit suppléa très-heureusement. Mariée, le 2 août 1718, à Jean-Baptiste-Jacques du Deffand, marquis de La Lande, d'abord colonel de dragons et ensuite brigadier des armées du roi et lieutenant général en Orléanais, elle ne put s'accommoder avec lui, à cause de son caractère difficile et de sa société ennuyeuse, et « finit par se passer avec franchise toutes les fautes et les inconséquences qui pouvaient nuire à la considé-

---

(1) A. DE GALLIER, *Le marquis d'Aubais*, Marseille, 1870, br. in-8°.

ration, même en ce monde de mœurs relâchées et faciles [1] ».
Sans parler du Régent et de bien d'autres, elle vécut, à un
certain moment, sur un pied de liaison régulière avec le président Hénault. Mais, en même temps, son salon devint un centre
littéraire où tout ce qui était illustre dans les lettres et dans le
grand monde aimait à prendre place tour à tour. « De tout
temps amie de Voltaire, elle l'est aussi de Montesquieu, de
d'Alembert. Elle les connaît et les juge dans leur personne,
dans leur caractère, plus volontiers encore que dans leurs écrits;
elle apprécie leur esprit à sa source, sans dévotion à aucun,
avec indépendance. Si elle les lit, son jugement s'échappe aussitôt et ne se laisse arrêter à aucune considération du dehors.
Les mots les plus vifs et les plus justes qu'on ait retenus sur les
hommes célèbres de son temps, c'est elle qui les a dits [2]. »

Ses soirées, qui commençaient tous les jours à 6 heures et
suivaient d'ordinaire un petit souper, dont la gaîté, le goût, les
nouvelles du jour, le bon sens et l'esprit faisaient le principal
mérite, devinrent si recherchées que tout étranger de distinction
sollicitait l'honneur d'y être admis. Le principal profit pour
elle fut l'oubli de la perte de ses yeux, « qui, après avoir toujours été assez faibles, se fermèrent trente ans avant sa mort [3] ».

Sa correspondance ne se ralentit point par suite de ce malheur
et ses lettres, fort nombreuses, offrent le tableau le plus piquant
et le plus exact du XVIII° siècle. « Il seroit bien à souhaiter,
dit M. le président Hénault, que ce qu'elle a écrit ne fût pas
perdu : Mme de Sévigné ne seroit pas la seule à citer. Mais, qui
pourroit le croire? je parle d'une personne aveugle ! Ce malheur
ne changeoit rien à sa conversation ni à son humeur; on eût
dit que la vue étoit pour elle un sens de trop. Le son de la voix
lui peignoit les objets, et elle étoit aussi *à propos* qu'avec les
meilleurs yeux [4]. »

---

(1) Sainte-Beuve, *Causeries du lundi*, t. I, p. 415.
(2) Sainte-Beuve, *loc. cit.*
(3) *Correspondance inédite*, en 2 vol. in-8°, t. I.
(4) *Correspondance inédite*, t. I.

Malgré l'intérêt que peut offrir la correspondance de Mᵐᵉ du Deffand, il ne faut pas oublier que notre sujet nous confine dans les Baronnies et dans l'histoire de la famille d'Aulan ; aussi nous arrêterons-nous, bien à regret, aux seuls détails qui s'y rapportent.

Outre le maréchal de camp, comte de Vichy-Chamron, son frère aîné, retiré en Bourgogne, et l'abbé de Chamron, son frère plus jeune, devenu trésorier de la Sainte-Chapelle, à Paris, Mᵐᵉ du Deffand avait aussi une sœur, mariée au marquis d'Aulan, à Avignon, morte en 1769. L'éditeur de sa *Correspondance inédite* croit qu'elle n'eut jamais avec cette sœur de grandes relations. Mais c'est là une erreur. Nous avons retrouvé un assez grand nombre de ses lettres, datées ou non, qui méritent d'être citées ou analysées dans cette monographie, en attendant qu'elles soient publiées *in-extenso* par quelque éditeur intelligent.

Cette correspondance volumineuse comprend des lettres d'affaires, de politesse ou de sentiment. Les affaires, on le conçoit, n'ont pas entre deux sœurs une haute importance. Mᵐᵉ d'Aulan envoie des perdrix, des cédrats, des grenades, de la fleur d'orange, des confitures, des étoffes de soie, du taffetas, des gants. Mᵐᵉ du Deffand se charge à son tour des robes, des coiffures, du beurre, des aiguilles et même du tabac à destination d'Avignon. Tout cela offrirait bien quelque intérêt au point de vue de l'histoire de l'industrie et du commerce du Comtat ; la question même des droits de transit ne serait pas à dédaigner. Effectivement, Mᵐᵉ du Deffand avait fait connaissance avec M. de La Reynière et avait obtenu de lui la permission momentanée de faire venir toutes ses étoffes, « à condition seulement de n'en envoyer qu'un paquet à la fois et de l'informer du jour de l'arrivée ». Quant aux lettres de simple politesse ou de condoléance, elles n'ont de remarquable que le style et n'apprendraient rien à nos lecteurs. Il n'en est pas de même de la correspondance purement sentimentale ; à celle-là il convient de faire les plus larges emprunts pour justifier Mᵐᵉ du Deffand des reproches d'indifférence et d'insensibilité mis en avant par les philosophes et les Encyclopédistes et trop légèrement adoptés par les historiens.

Jean-François de Suarès, marquis d'Aulan, avait épousé, comme on l'a vu, Anne de Vichy-Chamron, le 30 juillet 1724.

Or, à trois ans de là, Mme du Deffand s'excusait auprès de sa sœur, le 15 mars 1727, de ne lui avoir pas écrit plus tôt, à cause de quelque indisposition, et la remerciait d'un envoi de gants. « Vous êtes bien heureuse, ajoutait-elle ; vous avez un mari qui vous aime et que vous aimez ; vous ne connaissez point les malheurs de la vie ; vous jouissez de tous les agréments. Loin d'envier tous vos bonheurs, je souhaite qu'ils augmentent encore et qu'ils continuent toujours. Pour moi, je n'attends ni n'espère point un état heureux ; je le voudrois seulement exempt de peines. Vous voyez que mon imagination n'est pas bien gaie ; mais je compte assez sur votre amitié pour croire que vous vous intéressez à ma situation et que vous l'adoucirez par les assurances de votre amitié. Vous devez compter sur la mienne pour toute ma vie. »

L'année suivante, le 12 juin, une lettre d'un cousin de M. d'Aulan l'invite à venir à Paris, où Mme de Choiseul (Marie de Bouthillier) est dangereusement malade.

Elle mourut en effet vers ce temps et la lettre suivante, datée du 24 septembre, nous révèle quelques particularités sur sa succession :

« Nous avons fait le partage des bijoux : beaucoup de breloques, et puis c'est presque tout. Notre part de bijoux pour chacun ne montera pas à 400 livres. Nous avons un collier de perles fort beau ; nous cherchons à le vendre ; je crois que nous n'en retirerons au plus que 5,000 francs. Votre mari a pour sa part 50 marcs de vaisselle..... Vous me parlez dans votre lettre, ma chère sœur, d'un commerce de lettres. Rien ne peut me faire plus de plaisir. Entretenons-le, et point de cérémonies, et apprenez une bonne fois que personne n'est moins cérémonieux que moi................. M. de Charost prépare le lot de ma nièce, et l'on a trouvé dans les bijoux bien des choses qui lui conviennent mieux qu'à nous..... Divertissez-vous bien, ma chère sœur. Que mon neveu ne vous fasse point perdre l'amitié que vous avez pour sa sœur. Je m'intéresse à elle par tout ce que j'en entends dire. Je veux lui envoyer quelque chose qui lui soit propre. Ainsi, mandez-moi votre goût, je vous supplie, et soyez persuadée que vous m'êtes infiniment chère. »

Madame d'Aulan ayant eu six enfants : *François-Marie-Gaspard*, mort à 8 ans; *Denis-François-Marie, Anne-Gabrielle-Françoise, Louise-Pauline-Avignonne, Marie-Éléonore-Avignonne* et *Marie-Anne-Gasparde-Émilie*, il doit s'agir ici des aînés des deux sexes.

A cette époque (28 septembre 1728), nous apprenons par des lettres de Mme de Vichy, née d'Albon, un détail à consigner : « M. et Mme du Deffand s'accommodent à merveille. M. d'Aulan est le confident de l'un et de l'autre et le médiateur.... Ma sœur est toujours avec son mari ; le ménage va assez bien, à quelque mauvaise humeur près de part et d'autre. Je ne déciderai rien sur leur raccommodement que dans sept ou huit mois. Elle ne comptoit vivre avec lui que dans six mois au plus tôt ; mais le mari ne s'est pas contenté de ce retard. Il en sera ce qu'il plaira au bon Dieu. Mais, en vérité, on est bien à plaindre dans un ménage quand les humeurs ne sympathisent point. L'exemple de ma sœur et celui du commun des femmes doit vous faire envisager votre bonheur comme bien grand d'avoir un mari qui vous adore et que vous aimez.... » Les reproches concernant les préférences pour la nièce au lieu du neveu, qui viennent à la suite, semblent attribuer la lettre du 24 septembre à une autre sœur que Mme du Deffand. Quoi qu'il en soit, les deux correspondantes habitaient ensemble alors.

Le 8 septembre 1729, Mme du Deffand, qui avait déjà tenu sur les fonts baptismaux le premier fils de sa sœur, acceptait d'être marraine du second et lui promettait son portrait. Le 18 juillet 1731 elle ajoutait : « Je me porte bien, malgré la vie que je mène, qui est de ne point dormir du tout. Il faudra nécessairement que j'aille passer une année avec vous pour me ranger à une vie raisonnable. Nous nous coucherons de bonne heure·

Nous jouerons tous les soirs avec les petits enfants. Trêve de plaisanterie, je serois ravie de vous voir l'un et l'autre et de vous dire qu'on ne peut vous aimer plus tendrement que je fais. » A peu de jours de là, elle plaisante spirituellement sur la maigre succession de M. de Troyes. « Je mène une vie fort errante, tantôt à Sceaux, tantôt à Cluny ou à Paris et toujours avec Mme la duchesse du Maine. Cela met des irrégularités dans mon commerce, dont je vous demande bien des pardons.... »

Un détail relevé dans les lettres de M. de Vichy-Chamron, père de la marquise d'Aulan, à la date de 1733, peut être utile pour l'intelligence de la correspondance ultérieure de cette dernière avec Mme du Deffand.

« Il a passé un cavalier ici pour la compagnie de votre frère, qui a dit que vous avez changé de 35 ou 36 domestiques depuis que vous êtes partie de ce pays, et je ne m'étonne pas si vous ne voyez pas plus M. d'Aulan que vous ne faites. Il n'y a personne qui aime à entendre crier dans un domestique.... Il ne s'agit pas d'avoir de la vertu, il faut avec cela avoir une certaine politesse. Vous n'en manquez pas, lorsque vous le voulez; mais il faut que les choses vous plaisent. »

D'autre part, la même lettre contient aussi une révélation à recueillir : « Si vous êtes affamés par les fermiers généraux, nous sommes ruinés par eux. Ils sont les maîtres du royaume; ils ruinent les provinces et sont maîtres du bien de tout le monde. »

Des lacunes dans la correspondance conservée nous obligent à passer sous silence les événements des années comprises entre 1733 et 1739. A cette dernière date, Mme du Deffand s'occupait de ses intérêts et de ceux de sa sœur. « Vos enfants me sont aussi chers que vous, ajoutait-elle, et dans toutes les occasions je chercherai bien droitement et sincèrement à contribuer à leur bonheur et à leur fortune, ainsi qu'à vous, ma chère sœur. Vous seriez dans une furieuse erreur si vous en doutiez. Vous, mes frères et moi, tout cela ne me paroît qu'un, et si je cherche à plaire aux gens à qui nous appartenons, je ne songe qu'à vous en faire partager l'avantage. Que cela soit dit une fois pour toutes. »

Plus tard, en 1741, Mme d'Aulan l'avait priée d'intervenir en faveur de son mari, qui désirait un gouvernement de M. de Rohan. Elle l'engagea d'écrire à cet effet à Mme de Luynes. « Je ferai auprès d'elle toutes les démarches nécessaires ; mais sûrement elle ne vous sauroit pas bon gré de ne pas vous adresser à elle..... L'état de M. d'Aulan m'inquiète ; je comprends le trouble que cela met dans votre vie. Pour que la mienne fût heureuse, il faudroit que vous eussiez un petit appartement à Saint-Joseph et que nous pussions nous voir tous les jours..... Faites mes compliments à mon neveu, à ma nièce la religieuse. J'aime tout ce qui vous appartient. »

Une séparation de vingt ans, dont la correspondance entre les deux sœurs ranimait sans cesse l'amertume, finit par amener à Paris Mme d'Aulan, vers 1744. Ce séjour entraîna quelques dépenses extraordinaires, et le plaidoyer de Mme du Deffand pour les justifier est un vrai modèle d'habileté.

« Nous vous renvoyons ma sœur, écrit-elle à son beau-frère, le 24 avril 1744, et c'est avec beaucoup de regret. Elle est très-aimable et il est bien dur de se séparer d'une sœur qu'on aime ; mais son impatience de vous aller retrouver et sa famille est extrême. Le séjour qu'elle a fait ici n'a pu lui être agréable que par le plaisir qu'on avoit de la voir et par celui qu'elle avoit d'être avec nous. Mais nous n'avons osé insister à la retenir, parce que nous avons craint que cela ne dérangeât un peu ses affaires. Malgré son économie, qui a été extrême, et malgré les secours que vous lui avez donnés avec bien de la générosité et dont elle se loue beaucoup, la circonstance de la maladie de M. votre fils lui a fait excéder la somme qu'elle croyoit dépenser : elle laisse des dettes ici pour environ 900 livres. Il faudra que vous ayez la bonté de m'envoyer ou à M. Loyau vos quittances sur l'Hôtel de Ville, dont on emploiera ce qu'il faudra pour acquitter ces dettes. Elle a fait des billets à tous ses créanciers ; on vous les renverra à mesure qu'ils seront acquittés. Je crois que vous aurez beaucoup de plaisir de la revoir et qu'il répondra à son empressement. Vous trouverez mon neveu fort grandi ; il est très-aimable et très-sensé pour son âge ; nous l'aimons beaucoup. Mais c'est trop parler pour tous : je l'emporte sur tous les autres par mes sentiments pour vous, pour ma sœur et toute votre famille. J'aurois bien souhaité leur procurer plus d'amusements ; mais ma mauvaise santé me contraint à mener une vie assez triste. Je compte que vous me rendrez compte de leur arrivée et de la joie que vous aurez ressentie à les revoir. Je voudrois bien la partager ; mais, tout au contraire, il ne me restera que des regrets. Vous devez, Monsieur, n'en point avoir au voyage que ma sœur a fait ici ; Mᵐᵉ de La Force a pris beaucoup d'amitié pour elle, et sans cela elle ne l'auroit jamais connue.... Faites-moi une réponse positive sur l'argent de l'Hôtel de Ville qui vous est nécessaire, afin que je puisse donner des paroles positives aux créanciers et les engager à attendre patiemment. Je suis très-exacte en affaires et vous en aurez l'emploi jusqu'au dernier sol. Adieu, mon cher frère ; aimez-moi toujours ; parlez de moi avec ma sœur et mon neveu et soyez sûrs que vous m'êtes tous trois chers. »

Quel mari eût tenu devant l'éloquence d'un pareil av t ?

Les années suivantes, Mᵐᵉ du Deffand s'occupe touj avec le même zèle de la famille. Le 5 décembre 1748, elle pose pour son neveu « une fille d'Amérique fort riche, qui a 1 ns ». C'est Mᵐᵉ d'Uzès qui s'est chargée de la négociation.

Puis, fâchée de ne pouvoir réussir à son gré dans ses projets, elle s'écrie : « Tous les jours je m'aperçois que je ne peux rien et que les personnes de qui je devois attendre des services et de la protection sont celles qui me traversent. Notre étoile n'est pas heureuse. » Comme pour se distraire de cette pensée amère, elle ajoute : « Mandez-moi tout ce que vous saurez du prince Édouard. On dit que vous avez aussi don Philippe. Ce sont des occasions de divertissements..... »

La question du taffetas revient en 1750, et comme M. de La Reynière refusait de lui permettre l'entrée gratuite d'un seul écheveau de soie, elle conseille d'employer Mᵐᵉ du Châtel, son amie, ou de s'enquérir des droits à payer. « Si ce n'étoit qu'une bagatelle, ce ne seroit pas la peine de se tant tourmenter. »

Il a été question déjà d'une demoiselle d'Aulan religieuse

c'était Anne-Gabrielle-Françoise, qui prit le voile à Saint-Laurent d'Avignon, ordre de Saint-Benoît, vers 1752. « Je suis fort aise de la nouvelle que vous m'apprenez, dit une lettre du 18 mars. J'en ai d'abord été effrayée, parce que je craignois que l'ordre ne fût trop austère ; mais le chevalier d'Aulan m'a rassurée. Si ma nièce a une bonne vocation, elle sera très-heureuse, et, ce que je compte pour un très-grand bonheur, elle ne mettra pas au monde des êtres qui sans doute seroient malheureux. C'est un des plus grands inconvéniens de la vie. Tous les jours je remercie le ciel de n'avoir point d'enfants.... »

Mme du Deffand se rendit vers ce temps à Chamron, où elle trouva le château et les dehors extrêmement embellis (12 mai 1752). Elle ne sauroit aller, disait-elle, jusqu'à Avignon, à cause de sa santé, et elle n'espère pas voir sa sœur auprès d'elle.

Le 9 novembre 1753 nous la retrouvons dans la capitale. « Je suis revenue de la campagne, dit-elle, et je suis fort fâchée de l'avoir quittée; quoiqu'il fasse un temps affreux, je la préférerois au séjour de Paris. Je n'ai pas pu me résoudre à sortir ces jours-ci et j'ai presque toujours été seule : rien n'est plus triste quand on est aveugle. Le chevalier d'Aulan n'est point encore revenu de la campagne. Il a, je crois, de l'amitié pour moi ; mais je ne marche qu'après son amusement.... Voici ce que j'ai imaginé pour mon portrait. Il est très-difficile et même impossible que je puisse me faire peindre, surtout dans cette saison-ci. Je me lève fort tard et à 4 heures il fait nuit. J'imagine donc de faire faire une copie de mon portrait peint par Gobert et qui est chez Mme de Luynes, de me faire coiffer en battant l'œil, avec une coiffe nouée sous le menton, et donner au visage l'air de vieillesse que j'ai acquis depuis qu'il a été fait. Je raisonnerai de cela avec le peintre que vous devez m'envoyer. Je suis fort fâchée que mon neveu n'ait point été voir Mme de Valbelle ; elle désiroit fort de le voir, et j'aurois été fort aise qu'elle eût été à portée de le connoître particulièrement et de m'en rendre compte. Je m'intéresse à lui et l'attachement qu'il a pour vous m'en donne la meilleure opinion du monde. Si ma fortune répondoit à mes sentiments, vous connoîtriez, ma chère sœur, que votre famille est la mienne propre; mais je suis malheureusement dans l'impossibilité de faire tout ce que je voudrois. Il faut de l'industrie pour se tirer d'affaire avec un revenu médiocre. Tout est d'une [cherté excessive] et c'est positivement le double d'il y a dix ans. Je tourne ma dépense à avoir du monde à dîner avec moi, parce que le mauvais état de ma vue me dégoûte de la vie et me rend la solitude insupportable. Il est bien malheureux que nous soyons si éloignées l'une de l'autre; si nous étions ensemble, vous seriez ma gouvernante; mon neveu me feroit lecture [le soir]. Je voudrois avoir aussi la religieuse; je sais qu'elle est très-aimable et j'ai bien du regret de ne la point connoître. Mais la vie se passe en contradictions. C'est peut-être tant mieux. On voit approcher le temps de la quitter avec moins de regrets. [Faites] mes compliments, je vous supplie, à M. d'Aulan. Vous me faites un plaisir très-sensible en m'assurant qu'il m'aime toujours. »

Déjà, le 9 juillet, Mme du Deffand expliquait la modicité de son revenu par l'entretien d'un équipage et par le besoin de société qu'elle avait. « Ma santé est assez bonne, poursuit-elle, mais ma vue ne se fortifie point; je n'ai sur cela aucune espérance. C'est un grand malheur et qui me dégoûte bien de la vie. J'ai été ravie de retrouver le chevalier (d'Aulan). C'est un très-honnête garçon; il vous aime beaucoup; nous parlons souvent de vous ensemble. Je voudrois que tout ce qui lui appartient fût aussi raisonnable que lui; vous jouiriez au moins de la paix et de la tranquillité domestique, qui est le bonheur le plus essentiel de la vie. Je suis ravie que vous soyez contente de votre fils; mais je vous exhorte toujours à ne vous point presser de le marier, à moins qu'il ne se trouve un parti excellent, qui puisse faire son bonheur sans altérer le vôtre. »

Une autre lettre, du 7 décembre 1753, revient sur les embarras financiers de sa sœur et sur les siens propres. Elle a d'autant plus d'intérêt que la promesse faite d'avantager son neveu se réalisa parfaitement et que le dernier d'Aulan hérita de ses biens.

« Votre situation, ma chère sœur, augmente le malheur de la mienne. Je voudrois pouvoir réparer tous les torts que l'on a avec vous : mon état présent m'ôte le pouvoir de faire tout ce que je voudrois. J'espère que cela ne sera pas toujours de même. Permettez-moi de vous faire un petit reproche de n'avoir pas accepté le mince présent que je voulois vous faire. Il étoit peu considérable ; mais il n'auroit pas été inutile à mon neveu. Je compte dans quelque temps vous mettre à portée de réparer cette faute et je vous prie alors de ne pas faire de même. Je suis actuellement occupée à m'arranger ; je paie toutes mes dettes ; j'en ai d'assez considérables. Dès que cela sera fini, mon neveu recevra de moi de petits secours tels que ma fortune me le permettra. Mais soyez sûre, ma chère sœur, que ce que je ne peux pas faire dans le moment présent sera réparé dans l'avenir et que j'ai pris des précautions qui tôt ou tard vous prouveront mon amitié. Nous penserons ce printemps à mon portrait. Le seul qu'il y ait de moi (qui est de Gobert) ne me ressemble point. Je doute qu'il vous soit fort agréable d'en avoir une copie ; il vaudroit bien mieux venir trouver l'original dès que cela sera en votre pouvoir. Je désire en vérité que ce soit très-incessamment. J'aurai de quoi vous loger chez moi. Si vous n'y êtes pas parfaitement bien, cela vaudra toujours mieux qu'un hôtel garni.... »

« J'ai reçu une lettre admirable de M. votre mari, mande-t-elle le 10 janvier 1754 ; je viens de lui répondre. Comme je n'écris point de ma main, mon neveu et mes nièces ne trouveront-ils pas bon que mes remercîments et les assurances de ma tendre amitié passent par vous ?... Je suis ravie que vous jouissiez d'un peu plus de tranquillité ; je vous exhorte à avoir du courage : c'est le seul secret pour vaincre le malheur.... »

M. d'Aulan cherchait alors à engager les biens de son épouse et telle était la cause des ennuis dont les lettres de cette époque retracent vivement l'empreinte. Mme du Deffand conseillait à sa sœur une résistance énergique : « Il faut supporter les malheurs présents quand il est impossible de s'en délivrer ; mais il faut bien se garder de s'en procurer pour l'avenir. La vieillesse en est un assez grand ; il n'y faut point ajouter d'autres chagrins. Il faut conserver son bien et ses sens; il vaudroit mieux être avare des uns et des autres. Je prêche ce que je n'ai point pratiqué ; mais mon exemple doit instruire. Je ne suis point à mon aise, et, ce qui est mille millions de fois pire, j'ai perdu la vue, et si je ne l'avois pas fatiguée, outrée et forcée, je l'aurois conservée jusqu'à la fin de ma vie, quand j'aurois vécu autant que les patriarches.... »

En 1755 le ménage d'Avignon est tranquille : « Je n'aurois jamais cru, dit-elle plaisamment, le grand froid bon à quelque chose. Je crains que le printemps, en rétablissant les communications, ne ramène la contradiction. J'admire votre douceur et votre raison et j'envie le bonheur que vous avez de savoir vivre seule sans vous ennuyer. Je suis loin d'en être là : je ne saurois me passer de société; mon état présent est une raison pour me la rendre nécessaire ; mais je pensois de même avant que d'être aveugle. Je suis née mélancolique et encline aux réflexions tristes. Je voudrois bien être dévote, ainsi que vous, mais notre volonté ne décide pas de nos dispositions. Ce n'est point l'attachement que j'ai pour les choses de ce monde qui me détourne de la dévotion, c'est mon malheur. Priez Dieu pour moi, chère sœur.

» Je viens de perdre un de mes amis, le pauvre président de Montesquieu. Il est mort d'une fièvre maligne. J'en suis très-affligée. Je suis très-inquiète de M. de Formont ; il est malade depuis trois semaines et je n'ai point de ses nouvelles. La vie est trop triste ; mais elle est bien courte. C'est une sorte de consolation.

» Si votre cadette a une bonne vocation, comme il paroît, je la trouve fort heureuse. L'état de religieuse est peut-être préférable à bien d'autres : l'uniformité de la vie qu'on mène garantit de bien des peines. Votre aînée m'a écrit. Je la crois très-aimable. La seconde, qui est si malade, est-elle avec vous ? La pauvre petite est bien à plaindre de ne pouvoir ni vivre ni mourir...... » Mme du Deffand avait déjà une renommée littéraire : Mme d'Aulan voulut avoir de ses écrits et voici la réponse reçue : « Je ne sais ce que vous entendez quand vous me demandez mes petits ouvrages d'esprit ; je n'en ai point d'autres que ceux qui sont dans les mains de tout le monde. Je n'ai aucun manuscrit ni des autres ni de moi ; je n'ai jamais rien écrit. Ainsi, ma chère sœur, je me vois hors d'état de satisfaire à votre demande.

» Je suis fort en peine de trouver un expédient pour faire entrer les bas. Si vous pouviez charger quelqu'un d'en apporter seulement 18 paires, je m'en contenterois pour le présent. Cela ne tient pas beaucoup de place, et peu de gens feront difficulté de s'en charger.

» La mort du président de Montesquieu m'a causé beaucoup de chagrin. C'étoit un homme d'un grand mérite et que j'aimois extrêmement. Le plus grand malheur de la vieillesse c'est de voir mourir ses amis.... »

La deuxième fille de Mme d'Aulan était encore malade en août 1755, « pour avoir mangé trop de sucre et trop de confitures ». Elle mourut à un an de date.

La cadette se destinait à la vie religieuse dans le même couvent que sa sœur aînée. Par les lettres qui suivent il est facile de se rendre compte des difficultés que la nomination de cette dernière à une abbaye sortable suscita à la mère et à la tante. Si l'on ajoute à cela la gêne où se trouvait parfois Mme d'Aulan, son isolement volontaire du monde, le souci d'établir convenablement son fils, on aura une idée exacte du thème de la correspondance des deux sœurs.

Mme du Deffand, toujours calme et raisonnable, parvenait difficilement, parfois, à modérer l'impétuosité de la mère, inquiète et agitée pour l'avenir de ses enfants. Elle mettait tous ses amis en campagne pour le succès de l'affaire de l'abbaye désirée. Mais il y avait toujours des obstacles : tantôt la titulaire, malgré son grand âge, s'obstinait à vivre ; tantôt la postulante était trouvée trop jeune.

« Tout ce que j'ai pu faire, je l'ai fait, écrit Mme du Deffand, le 21 octobre 1757. J'ai fait écrire M. de Lisieux en faveur de ma nièce ; j'ai engagé Mme de Mirepoix à solliciter. Vous avez vu par la réponse de Mme de Luynes qu'elle avoit agi comme vous pouviez le désirer. Vous savez que je ne vais plus à Versailles, qu'ainsi je ne suis plus à portée de lui parler. Je viens de lui envoyer tout à l'heure votre lettre ; elle jugera de votre impatience et de vos inquiétudes. Je n'aurois jamais pu les peindre plus vivement.... »

Après d'autres observations pareilles, fréquemment renouvelées, elle finit par s'impatienter en décembre 1757 :

« .... Il est singulier qu'on soit si peu au fait dans la province de la façon dont il convient de traiter avec les ministres. Si l'évêque de Digne (chargé de distribuer les bénéfices) avoit été votre aumônier et qu'il vous dût sa place, vous ne prendriez pas un autre ton. Apprenez, ma chère sœur, et retenez-le bien que ce n'est pas ainsi qu'on obtient des grâces. Je vous le répète encore et pour la dernière fois : M. de Digne est très-bien disposé ; j'ai tout lieu d'espérer que nous réussirons ; mais si vous vous conduisez avec peu de retenue et de prudence, je ne réponds plus de rien.... »

L'abbaye n'était pas encore obtenue en 1762 et, après les objurgations ordinaires à la patience, Mme du Deffand dut intervenir de nouveau. Sa lettre est du 15 septembre :

« Je suis bien fâchée, ma chère sœur, d'avoir à vous dire des choses qui ne vous seront pas agréables. Je fus voir hier Mme la duchesse de Choiseul. Elle m'apprit qu'elle recevoit continuellement de vos lettres, tantôt pour vos affaires de Rome, tantôt pour lui demander des places, des emplois pour toutes sortes de gens dont elle n'a jamais entendu parler, et ce qui lui a paru le plus singulier, c'est la prière que vous lui faites de s'informer et de vous instruire de ce que le nonce pense ou dit des gens d'Avignon. Vous lui promettez, à la vérité, de lui en garder un grand secret.

» Songez, je vous prie, ma chère sœur, que vous ne connoissez point Mme de Choiseul, que vous n'avez jamais eu d'autres relations avec elle que de lui faire faire des bas de soie. Ce service n'est pas d'un genre à vous donner le droit de lui rien demander. Cependant, quand elle étoit à Rome, il n'étoit pas absolument ridicule de la prier de vous servir dans les affaires que vous y aviez, en considération de ma liaison avec Mme sa mère; mais pour aujourd'hui qu'elle est dans une situation qui ne lui laisse pas le temps de voir ses meilleurs amis, qu'elle est occupée des choses les plus grandes et les plus importantes, vous vous avisez de lui écrire comme vous n'oseriez pas m'écrire. Elle m'a dit ce qu'elle vous avoit répondu. Je vous ai excusée, mais je l'ai priée en même temps de ne plus vous répondre. Moi, je vous recommande sérieusement de ne lui plus du tout écrire. Quand vous aurez quelque chose à lui faire savoir, adressez-vous à moi : je suis bonne pour juger de ce qu'il conviendra de lui dire.

» Mais, ma chère sœur, il me paroît bien difficile que vous restiez calme et tranquille, et je crains bien que vous ne gâtiez toujours toutes vos affaires par les fausses démarches que vos inquiétudes et vos agitations vous font faire. »

Ce sont là les seuls reproches qu'on trouve dans cette longue correspondance, où Mme du Deffand se montre toujours bonne, bienveillante et dévouée pour les siens.

« Je voudrois, ma chère sœur, écrit-elle le 18 août 1758, pouvoir vous faire tous les biens que je vous désire; mais vous savez quelle est ma fortune, que, loin d'avoir été avantagée sur mes frères et sœurs, je suis celle qui a eu le moins de biens, parce que dans le partage du bien de ma mère les 50,000 francs que j'eus pour ma part, qui étoient en contrat sur la ville au denier 20, furent réduits très-peu de temps après mon mariage au denier 40. Ainsi je n'ai eu que la moitié du revenu que vous et mes frères ont eu. Je n'ai eu aucune succession particulière, et sans une économie extrême j'aurois beaucoup de peine à subsister; de plus, l'état malheureux où je me trouve augmente nécessairement ma dépense.... »

Ces observations datent de l'époque où Mme d'Aulan se plaignait de son mari et du partage qu'il avait fait avec elle, lui laissant des effets chargés de dettes et embarrassés, vendant ce qu'il avait de libre, sous prétexte de faire de meilleures acquisitions, dissipant l'argent en procès et empruntant souvent (1758).

N'insistons pas et revenons à l'abbaye.

« O ma chère sœur, écrivait Mme du Deffand le 27 mars 1763, je suis comblée de joie. Votre fille a l'abbaye et j'ai appris par M. de Toulouse que M. l'évêque d'Orléans y met toute la bonne grâce imaginable. Il a trois lettres sur son bureau : une pour vous, une pour ma nièce et une autre pour Mme sa mère, qui est à Marseille ; il la prie d'avoir toutes sortes de soins de vous et de votre fille, quand vous y arriverez.... Je crois que vous devez être bien contente ; pour moi, je ne puis vous dire à quel point je le suis. »

Une fois les deux filles placées, l'une comme abbesse de Saint-Sauveur et l'autre comme religieuse dans le même couvent, il faut songer à l'établissement du fils.

Son mariage est de l'année 1764, d'après une lettre de son oncle l'évêque de Dax, du 13 novembre, adressée au chevalier d'Aulan, maréchal des camps et armées du roi, commandant à l'île de Ré.

« Je donne ma bénédiction avec grand plaisir aux futurs époux. Je souhaiterois que mon âge et les chemins ne s'opposassent pas à aller exercer moi-même à ce sujet le ministère du pasteur (à la Rochelle). Sur ce que vous m'en dites, mon cher frère, dès que la piété est dans l'âme d'une jeune personne de condition et qu'elle a en même temps dans ses père et mère la religion, la probité, l'honneur, je crois que tous ses autres avantages doublent de prix et sont alors des biens très-réels et très-solides. Avoir traité cette affaire et l'avoir conclue entre M. d'Harouard du Beignon et vous seul en une demi-heure, c'est une preuve de la candeur du père, bien conforme à celle de l'oncle, mon cher frère, et c'est l'annonce du plus heureux concert entre deux époux et entre deux familles, qui n'en feront plus qu'une par une alliance sainte et sacrée, qui doit être à jamais très-intime, à l'instar de nos anciens patriarches..... Je suis assuré que Mme la marquise d'Aulan, fort aise d'être bientôt douairière, Mme la marquise du Deffand, M. le trésorier de la Sainte-Chapelle, nos frères le baron, le chevalier de Suarès et tous nos parents applaudiront et souscriront d'aussi bon cœur au contrat de mariage que mon neveu et vous.... »

Mme d'Aulan, devenue veuve, alla se fixer à Paris et mourut en 1769. Dans un testament, du 7 novembre 1763, fait à Avignon, elle léguait une bague de 300 livres à sa fille l'abbesse de Saint-Laurent de Marseille, Anne-Gabrielle-Françoise de Suarès, et une pension viagère à Marie-Julie-Gasparde-Émilie, son autre fille, religieuse professe au même couvent, et instituait pour héritier universel Denis-François-Marie-Jean de La Croix de Suarès, son fils.

C'est le même que Mme du Deffand appela auprès d'elle. Le 20 septembre 1777, elle écrivait à Walpole à son sujet : « C'est un homme très doux, sans prétention, sans affectation. Il n'est ni embarrassé, ni empressé. Ce qu'il y a de fâcheux, c'est qu'il a une fort mauvaise santé; il est forcé à vivre de régime et à se coucher de très bonne heure. Il aime beaucoup sa femme; il est nécessaire qu'elle vienne ici pour qu'il reste, et, comme ils ne sont pas riches, ce sera pour moi une assez grande augmentation de dépense; mais il m'est nécessaire de tenir à quelque chose et d'être soignée [1]. »

A trois ans de date (le 24 septembre 1780) Mme du Deffand rendait le dernier soupir.

« Il y a deux traditions sur elle, dit Sainte-Beuve : la tradition purement française, qui nous est arrivée à travers ceux qu'elle avait jugés si sévèrement, à travers les gens de lettres et les encyclopédistes; il y a autre chose encore, la tradition directe et plus vraie, plus intime, et c'est chez Walpole qu'il faut l'aller puiser comme à sa source. On y trouve avec surprise une femme ardente, passionnée, capable de dévouement et même bonne. « Ah! mon Dieu! la grande et estimable vertu que la bonté, s'écrie-t-elle en un endroit. Je fais tous les jours la résolution d'être bonne; je ne sais si j'y fais des progrès.... » Rapprochez de cela, en contraste, un de ces mots terribles comme elle en dit, à la manière de La Rochefoucauld : « Il n'y a pas une seule personne à qui on puisse

---

[1] *Lettres à Walpole.*

confier ses peines sans lui donner une maligne joie et sans s'avilir à ses yeux. » Eh bien ! les deux traditions, celle qui la fait insensible et celle qui la montre passionnée, doivent se combiner pour donner une vue complète [1]. »

Grâce aux lettres de Mme du Deffand à sa sœur, la bonté de l'illustre écrivain ne pourra plus être mise en doute, et tel est le but de la publication de documents à la vérité fort intimes dans une notice consacrée à la famille d'Aulan.

Denis-François-Jean-Marie, héritier de sa tante, acquit la seigneurie de Baix-sur-Baix (Ardèche), vers 1776, et, devenu veuf, se retira à Avignon, où il se rendit suspect au parti populaire, — chose excessivement facile alors, — et fut mis à mort dans une sorte d'émeute, le 11 juin 1790, malgré la généreuse intervention de M. d'Aymard, maire d'Orange, accouru avec sa garde nationale.

Il laissa deux filles : Henriette-Marie-Gabrielle-Régis, mariée avec M. de Bressac, et Marie-Suzanne-Régis-Joséphine, femme de M. Jean-Joseph-Valery d'Harouard.

La famille de Bressac est éteinte; celle d'Harouard, autorisée le 18 octobre 1814, en la personne de Marie-Louis-Étienne, né à Saint-Julien-du-Saut (Yonne), petit-fils du marquis d'Aulan, à prendre le nom et les armes de l'illustre maison de Suarès [2], est très honorablement connue dans la Drôme, où le même Marie-Louis-Étienne, décédé en 1878, a représenté le canton de Séderon au Conseil général pendant plusieurs années et a créé le bel établissement thermal de Montbrun, et où M. le comte d'Aulan, son fils, a été élu député au Corps législatif en 1876 et membre du Conseil général depuis plusieurs années.

Au point de vue historique, la commune d'Aulan a une importance véritable : la démonstration en ressort de cette étude. Cependant il nous reste encore à mentionner *un commandeur de ce nom,* gouverneur de Malaucène, en 1563, qui

---

(1) *Causeries du lundi,* t. i.

(2) *Bulletin des lois.*

administra la maison des chevaliers de Saint-Jean-de-Jérusalem au Rastel, près Vaison, et devint prieur de Saint-Gilles [1]. Il s'appelait Louis de L'Espine et était fils de Michel, seigneur d'Aulan, et de Marguerite Artaud-Montauban, et *un chevalier*, qui commanda l'île de Ré et mérita l'éloge suivant :

« J'ai eu la consolation de voir l'île de Ré augmentant de population et d'industrie, parce qu'il n'y a ni taille, ni gabelle, ni traite. Les habitants sont heureux et contents sous le gouvernement du chevalier d'Aulan, qui en est le père, le juge et presque le roi ; il y est adoré, craint et obéi sur tous les points [2]. »

Ce chevalier s'appelait Henri et était le frère de Jean-François, *marquis* d'Aulan, et de Toussaint, *baron* d'Aulan. Boyer de Sainte-Marthe dédia son *Histoire de l'église de Vaison* au marquis, en récompense des communications qu'il lui avait faites. Il fut aussi utile au chanoine J. R. Déveras et correspondit avec d'Aubais, Pithon-Curt, Fornery, de Luynes et les principaux érudits et grands personnages de son temps.

Il nous reste de lui des notes intéressantes sur le ministre de Louis XIII, de Luynes, tirées des *mémoires* de Raymond de Modène, que nous publierons quelque jour, Dieu aidant.

III. — Clergé et tiers état.

Au point de vue religieux, le passé d'Aulan n'offre aucun intérêt. Son église, érigée en succursale le 30 janvier 1839, relevait du prieuré de Notre-Dame de Barbentane, à Gresse sur Mévouillon, dans le diocèse de Gap, et le curé percevait la dîme en 1790, dont le produit s'élevait, avec celui des terres, à 615 livres, sur lesquelles on en prélevait 36 pour l'entretien de la chapelle de Mévouillon, 30 pour la recette et 48 pour le lumi-

---

(1) D'Aubais, *Pièces justificatives*, t. i, p. 255.

(2) Lettre du 7 octobre 1764 dans la *Correspondance inédite de Mme du Deffand*, t. i, p. 305.

naire et autres frais. Saint-Pierre-ès-Liens (2 août) en est encore la fête patronale.

Quant au tiers état, pouvait-il avoir une histoire, étant donnés le caractère loyal et franc de la population, la faible importance du village, le gouvernement paternel des administrateurs d'Aulan et l'absence de tout document municipal antérieur à 1790 ?

Ce que nous relevons dans les papiers de la famille seigneuriale se réduit à quelques baux à ferme de la terre, à quelques réparations au château et à quelques faits particuliers, comme un tremblement de terre, ainsi décrit dans une lettre du 15 février 1756 :

« Il y eut environ la Toussaint de légères secousses de tremblement de terre dans les terroirs d'Aulan, de la Rochette sur Saint-Auban et de Mévouillon ; il y eut des terrains éboulés ; en quelques endroits on entendit pendant ces secousses comme des coups de canon. Au vallon de Saint-Donat sur Aulan, à l'est, à Montfroc, à Sainte-Colombe près d'Orpierre et à Laborel les secousses furent plus fortes encore. Depuis lors, le 12 de ce mois, vers les 4 heures du soir, nous avons ressenti une nouvelle oscillation peu sensible ; le 13, elle fut plus violente et plus longue, ayant duré près de 6 minutes. Les personnes qui estoient à la campagne faillirent être renversées. M. le prieur, qui se promenoit alors dans le pré voisin du château, où il disoit son office, revint tout effrayé, la secousse ayant été plus forte en cet endroit. Au village, qui est bâti sur le rocher, les maisons firent un mouvement, ainsi que le château, malgré ses épaisses murailles ; ses vitres firent trois fois de suite un mouvement comme si elles fussent tombées. On entendit pendant toute la durée de la secousse un grand bruit souterrain, semblable à quelque chose qui s'écroule. Le temps estoit extrêmement serein et calme ; on auroit porté une bougie allumée sur l'esplanade du château. Mais peu de temps après un vent du nord et une tempeste des plus effroyables s'élevèrent et durèrent 4 heures, sans causer aucun dommage ni aux maisons ni à la campagne. On s'est aperçu que les montagnes ont baissé, et la preuve, c'est que la grange de Chanaud, limitrophe au terroir d'Aulan, avoit une de ses parties où le soleil ne paroissoit jamais pendant les mois de décembre et de janvier, et que cette année il a donné sur cette partie pendant ces deux mois ; même phénomène au village des Lauds près de Villebois.

» A Aulan et à La Rochette il y a eu aussi des affaissements en divers quartiers. »

En 1766, la muraille du château, du côté de la terrasse, fut réparée et coûta 196 livres, dont 44 pour 56 journées d'hommes et 10 livres 8 sols pour 26 journées de femmes, transportant les matériaux ou préparant le mortier, 46 livres 14 sols aux maçons, à raison de 26 à 36 sols par jour, etc. Il y eut encore d'autres réparations dans le château vers le même temps.

En 1757, la seigneurie et les domaines en dépendant s'affermaient 1,050 livres. Une lettre de 1766 signale de graves dégâts faits dans les semis par les sangliers et demande une battue. La chasse et le port d'armes étaient alors rigoureusement punis.

Quant à la banalité du moulin, reconnue en 1520 à Michel de L'Épine, les habitants, réunis en assemblée générale, offraient encore au marquis d'Aulan de la reconnaître et de payer la mouture à la cote 24e, s'il voulait bien faire construire un moulin au quartier des Cheneviers, selon ce qui leur en avait été rapporté, ou en tout autre endroit plus convenable, le 5 mai 1772, « tous unanimement et nul discordant, attendu la grande utilité et avantage qu'ils recevront par cet établissement ».

D'où il suit que la banalité des moulins, dont on fit tant de bruit quelques vingt ans plus tard, n'était pas regardée alors comme une servitude, mais comme une simple avance de fonds dans l'intérêt public.

Nous terminons ici l'histoire d'Aulan, commune de 128 habitants aujourd'hui, après avoir été de 125 en 1789, de 156 en 1800, de 180 en 1809, de 168 en 1831, de 193 en 1841, de 186 en 1851, de 147 en 1861. Son sol, argileux et calcaire, n'est pas des plus fertiles, son agriculture des plus avancées, ses produits d'un écoulement facile. Il y a 150 hectares environ cultivés en blé, 6 en prairies, 4 en prés, 10 en pommes de terre. Parmi les propriétaires, on en comptait vers 1858 1 de riche, 5 à 6 d'aisés, 7 à 8 d'assez aisés, 10 de gênés, 8 de pauvres et aucun mendiant.

Le bétail agricole comprenait 2 chevaux, 9 ânes, 6 bœufs, 600 moutons ou brebis, 40 porcs.

Quant aux impôts, en 1873 l'État y percevait 414 fr. 61 c., le département 189 fr. 89 c., la commune 526 fr., et ces trois sommes jointes aux 22 fr. 17 c. de non-valeurs arrivaient ensemble à 1,152 fr. 73 c.

La communauté était administrée par deux consuls annuels et les affaires traitées en assemblées générales, sous la présidence du châtelain, avant 1790. Elle avait un bien commun appelé Devès et dont les bois taillis ont été détruits par les charbonniers. Il n'y avait pour les pauvres d'autre revenu que la 24º partie de la dîme.

Sans le voisinage de Montbrun et la route pittoresque entre deux rochers qui y conduit, et sans le passé glorieux des L'Épine et des Suarès, il est fort douteux que le nom d'Aulan eût retenti, comme il a fait, dans l'histoire des lettres et dans l'histoire de notre pays [1].

---

(1) On le trouve écrit parfois *Olan* et *Aulanc*.

BALLONS.

De Séderon, en suivant la vallée fort gracieuse de la Méouge ou Meuge, affluent du Buesch et par lui de la Durance, on passe à Vers, à Lachau et enfin on aperçoit Ballons, dont les maisons s'étagent sur le versant méridional d'une montagne, appelée la Cabre ou la Chabre, servant de rive à la rivière et de rempart contre le vent du nord à la plaine de Lachau.

M. de Coston tire l'étymologie de Ballons du mot *bal*, montagne, et de *balla*, rempart, et non de *ballon*, qui signifie corps arrondi d'après son radical tudesque. La configuration du sol donne parfaitement raison au savant philologue. La Chabre est une montagne et un rempart bien plus qu'un ballon.

Mais qui pourra nous révéler les origines de ce bourg? L'homme de l'âge de pierre ou de bronze l'a-t-il habité? Les Voconces, les Romains et les Gallo-Romains y ont-ils vécu? Rien ne le dément et rien ne le prouve. Toutefois, l'antiquité de Lachau est un préjugé favorable à celle de Ballons [1].

Les premiers seigneurs connus du fief furent les Mévouillon, dont nous donnerons plus loin l'histoire. Les Adhémar, étudiés en détail dans *L'Arrondissement de Montélimar*, leur succédèrent, et, le 5 février 1389, Hugues, l'un d'eux, en rendait hommage au Dauphin. Déjà, en 1339, Lambert de Monteil avait reçu des reconnaissances de ses vassaux pour un huitième de Chabre,

---

[1] Au XVe siècle, une description porte : *Castrum Balomis (domini Garde) in monte parvo, habet ex opposito ad Vapincesium ex parte orientis castrum Pometi super quadam ruppe ad leucam, et inter ista sunt montes.* (L'abbé CHEVALIER, *Choix de documents inédits*, p. 283.)

Ballons et Lachau, et cela par suite du mariage conclu le 2 juin 1247 entre Lambert, seigneur de Monteil, et Galburge, fille de Raymond le Bossu, seigneur de Mévouillon [1].

Louis Adhémar, seigneur de La Garde, en faisait hommage, le 25 août 1423, au roi de France, successeur des Dauphins depuis 1349, pour obéir à un arrêt du conseil delphinal de l'an 1395. Sept ans plus tard Pierre de Mévouillon, fils de Guillaume, remplissait le même devoir, pour sa part du fief, et en 1515 c'était Antoine de Mévouillon.

Louis, dauphin, plus tard Louis XI, ordonnait le 14 juin 1455 au gouverneur de la province et au conseil delphinal de s'emparer de tous les biens de Baudon et d'Antoine Adhémar, situés à Ballons, et d'expulser du Dauphiné ces deux gentilshommes, qui avaient refusé d'obéir à ses ordres.

Leur postérité rentra en possession du fief, car le 3 janvier 1487 Christophe Adhémar, seigneur de La Garde, en rendait hommage au roi Charles VIII, dont il était chambellan.

Comment des Adhémar et des Mévouillon Ballons échut-il aux La Tour-Montauban ? L'absence de documents ne permet pas de l'établir. M. de Coston attribue cette seigneurie, a . XVII° siècle, à Claude Frère, premier président du Parlement de Grenoble [2]. Malgré l'habileté de ce personnage à devenir maître des terres de la famille de Beaumont, nous ne trouvons pas de document qui nous renseigne sur sa possession de Ballons.

En 1680, le 20 août, René de La Tour-Montauban, lieutenant général des armées de S. M., cohéritier de sa mère, Anne-Charlotte de Sauvain du Cheylard, dame du Mesnil, se déclarait seigneur de la plus grande partie de Ballons, avec droit de justice, de directe, de lods, de quinzain des fruits et vendange ou de quarantain, moulin banal, à la cote 40°, et montagne de l'Auzon, etc.

---

(1) *Cartulaire de Montélimar*. — Inventaire de la Chambre des comptes, *Baronnies*.

(2) Inventaire de la Chambre des comptes. — Archives de la Drôme série Q. et série C. — ROCHAS, *Biographie du Dauphiné*, au mot *Frère*

En 1789, la famille de La Tour-Montauban conservait les mêmes droits.

L'histoire de cette maison trouvera plus naturellement sa place à Lachau.

Au point de vue religieux, le prieuré, du diocèse de Gap, avait quelque importance, puisque nous en trouvons pourvu, en 1675, Charles de Lionne, dit l'abbé de Leisseins, gouverneur de Romans. « Son cousin, le ministre des affaires étrangères, n'ayant pu lui faire obtenir l'évêché de Gap, non plus que celui de Grenoble, le dédommagea en lui procurant plusieurs bénéfices. » En effet, il se qualifie abbé de Saint-Calais-le-Désert (diocèse du Mans), prieur de Saint-Marcel-lès-Sauzet, Antonave, Ballons, Lachau et Beaumont. Malgré tant de revenus, il mourut à peu près insolvable [1]. En 1790, le curé avait 700 livres de portion congrue et le logement.

La succursale actuelle remonte au 16 mars 1820.

La communauté, régie par deux consuls, un châtelain, un greffier, trois auditeurs, assistés des notables dans les cas extraordinaires, n'avait en 1789 ni industrie, ni commerce, ni revenus, ni fondations pieuses. Son sol, maigre et exposé aux ravages des torrents, produisait du blé, de l'épeautre, de l'orge, de l'avoine, des cerises, des noix et des prunes. Ses bois ne rapportaient aucun profit, faute de débouchés, et son bétail agricole se réduisait à 9 paires de bœufs, 2 mulets, 1 jument, 5 ânesses et 150 bêtes à laine.

La population était de 226 personnes en 76 familles.

M. Mermoz, en 1839, donnait pour la contenance 1,699 hectares et 11,378 fr. pour le revenu, dont 1,184 pour les propriétés bâties, le revenu moyen de 6 fr. par hectare et les terrains stériles ou inexploitables de 1,149 hectares d'étendue.

Selon la *Statistique de la Drôme*, il y a 142 hectares de bois communaux, 304 de bois particuliers, 484 de terres, 32 de vi-

---

(1) CHEVALIER, *Lettres inédites d'Hugues de Lionne*. — *Inventaire sommaire des archives de la Drôme*, E. 71, 2213.

gnobles, 20 de prairies, 708 de pâturages, 43 de routes, rivières, etc., 7 de terres incultes, 2 d'édifices publics, total 1,742, et 117 maisons.

En 1873, les contributions y ont rapporté : à l'État 1,355 fr. 35 c., au département 606 fr. 97 c., à la commune 2,350 fr. 74 c., au fonds de non-valeurs 87 fr. 39 c., total 4,398 fr. 45 c.

La population était en l'an VIII de 326 âmes, en 1809 de 414, en 1831 de 500, en 1841 de 506, en 1851 de 423, en 1861 de 401, en 1879 de 365.

La distance du bourg à Séderon, son chef-lieu de canton, est de 12,710 mètres, à Nyons de 63,562 mètres, à Valence de 153,354 mètres. Son commerce de truffes noires est son seul titre de recommandation auprès des gourmets [1].

---

(1) Archives de la Drôme. — Il s'écrivait autrefois *Balons*.

BARRET-DE-LIOURE.

De Séderon à Barret de-Lioure, on suit la vallée de la Méouge, puis on gravit un coteau élevé, d'où la rivière sort, et l'on a devant soi à l'arrière-plan le Ventoux, avec sa couche de pierres blanches qui ressemble à la neige, et sur le versant oriental d'un ravin qui se dirige vers Montbrun, entouré de collines boisées ou nues, on aperçoit tout à coup, presqu'à ses pieds, un village noirâtre, avec son vieux château en ruines : c'est *Barret-de-Lioure, Barretum de Lieura* et *de Libra* [1].

Son nom, suivant M. de Coston, vient de *var, vara*, château fort, ou de *barra, barria, barreyra, barrium*, barrière, rempart, etc., pour la première partie; la deuxième signifie *lièvre*. Ce serait donc le château ou la barrière du lièvre, au total.

Qu'il y ait du gibier, même en abondance, dans un pays accidenté comme celui-là, on le conçoit aisément; mais qu'il y en ait assez pour lui valoir une appellation particulière, le fait échappe à notre intelligence. Des gens peu habitués aux formes sculpturales n'auront-ils pas vu plutôt la forme d'un lièvre dans le rocher de couleur noire qui domine le bourg ?

Quoi qu'il en soit de son antiquité préhistorique, celtique, romaine ou gallo-romaine, nous n'en parlerons pas, faute de

---

[1] *Castrum Montisbruni habet ex opposito in Provincia spatio parve leuce Barretum (domini de Misone), qui locus est in quodam monte alto, jungiturque castrum dicti loci cum villa, et in pede dicti montis oritur quedam parva ripperia que transit per subtus Montem Brunum.* (L'abbé CHEVALIER, *Choix de documents inédits*, p. 283.)

documents; mais au moyen-âge ce lieu nous apparaît maintes fois dans les historiens de la Provence, dont il dépendait.

Pithon-Curt en donne la seigneurie à Raymond d'Agoult, qui fut l'auteur de la branche dite de Barret, éteinte au XVIIe siècle. Mais il y avait dans ces mêmes régions deux autres Barret, Barret-le-Haut et Barret-le-Bas, tout voisins de Ballons et de Lachau ; ce qui rend l'attribution peu certaine.

On voit, d'autre part, vers 1280, Raymond de Mévouillon possesseur de ce fief, dont Guillaume d'Eygaliers et Arnaud de Sahune, ses exécuteurs testamentaires, perçurent les revenus jusqu'à l'entière exécution de ses volontés [1], et, le 3 décembre 1293, Raymond, fils émancipé d'autre Raymond et de dame Comitissone, vendre à Isnard Rigaud le château *de Barreto de Lieura*, au diocèse de Gap [2]. Cependant au XVe siècle le seigneur de Mison, de la famille d'Agoult, en tenait la seigneurie.

En 1321, le roi de Provence Robert acquit la souveraineté du lieu [3].

Puis, faute d'archives locales, que l'insouciance des administrateurs municipaux a laissé perdre, nous franchissons plusieurs siècles pour arriver jusqu'en 1728, époque où Bremond, Barthélemy, Borel, etc., plaident contre Louise-Corneille-Alexandrine Dupuy-Montbrun, femme de Jean-François-Elzéar de Pontevès, marquis de Buoux, coseigneur de Barret, et les consuls du lieu contre noble André de Ripert-Artaud-Montauban, en exécution des transactions du 13 décembre 1270, du 6 mai 1405 et du 29 avril 1542, ainsi que de l'arrêt de 1719 concernant les cas impériaux ou taille aux 4 ou 6 cas (chevalerie, mariage des filles, achat de fief, voyage en Terre-Sainte, etc.) et la faculté de défricher les landes [4].

---

(1) Valbonnais, t. II, p. 106.

(2) *Catalogue des manuscrits de la biblioth. de Carpentras,* t. III, p. 7.

(3) *Invent. des archives départem. des Bouches-du-Rhône,* B. 453. — L'abbé Chevalier, *Choix de documents inédits,* p. 283.

(4) Archives de Barret, FF. 1.

Essayons, avec ces données rudimentaires, d'esquisser l'histoire de la seigneurie, la seule que des renseignements puisés dans les auteurs nous permettent d'aborder.

A l'origine de la féodalité, les gouverneurs militaires ou civils, au moyen de l'hérédité, transmettent à leurs descendants une autorité presque souveraine sur une grande étendue de territoire. Les comtes de Die, issus des vicomtes de Sisteron, selon la croyance commune, s'attribuent non-seulement le Diois, mais encore le Gapençais. Ainsi Pierre, en 1045, s'intitule comte de Gap et Ponce, en 1069, comte de Die [1].

Ce dernier et Guillaume, son fils, ne sont guère connus que par leurs démêlés avec les évêques de cette ville. Isoard I, après avoir commandé, à la première croisade, la onzième division de l'armée chrétienne, vient mourir dans ses foyers en 1116, laissant, dit-on, deux fils : Josserand, seigneur d'Aix, Luc et Bellegarde, tige des Artaud, et Isoard II, comte de Die, père d'Alix, la célèbre poète des cours d'amour de Provence, et de Philippine ou Véronique, comtesse de Marsanne.

Il paraît mieux établi qu'il eut une autre héritière, appelée Isoarde ; car Chorier la donne pour femme à Isnard d'Agoult, avec les terres de Mison, de la Baume-des-Arnauds, de Luc, de Thorane, de Lesches, de Barret, de Volonne, etc., pour dot [2].

Un mémoire de la riche collection dauphinoise de M. Henri Morin-Pons, dressé en 1773, fait unir Isoarde de Die avec Raymond d'Agoult et sortir de leur mariage : Isnard, dit d'Entrevennes, et Bertrand, dit de Mison. Les principaux auteurs de généalogies admettent le fait, pleinement confirmé d'ailleurs par une charte de 1225, que d'Hozier de Sérigny a lui-même collationnée, portant donation par Bertrand de Mison

---

(1) M. DE PISANÇON, *Étude sur l'allodialité dans la Drôme*, pp. 213 suiv.

(2) *État politique*, t. III, au mot *Agoult*.

à Isnard d'Entrevennes, son frère, de tous les droits successifs de Raymond et d'Isoarde, leurs père et mère [1].

D'où venait ce Raymond d'Agoult ? Les auteurs ne sont pas d'accord.

La vallée de Sault, que l'œil embrasse du sommet de la montagne séparative de Barret et de Ferrassières, était jadis couverte de bois *(saltus)*, circonstance qui lui a valu son nom. « L'inféodation qu'on escrit en avoir esté faite, l'an 1004, à Agout de Vuolf, c'est-à-dire du Loup, maréchal de l'empire, par l'empereur Henri II, est une fable, au témoignage de Chorier. Le royaume de Bourgogne subsistoit alors; Rodolphe y régnoit paisiblement. La souveraineté des rois d'Allemagne n'y estoit pas encore reconnue, et la Provence estoit un de ses principaux membres. Cette inféodation est l'ouvrage de l'empereur Frideric I et elle fut confirmée par Frideric II. Leurs lettres sont de l'an 1178 et de l'an 1238 [2]. »

Barjavel rapporte une légende, d'après laquelle Hugues de Trich, proche parent de l'empereur Othon III (983-1002), ayant épousé une fille de Waldung, roi de Poméranie, à l'insu de ce prince, attira sur elle une punition terrible; car il la fit enfermer dans une tour, « se proposant de faire périr l'enfant qu'elle portait dans son sein. Mais la jeune princesse s'étant délivrée heureusement, le nouveau-né fut descendu par la fenêtre jusqu'au pied de la tour, où une louve le prit et l'emporta dans sa tanière. Waldung, le lendemain, trouva en chassant un jeune enfant au milieu des louveteaux; il le prit, lui imposa le nom de Wolph (loup, en allemand) et ordonna qu'on le fît élever. Puis, ayant connu la vérité, il pardonna à sa fille et approuva son mariage ».

L'auteur précité ne s'arrête pas, on le conçoit, à une origine si peu vraisemblable et croit, avec les écrivains les plus judi-

---

[1] Ulysse CHEVALIER et A. LACROIX, *Inventaire des archives dauphinoises de M. Henri Morin-Pons*, au mot *Agoult*.

[2] *État politique*, t. III, au mot *Agoult*.

cieux, qu'un fils d'Humbert, comte d'Apt en 1006, fut appelé Guillaume d'Agoult à cause du village de Goult ou Agoult, à deux heures de cette ville, qui lui était échu en partage.

Rostaing d'Agoult, petit-fils d'Humbert et comme lui comte d'Apt, laissa une postérité nombreuse. Raymond, l'un de ses fils, surnommé le Loup, à cause de la figure de cet animal dessinée sur son écu, profita de l'anarchie pour s'établir en souverain dans les montagnes de Sault [1]. L'abbé Boze fait descendre la famille de Simiane du frère aîné de ce Raymond, qui épousa la fille du comte de Die.

Nous n'avons pas de raisons pour contredire cette genèse, confirmée par une lettre d'Henri VI, dit le Cruel, du 21 juillet 1189, à Aimar de Poitiers, à Raymond d'Agoult *(d'Agout)*, Hugues d'Aix et Eschafin ; par une charte de l'an 1214, où l'empereur Frédéric II confirme à l'évêque de Die la vallée de Thorane et les biens reconnus à son prédécesseur par noble femme Isoarde et par ses fils, et par un autre acte de 1220, où Bertrand de Mison et son fils Bertrand reçoivent Recoubeau de Didier, évêque, en présence de Raymond d'Agoult *(de Aguout et d'Agout)*, Arnaud de L'Épine, etc. [2].

Pithon-Curt donne quatre fils à Raymond d'Agoult et à Isoarde de Die : Isnard, Raymond, Bertrand et Imbert. Nous n'avons à parler ici que d'Isnard et de Bertrand.

Isnard eut de Dozeline de Pontevez Isnard II, mari de Briande Artaud, fille du seigneur d'Aix, qui jouit en Provence, en qualité de grand-sénéchal, d'une légitime renommée et fut père de Briande, comtesse de Lunes, célèbre dans la cour d'amour d'Avignon, en 1341, par ses connaissances littéraires, et de Raymond, viguier de Marseille en 1330, grand-sénéchal et capitaine général de Provence en 1347 et 1348, serviteur fidèle et valeureux du roi Robert et de la reine Jeanne. Hélione

---

[1] *Dictionnaire histor., biograph. et bibliograph. du département de Vaucluse.*

[2] L'abbé Chevalier, *Cartulaires de Die*, pp. 10, 23, 62 et 63.

ou Léonor de Baux lui donna un autre Raymond, dont une fille, nommée Louise, épousa Claude de Montauban.

Une monographie de village ne comporte pas forcément la généalogie en règle de ses maîtres, alors surtout que les auteurs spéciaux ne sont pas toujours complètement d'accord sur divers points, même fondamentaux.

Ainsi, d'après Chorier, Isnard, fils d'Isoarde de Die, aurait eu en partage la terre de Sault et Bertrand les seigneuries de Dauphiné et celle de Mison. La Chesnaye-des-Bois attribue d'abord Sault à un frère puîné de Fouques d'Agoult, dit Pontevez, et à ses descendants, et ensuite, faute d'hoirs mâles, en 1394, à une branche cadette, qui possédait Mison, dont il ressortit de nouveau, faute de mâles, pour entrer dans la maison de Montauban, par suite du mariage de Louise avec Claude.

Guy Allard a trouvé deux branches chez les Montauban : celle qui finit avec Randonne, fille de Draconet, vers 1278, et celle des seigneurs de Montmaur, éteinte en 1310 avec Raymond. Celui-ci, en sa qualité de neveu de Mabille de Montauban, femme de Guillaume Artaud, seigneur d'Aix et Bellegarde, valut à Guillaume, né de cette union, l'héritage des Artaud, dont Isoard prit le nom et les armes.

Quatre branches illustrèrent cette nouvelle maison : celle des barons de Montmaur, éteinte en 1429; celle des barons de Saint-André-en-Beauchêne et des derniers comtes de Sault, à cause du mariage de Louise d'Agoult avec Claude de Montauban; celle des seigneurs de Jarjayes et celle des seigneurs du Villard.

Chorier rapporte la tradition qui fait venir les Artaud des comtes de Forcalquier et Guy Allard celle qui leur donne pour auteurs les comtes de Die, issus des comtes de Forcalquier, sortis eux-mêmes des comtes de Provence. Le même auteur place la tige des diverses branches de cette maison chez Jaucerand, seigneur de Luc, Aix et Bellegarde, fils puîné d'Isoard, comte de Die, vivant en 1140. Or, il existe une charte dans le *Cartulaire de Die* fort embarrassante pour les partisans de cette opinion : elle est du 13 janvier 1168 et appelle Isoard, comte de Die, fils de Jaucerand et de Béatrix.

Cependant le même recueil donne comme témoins d'une reconnaissance de fief, en 1163, Guillaume Artaud *(Artaldi)*, P. Ripert, L. de La Roche, etc., et cite un document, du 30 juin 1224, par lequel Bertrand, évêque de Die, traite avec le même Guillaume Artaud pour le domaine direct (supériorité) de la terre d'Hugues d'Aix, neveu dudit Guillaume, en présence de maître Artaud, de Ponce de Luc, de Guy Artaud *(Vigone Artaudi)*, etc.; ce qui établit la haute antiquité de la famille.

Nous la retrouverons souvent dans les Baronnies, et une alliance avec les d'Agoult lui valut la coseigneurie de Barret-de-Lioure.

Louise d'Agoult, dernière héritière des seigneurs de cette terre, barons de Sault depuis 1461, porta l'une et l'autre à son mari, Claude de Montauban, baron de Saint-André, chef d'une branche cadette des Artaud, à la charge de prendre le nom et les armes d'Agoult.

Louis, né de cette alliance, épousa Blanche de Lévis, fille de Gilbert, comte de Ventadour, et de Jacqueline du Mas d'Allemagne, et laissa François, créé comte de Sault par Charles IX, en 1561, chevalier de l'ordre du roi et lieutenant général en Lyonnais, Forez, etc., tué à la bataille de Saint-Denis, dans le parti du prince de Condé. Jeanne de Vesc, dernière descendante du célèbre Étienne de Vesc, lui donna François-Louis, chevalier des ordres du roi, mari de la fameuse Chrétienne d'Aguerre, qui joua un rôle si tristement prépondérant dans les troubles de Provence [1].

Cette femme habile avait été unie d'abord avec Antoine de Blanchefort-Créquy, dont elle eut un fils, qu'elle affectionna particulièrement. Restée tutrice de Louis, de Philippe et de Jeanne Artaud-Montauban d'Agoult, elle semble avoir commencé même avant la mort du comte de Sault à préparer les

---

(1) Voir à ce sujet Barjavel, *Dictionnaire historique*, etc., *de Vaucluse*, au mot *Agoult*.

voies qui devaient amener la spoliation de ses enfants du second lit en faveur de l'enfant du premier.

Selon l'usage des grandes familles dauphinoises, le comté de Sault et les autres fiefs de la maison des Artaud-Montauban étaient grevés de substitutions à l'infini au profit des agnats du nom, formant encore plusieurs branches et représentés alors :

1° Par Jacques Artaud-Montauban, seigneur de La Roche-sur-le-Buis ; 2° par Charles Artaud-Montauban, seigneur de Beaumont et de Bellegarde ; 3° par Laurent Artaud-Montauban, coseigneur de La Roche-sur-le-Buis, seigneur de La Croix-Haute, etc. ; 4° enfin par la famille Flotte de Montauban, en la personne de Charles-Emmanuel, comte de La Roche-des-Arnauds, qui tirait ses droits de Jean de Flotte, marié avec Antoinette Artaud-Montauban, instituée héritière de Gaspard, son père, en 1550, également en vertu de substitutions à l'infini au profit de ses descendants et, à leur défaut, des Artaud subsistants [1].

Quelques-unes de ces substitutions avaient été ouvertes et, à partir de l'année 1550 environ, une série de procès gigantesques avaient commencé entre les seigneurs de Ricobel (Recoubeau), éteints en 1572, de La Roche-sur-le-Buis, de Beaumont et de La Croix-Haute contre les Flotte de Montauban, d'une part, et les Montauban de Sault, de l'autre.

La comtesse Chrétienne d'Aguerre profita adroitement de la lassitude des plaideurs et s'efforça de provoquer de la part de tous les ayants-droit des renonciations aux substitutions. Elle réussit en premier lieu auprès de Laurent Artaud de Montauban et, par transaction du 19 juin 1607, *elle lui désempara la terre*

---

(1) Archives de M. le marquis de Ripert de Monciar.

Les branches de Montauban du Villard et Montauban-Jarjayes ne paraissent pas avoir eu part aux procès de cette époque, sans doute par quelque renonciation antérieure, restée inconnue.

et seigneurie de Barret en Provence, « avec juridiction haute, moyenne et basse, droicts de justice, censes reelles, personnelles, fours, moulins et tous autres droicts seigneuriaux deppendant de ladite place ».

Les autres intéressés résistèrent plus longtemps et la donation faite à Chrétienne d'Aguerre par son fils Louis, dernier comte de Sault, dont la santé était fort débile, de tous ses droits et biens, au préjudice de son frère Philippe, mort, il est vrai, sans enfants, et de Jeanne Artaud, femme de Claude de La Baume, comte de Montrevel, imprima au procès une nouvelle activité. Il se termina enfin après 22 arrêts de cours souveraines rendus au profit des Artaud, arrêts dont la grande faveur de Chrétienne d'Aguerre et de son fils bien aimé, le maréchal de Créquy, empêcha toujours l'exécution, par une transaction conclue entre Charles Artaud de Montauban de Beaumont-Bellegarde, tant en son nom que comme cessionnaire de son frère Jacques, seigneur de La Roche-sur-le-Buis, et « messire Charles, sire de Créquy d'Agoult et de Montauban, comte de Sault, chevalier des ordres du roi, maréchal de France, » dont le vrai nom, Blanchefort, déjà remplacé par celui de Créquy, se trouvait ainsi allongé des deux plus grands de Dauphiné, Agoult et Montauban, sans qu'aucune goutte de leur sang ne coulât dans ses veines.

Nous terminerons ici cette digression un peu longue mais nécessaire pour expliquer comment Barret-de-Lioure devint l'enjeu d'une des plus grosses parties jouées par la « grande comtesse », décédée à Paris en 1611, et nous reprendrons l'histoire de la modeste commune qui nous occupe et qui n'a plus dès lors changé de seigneurs.

Laurent Artaud de Montauban, désormais possesseur du fief de Barret, eut de son mariage avec Angélique Du Pont quatre fils : François, César, Chrétien et Alexandre, ces deux derniers reçus chevaliers de Malte en 1618. Il partagea son héritage par égales portions entre les deux aînés, ce qui entraîna la division de Barret en deux coseigneuries. François laissa de son mariage avec Jeanne de Truchier, contracté suivant toutes probabilités contre le gré de sa famille, un fils unique, Emmanuel, et mourut de bonne heure, laissant la tutelle à sa veuve, qui vendit en 1637 la moitié de Barret, appartenant à son fils, à Charles-René Dupuy, marquis de Montbrun, « parent de sondit fils, » qui avait pris son parti dans les discussions de famille ci-dessus analysées. Emmanuel mourut jeune et sans avoir été marié.

César, deuxième fils de Laurent, épousa en 1638 Françoise de Roux de Beauvezer, dont il eut 1° Laurent, décédé sans postérité ; 2° Charles, seigneur de Barret, et 3° Marie, unie en 1660 à François de Ripert, seigneur de Saint-Maurin, dont le fils Joseph, lieutenant-colonel du régiment de Hainaut, mari d'Albertine de La Roche-Aymon, laissa le comte de Ripert et le chevalier de Saint-Maurin, morts officiers généraux sans avoir contracté d'alliance.

Charles Artaud de Montauban, seigneur de Barret en partie, épousa le 25 février 1675 Françoise d'Astoaud et eut une fille unique, dernière héritière de la famille, qui, par son contrat de mariage, du 24 septembre 1702, porta ses biens à André de Ripert, fils de Pierre-François, seigneur de La Verrière, et de Gabrielle de Martini de Saint-Auban, à Apt en Provence, dont la famille, originaire du Trièves en Dauphiné, était établie à Saint-Saturnin et à Apt depuis quelques générations. Il est dit dans l'acte que, « comme ledit seigneur de Barret désire perpétuer sa maison dans celle de son futur gendre, il le prie que lui et les siens à l'avenir procréés du présent mariage et les leurs à perpétuité portent son nom et ses armes », condition fidèlement exécutée par eux.

De cette époque à la Révolution, les seigneurs de Barret ont été :

André de Ripert et Rose-Marie Artaud ;

Joseph de Ripert-Artaud-Montauban, leur fils aîné, député de la noblesse et souvent premier consul d'Apt, marié à Delphine de Thomas de Gignac ;

André, issu de cette union, époux de Marianne de Meyronnèt-Saint-Marc, entré aux États de Provence comme seigneur de Barret en 1788¹.

Voici les noms des enfants d'André :

1° Joseph-Auguste, marquis ² de Monclar, capitaine de frégate ; 2° Élie-André, reçu chevalier de Malte de minorité en 1788 et ensuite capitaine de frégate au service du roi Joseph Bonaparte, tué au combat de Castellamare, en 1810, et 3° Jules, chef d'escadron de hussards et officier de la Légion d'honneur, mort en retraite à Hyères en 1869.

L'aîné, Joseph-Auguste, laissa de Mlle de Sobirats deux fils : Amédée, marquis de Monclar, mort en 1871, pendant le siège de Paris, père de notre collègue, M. le marquis de Monclar, consul de France à Stuttgart, qui a bien voulu mettre ses archives de famille à notre disposition, et le comte Gustave de Barret, fixé au Jonquier près Mazan (Vaucluse) ³.

Sans rechercher ici les liens de parenté existant entre les divers gentilshommes qui, en Languedoc, dans le Comtat et en Dauphiné, portèrent jadis ce nom personnel, devenu patronymique, nous rappellerons qu'en 1163 P. de Ripert était témoin à Die d'une reconnaissance de fief et que Jean et François de Ripert, petits-fils d'Hugues, furent, vers la fin du XIVe siècle, les auteurs le premier des branches de Saint-Maurin, d'Artaud de Montauban et de Monclar, et le second, de celles du Devès, d'Alauzier, etc.

Pour les Pontevès, les généalogistes s'accordent généralement à les regarder comme les plus anciens gentilshommes de Provence. Voici, d'après La Chesnaye-des-Bois, les degrés de la branche des marquis de Buoux, seigneurs de Barret :

---

(1) En Provence, les nobles possédant fiefs étaient seuls admis aux États dans l'ordre de la noblesse.

(2) Par suite de la mort sans enfants de Jules, marquis de Monclar, le 24 février 1794, fils unique du deuxième procureur général de Ripert-Monclar, créé marquis par Louis XV, en 1768.

(3) Archives de M. le marquis de Ripert de Monclar.

I. Gaspard, fils puîné de Jean I et de Marie de Grimaldi de Beuil, eut de Douce de Bot :

II. Balthazar, marié avec Antoinette Isnard, dont

III. Ange, à qui Marguerite de Simiane donna :

IV. Gabriel, uni en 1545 à Anne de Sade, dont

V. Pompée, un des plus grands guerriers de son siècle, mari de Marguerite de La Baume et père de :

VI. Ange II, viguier de Marseille, qui épousa 1° Honorade de Castellane et 2° en 1630 Marguerite de Castellane-Adhémar de Grignan, dont

VII. Louis, marquis de Buous, par lettres de 1650, qui laissa de Barbe de La Croix de Chevrières :

VIII. Jean-François, marié avec Louise-Alexandrine-Cornélie Dupuy-Montbrun et père de

IX. Louis-Elzéar.

Au moment de la Révolution on saisit à Mme de Sade et on vendit comme biens nationaux le *champ de la paye*, le moulin, le domaine de Valory, la plaine du Grand-Pré, la terre de la Cour, etc.

Mme de Sade possédait aussi Montbrun et Villefranche, terres limitrophes, et nous l'y retrouverons bientôt.

Au moment de la vente de Barret, en 1607, l'acte ne spécifie pas les droits seigneuriaux aliénés ; mais, le 27 mai 1642, César Artaud de Montauban, désirant aller servir le roi en ses armées de Catalogne et autres lieux et craignant que sa femme ne fût troublée et inquiétée par divers créanciers pendant son absence, lui remit « la jurisdiction dudit Barret haute, moyenne et basse, concistant en lods, herbages, amendes et aides, droicts quelconques en deppendants en quoi que puissent concister, plus touttes et chacunes les censes et services personnelles que ledit seigneur de Barret a accoustumé prendre sur les habitants et possedants biens.........., et le four banal concistant au droit de fournage de 35 pains un ».

Ce qui nous montre la condition des vassaux absolument semblable à celle des vassaux des autres fiefs.

Un inventaire plus détaillé, dressé en 1658, à la requête

d'Alexandre Artaud-Montauban, qui se prétendait lésé en sa légitime, nous fait connaître les mêmes droits avec plus de détails.

La population du lieu est évaluée dans cet acte à cent chefs de famille environ. Le seigneur habite une maison en face de l'église, donnant sur la place et la grand'rue et confrontant la maison de *la Viguerie*. Cette demeure existe encore, mais modifiée ou reconstruite au XVIIIe siècle. D'après des titres plus récents, elle aurait été reliée au rempart du nord-est et par lui à la maison qui se trouve à gauche du village, en entrant par la porte de Montbrun.

Mentionnons encore, d'après l'inventaire de 1688, le *jas* de Jean-François Barniol, « qui en temps de guerre supportoit le passage pour tourner les murailles » ; deux moulins, « auxquels les habitants étoient obligez d'aller moudre tous leurs grains et non ailleurs » ; une tasque universelle du vingtain (20e partie) de tous les grains récoltés ; un four banal, où les cent chefs de famille devaient cuire leurs pains, en fournissant le bois et payant 1 pain par 35 ; un cens personnel sur les chefs de maison, « montant à 2 émines bled froment et 2 sols argent (sur) 94 personnes et sur 6 forains, et, outre ce, qui laboure avec bœufs paye double sans (cense) et qui a cinq trentainiers (de brebis), une charge bled et 8 sols d'argent, comprins le premier sans (cense). » Les noms des habitants sont cités et, de plus, ceux de quelques autres qui, ne labourant pas avec des bœufs, paient toutefois ce « gros sans d'une charge pour avoir de bétail lanu passant les cinq trentainiers portez par les transactions passées entre les seigneurs dudict Barret et les subjects; » Jeanne Richiou, Philibert Allemand, Marguerite Girard, dite Bonete Ploure, et Pierre-Jean Charesson doivent 4 chapons chaque année, pour cense de leurs maisons « bâties au-dessus des portes du lieu » ; le *pascurage* ou pulvérage « des allans et venans passans dans le terroir », de toute ancienneté, évalué par trentenier de brebis ou chèvres, « tant masles que femelles, » 2 sols 6 deniers, et par chaque paire de bœufs 16 sols (Toutefois ce droit rendait peu de chose, à cause de l'éloignement du village de tout grand chemin, car l'entretien de gardes spéciaux entraînait une grande dépense); la directe des maisons et propriétés des habitants ou forains taillables, entraînant les lods au 6e denier ; enfin le droit de justice et l'établissement des officiers.

Cet inventaire se résume, comme évaluation générale de la seigneurie, y compris quelques terres possédées en propre et la valeur des bâtiments seigneuriaux, en la somme de 94,828 livres 2 sols en capital.

Pareils droits ne semblent pas avoir été modifiés jusqu'à la Révolution. Cependant, comme plusieurs de ces redevances étaient dues en argent, la dépréciation du numéraire profita dans une mesure assez considérable aux habitants pour que la valeur de la seigneurie en ait subi une à peu près correspondante. En effet, en 1780, elle était estimée environ 100,000 livres, c'est-à-dire à peine 3,000 livres de plus qu'en 1656, alors que la valeur des terres par rapport au pouvoir du numéraire avait augmenté en 120 ans dans une proportion beaucoup plus considérable.

La commune était administrée par deux consuls, sans doute renouvelés annuellement par moitié, puisque le premier est toujours qualifié *ancien* et le second *moderne*. Dans les cas importants, ils réunissaient l'assemblée générale des pères de famille, sur l'autorisation du baile ou juge de la seigneurie. Ces assemblées sont de moins en moins nombreuses à mesure que l'on approche de 1790, remarque faite presque partout ailleurs.

Lors de la cession de Barret aux Montauban par la comtesse de Sault, la communauté, à cause des logements militaires et des emprunts faits pendant les guerres du XVIe siècle, devait une somme considérable. Laurent Artaud-Montauban la remboursa au maréchal de Créquy, le 15 mai 1618, et l'assemblée générale ratifia la subrogation du nouveau créancier à l'ancien. En 1631 la dette allait en capital et intérêts à 1,041 livres, et un consul, Jean Pascal, assisté de 4 notables à ce députés, emprunta au R. P. Jean Marcel[1], prêtre de la Doctrine chré-

---

(1) Le Père Marcel était du pays et parent des Beauchamp. Il repré-

tienne d'Avignon, une somme de 2,100 livres pour rembourser M. de Barret et liquider les nouveaux emprunts faits lorsque, en 1626, Lesdiguières alla faire le siège de Mévouillon.

En 1731, plusieurs tenanciers furent poursuivis par le seigneur pour censes arriérées, s'élevant à une somme considérable. La communauté eut le tort de prendre fait et cause pour les débiteurs et fut successivement condamnée en première instance et en appel. Elle demanda alors à M. de Barret (André de Ripert-Artaud-Montauban) de transiger avec elle et celui-ci, renonçant aux poursuites, envoya son fils signer l'acte d'accord, qui se fit avec une certaine solennité, en présence de Paul Beauchamp, juge, et de l'assemblée générale, les consuls Joseph Bremond et Joseph Pascal intervenant pour la communauté.

Le 19 janvier 1755, nouvelle assemblée pour entendre lecture d'une lettre de M. de Barret au sujet du cadastre. Les habitants répondent qu'ils le supplient de différer jusqu'à ce que des mesures soient prises pour acquitter les arrérages dus au receveur de la viguerie.

Enfin, en 1766, par suite de défrichements à la montagne du Taix, confinant Séderon, les consuls alarmés intentèrent un procès, appelant M. de Barret en garantie, comme les ayant autorisés. Il fut décidé de s'en tenir à l'arbitrage de deux conseillers au parlement de Provence, et le 25 mars 1767, à Apt, chez Mre Joseph de Ripert-Artaud-Montauban, baron de Barret[1], il fut résolu de laisser la montagne se reboiser elle-même, sans réclamation de part et d'autre de dommages-intérêts ou de dépens.

A la Révolution les biens de M. de Barret, servant à l'armée des princes, furent vendus par la Nation et de grandes étendues de bois devinrent nationales, faute d'acheteurs.

---

senta plusieurs fois son ordre et jouissait d'un certain renom de prédicateur. Joseph Marcel, son frère ou son cousin, était à la même époque notaire à Eygalayes.

[1] On trouve souvent à cette époque le titre de baronnie donné à Barret.

Nous trouvons à Barret, en 1714, un instituteur, avec 72 livres de traitement, sans les mois des élèves, fixés de 4 à 6 sols, selon leur instruction ; une rêve ou octroi sur le vin, en 1740, fixée à 7 sols 4 deniers par barral, et, à la fin du XVIII° siècle, une taille de 14 livres sur chacune des 175 livres du cadastre pour couvrir 1° les 1,375 livres dues au roi, les 56 du taillon, les 39 du fouage et subside, les 235 des charges ordinaires et extraordinaires, les 18 de la capitation, les 184 de la rente du four, etc.

En 1760, les recettes municipales accusaient 3,264 livres et les dépenses 3,453.

Au point de vue religieux, les renseignements font défaut. Au XVII° siècle les desservants (Brenque et Chauvet) s'intitulent vicaires et au XVIII° nous y trouvons un curé, Laurent Barruol.

En 1739, Gaspard Pellegrin se qualifie *régent des écoles* de Barret. Toutefois, avant ce temps, les signatures nombreuses des procès-verbaux des assemblées générales y supposent une instruction assez développée.

Ajoutons qu'après la famille seigneuriale les Beauchamp, bailes et lieutenants de juge de 1686 à 1736, formaient la famille la plus importante du pays. Elle prit même le nom de Valaurie, à cause d'un arrière-fief de 4 salmées de terre noble dans ce quartier.

La commune, d'après M. Mermoz, avait en 1839 une contenance de 3,379 hectares et un revenu de 19,092 fr., dont 1,493 pour les propriétés bâties ; ce qui fait en moyenne 5 fr. 21 c. par hectare.

Selon la *Statistique de la Drôme*, le territoire se divise en 350 hectares de bois communaux, 501 de bois particuliers, 1,412 de terres labourables, 25 de vignobles, 24 de prairies, 1,058 de pâturages, 85 de chemins, rivières, 7 de terres incultes, 2 d'édifices publics, total 3,464 hectares.

Les contributions de 1873 ont compris 1,989 fr. 65 c. pour l'État, 920 fr. 46 c. pour le département, 2,725 fr. 82 c. pour la commune, 102 fr. 79 c. pour non-valeurs, total 5,738 fr. 72 c.

Quant à la population, de 367 âmes en l'an VIII, elle est arrivée en 1809 à 500, en 1831 à 545, en 1841 à 604, en 1851 à 596, en 1861 à 549, en 1879 à 376 [1].

Outre les céréales, Barret produit un miel excellent.

La distance du bourg à Séderon, chef-lieu de canton, est de 7,482 mètres, à Nyons de 61,164 mètres et à Valence de 150,956 mètres.

On trouve dans les *Conseils* d'Étienne Bertrand la mention d'un acte de 1344, permettant aux habitants de Séderon de faire paître et abreuver leurs troupeaux à Barret, *Barretum de Libra et Villafranca,* d'après un titre antérieur de 1308, dont l'authenticité n'est pas démontrée. Puis le silence le plus absolu s'étend sur la contrée, où les disputes pour un brin d'herbe ont dû être fréquentes.

N'oublions pas, avant de quitter cette commune, de mentionner l'Anari, rieu ou ruisseau de Barret, affluent du Thoulourenc, qui traverse son territoire sans profit agricole, la fontaine de Génisseau, la grotte du Pied-du-Rocher, remarquable par ses stalactites, et celle de l'Argentière, par ses innombrables cavernes.

---

(1) *Annuaires de la Drôme.*

BEAUVOISIN.

Ici, quittant le canton de Séderon pour celui du Buis, nous suivons la route qui part de Montbrun, contourne le mont Ventoux et rejoint celle de la vallée de l'Ouvèze.

La commune où nous allons est à 6,885 mètres nord-ouest du Buis, à 34,860 mètres sud-est de Nyons et à 124,652 mètres sud-est de Valence. Elle est entourée de montagnes de tous les côtés et s'étend sur les flancs de Baume-Noire, en pleine exposition occidentale, entre les deux rivières qui à Propiac forment Aigues-Marses, affluent de l'Ouvèze. Près des hameaux des Jonchiers, de La Bâtie, des Gelly, des Brusses et des Granges, le sol paraît frais et fertile et la végétation luxuriante. La mairie et l'église se trouvent dans la dernière agglomération, la mieux abritée de toutes, puisque l'olivier y prospère. En face, sur le versant opposé, vers Mérindol, on découvre l'établissement thermal, et au pied du coteau des ravins et des bois assez maigres et dégarnis.

Le nom de Beauvoisin vient sans doute de la beauté du site et du voisinage du Buis ; il est écrit *Castrum de Bello vicinio* en 1293, *de Bello vincino* en 1317, *de Bello vicino* en 1293 et 1324, Beauvezin en 1777[1] et Beauvezet par Suarès.

Il va de soi que le fief relevait des barons de Mévouillon avant d'échoir aux Dauphins, en 1293 et 1317. Mais avant eux qui habitait le pays ? Quelque Romain ou Gallo-Romain puissant, témoin les belles médailles de familles consulaires qui vers 1855 y furent découvertes et envoyées à Paris.

---

(1) Valbonnais, *Hist. des Dauphins.* — *État des paroisses*, in-fol.

Quant à l'époque préhistorique, il est difficile d'en parler, faute de renseignements.

Nous aurons occasion de faire connaître les barons de Mévouillon dans la monographie de cette localité, ainsi que les Dauphins, leurs successeurs. Ni les uns ni les autres n'ont joué de rôle à Beauvoisin.

La seigneurie appartenait, moyennant l'hommage, à la famille de Remuzat dès les premières années du XIVe siècle. Elle tirait son nom d'un bourg de Provence placé dans les Baronnies et n'a pas laissé de traces éminemment brillantes dans l'histoire.

Guillaume, fils de Pierre, chevalier, se qualifie seigneur de Bénivay et Beauvoisin dans son testament du 29 avril 1324. Le même acte rappelle Béatrix Dupuy, son épouse, dotée de 10,000 sols viennois vieux, Arnaudette, Isnardette, Tiburgette et Saurette, ses filles, Parseval, Poncet, Bertrand et Mondonet, ses fils. Guillaume lègue 10,000 sols viennois à Arnaudette et à Isnardette, et veut que Tiburgette et Saurette se fassent religieuses à Saint-Césaire de Nyons ou à Saint-André de Ramières, l'une dans un établissement et l'autre dans l'autre. Même sort est réservé à Parseval, qui devra entrer à Saint-André d'Avignon, après avoir passé dix ans dans les écoles. Il lui donne à cet effet tous ses ouvrages de droit canon et 300 livres d'argent. Poncet reçut les châteaux ou fiefs de Beauvoisin, de Bénivay et d'Ollon et les propriétés du Buis et de Propiac ; Bertrand, celles de Malaucène, de Barroux et d'Entrechaux ; Mondonet, la moitié du château de Pennafort et du territoire voisin, indivis avec Cornilhan de Remuzat, outre les biens de Rochebrune et de Linseul *(Ninsolium)*. Si, par malheur, ses divers héritiers venaient à mourir jeunes, le testateur ordonne qu'il soit fondé un monastère de 20 religieuses nobles dans la bâtie qu'il possède sous Beauvoisin et où se trouve la chapelle de Saint-Nicolas [1].

---

(1) Acte communiqué par M. l'abbé Veyrenc.

Rien ne nous prouve que ce monastère ait existé.

Pons ou Poncet de Remuzat prêta hommage aux Dauphins en 1330, 1334 et 1349 ; Bertrand et Rostaing, en 1370, 1377 et 1390. Cette même année, Rostaing y lève des censes et le vingtain des blés, vins et légumes, et il se reconnaît vassal du roi en 1413 et Alise, sa veuve, en 1427.

Vers la fin du XVe siècle, le pays n'était pas fort prospère et formait avec Ollon et Bénivay une seule taillabilité. Mais la misère ayant contraint les habitants d'Ollon à passer dans le Comtat-Venaissin, ceux de Bénivay et de Beauvoisin ne pouvaient plus acquitter le montant de leurs charges. Le parlement de Grenoble ordonna une enquête, dont on ignore l'issue.

Quoi qu'il en soit, Antoine de Remuzat, en 1540, jouissait de la juridiction haute, moyenne et basse de Beauvoisin, du vingtain des récoltes, du fournage, des lods au 6e denier et de 10 livres pour chacun des sept cas impériaux (voyage en Terre-Sainte, chevalerie, mariage, achat de fief, etc.).

Jean de Remuzat laissa de Justine Martin une fille, appelée Esprite, qui épousa Jean d'Armand, fils de Pierre, seigneur de Lus, vers 1597.

Mistarlet fait venir d'Auvergne en Provence et en Dauphiné la famille de ce gentilhomme ; Chorier et Guy Allard lui donnent le Trièves pour berceau et l'on a des lettres d'anoblissement de 1591 et de réhabilitation de 1606 en faveur de Pierre. Celui-ci testa en 1614 et Jean, son fils, en 1650. Il avait transigé le 6 mai 1618 avec les consuls et habitants de Beauvoisin et Bénivay pour sa part des dettes communales et consenti à payer 1,000 écus à M. d'Entraigues. Par cet acte il libérait aussi les deux terres de l'argent et de l'huile dus à Justine Martin et à Justine de Remuzat et des frais et dépens d'un procès intenté à Mme de Beauvoisin. Lui et sa femme étaient, moyennant ce, exonérés de toute autre participation aux dettes communales et recevaient la promesse d'être remboursés des 50 écus qu'ils avaient prêtés pour payer Lesdiguières.

Pierre s'acquitta la même année 1618 des 3,000 livres dues à Splendian de Montmorency, seigneur d'Entraigues, par acte passé dans sa maison de Beauvoisin [1].

Jean d'Armand, seigneur de Lus, en considération du mariage de Pierre, son fils aîné, avec Marguerite Renard, lui céda le fidéicommis stipulé au testament d'un aïeul; mais celui-ci se désista bientôt de cet avantage (11 mai 1638) et vendit même à noble Hector d'Agoult, seigneur de Bonneval, conseiller au parlement de Grenoble, la 5e partie d'Ollon, Bénivay, Beauvoisin, Rochebrune et montagne de Linseul, avec toute justice et tous droits seigneuriaux, pour 18,900 livres, le 8 février 1659.

L'acquéreur, dont la famille nous est déjà connue, fut exonéré des lods (aujourd'hui droits d'enregistrement), reçut l'investiture des terres précitées et en rendit hommage la même année. Puis il acheta le restant de Beauvoisin et ses dépendances, pour 17,900 livres, de Jean Artaud-Montauban, seigneur de La Roche-sur-le-Buis.

Une alliance porta des d'Agoult aux Trémolet de Montpezat la seigneurie de Beauvoisin : ce fut celle de Justine-Espérance d'Agoult-Montmaur, fille d'Hector-Samson, petit-fils d'Hector, avec Jean-Joseph-Paul-Antoine de Trémolet, en 1738. Ce gentilhomme descendait d'Antoine, procureur général de la cour des aides de Montpellier en 1555. Sa veuve fut dépouillée de ses domaines à la Révolution [2], comme émigrée, et en 1827 Mme de Montpezat, marquise de Taulignan, se portait héritière de Marie-Justine-Espérance d'Agoult, duchesse de Montpezat.

Au spirituel, Beauvoisin formait avec Bénivay un prieuré,

---

(1) *L'Arrondissement de Montélimar*, t. III, art. *Condillac*. — *Inventaire des archives dauphinoises de M. Morin-Pons*, art. *Armand*.

(2) *Inventaire des archives dauphinoises de M. Morin-Pons*. — *Invent. de la Chambre des comptes*. — Papiers d'Agoult, aux archives de la Drôme. — D'Aubais, *Pièces fugitives*.

du diocèse de Vaison ; c'est aujourd'hui, depuis le 3 mai 1846, une annexe de Propiac.

En 1839, M. Mermoz évaluait la contenance imposable à 853 hectares ; en 1835, M. Delacroix y trouvait 25 hectares de bois, 300 de terres, 5 de prés, 40 de vignes, 500 de pâturages, 18 de routes, rivières, 72 de terres incultes, 2 d'édifices publics.

Selon M. Mermoz, le revenu moyen d'un hectare y est de 9 fr., de 22 au Buis, de 30 à Mollans, etc.

Les rôles d'impositions de 1873 ont rapporté à l'État 778 fr. 38 c., au département 369 fr. 85 c., à la commune 927 fr. 84 c., plus 34 fr. 99 c. de non-valeurs ; total 2,111 fr.

La population a suivi les variations suivantes :

1831	126 âmes.	1861	150 âmes.
1841	142 —	1871	155 —
1851	153 —	1879	138 —

Beauvoisin possédait il y a quelques années une fontaine ardente, qu'un éboulement de terre a couverte. Elle se trouvait dans un ravin entre le Buis, Propiac et Beauvoisin. Une rivière ou torrent de ce nom va se jeter à Propiac dans l'Aigues-Marses, affluent de l'Ouvèze.

BELLECOMBE

Irrégulièrement bâti en amphithéâtre, au sommet d'une colline arrosée par d'abondantes sources et couverte de prairies, de jardins et de vergers, le village chef-lieu est à 16,648 mètres nord-est du Buis, son chef-lieu de canton, à 24,593 est de Nyons et à 114,385 sud-est de Valence.

Il est au pied des montagnes, nues au nord et boisées à l'est, qui le séparent de Remuzat, Pelonne Verclause, Lemps et Condorcet, et domine deux vals profonds et évasés, au fond desquels promènent un filet d'eau les ruisseaux du Col de Soubeyran et de Couravour.

Les deux vals, en se réunissant au bas de la colline, vers le moulin, forment une vallée perpendiculaire à celle de Bodon ou de Sainte-Jalle, et les deux ruisseaux, le Rieufroid, affluent de l'Ennuie, qui se jette dans l'Eygues, à Curnier. Cette situation explique très bien le nom de Bellecombe et même celui de Belles-Combes donnés à la localité. Peu de communes sont aussi accidentées et aussi pittoresques.

Sa contenance est de 1,348 hectares, dont 575 en terres, 24 en vignes (avant la maladie), 9 en prairies, 79 en bois communaux, 246 en bois particuliers, 255 en pâturages et le reste en rochers, torrents ou chemins.

M. Mermoz, en 1839, en évaluait le revenu total à 13,599 fr., dont 569 pour les propriétés bâties et celui d'un hectare à 10 fr.

Alors que les parties nord, sud et est de la commune sont couvertes de montagnes ou sillonnées de ravins, il y a sous Tarendol, au quartier de Saint-Étienne, sur le versant septentrional de la vallée de Sainte-Jalle, une sorte de plaine de 60 hectares d'étendue. Les points les plus élevés, vers Lemps et Remuzat, atteignent de 1,000 à 1,100 mètres de hauteur.

On y récolte des céréales, du fourrage, des pommes de terre et des fruits excellents, grâce à un vent particulier appelé l'Odouine. Les bois et le commerce du bétail agricole complètent les ressources de la population.

Elle a payé, en 1873, à l'État 1,472 fr. 01 c., au département 668 fr. 95 c., à sa propre caisse 1,586 fr. 95 c., en non-valeurs 70 fr. 70 c.; total 3,789 fr. 57 c.

De 1830 à 1879 sa population a peu varié : 217 âmes en 1831, 281 en 1841, 313 en 1851, 305 en 1861, 265 en 1871 et 266 en 1879.

Faute d'archives communales, nous ne pourrons pas aborder son histoire; mais nous ferons du moins connaître ses divers seigneurs.

Il y avait à Bellecombe avant la Révolution les fiefs :
1° De Pennafort, Penafort, Penafol *(Castrum Pennafortis)*;
2° De Tarendol, Terendou *(Terendos, Terrendol* et *Tarendolium)*;
3° La Bâtie du Col de Soubeyran;
4° Ban *(Bannum in valle Bodonensi)*;
5° Et enfin Bellecombe *(Castrum de Bella Cumba)*.

Bellecombe succéda sans doute à Penafort, lorsque le temps où les hommes eurent ruiné les maisons de ce dernier village antique, car un acte de 1284 mentionne seulement Penafort et Tarendol.

Le premier seigneur de Bellecombe s'appelait Bertrand de Remuzat. Il descendait d'une famille jadis puissante, déjà rencontrée à Beauvoisin, était fils de Pons et rendit hommage au Dauphin, successeur des barons de Montauban, en 1355. François et Jean, ses descendants, imitèrent son exemple quelques années plus tard.

En 1422, Béatrix d'Aspres, fille d'Arnoux, veuve et héritière de Jean de Remuzat, dit de Rousset, prenait la qualité de dame de Bellecombe. Elle avait épousé Rodulphe de Theys, vers 1474 [1].

---

(1) *Invent. des archives de la Drôme*, E. 2973.

Un mariage ou une vente porta la seigneurie, peu de temps après, dans la famille de Maubec, une des anciennes et illustres races de la province, car Aimar de Maubec en faisait hommage en 1540, le 27 juillet.

Martine ou Marciane de Maubec, femme de Philibert de Cordon, eut un fils appelé Marc, qui, avec François de Maubec, vendit, le 20 mai 1590, le fief de Bellecombe à Jacques de La Tour, seigneur de Saint-Sauveur, avec ses droits sur Vercoiran, Autane, Sainte-Euphémie et Durfort, pour 32,000 sols [1].

Jacques de La Tour prêta hommage au Roi-Dauphin le 22 mai 1592, Annibal, les 15 février 1621 et 30 juin 1645, et Henri, le 3 juin 1680, pour Bellecombe, Tarendol, Penafort, Soubeyran, Ban, Verclause, etc. [2].

En 1789, MM. d'Albert et de Soissan en étaient maîtres, et, peu après, leurs biens furent vendus par la Nation, comme le moulin, Charamalet, etc.

Nous aurons occasion de faire connaître les de La Tour et de Soissan à Saint-Sauveur et les d'Albert à Rioms.

Penafort, ou montagne fortifiée, d'après les étymologistes, en patois *Penafoi,* est à 800 mètres nord de Bellecombe. C'est un défilé étroit de 20 mètres de large, où passent le ruisseau de Couravour et le chemin de Verclause. Deux rochers parallèles, de 150 à 200 mètres d'élévation, s'y dressent face à face, et des trous percés de distance en distance dans l'un et l'autre ont fait supposer que des habitations avaient été jetées sur ce passage inaccessible par d'anciens peuples, que la légende appelle Sarrasins. Il y aurait à vérifier les lieux pour chercher les traces de l'homme préhistorique et de l'homme déjà suffisamment civilisé pour se construire des maisons si hardies.

Un des rochers fait suite au mamelon de Pierrevon et l'autre, dit de l'Aigle, descend de la montagne de Ban.

Il y eut là un château fort dès les premiers siècles féodaux, propriété des barons de Montauban, à l'origine, et des Remuzat,

---

(1) *Invent. de la Chambre des comptes.*
(2) *Idem.*

en 1330. Raymond en avait alors une moitié et Pons, dit Cornillan, une autre moitié. On y trouve ensuite Raymond, fils de Guillaume, en 1344; Antoine, fils de Mondon, en 1395 et 1413; puis Jacques, en 1421. Le 16 janvier 1585, Victor d'Achard-Ferrus possédait Penafort et Tarendol, qu'il vendit, en 1591, à Jacques de La Tour, déjà maître de Bellecombe.

Tarendol signifie, d'après M. Péan, montagne de la vallée. Ses maisons, plus haut placées que celles de Bellecombe, dominent en effet la vallée de Bodon. Il y reste un hameau, séparé du village chef-lieu par un val très profond, dont la seigneurie appartint jadis en partie à Raimbaud de Remuzat, en 1330, à Guillaume, son fils, en 1338, et à Bertrand, son petit-fils, en 1376. Noblette de Remuzat le porta à Humbert de Taparel, son mari.

Une autre part était échue à Raymond de Montferrand, qui avait là, sous sa dépendance féodale, Joffrey de Tarendol et Tignon, gendre de Joffrey, tous gentilshommes obscurs, inconnus à nos historiens [1].

Dragonnette de Montferrand transmit ses droits aux de Pierre ou de Peyre, qui en jouissaient encore en 1540.

Le 13 mai 1591, David d'Achard-Ferrus, seigneur de Sainte-Colombe et de Chauvac, vendit Tarendol, Penafort et Ban à Jacques de La Tour, pour 5,000 écus.

De 1330 à 1350, Raymond de Remuzat, seigneur de la *Bâtie du Col Soubeyran*, laissa ce fief à Raimbaud et à Guillaume, ses fils ou ses frères. On y voit Guillaume de Morges en 1373, Aimar de Morges en 1376, Guillaume de Morges et Bertrand de Remuzat en 1390, puis Humbert de Taparel et Briande de Taparel en 1421, qui le porta à Jacques de Vilette et à Henri Raymond, ses deux maris successifs.

Quant à *Ban*, entre Penafort, Saint-Sauveur et Lemps, il fut donné, en 1341, par Guillaume de Royn, maître d'hôtel du

---

(1) *Inventaire de la Chambre des comptes.* — DE COSTON, *Étymologies des noms de lieu de la Drôme.*

Dauphin, à noble Pierre Faron, de Lemps. Il passa plus tard des Beauvoir aux Ferrus (1473), au moyen d'une vente [1].

Bannette, vallée très froide et très productive en fourrages, à 5 kilomètres environ de Bellecombe et au nord-est, a tiré son nom de la montagne et du fief de Ban.

Pareille multitude de fiefs dans une petite commune nous a révélé des noms de familles éteintes, les unes puissantes et les autres obscures, que nous retrouverons encore sur nos pas ; mais, faute de titres, nous n'avons pu rattacher à leur souvenir aucun fait intéressant.

Dans ces régions montagneuses, un col, un défilé avaient leur importance pour arrêter l'ennemi ; de là les nombreux châteaux forts dont on y rencontre les ruines.

M. l'abbé Isnard assure que les moines de Bodon ou plutôt de Saint-May poussèrent leurs excursions jusqu'à Penafort et Arpavon, et que, les Sarrasins ayant dévasté leurs établissements religieux dans cette région [2], ils ne furent plus reconstruits.

Quoi qu'il en soit, un pays aussi accidenté, avec ses montagnes et ses grottes inconnues encore, mérite d'être exploré.

Jusqu'ici, à part les géodes du Col de Soubeyran, on n'y a recueilli aucun vestige de l'homme primitif, des Vocontiens, des Romains et des Gallo-Romains, et la seule curiosité naturelle de Bellecombe est le vent de l'*Odouine*, qui souffle en hiver et au printemps par un temps limpide et féconde les vallées solitaires de Penafort et de Soubeyran et surtout leurs arbres à fruits.

On sait qu'en 1540 Aimar de Maubec y possédait toute juridiction, le vingtain de tous les grains et du vin, un moulin et un four banaux, des lods et des services non spécifiés; qu'en 1645 tous ces droits arrivaient ensemble, pour Bellecombe, Tarendol et Penafort, à 800 livres ; enfin qu'en 1680 les mêmes

---

(1) *Invent. de la Chambre des comptes.*

(2) *Bulletin de la Société d'archéologie*, t. I, p. 54.

fiefs, avec ceux de la Bâtie Soubeyran et de Ban, comprenant pour Bellecombe et Penafort 39 vassaux et pour Tarendol 9, rendaient 3 émines de blé de cense ou de fournage, 27 corvées, 27 poules et, en tout, de 8 à 900 livres de revenu.

En 1790, Vautour, curé, y affermait ses biens 480 livres, 3 charges de blé et 1 de vin, mais sur cela payait la 24° partie de la dîme aux pauvres, 34 livres de vingtièmes, 9 livres de tailles et l'entretien de la sacristie et du sanctuaire de l'église, reconstruite ou bâtie par un abbé de Caderousse, en 1663. Elle dépendait du diocèse de Sisteron, comme toutes celles de la vallée, et fut érigée en chapelle vicariale le 2 février 1823 et en succursale le 16 août 1851.

BÉNIVAY.

*Et scopulis Blava Rocca et Bellus Visus et Aulo
Atque casale omen quod bene vadat habens.*

Suarès, évêque de Vaison, a consacré ce distique à la description de trois localités de son diocèse, et le P. Boyer de Sainte-Marthe, historien de l'église de Vaison, l'a ainsi traduit approximativement :

Beauvezet, Rocheblave, Aulon et Benivai,
Pour parler justement n'ont rien que de fort laid.
Du premier, du dernier les noms sont ironiques :
Voyés bien, allés droit, les chemins sont lubriques [1].

Nous ne chicanerons ni l'un ni l'autre de ces auteurs sur l'élégance de leurs vers ; nous regrettons seulement qu'ils n'aient pas décrit en prose, plus au long et mieux les trois localités, dont une nous est déjà connue, dont l'autre le sera bientôt et la troisième avec Montaulieu.

M. de Coston pense que *Castrum de Beuvennay* et *de Bennay* en 1317, Benivais en 1777, Benevais en 1789 et Bénivay actuellement signifient à la fois montagne du torrent ou torrent de la montagne, de *ben*, rocher, et *nivay*, canal ; ce qui est vrai topographiquement sous les deux rapports [2].

Pareille étymologie indiquerait, comme à Penafort, une origine celtique.

---

[1] *Histoire de l'église de Vaison.*
[2] *Étymologies des noms de lieu de la Drôme.*

Le village, à la sortie d'un défilé, où l'Aigues Marses roule ses eaux limpides, venues d'Ollon, vers Propiac et l'Ouvèze, présente des ruines sur un petit rocher voisin, une église sans caractère et des maisons mal alignées et d'apparence chétive, à 9,945 mètres nord-ouest du Buis, à 37,920 mètres sud de Nyons et à 127,712 mètres sud-est de Valence.

A l'est et à l'ouest de hautes montagnes boisées le séparent de Mérindol et de Beauvoisin ; au midi le chemin de Propiac et du Buis longe sa rivière, et au nord un vert, agréable et fertile bassin, en partie sur Bénivay et en partie sur Ollon, renferme seul un sol cultivable.

M. Mermoz, en 1839, donnait à la commune 319 hectares imposables et un revenu total de 3,864 fr., soit 1 fr. 40 c. par hectare, et la *Statistique de la Drôme*, 335 hectares, dont 30 en bois, 95 en terres, 2 en prés, 39 en vignes, 156 en pâturages et le reste en torrents, chemins et rochers.

Ses impôts en 1873 comprenaient 435 fr. 32 c. pour la part de l'État, 195 fr. 14 c. pour celle du département, 582 fr. 62 c. pour celle de la commune, et 22 fr. 98 c. pour les non-valeurs ; total 1,236 fr. 06 c.

De 1831 à 1879 la population a peu varié : 1831, 105 âmes ; 1841, 123 ; 1851, 92 ; 1861, 100 ; 1871, 103 ; 1879, 95.

Le château et la seigneurie appartenaient aux barons de Mévouillon et aux Dauphins, qui leur succédèrent. Sous eux et moyennant l'hommage, les Remuzat, comme à Beauvoisin, en percevaient les revenus, comprenant, en 1540, la juridiction haute et basse, le vingtain (20e partie) de tous les grains et pour quelques habitants celui du vin et des olives, les servis, fournages, lods au 6e denier et un moulin à huile.

Jean d'Armand, seigneur de Rochebrune, en devint maître par son mariage, en 1659, avec Esprite de Remuzat, et Pierre, son fils probablement, le 8 février 1679, vendit la 5e partie du fief à noble Hector d'Agoult, seigneur de Bonneval [1].

---

(1) *Inventaire de la Chambre des comptes.*

Nous trouvons, vers 1725, Gaspard-Melchior-Balthazar d'Arbalestier de Mirabel, seigneur de Bénivay et Ollon [1], et en 1789, Mme la duchesse de Montpezat.

Les archives communales de Beauvoisin, Ollon et Bénivay, en partie conservées, nous montrent ces localités, en 1619, endettées de 24,000 écus, à la suite des guerres de religion et des contributions militaires [2], « nonobstant que tout leur terroir ne soit compris que pour 3/4 de feu, outre qu'ils ne sont que au nombre de 12 ou 15 habitants ». Vingt ans plus tard, les consuls écrivaient à Claude Brosse, l'intrépide défenseur du tiers état, en sa qualité de syndic des communautés villageoises : « Celle de Benivay et Beauvoisin aux Baronnies, fort pauvre et à présent composée de 32 habitants, acheta une chevance de feu noble Antoine de Baron, sieur de La Maria, au prix de 6,000 livres et sous la pension annuelle de 300 livres, qu'il lui est impossible de payer » [3]. Mêmes plaintes vers 1660, quand il fut demandé au roi la permission d'abandonner leurs biens à leurs créanciers : « Contraints d'emprunter de grosses sommes afin de subvenir aux logements des gens de guerre, les habitants ont dû aliéner des fonds et héritages roturiers, qui, en tombant aux mains de la noblesse, ont rejeté le poids des impôts sur un petit nombre, et ayant voulu racheter les fonds au moyen de pensions à 5 %, ils n'ont pu les payer. »

Moins de 10 ans après, en réclamant une diminution de leur part contributive d'impôts, les consuls représentaient à l'intendant les lieux de Bénivay et Beauvoisin comme « de petite étendue, montueux, rudes, entourés de montagnes, rochers et collines arides, qui ne produisaient aucun bois ni herbage pour la nourriture du bétail, et le terroir, pour la plupart inutile à la culture, comme pierreux et sujet aux ruines des eaux ». Ils ajoutaient que la partie cultivée était seulement de 242 charges, 5 émines, dont 112 charges 7 émines appartenaient à la noblesse et au clergé ; que la population, de 32 familles de pauvres la-

---

(1) *Invent. des archives de la Drôme*, E. 2258.
(2) *Idem*, E. 2674.
(3) *Idem*, E. 3678.

boureurs, payait, en outre, la 24ᵉ partie des fruits et récoltes au prieur, la 20ᵉ, avec des corvées et 1 charge de blé par maison, au seigneur [1].

Lors de la révision des feux, en 1709, les plaintes recommencèrent. On voit qu'alors « la communauté ne faisoit qu'un corps d'une quarantaine d'habitants, dans de petites granges séparées, dont la moitié mendioient leur pain une partie de l'année [2] ».

Enfin, en 1789, la commune (Bénivay, Beauvoisin et Ollon), habitée par 43 familles et 304 individus, ne récoltait pas assez de grains pour ses habitants, avait perdu ses oliviers pendant un hiver récent et s'administrait par des consuls, nommés en assemblée générale devant l'église et devant le châtelain du seigneur. Ses charges locales étaient de 68 livres. Elle avait une rente de 16 livres 10 sols et la 24ᵉ partie de la dîme pour ses pauvres.

Au point de vue religieux, Bénivay formait, avec Beauvoisin, Ollon et Rocheblave, un prieuré-cure, du diocèse de Vaison. Charles-Joseph de Suarès visita en 1670 les églises de Bénivay et de Tire-Temple, entre Bénivay et Propiac, de Beauvoisin et d'Ollon, et mourut la même année, le 19 novembre.

Vers 1858, M. Mége y trouva dans des ruines la matrice du sceau de Courthézon, avec le cornet des princes d'Orange et l'inscription suivante : *Sigil(lum) Cortedon(is), principal(us) aurasicens(is)*.

Chorier donne à la localité, qu'il appelle *Benjuay*, un vent topique, comme le Pontias de Nyons ou l'Odouine de Bellecombe [3].

Enfin, d'après la nature du terrain, nous croyons qu'il y a près du village des eaux minérales, semblables à celles de Propiac, et même des eaux salées, si l'on s'en rapporte à une lettre de 1627 ou 1628.

---

(1) *Invent. des archives de la Drôme*, E. 2684.

(2) *Idem*, E. 2690.

(3) Registres de l'état civil de la paroisse, à Bénivay. — CHORIER, *Histoire abrégée du Dauphiné*.

BÉSIGNAN.

Nous sommes revenu sur le versant méridional de la vallée de Bodon ou de Sainte-Jalle et presque en face de Bellecombe. Là se trouve, près d'un vieux château ruiné, le hameau chef-lieu de la commune. Il est irrégulièrement bâti et ses cinq maisons gardent un air de misère et de vétusté remarquable. L'église, étant construite moins haut, à Fontbonne, permet à une nouvelle agglomération de se développer ; il y a déjà 12 maisons. On en compte 4 à La Cour, 6 aux Montauds et 11 granges isolées.

La population en 1879 est de 192 habitants ; elle était en 1831 de 150, en 1841 de 191, en 1851 de 203, en 1861 de 195, en 1871 de 198 et en 1789 de 25 familles, soit environ 120 individus.

M. Mermoz donne à la commune une contenance imposable de 862 hectares et un revenu de 16,422 fr., dont 589 pour les propriétés bâties, soit 18 fr. par hectare, et M. Delacroix, de 891, dont 175 en bois, 400 en terres, 24 en vignes, 9 en prés, 255 en pâturages et le reste en torrents et chemins.

Elle s'étend sur la rive méridionale de l'Ennuie, et, bien qu'en pente assez raide généralement, son territoire offre cependant deux plaines, la Condamine ou les Vignes et celle de L'Homme, ayant ensemble 223 hectares. Les cols de l'Oure, d'Autane et de Bodon, qui séparent Bésignan d'Autane et de Vercoiran, au midi, ont une élévation de 902 à 997 mètres au-dessus du niveau de la mer, alors que cette hauteur près de l'Ennuie est seulement de 400 mètres.

L'*Annuaire de la Drôme* y fait croître l'olivier par erreur : les grands vents du nord auxquels la commune est exposée en rendent la culture impossible. On y cultive seulement les céréales et la vigne [1]. En 1789 la nourriture des habitants se composait pour la majeure partie d'épeautre, de pommes de terre et de glands.

Voici les contributions publiques de 1873 : 1,426 fr. 58 c. à l'État, 696 fr. 15 c. au département, 1,290 fr. 26 c. à la commune, 56 fr. 81 c. de non-valeurs ; total 3,469 fr. 80 c.

Castrum de Businano, de Besignano et *Besinhanum* en 1375, Bezignan en 1777 et Bésignan actuellement signifient, d'après M. de Coston, « maison de Bzo, Bazin ou Bazen, » personnage inconnu autant qu'on peut l'être, à moins qu'il ne s'agisse de l'homme de ce nom placé dans la lune par la tradition populaire [2].

Sous les Mévouillon et les Dauphins, une famille de Bésignan posséda la seigneurie de ce nom, avec Villars sur Saint-Sauveur, Eygaliers, etc. Guillaume, l'un d'eux, jouit même d'un certain renom à la cour d'Humbert II, au XIVe siècle, puisque le remplaçant ou lieutenant du prince devait le consulter [3].

Il rendit hommage, en 1340, au Dauphin, comme baron de Mévouillon, pour son château, qu'il déclara fief franc, noble, ancien et rendable. Valbonnais lui fait aussi acquérir, avec deux autres seigneurs, tous les revenus du Buis, à condition de payer les équipages du Dauphin, d'entretenir sa maison et de lui donner 50,000 florins par an [4].

Il était fils de Joffrey ou Geoffroy et père de Didier, qui fit hommage en 1353, en 1413 et 1418. François acquit, le 2 août 1494, la part de seigneurie qu'avait à Bésignan noble Jean Olivier, fils d'Honoré, pour 70 florins, et Gaspard, en dénombrant ses biens et droits le 31 juillet 1540, annonce un château,

---

(1) *Annuaire officiel* de 1879.

(2) *Étymologies des noms de lieu de la Drôme.*

(3) Valbonnais, *Hist. du Dauphiné*, t. II, p. 519.

(4) Valbonnais, *Hist. du Dauphiné*, t. II, pp. 336-37. — *De l'usage des fiefs*, p. 41.

la pleine et entière juridiction, un vingtain des blés, légumes et raisins, des lods au 6ᵉ denier, des corvées, servis, censes, moulin, four et fournage. L'année suivante, le même gentilhomme précisait encore davantage ses droits en déclarant que chaque habitant lui faisait 1 émine de blé de cense personnelle, 1 émine d'avoine, 1 poule, 1 corvée d'homme, 1 de bœufs ou vaches et 6 deniers, outre 1 denier par sommée de semence ou par sétérée de pré et 1/2 denier par jardin ou chenevier, et que sa grange propre contenait 100 sommées de terre, 30 de bois, 20 de prés et 30 hommes de vignes [1].

Vers 1520, Claudie de Bésignan porta une moitié de la terre à Philibert Pape, son mari, et, en 1680, Élisabeth de Massane, héritière de Samson Pape, seigneur de Saint-Auban, en dénombra les revenus.

L'autre moitié appartenait, dès 1584, à Antoine d'Autane, par suite d'une alliance avec une Bésignan, en 1603 à Jean et en 1686 à Jean-Étienne.

Nous aurons à parler des Pape à Saint-Auban et des d'Autane à Vercoiran; rappelons seulement ici que Joseph-Justin-Constantin Duclaux, d'une famille de Mirabel, acquit Bésignan en 1766 et que son fils, Pierre-Charles-Joseph-Marie, dit le marquis de Bésignan, rendit son château mémorable par un siège de cinq jours en 1792. Déjà, en 1577, ce fort avait été pris par escalade par quelques soldats catholiques de Malaucène. D'Aubais remarque même à ce propos que des auteurs ont écrit mal à propos Lésignan, au lieu de Bésignan, et fait la description suivante de la localité :

« Paroisse de 386 habitants en Dauphiné, dans les Baronnies, située en un vallon du diocèse de Sisteron, à 9 lieues 1/2 au nord-est d'Avignon, à cinq quarts de lieue au nord du Buis. Bésignan, apparemment seigneur ou parent du seigneur de cette paroisse, était proche parent de Jacques Pape, seigneur de Saint-Auban, et de Claire de Bésignan. Il servait avec lui

---

(1) *Inventaire de la Chambre des comptes.*

sous Châtillon dans la belle retraite qu'il fit en décembre 1583, en traversant la Bourgogne, le Forez et le Vivarais. Lui, Saint-Auban et un autre chargèrent un parti de paysans commandés par des nobles du pays. Bésignan tua un de ces nobles et leur prit un cheval.... Jeanne de Bésignan épousa Balthazar-Geoffroy et Mateline, leur fille, Jean d'Astoard (le 9 février 1550) [1].

Il nous reste à parler du dernier siège et du marquis de Bésignan.

Adam Taxil, de Montjay, possédait au XVIIe siècle la part de Pierre d'Autane. Il épousa Louise Trophe et laissa, entre autres enfants, Marie, femme de Justin Duclaux, maire perpétuel de Mirabel aux Baronnies, fils d'Esprit, décédé en 1695, sieur de Molestre, le premier qui eût pris la qualification nobiliaire, sans que nous ayons pu en découvrir le motif et la justification.

Nombreuse fut la famille de Justin. Nous citerons seulement Joseph-Justin-Constantin, mari de Marguerite de Blosset et père de Pierre-Charles-Joseph-Marie, dit le marquis de Bésignan.

Ce gentilhomme avait contracté mariage, le 2 février 1780, avec Marie-Jeanne-Martine Duclaux, fille de noble Jean-François, sieur de La Mésangère, et d'Anne-Jeanne de Marville, et avait reçu de son père, à cette occasion, les revenus de la seigneurie de Bésignan et les droits qu'il avait sur la succession de Marie-Anne de Taxis, outre la jouissance de ses biens, à la charge d'en acquitter les dettes.

En 1789, ses vassaux se plaignaient des charges féodales exigées d'eux : 20e partie des grains et des raisins, droit de mouture, moyennant la 28e partie de la farine, droit de fournage, de 20 pains un, malgré le mauvais état du four banal; de tout habitant faisant feu, 1 émine blé, 1 émine avoine, 1 poule et 1 corvée d'homme pour piocher la vigne, sous le nom de

---

(1) D'AUBAIS, *Pièces fugitives*, t. I, pp. 338-339. — La population qu'il donne paraît fort exagérée.

censes personnelles; lods au 16ᵉ denier, droit de prélation, droit exclusif de chasse et de pêche, contrairement aux anciennes transactions.

Dans une commune pauvre, où le seigneur possédait en outre la majeure partie du sol, les excitations contre lui étaient faciles à soulever : il fut accusé de nourrir le projet de renverser l'Assemblée nationale, d'entretenir des correspondances suivies avec l'étranger et avec les royalistes du Midi, et de munir son château d'armes et de provisions de guerre et de bouche. Les communes voisines s'alarmèrent de ces bruits, propagés à dessein et sans cesse grossis, et deux administrateurs du district de Nyons, Caton et Romieux, durent se transporter à Bésignan pour s'assurer du fait et rassurer les populations. Il leur refusa l'entrée de son manoir, et ce fut une faute, puisque, pour l'obtenir, les gardes nationales du voisinage furent aussitôt convoquées. On sait qu'un général, à la tête de plusieurs bataillons de volontaires, de troupes de ligne, avec 4 ou 5 pièces d'artillerie, alla en former le blocus et le siège. Réduit pour se défendre à huit personnes d'un courage éprouvé, dépourvu de munitions, battu en brèche par le canon et menacé par le feu, il céda au nombre après 36 heures de combat et, la nuit du 27 au 28 août, parvint à gagner les bois voisins, avec sa famille et ses compagnons d'armes. Maîtres de la demeure abandonnée, les vainqueurs la pillèrent et la démolirent jusqu'aux fondements. De là, ils allèrent à Saint-Sauveur et à Sainte-Jalle faire subir le même sort à des châteaux de ces localités.

Parmi les personnes qui avaient fui de Bésignan se trouvait un prêtre de Remuzat, nommé Autran. Il fut arrêté à Bellecombe et transféré à Nyons. Dans ce moment arrivaient en cette ville les troupes envoyées dans la vallée de l'Ennuie ; elles enfoncèrent les portes de la prison pour s'emparer du malheureux et le mirent en pièces [1].

Le château de Bésignan, dont les ruines couronnent l'ancien

---

(1) *Statistique de la Drôme*, p. 132.

village, avait été abandonné longtemps avant la Révolution; celui du marquis se trouvait plus bas, dans la plaine, au quartier de ce nom.

Son maître alla servir, après le siège, d'abord dans l'armée de Condé et ensuite se compromit, en 1795, par sa correspondance. De Lyon il passa à l'étranger, où il mourut.

La *Statistique de la Drôme* a publié d'importants documents sur la campagne du mois d'août 1792; mais il paraît par d'autres pièces que dès le mois de mai il était déjà parti du Buis pour Bésignan un autre détachement assez nombreux, à la demande des commissaires de la Société des amis de la Constitution.

Une lettre du marquis, en date du 7 mai, et une autre de Mme de Bésignan, en date du 5, donnent des renseignements curieux sur cette première campagne, que ni M. Rochas, ni la *Statistique de la Drôme* ne font connaître et qui explique la seconde.

En voici des extraits :

« Je viens d'apprendre, écrit Mme la marquise au commandant du bataillon de Gap en garnison au Buis, que, d'après la motion qui en a été faite au club de votre ville, une partie de votre bataillon devoit venir désarmer le château que nous habitons. Je ne saurois croire que les chefs du bataillon de Gap soyent pour quelque chose dans ce projet; votre réputation et celle de vos officiers m'est un sûr garant du contraire; mais comme il peut fort bien arriver que des soldats indisciplinés ne voulussent point suivre l'inspiration de leurs chefs, j'ai voulu vous prévenir, Monsieur, que mon mari est déterminé à résister à toute entreprise illégale, et quoiqu'il y eut peu de générosité à nous attaquer avant que je fus remise de la chute malheureuse que je fis mardi passé, je vous réponds que je m'aiderai de toutes mes forces à deffendre mon mari et mes trois enfans; je ne vous ai point porté mes plaintes sur l'attentat de quelques-uns de vos soldats, qui furent cause de ma chute, parce que je crois que les punitions sont inutiles aujourd'hui et qu'il faut laisser passer l'orage; mais ils m'ont poursuivie le sabre nud à la main et vouloient me forcer à leur donner à boire et à manger.

» Mon mari, qui me vit toute en sang, fut au moment de faire feu, il est vrai, si on eut persisté à entrer de force ; il ne crut pas cependant devoir venger aussi violemment le sang que je répandois, tout danger ayant cessé et ne craignant plus les menaces d'aussi peu de monde ; mais s'il fut assés généreux une fois, vous pouvés avertir vos soldats qu'il ne le seroit peut-être pas une autre. J'espère cependant de votre zèle pour le bon ordre que de pareilles tentatives n'auront plus lieu et que vous ne souffrirés pas que des citoyens tranquilles dans leur propriété et qui ne veulent point la quitter y soyent inquiétés. »

La réponse à cette lettre virile ne se fit pas attendre. M. de Bésignan écrivait, en effet, le 7 mai : « A peine y voyoit-on ce matin que j'ai aperçu sur une hauteur, qui domine la maison de campagne que j'habite, une troupe de gens armés, bayonnette au bout du fusil et dont les préparatifs me démontroient une attaque formelle. C'étoit environ 400 volontaires du bataillon de Gap, qui, sur la motion décrétée presque en même temps que proposée hier à soir, à 8 heures, au club du Buis, se mirent en marche à 10 heures, pour ne pas donner le temps à aucun de mes amis de m'avertir ; mais, malgré la célérité de leur marche, je fus prévenu par trois personnes, qui voulurent bien avoir la générosité de deffendre un seul homme, une femme et trois enfans, dont le plus âgé n'a que 11 ans. »

Le marquis raconte ensuite son entrevue avec le lieutenant de gendarmerie envoyé pour soutenir quatre commissaires du club du Buis, chargés de visiter sa maison et de le désarmer, auquel il représente l'illégalité d'une pareille mesure ; puis celle de Madame avec trois officiers demandant à visiter le château et énergiquement éconduits. « Nous n'ouvrirons jamais nos portes qu'à des commissaires du district ou du département et sous la condition même qu'ils ne seront pas suivis d'une troupe aussi nombreuse, qui ne sauroit être appelée protectrice. » — « Puisque c'est là votre dernier mot, répondirent les officiers, nous allons faire retirer notre troupe ; mais nous avons conçu une trop haute idée de la fermeté de votre mary pour que nous nous en allions sans le connoître. » Bésignan à ces mots se montra et remercia les officiers. Malgré l'ordre de marcher, leurs soldats restèrent encore assez nombreux pour inquiéter les châtelains; ils tirèrent même plus de 60 coups de fusil contre le château et regagnèrent le Buis.

Le calme ne fut pas de longue durée. En effet, le district de Nyons, le 26 juin 1792, « pour faire cesser la fermentation que les plaintes contradictoires des communes de Bésignan, Rochebrune, Poët-Sigillat et Sainte-Jalle et du sieur Duclaux font naître dans une partie du district, » chargea le sieur Bernard, un des membres du directoire, de se rendre à Bésignan et de vérifier avec les maires des communes précitées l'état du château, ses armes et ses provisions.

Le procès-verbal de cette visite, en date du 27 juin, y constate l'existence de 6 fusils à deux coups, d'un autre dit de voiture, très court, d'un fusil simple, appartenant au berger, d'un fusil de munition, de 5 fusils de chasse, de 5 de remparts, d'une espèce de carabine, de 6 pistolets d'arçon, de 2 à deux coups, de 2 simples, de 14 livres 2 onces de petites balles mêlées, de 22 livres de plomb en petite grenaille, de 145 cartouches à plomb et de 2 livres 12 onces de poudre, de 10 quintaux de farine et d'aucune autre provision.

« Les sieurs maires ont été très satisfaits après ladite vérification, qui a dissipé entièrement leurs craintes, en manifestant qu'ils en feroient part à leur commune, persuadés qu'ils dissiperoient aussi celles qu'ils pouvoient avoir. Ayant ensuite demandé au sieur Duclaux pourquoi il s'étoit muni d'une si grande quantité d'armes et de munitions de guerre, il m'a répondu que c'étoit pour la deffense et la sureté de sa personne, d'après les menaces qui lui avoient été faites, ainsi qu'aux personnes de sa maison et qu'on lui faisoit même journellement de le bruler dans sa dite maison et de détruire entièrement sa récolte en grains et même toutes ses possessions, et qu'il ne pouvoit pas prendre trop de précautions et des moyens de sureté, tant pour lui que pour son épouse, sa famille et la conservation de ses propriétés. »

On peut voir dans la *Statistique de la Drôme* le récit de la seconde campagne, faite au mois d'août suivant, par les ordres du district, sous la direction de deux commissaires spéciaux et qui se termina par la ruine du château et la fuite de ses maîtres.

Le 20 frimaire an II (10 décembre 1793), Joseph-Justin-Constantin Duclaux fut enfermé à la citadelle de Montélimar, comme père d'émigré. Dans une pétition adressée aux administrateurs du district de Nyons il se représente « comme un bon campagnard, homme simple, sans orgueil, sans prétention ou distinction, s'occupant plutôt des travaux ruraux, tandis que son fils (le marquis), vain, impérieux, absolu, n'a jamais eu d'autre conseil que sa mauvaise tête, qui l'a rendu coupable des folies notoirement connues, dont la conséquence forcée a été sa fuite ».

Lorsqu'en 1825 Ulysse Duclaux, marquis de Bésignan, réclama une indemnité, il fut répondu que les bienfaits de la loi seraient à peu près nuls pour lui, les dettes payées et liquidées absorbant son actif.

Il était alors receveur principal des contributions indirectes à Sisteron et avait deux enfants de Mlle de Taxis du Poët, décédée depuis peu, ainsi que Mme de Bésignan, sa mère, et M. de Bésignan, son frère unique [1], capitaine dans l'état-major de la place de Paris [2].

La paroisse, qui aujourd'hui est desservie par Saint-Sauveur, dépendait jadis du diocèse de Sisteron.

---

(1) Un troisième fils était mort à Lyon.

(2) Archives de la Drôme.

LE BUIS-LES-BARONNIES

I. — Les origines.

> Montant le long d'Ouvèze, on découvre la ville
> Qu'on appelle Le Buis, dans un vallon fertile.
> BOYER DE SAINTE-MARTHE, *Histoire
> de l'église de Vaison.*

Des rochers grisâtres, au nord et à l'est, abritent Le Buis, avec ses oliviers et ses vignobles; à l'ouest et au midi, des collines boisées, à des hauteurs diverses, ferment la vallée étendue et gracieuse de l'Ouvèze, couverte de prairies, de jardins et d'arbres fruitiers.

Ici, la rivière, tour à tour agitée et tranquille, n'a plus, comme à Vercoiran, à La Penne et Pierrelongue, de grandes roches presque nues sur ses rives. Le val de La Roche, où coule le Menon, présente une échappée fort pittoresque, et la vue, du côté de Plaisians, embrasse un assez vaste horizon pour donner l'idée d'une plaine.

Autrefois, d'épaisses murailles, flanquées de tours et environnées de fossés pleins d'eau, entouraient la cité modeste, où trois portes avec pont-levis donnaient accès.

A ces portes, dites de Sainte-Euphémie, de Beauvoisin et des Frères-Prêcheurs, aboutissaient les rues des Arcs, des Cappons, du Marché, de la Cour-Delphinale, des Béaux, des Fours, des Juifs, des Chauchières, des Gauchoirs, des Quatre-Cantons, de La Conche, de Pouilleuse et de Malgarnie, toutes indicatives des industries, des institutions et des mœurs locales. Des carrefours existaient au débouché de chacune d'elles et la place du Marché, assez étendue, recevait les produits de l'agriculture. Plus tard s'y élevèrent des halles couvertes, disposées en forme de galeries, avec leurs arceaux réguliers, pour entretenir la fraîcheur.

Au nord, sur un point culminant, le château fort d'Ubrils gardait l'étroit passage de Vercoiran et le couvent des Frères Prêcheurs, bâti dans la ville au commencement du XIV° siècle, ressemblait extérieurement à une citadelle et complétait le système de défense de la place [1].

Aujourd'hui, fossés, tours, pont-levis et portes ont presque disparu, et de nouvelles maisons se sont élevées hors de la vieille enceinte, le long du cours septentrional et de la splendide promenade qui longe la rivière.

Évidemment, l'homme préhistorique, avec ses armes et ses outils en silex, n'a point fondé Le Buis; il a pu avoir cependant des habitations à Ubrils ou sur le rocher qui se dresse nu en face du pont de la promenade.

Les Gaulois, sous le nom de Vocontiens, occupèrent certainement le territoire des Baronnies, et une inscription mutilée, qu'une découverte récente a permis de compléter, nous apprend que les habitants du Buis et de Nyons *(vicani Boxsa(nses) et Noiomagenses)* avaient envoyé à Tain, à *Q. Valerius Macedo*, flamine de la jeunesse, duumvir du trésor et triumvir des lieux publics, leur patron, un monument de leur gratitude et de leur affection profonde.

M. Allmer, si bien instruit des choses romaines, estime que les *Boxsanenses (Boxsanses* ou *Boxsantes)* pourraient bien être les habitants du Buis et les *Noiomagenses* ceux de Nyons, d'autant que le *vicus Noiomagus* ne saurait se confondre avec le *Neomagus* de Ptolémée, cité des Tricastins [2].

---

(1) M. l'abbé Vincent, *Notice sur le Buis.*
(2) *Bulletin de la Société d'archéologie de la Drôme,* t. III, p. 354.

Cette attribution ne peut être révoquée en doute si l'on veut bien comparer le mot *Boxanses* avec l'appellation *Bois* et *lou Boué* donnée au Buis dans quelques chartes et dans le langage vulgaire.

Que l'on n'objecte pas l'éloignement de Tain des deux bourgades gauloises, car les clients de *Q. Valerius Macedo* ne pouvaient offrir à leur patron une statue qu'au lieu de sa résidence.

Cela étant, puisque l'inscription précitée remonte au temps de la mort d'Adrien, 140 ans après J. C., il est permis de conclure que les Romains avaient alors au Buis quelque établissement, inconnu aux anciens géographes, mais parfaitement certain.

« On trouva, il y a quelques années, auprès de la montagne d'Ubrils, dit l'*Almanach du Dauphiné* pour 1787, une urne sépulcrale en verre, contenant des cendres et des ossements, avec cette inscription : *Aretivs*, et, dernièrement, des couteaux de différentes formes, une faux, des ciseaux de menuisier, des bracelets de femme et divers instruments de bronze antiques. On assure que tous ces effets ont été remis à M. de Vérone, antiquaire et savant estimé de cette province. Enfin, un nombre infini de médailles antiques, que l'on trouve dans tous les environs, font présumer que les Romains habitoient la ville du Buis [1]. »

Moreau de Vérone nous a conservé une autre inscription trouvée en 1768 à l'ermitage de Saint-Trophime, qui est sur une montagne au midi : c'est un monument funèbre élevé à la mémoire de Caretenus Carisius, très pieux, par sa mère et sa sœur [2].

La *Statistique de la Drôme* parle à son tour de diverses inscrip-

---

(1) *Almanach du Dauphiné*, p. 225.

(2) *Bulletin de la Société de statistique de la Drôme*, t. I, p. 164. — La *Statistique de la Drôme*, p. 496, place la même inscription à Die et traduit par *Caretenus*, au lieu de *Carisius*, le mot *Car* de l'inscription.

tions rencontrées dans les ruines d'anciens tombeaux, mais qu'elle ne donne pas, et arrive aux mêmes conclusions [1].

L'*Almanach* de 1787 identifie encore sans preuves la cité *Boxsananse* avec l'*Arx Apollinaris* dont parle un commentateur de Jules César, qu'il a été impossible de retrouver, faute de savoir son nom ; mais les récents travaux historiques entrepris sur la conquête des Gaules permettent d'établir les différents itinéraires du grand capitaine sans le faire passer dans ces parages, où n'existait d'ailleurs aucune voie connue.

Faut-il s'arrêter davantage à la *Géographie de la Drôme* de M. Ad. Joanne, confondant l'Alébécré des Réies Appollinaires, à Riez ou sur les bords de la Durance, avec Le Buis ? La comparaison du texte de Pline l'Ancien et de la Table de Peutinger dissipe aisément cette erreur.

Avant d'aller plus loin, rappelons que dans une région où les crêtes des montagnes sont nues et leurs flancs recouverts d'arbres noueux et rabougris, l'idée de forêt a certainement influé sur les appellations de Villebois *(de Villabosco)* et de *Boxsanses*, lorsque le sol, comme en ces deux endroits, se prêtait mieux à la végétation forestière.

A la vérité, l'opinion reçue tire l'étymologie du nom du Buis de l'arbuste du même nom, et Aimar du Rivail adopte la légende qui fait naître la cité auprès d'un grand buis, voisin d'une fontaine, encore appelée de son temps le puits commun et la fontaine par excellence.

Mais cette explication, dépourvue de toute donnée chronologique, ne décide et ne prouve rien, et, à remplacer une hypothèse par une autre, celle des *Boxsanses* de l'inscription de Tain paraît bien préférable à la légende de du Rivail.

Quant à la *Statistique de la Drôme*, elle veut que le nom de la ville provienne des buis qui croissent abondamment sur les montagnes voisines et dont les collines environnantes, aujour-

---

(1) *Statistique de la Drôme*, p. 444.

d'hui complantées en vigne, en oliviers et mûriers, ont été longtemps couvertes.

La raison n'est pas péremptoire. Il y a des buis dans toutes les montagnes des Baronnies et il n'y a de forêts véritables qu'à Villebois, Laux-Montaux et Le Buis.

Nous n'insisterons pas sur ce point, pour suivre Le Buis à travers les âges, autant que les documents le permettront toutefois.

Il disparaît de l'histoire avec les Romains et ni les Burgondes, ni les fils de Clovis, ni Charlemagne lui-même ne parviennent à sauver son nom de l'oubli.

La féodalité, qui recherchait les hauteurs faciles à défendre, ne dut point, à l'origine du moins, songer à une ville en rase campagne et lui préféra Ubrils, jusqu'à ce que son pouvoir solidement établi lui permit de descendre dans la plaine.

Ceci arriva sans doute à la mort de Rodolphe III, dit le Fainéant, en 1032.

A cette époque, les gouverneurs civils et militaires s'étant rendus maîtres indépendants de leur territoire, le chef de l'ancienne tribu des Médulles construisit sur le rocher à pic de Mévouillon *(Medullionis)* un château fort, défiant toute attaque, et s'y établit en souverain de la contrée.

Le premier s'appelait Raymond et ses successeurs n'eurent pas d'abord d'autre nom patronymique; mais ils prirent dans la suite celui de leur terre, sous lequel ils sont mieux connus.

Nous étudierons ailleurs, — à l'article *Mévouillon*, — leur genèse et leur histoire. Il s'agit ici moins d'eux que d'une ville, un instant leur capitale.

Peiresc les fait descendre, par la maison de Sault, d'une comtesse de Die, sans préciser la date. M. de Pisançon rappelle, d'après Fontanieu, une bulle du pape Honorius III, en 1125, qui les place dès lors sous la protection du Saint-Siège [1].

---

(1) *Étude sur l'allodialité dans la Drôme*, pp. 258 et suiv.

D'après Guy Allard, Frédéric I Barberousse donna à Raymond de Mévouillon, en 1166, la baronnie de même nom, formée de 35 paroisses, et reconnut sa souveraineté en 1178 [1].

Le Buis, à cause de la douceur de son climat, ne tarda pas à devenir la demeure favorite de ces barons ; ils y eurent un atelier monétaire, une cour de justice et un palais, construit sur l'emplacement actuel du collège et du presbytère, et leurs armes, *de gueules chaussées d'hermine,* sculptées en maints endroits ont longtemps rappelé leur souvenir [2].

M. l'abbé Chevalier parle d'un hommage rendu le 18 septembre 1230 par un Raymond de Mévouillon à Bertrand, évêque de Die, pour les châteaux du Buis, Villefranche, Vercoiran, Propiac, etc., et cette dépendance ne s'explique guère autrement que par une parenté rapprochée du prélat avec le seigneur de ces terres [3].

La souveraineté de l'abbé de l'Ile-Barbe près Lyon sur les châteaux du Buis-Sainte-Marie, La Charce, Mérindol, etc., reconnue par le même Raymond, en 1242, n'est pas mieux justifiée historiquement [4].

De leur côté, les Dauphins et les comtes de Provence et de Toulouse convoitaient sa baronnie, qui, selon la remarque fort juste de M. de Pisançon, était à la convenance de tout le monde. En 1251, obligé de prêter hommage au Dauphin pour L'Épine, il employait dans l'acte des termes un peu vagues à la vérité, mais entraînant une espèce de sujétion à ce prince. D'autre part, en 1257, le roi de Sicile, dans un traité de paix avec le Dauphin, avait, à titre de chef de famille, non-seulement disposé de la baronnie de Mévouillon, mais même de la part de Galburge, parente de Raymond [5].

---

(1) *Dictionnaire historique.*
(2) L'abbé Vincent, *Notice.*
(3) L'abbé Chevalier, *Cartulaire de Die,* note de la page 65.
(4) Id., *Invent. des Dauphins,* N.º 1346.
(5) *Étude sur l'allodialité,* loc. cit.

Le dernier baron de ce nom s'opposa de son mieux aux entreprises du comte de Toulouse et, ruiné à la fin par les besoins d'une résistance armée constante, acquit, moyennant l'hommage et 6,000 livres, la protection du Dauphin Humbert I, en 1293.

Le traité comprenait, en outre, les conditions suivantes : Raymond conservera tous les droits compatibles avec sa nouvelle position, comme son droit de battre monnaie; il s'obligera à seconder le Dauphin dans toutes ses guerres, l'empereur, l'abbé de l'Ile-Barbe et l'évêque de Vaison exceptés, et au cas où l'évêque de Valence et Die réclamerait sa baronnie, il ne devra rendre au Dauphin que les sommes reçues de lui.

Peu de temps après, le Dauphin Jean obtenait du même seigneur une donation complète de sa terre et l'annexait définitivement au Dauphiné, en 1317[1].

Voilà très succinctement l'histoire générale des premiers seigneurs du Buis, barons de Mévouillon; mais les annales du fief, dans la période comprise entre 1032 et 1317, ne doivent pas être négligées; et c'est pourquoi nous allons consacrer ici quelques notes aux derniers Mévouillon, maîtres de la petite ville.

Il est très difficile, peut-être même impossible d'assigner un rang bien exact dans la filiation de ces seigneurs, ayant tous le même prénom; aussi tous les auteurs ont-ils commis des confusions et des erreurs.

De 1125, en supposant, — ce qui n'est pas probable, — que le Raymond d'alors fût le premier possesseur de la baronnie de Mévouillon, il y a jusqu'en 1317 une période de 192 ans.

A 25 ans par génération, le dernier de la famille serait le septième du nom.

Peut-être essaierons-nous ailleurs d'asseoir sur des bases solides la filiation de ces seigneurs; elle nous est inutile pour l'histoire du Buis. En effet, ils n'y apparaissent guère avant

---

(1) *Étude sur l'allodialité,* loc. cit.

1230, lorsque l'un d'eux prête hommage de cette ville à l'évêque de Die.

Sept ans plus tard, ce baron octroya des franchises à quelques habitants de la cité, acquit, en 1240, de Guillaume Flotte la moitié indivise de toutes ses possessions d'Ubrils, pour 5,000 sols viennois, fut arbitre, la même année, d'un différend survenu entre l'évêque et les habitants de Die, et reconnut, en 1242, la supériorité de l'abbé de l'Ile-Barbe sur ses châteaux du Buis-Sainte-Marie, La Charce, Mérindol, etc. [1].

M. de Pisançon le fait entrer dans l'ordre de Saint-Dominique en 1250, après avoir abdiqué en faveur de son fils, et représente son administration comme sage et prévoyante. « Il s'appliqua, dit notre excellent guide, à centraliser son petit état, vendit aux évêques de Die, aux Montauban et aux Monthrun les places écartées, et fit en échange acquisition de la baronnie de Sahune, qui formait enclave au milieu de ses terres [2]. »

Nous concédons volontiers les divers points; mais Raymond avait-il réellement embrassé la règle de saint Dominique en 1250, puisqu'en 1262 il était encore novice ? De si longues épreuves s'expliqueraient difficilement [3].

Il testa l'année suivante en faveur de son fils, au moment sans doute de prononcer ses vœux [4], et avait cessé de vivre vers 1281, témoin la vente, au prix de 2,000 livres, de la terre de Mollans que fit Raymond, son fils, de l'ordre des Frères Prêcheurs, en qualité de son exécuteur testamentaire, à Raymond, son autre fils, que nous appellerons Raymond II, pour le distinguer plus facilement de ses parents et héritiers.

---

(1) *Inventaire des Dauphins*, N.os 1300, 1346, et *Invent. de la chambre des comptes*, au mot *Buis*.

(2) *Étude sur l'allodialité dans la Drôme*, p. 260.

(3) Valbonnais, t. II, p. 60.

(4) *Inventaire des Dauphins*, N.º 1316.

« Raymond II, qui paroît dans cet acte, devenu seigneur de Mollans, fit don de cette terre à un autre Raymond, son fils ; il l'avoit émancipé peu de temps auparavant en lui remettant la baronnie de Meuillon, dont il s'étoit réservé l'hommage [1]. »

Ce qu'il y a de plus clair en tout ceci, c'est que le baron devenu Dominicain avait deux fils : l'un qui lui succéda et un autre religieux comme lui dans le même ordre et plus tard évêque de Gap et archevêque d'Embrun.

Le fait résulte clairement des actes cités par Valbonnais et de la charte des franchises du Buis, du 8 mai 1288, où Raymond II est appelé fils de Raymond dit le *Dom (Dompni)*, c'est-à-dire le Dominicain, et frère d'autre Raymond, évêque de Gap.

Parlons d'abord de ce prélat.

Ses biographes le font naître sans preuves près de Sisteron et entrer chez les Frères Prêcheurs en 1256. Prieur de La Baume-lès-Sisteron en 1264, prédicateur général de son ordre la même année, associé au provincial en 1267, adjoint au définiteur en 1270 et définiteur en 1275, il fut envoyé en Angleterre en 1278, pour informer contre certains détracteurs de saint Thomas d'Aquin, et appelé au siège de Gap en 1282, puis à l'archevêché d'Embrun en 1289. Il mourut au Buis, dont un auteur le fait évêque, le 28 juin 1294, en revenant de Montpellier, et son corps fut transféré à La Baume-lès-Sisteron.

Le P. Echard lui attribue divers écrits et la bibliothèque de Saint-Pétersbourg possède une traduction en grec de divers traités ascétiques et théologiques, faite au château de Mévouillon en 1292 et conservée jadis dans le fonds de l'abbaye de Saint-Germain-des-Prés [2].

Quant à son frère, le baron de Mévouillon, il vendit sa terre

---

(1) VALBONNAIS, t. II, p. 105. — D'après l'*Inventaire des Dauphins*, N.º 1222, l'acte d'émancipation est de 1281 et la donation de la baronnie de la même année.

(2) *La France pontificale*, par FISQUET, Gap. — *Histoire littéraire de la France*, t. XX.

de Mollans, en 1293, à Albert Médici et aux habitants du Buis leurs plus grandes franchises, et, pressé par ses créanciers, émancipa son fils, Raymond III, et abdiqua.

Nous redirons ailleurs la campagne de Raymond III devant Mérindol, au commencement du XIVe siècle, et la vente de ses états au Dauphin en 1293 ; constatons seulement ici que, malgré sa conduite peu loyale envers l'évêque de Die et envers le Dauphin, il conserva jusqu'à sa mort la jouissance du patrimoine aliéné et « parvint même à en transmettre le titre à sa famille [1] ».

II. — Extension de la ville.

Raymond, frère de l'évêque de Gap, avait octroyé, le 8 mai 1288, à ses vassaux du Buis des privilèges assez étendus, dont nous connaissons une partie seulement et encore d'après une traduction déjà ancienne.

Pour en comprendre l'importance, il est bon de rappeler, sans remonter plus haut, que sous Charlemagne les hommes libres devaient, en cas de guerre, leurs personnes, leurs chars et des vivres, en temps ordinaires, des tributs et des dons ; les colons payaient des redevances, des corvées et une capitation, et les esclaves, devenus serfs, ne pouvaient disposer de leurs biens, grevés de charges.

La féodalité, née sous Charles le Chauve de l'hérédité des bénéfices, maintint ces services et ces tributs, et la nécessité de la défense commune les fit accepter d'abord sans murmure.

Mais dès la fin du XIIe siècle la liberté personnelle et la propriété individuelle essaient de briser leurs entraves.

Le mouvement, selon M. Guerard, naît de la ligue des marchands, des industriels et des cultivateurs pour résister à l'op-

---

(1) *Étude sur l'allodialité dans la Drôme.*

pression et du soulèvement des serfs. M. Augustin Thierry le fait arriver d'Italie en France, par la Provence et le Comtat-Venaissin.

Un fait constant, c'est que les chartes lapidaires de Montélimar (1198), de Crest (1188) et d'Étoile (1244), et les chartes de Saint-Vallier (1204), de Lachau (1209), de Sainte-Jalle (1265), de Mévouillon (1270), de La Roche-sur-Buis (1276 et 1295), de Montbrun (1287), du Buis (1288), etc., ne proclament guère d'abord que l'exemption des tailles forcées et des prestations injustes, ensuite la liberté de tester, d'acheter ou de vendre, avec des règlements pour les redevances et des tarifs d'amendes pour les crimes et délits [1].

Cela dit, analysons la charte.

Raymond le Jeune se réserve le droit de seigneurie majeure, avec les lods, tâches, quatrains, cinquains, sixains, les censes et services en blé, en argent, en poules, cire et poivre, une redevance annuelle de 5 sols par paire de bœufs de labour, de 4 sols pour 1 seul bœuf, de 1 sol des cultivateurs sans bétail de labourage et même moins, si consuls et châtelain le jugent à propos.

Les habitants demeurent obligés au curage des canaux du moulin, selon l'usage, à la construction de forces, nasses ou paniers pour contenir l'Ouvèze, à la réparation des chemins et des ponts et à la garde du château et du territoire.

Ils sont affranchis de tous dons, quêtes, tailles, corvées et prêts de bœufs, ânes, ânesses, mulets et mules, de tous dons ou charges ordinaires et extraordinaires, réelles ou personnelles, exactions, servitudes et vexations quelconques.

« Il est permis aux habitants de bailler en emphytéose leurs possessions franches, sans la permission du seigneur, icelles cultiver ou faire cultiver et en percevoir les fruits, sans payer aucuns lods, treizains, ni autre chose ; et, venant aucuns d'eux à sortir du lieu pour habiter ailleurs, ne leur sera permis

---

(1) *Invent. somm. des archives de la Drôme*, t. III, Introd.

bailler en emphytéose lesdites propriétés franches, ains les pourront vendre et emporter avec eux le prix, librement et sans contradiction; leur est permis de permuter et changer leurs possessions franches qu'ils tiennent en emphytéose, sans permission du seigneur et sans payer lods, ni treizains, sinon ce qui se baille pour les tournes (retours) ou plus-value, soit argent ou meubles; de donner leurs dites possessions par donation pure et simple et à cause de mort à qui bon leur semblera, fors aux personnes de droit prohibées, sans lods, ni treizains et sans permission. »

Tous usages et coutumes en vigueur seront maintenus par le seigneur, ses officiers et son châtelain ou baile, et les coutumes abusives, exactions et vexations corrigées et abolies.

Ils peuvent également faire des legs pour œuvres pies sur leurs meubles et immeubles, avec faculté de se libérer dans un an; vendre blé, légumes, grains, huile, fruits et toutes sortes de marchandises aux marchés et foires, sans payer leyde ni péage « ou cossage », et les porter vendre où bon leur semblera.

Ces franchises, dont nous ne connaissons qu'une partie, constituaient un progrès réel dans la voie de l'émancipation ; elles coûtèrent aux habitants 1,000 livres couronne.

On voit par cet acte incomplet qu'ils avaient en cette circonstance chargé des procureurs ou syndics de traiter en leur nom et que Raymond, « se trouvant engagé et obligé à plusieurs créanciers, » dut se plier à de telles concessions « pour ne vendre partie de sa terre [1] ».

Après avoir émancipé les habitants du Buis, Raymond, docile à leurs vœux, songea, dès l'an 1294, à doter la ville d'un couvent de Dominicains.

Au chapitre général de Montpellier, sur la demande de Raymond, archevêque d'Embrun, et de Raymond, damoiseau, son neveu, deux Frères furent chargés de se rendre au Buis et

---

(1) Archives des Dominicains du Buis, à la préfecture de la Drôme.

de choisir le local. Mais cette première tentative n'aboutit pas et les Frères regagnèrent Montpellier, à l'exception de Bertrand d'Autane et de Guillaume Relhon, du Buis. Ceux-ci, plus heureux, le dimanche de la Passion, en 1310, posaient la première pierre du couvent.

Selon *Guidonis*, le premier prieur fut Raymond Michaelis, du couvent d'Orange, et le premier lecteur, Antoine de Sisteron. Il y eut d'abord 18 religieux et parmi eux Guillaume Relhon.

La bulle d'autorisation, accordée à Raymond de Mévouillon, au monastère de Groseau, près Malaucène, est datée du 13 novembre 1309. Elle nous apprend que la ville du Buis, riche et populeuse, avait alors 700 maisons ou environ *(quod in eo (castro), septingenti vel circa hujusmodi numerum lares existunt)*; ce qui, à 5 personnes par ménage, supposerait 3,500 âmes, population qu'elle n'a jamais eue depuis [1].

Malgré les bienfaits de Raymond de Mévouillon aux Dominicains, il eut avec eux, au dire de Chorier, une difficulté sérieuse. Raymond, son aïeul, qui avait pris l'habit chez eux, n'avait rien légué au couvent à sa mort ; il fut réclamé à ses héritiers une part d'enfant posthume. Chorier n'a pas manqué de prêter à cette occasion à Raymond un discours éloquent et agressif contre les religieux. Seulement, comme il suppose demandeurs les Franciscains au lieu des Dominicains, ses raisons et sa rhétorique perdent toute autorité [2].

Au surplus, Valbonnais nous apprend qu'il s'agissait d'un legs de 2,000 livres fait au couvent d'Avignon pour un dortoir et non de droits successifs quelconques, et que sur le prix de vente de Mollans la somme en question fut stipulée en faveur des Dominicains [3].

---

(1) Archives de la Drôme. — Répertoire des Dominicains. — L'abbé Vincent, *Notice hist.*

(2) Chorier, *Hist. gén.*, pp. 187-8.

(3) Valbonnais, t. ii, p. 105.

Raymond de Mévouillon, après sa campagne militaire de Mérindol, se trouva en butte soudain aux poursuites de ses neveux, du prince d'Orange et de Bertrand de Baux, qui associèrent leurs rancunes pour se venger de la cession de ses biens à Jean II, avec lequel ils finirent ensuite par traiter.

Une fois maîtres des Baronnies, les Dauphins s'intéressèrent au développement et à la prospérité du Buis.

Jean II s'y rendit le 24 septembre 1317 et les seigneurs, ses vassaux, vinrent lui prêter foi et hommage dans le couvent des Dominicains. A son tour, la population lui fit un chaleureux accueil, et, touché de ses joviales manifestations, il ratifia et confirma toutes les immunités de la ville.

Ajoutons que l'acte de transport, signé à Orange, le 2 septembre même année, avait déjà consacré les privilèges communs à toute la baronnie. Les habitants devaient prendre les armes dans le seul cas où le prince ferait un siège ou serait lui-même assiégé et ne tenir garnison que de leur plein gré. Si la guerre avait lieu hors de la baronnie ou hors du Gapençais, le nombre d'hommes dus ne dépasserait pas 200 et le service de chacun n'excèderait pas un mois; dans la baronnie même ou dans le Gapençais, le nombre des soldats à fournir pourrait aller à 300. En l'un et l'autre cas, le contingent du Buis ne devait pas dépasser 50 hommes [1].

La donation comprenait dans la Drôme actuelle le haut domaine ou la directe seigneurie d'Alauzon, Arpavon, Autane, Bâtie-Gouvernet, Beauvoisin, Bénivay, Bésignan, Cost, Curnier, Eygaliers, Eyguyans, Guibert, Izon, Laborel, La Penne, La Rochette, Mollans, Pierrelongue, Plaisians, Poët-en-Percip, Poët-Sigillat, Propiac, Proyas, Reilhanette, Roche-sur-Buis, Sahune, Sainte-Jalle, Saint-Sauveur, Villebois et Villefranche, et les châteaux, avec leurs droits et dépendances, du Buis et de

---

(1) CHORIER, *Histoire générale*, t. II, p. 241. — VALBONNAIS, *Histoire de Dauphiné*, t. II, pp. 165-459, etc. — *Notice historique sur Le Buis.* — *Inventaire de la chambre des comptes.*

Mérindol, au diocèse de Vaison, d'Ubrils, au diocèse de Sisteron, et de Mévouillon, au diocèse de Gap; en outre, le Dauphin devait acheter les ustensiles et fournitures militaires du Buis et d'Ubrils [1].

Sous Guigues VIII, successeur de Jean II, une difficulté surgit au sujet des tailles. D'aucuns privilégiés refusaient de les payer; mais le prince, par une ordonnance du 15 octobre 1331, astreignit tous les habitants sans exception aux charges populaires votées dans l'intérêt public. Que de maux aurait épargnés à la province l'observation continuelle et constante d'une si équitable décision [2] !

Guigues VIII mourut peu après au siège de La Perrière, et le bailli des Baronnies, ayant convoqué les milices, aux termes du traité de 1317, les conduisit à Tullins et par ce déploiement de forces concourut au rétablissement de la paix avec le comte de Savoie [3].

Humbert II, en prenant l'administration de la province, s'occupa d'abord de la justice, « cette première dette de la souveraineté, » au dire de Montesquieu, et modifia la composition des bailliages, au moins temporairement, par l'adjonction au bailli et au juge de douze conseillers. « On devoit tenir toutes les semaines, dit Valbonnais, une assemblée, où quatre d'entre eux tout au moins seroient tenus de se trouver, pour y décider les affaires courantes, » avec pouvoir de l'employer à tout ce qui pourrait favoriser les intérêts du prince.

Les conseillers choisis en 1336 pour le bailliage de Mévouillon et de Montauban furent Guillaume de La Roche, chevalier, Pierre Blanc, Ponce Guillaume, Bertrand Heustache, Bermond Roffin, Robert Robert, frère de Raymond de Mirabel, Albertin Doya, Laton Roche, Bertrand Malateste *(Mali Capitis)*, Pierre Arthaud et Arnaud T'pine [4].

---

(1) VALBONNAIS, t. II, p. 165.
(2) *Invent. de la chambre des comptes.*
(3) *Notice hist. sur Le Buis.*
(4) VALBONNAIS, t. I, p. 308; t. II, p. 320.

Selon Valbonnais, le choix porta dans chaque bailliage sur des personnes distinguées par leur naissance et par leur capacité ; mais cette affirmation paraît peu justifiée historiquement pour Le Buis.

Bientôt après, le 2 juin 1337, le Dauphin, revenant d'Avignon, s'arrêtait dans la ville et y déclarait expressément que les baronnies de Mévouillon et de Montauban, avec leurs dépendances, étaient unies à jamais à son domaine. Un autre acte, du 31 mars précédent, signale un autre passage d'Humbert II au Buis [1].

Ce prince mandait en 1338 au bailli d'envoyer à Vienne les barons, châtelains, chevaliers et nobles de la contrée, pour apaiser une sédition, et en 1339 à Grenoble, pour aller combattre le comte de Savoie [2].

Malgré ces alertes, l'agriculture, le commerce et l'industrie paraissent avoir prospéré alors, puisqu'en 1340 les seuls produits du péage, de la leyde et du poids public de la place arrivaient à 300 florins d'or [3].

Quelques années plus tard, quand le Dauphin partit pour la Croisade, sur les 49,795 florins exigés dans la province, la châtellenie du Buis en paya 500 et celle d'Ubrils 120 (1343).

La famine et la peste ne tardèrent pas à désoler le pays. « Le sestier de blé coutoit en Dauphiné 2 florins et le florin valoit 45 sols. Ce prix était alors un excès sans exemple. Le peuple avoit été contraint de brouter l'herbe dans les prés et de manger toute sorte de racines... » A la famine succéda la peste ; « elle couvrit la terre de funérailles sans nombre ». Les Juifs, accusés d'avoir empoisonné les puits et les fontaines, furent égorgés sans merci. Au Buis, à Nyons, à Sainte-Euphémie, à Mirabel, Valence et Tain, où ils avaient des comptoirs, la foule ameutée

---

(1) VALBONNAIS, t. II, pp. 329-330.

(2) *Id.*, t. II, pp. 362-382.

(3) *Notice historique sur Le Buis* et *Inventaire de la chambre des comptes.*

se rua sur leurs demeures et massacra tous ceux qui n'avaient pas eu le temps de fuir (1348) [1].

L'horreur excitée par cette boucherie amena tout d'abord une enquête contre les meurtriers; mais elle fut complètement stérile. « D'un esprit faible et muable, Humbert II ne fut jamais un solide législateur, » au témoignage de Chorier.

Il existe même un acte, du 4 janvier 1350, par lequel le même prince transfère à Charles, fils aîné du roi, dauphin de Viennois et son fils adoptif, tous les droits, actions et réquisitions lui appartenant sur les biens et créances des Juifs et Juives condamnés, poursuivis, morts ou fugitifs, à cause des crimes à eux imputés d'empoisonnement des puits et fontaines. Une seule exception fut stipulée pour les dettes des pauvres, des veuves et des orphelins auxdits Juifs et remise en fut faite aux débiteurs [2].

Quant aux lettres de grâce assurant l'impunité à ceux des habitants du Buis « que l'opinion regardait comme ayant versé le sang ou dirigé les assassinats, » elles ont disparu de la mairie de la ville, où M. l'abbé Vincent les avait vues, tout comme le parchemin de ses libertés.

La peste et la famine de 1348 exercèrent de si grands ravages au Buis que des commissaires envoyés pour reconnaître l'état des revenus seigneuriaux y constatèrent, en 1352, la fermeture d'un four sur deux, d'un moulin sur cinq, beaucoup de terres incultes, de maisons désertes et les produits du fisc fortement amoindris. Un historien évalue de 9 à 1,200 le nombre des morts [3].

---

(1) CHORIER, *Hist. gén.*, t. II, p. 328. — VALBONNAIS, t. II, p. 625.
(2) *Inv. somm. des archives de la Drôme*, E. 2831.
(3) *Notice historique sur Le Buis*, pp. 31 et 32.

III. — Les Baronnies à la France.

Humbert II avait transmis ses États à la France en 1349 et Charles en avait pris possession et reçu l'hommage de ses vassaux peu de temps après. La population du Buis resta fidèle à l'ancien Dauphin, qu'elle avait vu de près et qui avait confirmé ses libertés, en 1335. Les châtelains et les notables des communautés du bailliage refusèrent de prêter serment à son successeur. Puis, les consuls du Buis, étant allés à Beauvoir, auprès d'Humbert II, après y avoir été blâmés de leur résistance et ramenés à la raison, jurèrent fidélité au prince Charles, représenté par un commissaire, qui promit d'observer leurs bonnes coutumes [1].

Sous la domination des rois de France la situation de la ville s'améliora peu à peu.

Elle avait pour subvenir à ses besoins des revenus pris sur le vin débité en détail, car en 1356 les consuls se plaignirent à Rolland, châtelain delphinal, de Jean Raynaud, notaire, qui, en violation du statut local, avait introduit du vin étranger. Le châtelain les autorisa à poursuivre le délinquant.

Nous retrouvons en 1370 des lettres du roi prorogeant pour 10 ans le tribut sur le vin, moyennant un don gracieux de 610 florins d'or; ce qui donne à la permission un air de vente onéreuse [2].

La fin du XIVe siècle fut assez troublée : c'est l'époque des Grandes Compagnies et de Raymond de Turenne. Par suite de la perte des archives contemporaines, il n'est pas possible d'esquisser le tableau des souffrances du Buis; on sait seulement que le couvent des Dominicains se transforma alors en citadelle,

---

(1) CHORIER, *Hist. génér.*, t. II, p. 338.
(2) *Invent. somm. des archives de la Drôme*, E. 2831.

que les consuls demandèrent à noble Pierre Chomar, leur châtelain et vibailli, de faire garder le château d'Ubrils par dix bons compagnons et que Pierre Bertrand, Jacques Armand, Monet Gontard, Michel Guillaume et Antoine Carreon, de Proyas, s'engagèrent vis-à-vis des consuls de la ville à leur payer, comme les autres habitants, toutes les charges et contributions publiques, à cause de l'état de leur propre château, dépourvu de remparts, de forteresse et de clôture, et de la crainte des gens d'armes, qui détruisaient, ravageaient, dévastaient et pillaient tout dans les Baronnies [1].

Humbert II, en quittant le pouvoir, avait confirmé les libertés de la province et défendu, entre autres choses, à son successeur de s'emparer des biens de ses vassaux, morts sans héritiers légitimes, à moins qu'ils n'eussent eux-mêmes usé du droit de mainmorte.

Or, Jean, fils illégitime de Guigues, Dauphin, s'était exposé à ce droit de représailles ; son château de Château-Vilain et ses revenus et censes de Mérindol et du Buis furent incorporés au domaine delphinal [2].

Après les ravages des Grandes Compagnies, Le Buis eut à traverser une autre épreuve. Des lettres, du 19 janvier 1404, de Geoffroy Le Meingre de Boucicaut, gouverneur de la province, ordonnèrent que, « pour le proffict du Daulphiné et pour la commodité des subjects du roi, la grande cour delphinale des Baronnies ayant accoustumé estre tenue au lieu du Buis seroit transportée, changée et tenue au lieu et en la ville delphinale de Nyons, » où les notaires et autres officiers apporteraient leurs protocoles, manuels, actes civils et criminels, écritures et toutes choses concernant leurs charges [3].

---

(1) *Invent. de la chambre des comptes.* — *Invent. somm. des archives de la Drôme*, E. 2714-2818.

(2) *Invent. des archives des Dauphins de Viennois*, p. 96. — Salvaing de Boissieu, *De l'usage des fiefs*, 1re part., p. 183.

(3) *Invent. somm. des archives de la Drôme*, E. 4680 et 4856.

Ce fut là un rude coup. Heureusement, Louis, Dauphin, en juillet 1447, rétablit la cour du Buis, sous le nom de vibailliage, et lui annexa même celle de Nyons, jusque-là indépendante.

« Quoique présidés par des vibaillis, assistés d'un lieutenant particulier et d'assesseurs, les vibailliages du Buis, Serres, Embrun et Briançon continuèrent à être appelés bailliages comme par le passé, et cette dénomination leur a été conservée jusqu'en 1790, à tel point que ces mêmes officiers, quoique nommés vibaillis et qualifiés de lieutenants généraux, n'en ont pas moins toujours été les chefs de leurs cours, tenant leur juridiction du roi-dauphin [1]. »

Malgré l'union indissoluble du Buis avec le Dauphiné et le domaine delphinal, le Dauphin Charles en détacha les revenus de la châtellenie en faveur de Guillaume d'Avangour, son chambellan, capitaine-châtelain d'Ubrils.

« Guillaume d'Avangour, dit un document ancien, tient les villes du Bois et le chastel d'Ubrils, comme cappitaine desdictes, et en prent les rentes et revenues, sa vie durant, par les lettres du roi du 5 aout 1422, et ce pour ses bons et agréables services, aussi pour pourvoir à son estat et à la seurté de sa personne, et peut valoir par an 260 livres tournois [2]. »

Il y eut des protestations, qui motivèrent plusieurs ordres du Dauphin, et la concession fut révoquée en 1436 et 1440.

Cette violation du pacte primitif se renouvela en 1553, lorsque le roi donna pour 9 ans la seigneurie à Eynard Vedel ou Vadel, « capitaine des vieilles bandes »; en 1557 à François Vedel, neveu d'Eynard, pour 3 ans; en 1575 à François de La Baume-Suze, pour 9 ans, et en 1643 à Honoré de Grimaldi [3].

Des craintes de guerre, nées sans doute des troubles excités dans le Valentinois par le comte de Savoie, se disant héritier

---

(1) *Invent. somm. des archives de l'Isère*, t. I, Introd.
(2) *Choix de documents inédits*, p. 380.
(3) *Invent. de la chambre des comptes.*

de Louis II de Poitiers, décédé en 1419, engagèrent les consuls du Buis à obtenir de Raoul de Gaucourt un tribut sur le pain et sur la viande, pour en appliquer le produit aux fortifications de leur ville.

Le séjour dans la province de Louis, Dauphin (Louis XI), de 1446 à 1456, ne rappelle aucun souvenir particulier aux Baronnies et à leur capitale.

Mais, sous Charles VIII, Louis XII et François Ier, les guerres d'Italie entraînèrent, à l'aller et au retour, de fréquents passages de troupes, la création de *gîtes d'étapes*, *d'aides* ou contributions de secours aux communautés voisines chargées de garnisons, et de *tailles* sans cesse renouvelées.

IV. — Un peu de statistique.

Afin de mieux comprendre la situation financière des habitants, il faut les considérer comme vassaux du Dauphin, comme tenanciers de la noblesse et du clergé, comme sujets du roi, soumis à la taille, c'est-à-dire à l'impôt, enfin comme citoyens d'une ville ayant ses charges et ses revenus.

1° En sa qualité de successeur des barons de Mévouillon, le Dauphin, seigneur du lieu, avait la banalité et la propriété des fours et moulins; des censes, tâches et redevances sur divers immeubles cédés à bail perpétuel; des droits sur les chemins et les marchandises transportées, perçus sous le nom de leyde et de péage; des droits de justice, encans, amendes, sceau, bulle; des droits sur les murailles et fortifications, prélevés sous le nom de vingtain, de guet, etc.

Nous en donnons le relevé à trois époques différentes.

1331. — *Ferme des moulins*, 112 sommées de blé [1].
Ferme du four, 105 livres.

---

(1) *Invent. somm. des archives de la Drôme*, E. 2713.

Ferme du ban-vin, 17 florins.

Leyde, 105 sommées de blé, 48 d'avoine.

Péage, 12 livres 10 sols.

Censes, 41 livres 13 sols.

Redevances diverses, 6 sommées 3 émines de blé, 8 sommées d'avoine, 17 muids 1/2 de vin, 8 sommées d'huile d'olive, 20 de bois, 58 poules, 19 livres 1/2 de poivre, 23 livres de cumin, 1 livre de cire, 1 œuf, 1 moitié de lapin, 6 écuelles, 42 livres 15 sols 9 deniers et 76 florins argent.

Treizains, 9 livres 19 sols.

Justice, 36 florins 22 livres 13 gros 40 sols et 34 deniers.

1401. — *Ferme des moulins* (non mentionnée).

Ferme des fours, 54 florins.

Ban-vin de la foire des Rameaux, 2 gros; de la foire de la Toussaint, 7 florins.

Leyde, 43 sommées de blé et d'avoine, plus 14 florins.

Péage (non cité).

Censes, 3 sommées de blé, 6 d'avoine, 8 muids de vin, 1 perdrix, 42 livres 16 sols 9 deniers, 15 florins et 6 gros.

Redevances, 59 poules, 2 livres 1/2 de poivre, 18 livres 1/4 de cumin, 57 livres 1/2 de cire, 6 écuelles de bois, 24 livres argent.

Albergements, 2 florins 6 gros 18 sols.

Lods, 58 florins 9 gros.

Tâches et vingtain, 5 émines de blé, 7 d'avoine et de blé.

Droit de chasse, 16 perdrix.

1500. — *Fournage,* 71 livres.

Péage, Leyde, Ban-vin ou émolument des foires, 282 florins.

Censes, 1 émine 3/4 de blé, 1 émine d'orge, 1 sommée de vin, 44 livres 12 sols, 12 florins, 10 gros argent.

Redevances, 58 poules, 49 livres 1/2 de cire, 6 écuelles, 18 livres 8 sols, 2 florins 3 gros.

Albergements, 78 sols 59 deniers.

Lods, 7 sols (droits pour ventes, échanges et donations).

Tâches et vingtain, 8 sommées 2 émines de blé.

Bans (amendes), 18 gros.

Les revenus d'Ubrils, en 1401, comprenaient :

Censes, 2 sommées 7 émines 1/4 de blé et avoine, 6 livres 1/2 de cire, 3 livres 1/2 de cumin, 2 cannes d'huile, 42 sols 2 deniers, 6 florins 2 gros.

Gâches ou *guet*, 4 sommées 5 émines de blé et avoine.

Tâches et vingtain, 6 sommées de blé [1].

Les redevances féodales étaient, comme on le voit, payables en nature pour la majeure partie; elles étaient aussi variables d'un siècle à l'autre.

Un compte de 1400 évalue à 237 florins les revenus des châtellenies « de Boix et Ubrils ». Admettons ce chiffre comme moyenne et ajoutons que les gages des officiers de justice en absorbaient à eux seuls une bonne part : 65 florins au bailli, 45 au juge et 25 au procureur [2], sans parler des autres charges, comme les ponts, les forts, etc.

A une époque où l'argent n'abondait pas, les Dauphins disposaient de leurs redevances comme d'une monnaie courante. Ainsi, on trouve des cessions sur celles du Buis, en 1326, de 200 florins à Agout de Baux, représenté plus tard par les d'Uzès; en 1337, de 1,050 florins à Lambert Adhémar; en 1340, de 20 florins au marquis de L'Épine et de 60 florins à Pierre de Carmignan; en 1349, de 100 livres à Hugues Alleman, de Valbonnais; en 1541, de 20 florins à Aimar Dupuy.

En outre, le revenu total fut aussi abandonné parfois temporairement à des serviteurs qu'il fallait récompenser, comme les d'Avangour, les Vedel et les La Baume-Suze.

2° Comme tenanciers de la noblesse et du clergé, nous manquons de détails sur la condition des habitants. Voici les noms cités dans l'Inventaire de la chambre des comptes :

Les Dominicains,

---

(1) *Invent. de la chambre des comptes.*

(2) *Choix de documents inédits*, pp. 235-37.

Le prieur de la paroisse,
Le prieur de Notre-Dame de Nazareth pour 7 livres de censes, en 1540,
1332, Geoffroy de Bésignan,
1334-1457, Pons de Remuzat et sa postérité,
1336, Marquet de Montjay, remplacé par Bastet-Dupuy,
1347, Bastet de Baux,
1350-1373, Guillaume de Morges et Aimar, son fils,
1383, Pierre Raymond,
1413, Guigues de L'Épine,
1423, Catherine du Châtel, veuve de Guillaume de Tresvaux *(de Tribus Vallibus)*, remplacée par Soffrey de Thollon de Sainte-Jalle,
1453, Jean Artaud, seigneur de La Roche,
1510, Jean de Layn,
1513, Louis Guimbert,
1541, Balthazar Achard et Jean Achard [1].

La plupart de ces familles se retrouveront sur nos pas dans ces études historiques et quelques-unes sont même déjà connues.

3° Comme sujets du roi, les habitants payaient des contributions en certains cas, assez rares, aux barons de Mévouillon. Charles VII et Louis XI, ayant rendu les armées permanentes, rendirent aussi les tailles annuelles et se les firent voter par les trois ordres, réunis chaque année en assemblée solennelle.

Les charges de cette nature se trouvent réunies à celles de la ville dans les comptes consulaires, ci-après analysés.

4° Enfin, comme citoyens, les habitants s'imposaient librement des tributs sur le vin et d'autres redevances pour subvenir aux dépenses d'intérêt commun.

L'examen de quelques comptes consulaires nous édifiera mieux à ce sujet que tous les raisonnements.

---

(1) *Invent. de la chambre des comptes.*

Mais, à quelle époque remontaient les consuls ou syndics, élus chaque année en assemblée des chefs de famille pour gérer les affaires publiques ? L'histoire ne le dit pas. Seulement, nous voyons les consuls, en 1286, s'engager à déplacer le béal des moulins en amont de la ville et à faire construire un moulin banal sur un emplacement acheté par le châtelain, à la condition que le moulin situé en aval serait démoli et qu'ils pourraient avec l'eau de ce canal arroser leurs prés et jardins, 2 jours par semaine; en 1316, donner aux Dominicains l'hôpital bâti sur la place vieille [1].

Leur institution doit être antérieure et remonter à la fin du XIIe siècle, comme pour les autres villes de la province.

Cela dit, prenons quelques comptes consulaires.

Celui d'Antoine Girod, de Girard Mercier et de Ponce Giraud, en 1420, accuse en recettes 533 florins et en dépenses 503.

Or, les recettes proviennent d'une taille double (324 florins), de reliquat de compte (4 florins), de taille des fouages (49 florins), du souquet du vin (65 florins), du passage des troupeaux et du pacage, pour de petites sommes.

Les dépenses comprennent des actes de notaires, des procédures, des voyages, dont un du consul aux États de la province, des travaux au pont, aux cloches, au portail, à un four à chaux et 55 florins pour la dépense des gens d'armes, ainsi que 3 florins pour un souper donné au seigneur de Sainte-Jalle, juge des Baronnies, etc.

En 1435, le budget communal s'est augmenté du traitement d'un recteur des écoles.

Puis, les comptes nous font défaut jusqu'en 1532. A cette date les recettes s'élèvent à 664 florins et les dépenses à 632, ayant ainsi doublé en cent et quelques ans. Passages et pacages de troupeaux de brebis et de chèvres, reliquats de comptes antérieurs, souquet du vin, 188 florins d'une taille composent les recettes; travaux au ravelin du portail des Frères-Prêcheurs,

---

(1) *Invent. de la chambre des comptes* et *Notice historique sur Le Buis.*

à la tour du bas de la ville, charrois de pierres, de chaux et de plâtre, étrennes aux Bohémiens, pour les éloigner, pavage, armes delphinales, cloches, délimitation d'Eygaliers, garde des propriétés, tailles (116 florins), voyages, prédication du carême entrent dans les dépenses.

En 1540, les recettes sont de 1,809 florins 5 gros, 5 sommées 4 émines de blé et 3 de méteil, sur lesquelles il y a 200 florins du souquet, 100 du *moulin des os* (des olives), 664 florins d'une taille, 637 florins du trésorier général de Dauphiné pour la garnison.

En 1545, elles arrivent à 2,538 florins et les dépenses à la même somme.

En 1547, elles sont de 2,504 florins, dont 764 de tailles.

Il est inutile de prolonger cet exposé de chiffres, un peu aride, mais fort instructif [1].

En effet, ne nous permet-il pas de comprendre les plaintes du tiers état lorsque les logements militaires et les tailles eurent été rejetés sur lui seul. Il pria, supplia, mais inutilement. L'idée d'une réforme religieuse, jointe à celle d'une réforme sociale et politique, donna naissance aux guerres du XVIe siècle.

V. — Le XVIe siècle.

On manque de détails sur les prédicateurs des doctrines contraires à l'Église catholique et romaine dans la ville du Buis. Le voisinage de Montbrun, où le seigneur propageait de son mieux les nouvelles croyances, ne suffit pas à en expliquer la diffusion dans les Baronnies, car les seigneurs de Vercoiran, de Saint-Auban, de Gouvernet avaient peut-être avant lui embrassé la Réforme.

---

[1] *Invent. somm. des archives de la Drôme*, E. 2720-2721.

Quoi qu'il en soit, Charles Dupuy fut le premier dans cette région à prendre les armes contre les catholiques et à dévaster les églises de Malaucène.

Nous aurons à raconter ailleurs ses exploits. Un historien le fait, pendant sa fuite devant La Motte-Gondrin, découvrir au Buis, chez un de ses coreligionnaires. « La porte seule de la maison était gardée; il s'élance dans la rue du haut d'une fenêtre et parvient ainsi à sauver ses jours menacés [1]. » Guy Allard, au contraire, place le fait à Mérindol de Provence, « lieu peuplé de Vaudois devenus Calvinistes [2] ».

Selon M. Arnaud, l'église réformée du Buis s'organisa dès 1561 [3], et cet auteur mentionne une procuration des anciens du consistoire donnée à Antoine Sigaud pour aller chercher un pasteur à Genève, procuration signée par « Lazarin Alphant, médecin, Mathieu Marchand, notaire, François Chomard, sieur des Gallies (Eygaliers), François Delhomme, sieur de La Fare, Saulse, médecin, Claude Teste, notaire, Jehan Barnoin, notaire et greffier, Jehan Huguet, Jehan André et Gabriel Vial, anciens, Marin Vitet, escuyer, Mathieu Chaulier, notaire, Symon Aulbert, cyrurgien, et Jaume Galoppin, surveillants de l'église chrestienne herigée en la ville du Buis [4] ».

La première guerre dite de religion, sous la conduite de des Adrets, de 1562 à 1563, couvrit de ruines et de sang le Dauphiné et les provinces voisines : églises, couvents, objets du culte, archives monastiques, tout devint la proie des flammes. Le Buis ne fut pas épargné.

Paul Richieu, sieur de Mouvans ou Mauvans, né dans le

---

(1) L'abbé VINCENT, *Notice historique sur Le Buis*, et le P. JUSTIN (Boudin).

(2) GUY ALLARD et CH. MARTIN, *Hist. de Charles Dupuy-Montbrun*, p. 47.

(3) *Hist. des protestants du Dauphiné*, t. I, p. 80.

(4) *Hist. des protestants du Dauphiné*, t. I, p. 87.

Var, avait embrassé la Réforme et pris les armes pour venger la mort de son frère, massacré dans une émeute.

En 1562, après avoir emporté plusieurs places des Baronnies, il se présenta devant Le Buis avec 800 hommes. La ville était prête à le repousser et lui refusa même un logement de courte durée, sous prétexte qu'il n'avait point de commission régulière. Mais il recourut aux Dominicains, qui, soit promesses, soit menaces, lui ouvrirent leurs portes.

Une fois dedans, ses soldats vident leurs celliers, épuisent leurs provisions et se livrent à l'orgie. Le lendemain matin ils saccagent le couvent, pillent ses archives et chassent les religieux. Quelques-uns auraient même été massacrés et le Père Antoine Doux crucifié, comme le Sauveur du monde. Puis, l'incendie allumé par cette soldatesque acheva la ruine de la maison religieuse [1].

Le compte consulaire de 1562 mentionne une dépense de 8 sols, « pour avoir porté les imaiges de leglise dans la cave de La Clastre et à la secrestieu, » le 3 mai; différentes dépenses des soldats du capitaine Moreau et l'envoi de M. de Rochebrune à M. de Suze, à Orange, « pour savoir des nouvelles »; 12 florins, pour pain livré à la gendarmerie de M. de Mouvans, le 18 juin (15 émines de blé, à 10 sols l'une); 10 gros, pour 1 émine de blé portée au camp du même; 16 sols, pour voyages à Sisteron et à Serres, par l'ordre de Gouvernet, gouverneur de la ville; 2 sols à un « tabourin de M. de Mouvans, pour assembler le conseil »; 12 florins à Alfant, « pour aller vers M. des Adrets pour lui monstrer les doleances de la ville et pour resaquer (retrancher) de la somme que demande M. de Mouvans de la gendarmerie pour delivrer les prisonniers »; différentes sommes aux sentinelles de Saint-Trophe (Trophime) et Ubrieux (Ubrils), en novembre et mois suivants, pour réparations de brèches et fournitures à des soldats de passage [2].

---

(1) L'abbé Vincent, *Notice historique sur Le Buis*, p. 61.

(2) *Archives de la Drôme.*

L'absence de documents ne permet pas d'en savoir davantage.

Bertrand de Simiane de Gordes, ayant remplacé Maugiron, en 1564, passa par Le Buis, où il trouva le premier président Truchon et y fit dire la messe, et après à Nyons. « Elle n'y avoit point encore été rétablie depuis les derniers troubles [1].

D'après le même auteur, « les vibaillifs et les senechaux de robe courte étoient sa principale force ; ils exécutoient ses commandements à main armée, et étant gens de cœur et de condition, leur ministère luy étoit utile et honorable. On les attaqua et il fut conclu dans l'assemblée des États de la province que l'on en demanderoit la suppression ; mais Gordes aïant informé la cour du secret motif de cette poursuite, ils furent conservés. »

Celui du Buis fut insulté et des inconnus mirent une nuit à sa porte « une charogne puante [2] ».

Enfin, dans une entrevue près de Mollans entre Montbrun, Saint-Auban et de Gordes, les chefs réformés se plaignirent du même vibailli, comme trop partial et trop irrité et envenimé contre eux.

Leurs griefs portaient aussi sur le mauvais traitement « qu'on faisoit aux Huguenots en divers lieux. Ils en attribuoient la cause à la haine des prêtres contre eux et à la facilité des magistrats à se laisser persuader par les discours de leurs ennemis [3] ».

Trois ans plus tard, Gaspard Pape s'emparait du Buis, le perdait peu après et le reprenait en 1568, malgré la résistance des catholiques. Cette fois encore, leurs églises furent profanées, leurs prêtres chassés et l'antique sanctuaire de Notre-Dame presque renversé de fond en comble.

---

(1) Chorier, *Hist. gén.*, t. ii, p. 601.

(2) Chorier, *Ibid.*, t. ii, p. 611.

(3) Chorier, *Ibid.*, t. ii, p. 612.

Gordes, ému de ce désastre et calculant tous les avantages que les Réformés en tireraient au point de vue de la stratégie, ne tarda pas à rentrer au Buis. Dès lors, grâce à la vigilance du gouverneur (Gargas) et au zèle de la population et de la garnison, la ville se garantit des courses de Montbrun et de ses soldats cantonnés à Nyons ou ailleurs.

La Saint-Barthélemy fit naître une nouvelle guerre. « Pape-Saint-Auban, qui s'étoit promis de surprendre la place, y fut blessé comme il se rendoit maître de la porte, et le capitaine Marin Vital, qui s'étoit mis trop loing en embuscade, ne venant pas assez tôt à son secours, il fut repoussé » et alla se venger sur le village voisin de La Roche [1].

Une lettre de Gordes, datée de Crest, le 9 avril 1573, recommande aux consuls de Romans une vigilance extrême, car, dit-il, « l'ennemy ne dort pas et faillit mardi passé de surprendre Le Buis, le seigneur de Montbrun estant chef de l'entreprise [2] ».

Pendant les années suivantes, on trouve bien dans la ville des passages de troupes, mais aucun fait de guerre. Lorsque Lesdiguières eut remplacé Montbrun, Roger de Bellegarde, commissaire exécuteur de l'édit de Poitiers en Dauphiné et Provence, écrivit à Gordes de se rendre le 15 février 1578 au Buis, pour conférer avec lui sur les moyens de pacifier la province. Quoique malade, le lieutenant général partit de Grenoble le 12 et mourut à Montélimar le vendredi 21. Le maréchal de Bellegarde écrivit du Buis, le 7 mars, à Lesdiguières, qui lui répondit d'une façon évasive. Selon Chorier, un accommodement fut conclu entre les deux chefs, mais le roi ne l'approuva pas ; d'autres, au contraire, veulent que les négociations aient complètement échoué [3].

En 1579, Jacques Colas, visénéchal de Montélimar, « homme de cœur, mais factieux, » attaque soudain les Réformés, livre

---

(1) Chorier, *Hist. gén.*, t. ii, p. 651.

(2) Archives de la Drôme, E. 3668.

(3) Chorier, *Hist. gén.*, t. ii, p. 684.

au pillage les maisons des plus riches et celles des catholiques peu zélés pour la Ligue et, avec l'aide de son collègue du Buis, « homme inquiet comme lui, » prend La Roche et menace Orpierre. Lesdiguières et Gouvernet ne tardent pas à mettre un terme à ses exploits [1].

La reine Catherine de Médicis venait de quitter la province (fin septembre 1579); Maugiron, successeur de Gordes, descendit à Montélimar et Jean de Bellièvre-Hautefort au Buis, pour châtier les auteurs de l'expédition qui avait désolé tant de familles. « On n'osoit pas refuser cette satisfaction à Lesdiguières ; mais cette recherche fut lente et ne fit point verser du sang [2]. »

Quelques années de répit furent-elles accordées à la population du Buis, comme le croit un historien ? La chose est fort probable. Toutefois, le 23 août 1585, les consuls de Malaucène écrivaient à leurs collègues de cette ville que « les heretiques conspirauteurs de meschancetés étoient sorti d'Aurenge avec des petards et engins propres à telles maleurtés » pour donner sur eux. En même temps, Treschenu les avertissait qu'un de leurs compatriotes avait pris « 300 esqus de ceulx de la Religion avec assurence de leur rendre la ville dans 3 ou 4 jours ». Le vibailli Cayrel, de son côté, notifiait l'ordre de Maugiron, qui le chargeait de conserver la place sous l'obéissance du roi, le 1er septembre 1585 [3].

Voici la lettre écrite aux consuls par Maugiron, le 27 juin 1585, sur le même sujet :

« Vous scavés les entreprises, menées et praticques que ceux qui se sont nouvellement eslevés en armes contre le service et sans commission du Roy ny mienne, ont brassé, comme ils font journellement sur les villes et aultres lieux de ce gouvernement, pour sen emparer contre lauctorité de Sa Majesté, qui est cause

---

(1) Chorier, *Hist. gén.*, t. II, p. 688.
(2) *Ibidem*, t. II, p. 697.
(3) Archives de la Drôme, E. 2723.

que jay donné charge au vibailly de vostre ville, comme ung des magistrats de ceste province fidelles à S. M., davoir lœil a la conservation de vostre ville, affin quil ny mesadvienne, vous en ayant bien voulu fere ce mot a ce que doresnavant vous faciez avecq plus de soing que navez jusque icy tout ce quil vous commandera pour le seul service de Sadite Majesté et seureté de vostre ville soubs lobeyssance dicelle, aultrement il seroit besoing de vous envoyer ung gouverneur exprès pour vous conduire. Mais masurant que ledit vibailly sen acquicte dignement et que vous laymez mieux quung aultre, je ne vous en diray aultre chose sinon que je luy mande de vous communiquer les nouvelles que jay receues de la Cour de bonne part et bien asseurées, dont vous et tous les aultres gens de bien et bons serviteurs de S. M. serez bien aises, priant Dieu vous avoir en sa sainte garde. »

Ces documents officiels éclairent l'histoire locale de son jour véritable et nous les reproduisons volontiers.

Une autre lettre du même, en date du 17 juillet suivant, porte :

« Jay reçeu une ordonnance du Roy contenant que S. M. par la grace de Dieu a parpaciffié les troubles de son roiaulme, deffendant a toutes personnes de quelque quallité et relligion quils soent de fere plus aulcuns actes dhostillité ; le sieur de Ruels, lung des secretaires de la Cour de Parlement de ce pais, sen va presentement pour fere publier larrest dicelle sur ce intervenue aux lieux et endroicts ou besoingt sera, affin que personne nen pretendent cause dignorance. Je vous prie de tenir la main de tout vostre possible a ce quils soent effectué et observé, suivant lintention de S. M. a ce que ceste province, sy ruinée de guerre, soit remyse en bonne paix. Cependant vous ne laisserés de continuer la garde de vostre ville, jusques a ce que je vous ordonne de la cesser... [1] »

---

(1) Archives de la Drôme, E. 2819.

Vercoiran, le 28 août 1585, écrivait de son côté aux consuls du Buis :

« Jay receu la vostre, et pour respondre au sans dicelle, il me samble, sauf vostre melheur advis, quil seroyt plus expedient et requis parler ensamble que par escript, dautant que le pappier de soy na point de replique, et vous diray, MM., qua mon particullier je appreuve et loue grandement vostre bonne intantion et saincte desliberation ; le tout est de prandre ung bon et pront expedient pour parvenir a leffaict, mesmes avant que les chosses sen aygrissent plus quelles ne sont pour encores et de copper chemin au mal et miseres quy nous suyvent de bien près. Vous scavez et je ne veulx appeller que vous, MM., a tesmoings que je nay jamais rien plus desiré ne soucté que de veoir ceste petite poignée de Baronies bien unie et polissée pour y vivre ensamblement en toute concorde ; nous y avons souvent travailhé et avons prins beaucoup de la poyne, mais aulcungs petis perturbateurs et affamés de bien dautruy ont deffaict a une heure ce a quoy et en ung moys nous avions heu de la poyne et prou fatigue, toutes foys si vous estes bien resolus en se que vous mescripvés de ne leur volloyr donner entrée, ne a aultres qui puyssent troubler le repos public, jextime que cest le vray et plus assuré moien pour parvenir a vostre but et par ce moyen conserver la vie et les biens dune infinité de familhes, qui yront après morant de faim sur la terre ; et remetant le tout a vos prudents advis, après vous avoir assuré de ma bonne volonté a vos services, je prieray le Créateur, MM., vous volloyr conserver en tres heureuse santé et longue vie, et moy a vostre bonne grace, a laquelle je me recommande bien humblement. A vostre mayson de Vercoyran, vostre bien humble voysin a vous faire service. — VERCOYRAN. »

Dans une lettre du 3 septembre 1585, ce gentilhomme se réjouit de la bonne volonté du Buis à établir « ung bon repos en la contrée ». Il doute cependant du succès et leur offre son concours et sa maison pour cet effet. « Je pance que vous aurez fait quelque ouverture de cest affaire a M. de La Roche, et si les gentishommes de ce pays qui tiennent nostre party y estoint je leur husse ja parlé, car je nextime pas que sans heux rien ce puysse conclurre ne bien assurer les affaires, mes seulement les acheminer et desgrossir. »

Maugiron, le 26 octobre 1585, ordonnait au prévôt des maréchaux, à ses archers et autres de se transporter au Buis sans délai et d'enjoindre aux vibailli, procureur du roi, consuls et habitants « de recevoir, respecter et hobeir a M. de Sainte Jalle, chevalier de lordre du roi et capitaine de 50 hommes darmes de ses ordonnances, commandant des villes et lieux des Baronnies, ensemble les soldats quil a advisé establir en icelle, et a tous les habitans des autres lieux desdites Baronnies dobeir de mesme audit sieur de Sainte Jalle, sur peyne contre ceux qui y deffauldront destre declairez rebelles et desobeissants a Sa Majesté et comme tels punis, selon les rigueurs et ordonnances dicelle. »

La population résista tant et si bien que le lieutenant général baissa le ton et écrivit aux consuls la lettre suivante sans date, qui se rapporte évidemment à la même affaire :

« Mes amys, jay receu vostre lettre ensemble les memoires et procès verbal quavés dressé sur la difficulté quavés cy devant faicte de recepvoir en vostre ville le sieur de Sainte Jaille, suivant la commission que je luy en ay donnée pour y commander en mon absence, et, pour vous respondre la dessus, je vous diray en premier lieu que cest ung vieux chevalier duquel jay autant de fiance que de moy mesmes, de sorte que pour garder vostre ville de tumber en peril comme celle du Montellimard, jay delliberé quil y entrera pour y commander, ou tel autre gentilhomme catholicque en son absence que vous adviserez, dont je vous donne le choix, qui est offre trop favorable et par ou vous pouvez assez juger lamitié quil vous porte, tellement que je vous ordonne et commande dy satisfere incontinant et de recepvoir quarante soldats quil veut establir en vostre lieu pour le conserver soubs lobeissance du Roy, lesquels ne vous rapporteront aucune despence et seront entretenus sur tels lieux de vostre ressort que vous adviserez avecq ledit sieur de Sainte

Jaille, vous assurant par ceste quil ne vous fera jamais tant en general quen particulier quoffices de bon, vray et naturel amy et voysin., et quil ne se ressouviendra daucune chose pas≈⸱. Accommodez vous doncq avecq luy amiablement, car il fera tout ce que vous voudrez pour vostre salut et soulagement, et si je scavoys quil feist aultrement, je ne vous en feroys de telles instances. Advisez doncq de vous disposer a vous rendre conformement a mon intention, et davoir doresnavant recours a luy pour vous preserver du mal de voz ennemys, qui a faulte de ce pourroient surprendre vostre ville, dont vous seriez a jamais blasmez et accusez de desobeyssance. Je ne vous en diray doncq aultre chose pour lassurance que jay que satisferez a vostre debvoir, priant Dieu vous avoir en sa saincte garde. — Vostre antierement bien bon amy, Maugiron. »

Il ajoute de sa main :

« Mes amys, il faut obeir. Tornuere vien et serat ici le dernier de se moes avec 24 quanons, de sorte que je vos donne la force et la portunite de vos hoter totes depanses de garnison, mes sepandant je ne veux perdre vostre ville, quar il ny vat de ma tete et de sellui qui nobeirat a mes quomandemans [1]. »

Montélimar ayant été pris en août 1585, nous avons ainsi la date approximative de cette lettre.

Le 9 novembre, Sainte-Jalle reprochait aux consuls leurs démarches auprès de Maugiron touchant les impositions et fournitures militaires. Il y va de son honneur, dit-il, de se défendre « contre de fausses impostures »; ce nonobstant, il les exhorte, « pour le deub de sa charge, de se bien garder des entreprinses et embusches que les ennemis du Roy ont sur eulx et de tant commercer avec eulx, comme ils font, ce de quoy il est tres bien adverty et ne fauldra ladvancer ou besoing sera ».

Maugiron le remplaça au Buis par MM. de Planieu et de Mollans, témoin sa lettre du 22 novembre, datée de Valence :

« Mes amys, jay receu vostre lettre du xvi de ce moys et veu les

---

(1) Archives de la Drôme, E. 2819.

advis que me donnez des dessaings de ceux de la relligion pretendue refformée ; je vous avoys envoyé le sieur de Planieu avecq 200 harquebusiers pour la garde et conservation de vostre ville, mais vous dictes avoir prins bon nombre de soldats, de ladvis de M. de Mollans, pour cest effect, si est ce que je desire vous licensiez lesdits soldats pour recepvoir ledit sieur de Planieu avecq sa trouppe, car vous vous en pourez fyer. Dailleurs ce seroit trop rapporter de despense au pays de mettre tant de gens de guerre sur pied, puisquil y en y a assez pour servir ou il est de besoing. Je faits tout ce que voulez et neantmoings vous ne voulez condessendre a ma volonte. Je vous ay donné ledit sieur de Mollans pour commander en vostre ville, et si encores vous voulez quil ayt garnison a votre fantaisye, je ne le puys trouver bon, mes amys, car mon desir a toujours esté, comme il est et sera toute ma vie, de vous cherir, aymer et soulager comme mes enfans, et quainsy ne soit lon i vous pourra assez tesmoigner de quelle facon je me preparoys pour vous aller secourir, sur ce que maviez laultre jour escript que les ennemys vous vouloient aller assieger, et, sils continuent leur entreprinse de vous attacquer, faictes le moy entendre a temps et a propos, vous promettant en foy de chevallier que il me coustera la vye ou je vous preserveray de peril, bien aise que je suys de ce que vous ayez ledit sieur de Mollans pour commander en vostre ville, car cest ung sage et valloureux gentilhomme. Mais je vous prye de recepvoir ledit sieur de Planieu avecq sa trouppe, et chassez les estrangiers, daultant quil est si advisé quil se comportera si modestement avecq ledit sieur de Mollans que vous en aurez tout contantement, et sil a trop de gens nen prenez que ce que vous jugerez vous estre necessere et le reste sen reviendra au Crest trouver le regiment de M. du Passage, qui y est en garnison. Jattendray de vos nouvelles, lesquelles vous me ferez entendre, sil vous plaist, le plus souvent que vous pourez. Je suys et seray a jamais vostre antierement bien bon amy[1]. »

---

(1) Archives de la Drôme, E. 2819.

Quelques jours après Sainte-Jalle recommandait aux consuls du Buis de se tenir sur le qui-vive, car il avait appris que « la pluspart des huguenaux avoient faict une grant cavalcade et étoient arrivés en ces villages..., afin dexécuter une entreprise sur leur ville... ».

Nouvel avis le 9 décembre, à cause de la présence à Nyons de Lesdiguières, Gouvernet et autres, avec de grandes troupes.

Le 13, Maugiron informe les consuls qu'il s'est préoccupé de l'entretien des gens de guerre établis chez eux et que M. de La Valette [1] est attendu dans la province, apportant « soulagement au peuple ».

Ce dernier chef ne fut pas mieux écouté que Maugiron, témoin la lettre suivante, qu'il leur écrivit de Valence, le 4 avril 1586 :

« Messieurs les consuls, jay sceu, comme sestant nagueres presenté le sieur de Fortiat pour loger avec sa compagnie dans vostre ville, en vertu dune commission quil a de moy, que vous aviez fait reffus de le recevoir, chose que jay trouvé fort estrange pour le tesmoignage de desobeissance que vous me rendez en cela; ce qui ma fait vous en escrire ceste cy pour vous en dire sur ce mon intention, qui est que sy vous persistez encores en ces reffus et que vous ne repariez ceste faulte, vous me donneriez occasion destre tres mal satisfait de tels depportemens et de fere procedder contre vous comme allencontre de personnes mal affectionnez au service du Roy... LA VALLETTE [2]. »

Lesdiguières, en 1586, s'empare du village de Sainte-Jalle et reçoit la soumission de celui de Mirabel; mais la peste suspend ensuite les hostilités, reprises l'année suivante. Venterol, Bénivay, Mérindol, Pierrelongue et Eygaliers n'opposent aucune résistance et Le Buis, assiégé à son tour, aurait peut-

---

(1) Chorier, *de Lavalette;* Rochas, *Lavalette,* et les auteurs modernes aussi.

(2) Archives de la Drôme, E. 2819.

être ouvert ses portes aux Réformés sans la compagnie de Maugiron, qui les obligea à s'éloigner (5 avril 1587) [1].

Lesdiguières en garda de la rancune, puisqu'on lit dans une de ses lettres à Calignon : « Le Buis et Mollans demandent a traiter a mesmes conditions (que Gap, Tallard et Mévouillon), mais elles seront un peu plus dures, si nous pouvons » (6 août 1588) [2].

Les consuls du Buis, en juin 1587, exposent à M. de La Valette que le sieur de Saint-Vincent, commandant des troupes établies en leur ville et aux Baronnies, au lieu d'être payé sur les deniers ordinaires, l'a été par manière de contribution, depuis son arrivée en juin 1586 jusqu'à la fin de février 1587, et que, le ressort étant petit, pauvre et occupé « la pluspart par ceulx du contrere parti », il a été contraint de leur emprunter de l'argent et des vivres, toutes choses dont ils réclament le remboursement. A cette demande ils ajoutent peu après celle des avances faites pour fortifier la ville.

La Valette, le 18 septembre 1587, leur apprit qu'il serait fait droit à leur requête, « estant fort ayse du contentement quils ont du sieur dEscaravaques », lequel « ne recherche deux que ce qui sera pour leur conservation et soulagement ».

Les plaintes continuant, le même chef, alors lieutenant général en l'armée du roi mise sur pied en Dauphiné, leur répondit, le 10 décembre suivant :

« Je ne voy point de moyen que vous puyssiés estre deschargés de ce quaves esté cottizés par la commission de M. de Maugiron, car lon vous a levé près des deux tiers de vos feux, quest tout se que lon a peu faire. Quant a ce quavés fourny au sieur de Valjouyeuse et cappiteine Normand, jentens que vous en soyez remboursés sur vostre cotte et part du magasin faict en dernier lieu et de le precompter sur limposition de dix escuz, cest chose que ne se peult faire pour ce quil ny a pas fonds mesme

---

(1) L'abbé VINCENT, *Notice sur Le Buis*, p. 76.

(2) *Actes et correspondance de Lesdiguières*, N.º 69.

pour satisfaire a lentretenement des gens de guerre qui sont en
lestat des Baronnies. »

Les consuls revinrent à la charge en août 1587 et lui présentèrent un tableau peu rassurant de leur situation :

« Pour raison des guerres civiles advenues en ce royaume,
la ville tennant pour le service de S. M. endure et souffre journellement infinis maux et mesme a present, pour estre la guerre
si viollante, le trafficqueur nauze aller, le laboureur labourer,
le travailheur travailher ni nulle aultre quallité de personnes
faire ses affaires soit en son mesnage ou aultrement parmy les
chams sans grand dangier de la perte de leurs vies ou de leurs
biens, de sorte que la terre demeure inculte, estant le bestail
arable et toutte aultre sorte de bestail prins et ravagé toutes les
heures, de fois disent par maniere de guerre, et aultres pour
estre payés des contributions; comme que ce soit, cest tousjours
aultant de perdu…… »

Sur ce chef La Valette répond : « Nous auron̂ ̂res agreable que les laboureur et marchand puissent en ̂ ̂e seurté et
liberté cultiver et trafficquer, et, comme lenemy ̂ disposera,
nous entendons que par nous gents de guerre ils ̂ soit aulcunement empechés. »

Les consuls ayant demandé, en second lieu, aux villages « qui
ne se gardent pour le service de S. M. » d'envoyer 6 charges de
blé au magasin du Buis, le lieutenant général promit de faire
exécuter son ordonnance relative à la contribution de grains et
de fourrage due par les « lieux desclos ».

« Le feu cappitaine Saint-Aulbin, ajoute la requête, lorsque
ceulx de contrayre parti prindrent Mirindol et aultres lieux
esdictes Baronnies, fut appellé en aide par le sieur de Saint-Vincent, lequel y a demeuré avec 60 soldars a pied de sa compagnie norris et logés du 18 juin au 9 juillet. » Les consuls
demandent paiement de cette dépense et La Valette est de
cet avis, comme pour celle de 3,200 pains fournis au camp
devant Pierrelongue et pour le remboursement de 1,000 à 1,200
écus payés au commandant de Saint-Vincent.

Enfin, les consuls désireraient voir les soldats se conduire

« en toute paix, douceur et modestie », et respecter les jardins, vignes et terres, et des proclamations en ce sens leur sont promises.

D'Esquarravaques, lieutenant du duc d'Épernon en sa compagnie colonelle au régiment de Piémont et gouverneur des Baronnies, le 22 janvier 1588, ordonna que la ville serait payée des avances et fournitures faites à M. de Valjoyeuse et au capitaine Normand jusqu'à la somme de 218 écus, et, le 16 février 1689, au fermier de la châtellenie de concourir à l'entretien des 120 arquebusiers du capitaine Outran, de Bonnieux, appelé au secours de la ville [1].

Le 28 mars suivant, une trève ayant été conclue avec d'Ornano, un article régla que les habitants du Buis paieraient à Lesdiguières la moitié des contributions arriérées, imposées sur eux depuis le commencement des premiers troubles; quant à celles qui ont été assignées et dont il a été fait partie, le sieur de Montbrun en quittera la moitié de la part qui le concerne, et pour le regard des arrérages dus aux sieurs de Gouvernet et de Saint-Sauveur, lesdits habitants s'adresseront à eux pour en obtenir rabais à l'amiable, si faire se peut [2].

Peu de temps après, par lettres datées d'Orange, du 21 mai 1589, Lesdiguières mit sous sa protection et sauvegarde « les manans et habitans du Buis, leurs familles et domestiques, biens, meubles, immeubles, grains, fruicts, bestail a eux appartenans, vivans et se contenans paisiblement, ne derrogeans en aucune sorte au traicté de la treve generalle du Dauphiné, ny au traicté particulier fait depuis avec eux ». Il leur permet de trafiquer, négocier et commercer en grains, fruits, bétail et autres marchandises et défend à tous ceux de son parti de leur faire le moindre tort et de leur donner le moindre trouble ou empêchement.

Le même chef militaire leur écrivit de Montélimar, le

---

[1] Archives de la Drôme, E. 2819.
[2] *Actes et correspondance de Lesdiguières*, t. I, p. 92.

17 décembre 1589, de payer à MM. du Mas, de Vercoiran et du Cheylar ce qui leur était dû légitimement, à peine de frais.

Ils recoururent de nouveau à Lesdiguières, gouverneur et lieutenant général pour le roi en Dauphiné, touchant l'observation de l'article 30 de la trève. « Sil falloit, disent-ils, payer tout a ung coup ce quil a esté prins en plusieurs et diverses fois pour la necessité des affaires de la guerre, (cela) feroit deshabiter la pluspart ». Ils réclamaient donc pitié et commisération. « Les suppliants conviendront avec les assignataires, si bon leur semble, déclarant ny avoir lieu de sursoy. Fait a Gap, le 19 janvier 1590. » Telle fut la réponse donnée.

La même année, le 5 septembre, Gouvernet, content d'eux, déclare « quil ne se presentera jamais occasion quil nexpoze fort librement sa vie et ses moyens pour leur conservation ». Déjà, le 21 juillet, il les avait appelés au col de Mévouillon pour traiter de leur soulagement.

Une lettre de Prunier-Saint-André, datée de Romans le 30 avril 1590, nous apprend que le même gentilhomme avait été nommé pour commander au Buis et dans son bailliage. « Il a fait promesse en la dernière assemblée de Vienne de ne innover aulcune chose en la religion romaine dans la ville et de vous conduyre avec tout respect. M. le colonel d'Ornano luy en avoit octroyé la commission en ladite dernière assemblée, quelques jours avant sa détention ; ainsy disposes-vous de le recognoistre. »

Pendant que Lesdiguières guerroyait en Piémont, Gouvernet envoie aux consuls, le 14 août 1592, l'avis suivant :

« Je viens destre adverty par de mes amis du Comté et Provence comme pour chose asseurée (que) Reilhanette a une entreprinse sur vostre ville, laquelle il tient infalible et espere de lexecuter bien tost. Je le vous ay bien voullu mander des aussitost, aux fins que, sil vous survenoit quelque mal, vous ne puissiez ignorer de nen avoir esté advertis. Vous pouvés bien estimer que quant on auroit prins vostre place (oultre le mal que vous recepvriés deux) que dès lendemain vous seriés assiegés par les serviteurs du Roy ; veillés donc, je vous prie, car vous sçavés que bien heureux sont ceux qui peuvent estre maistres de leurs maisons. »

Déjà, en juillet, Gouvernet, en instruisant les consuls « de la trahison que Maugiron avoit faite de Vienne [1] » et de celle du vibailli de Saint-Marcellin [2], leur avait recommandé une surveillance attentive.

On ignore les résultats. Une lettre de Gouvernet, écrite le 25 août 1592, au camp devant Aix, nous apprend qu'il venait d'être blessé. « La balle est encores dans le pied, sans nulle esperance quelle puisse sortir par ou elle est entrée, mais cella nempeschera, avec laide de Dieu, que la playe ne se consollide et espere estre bientost en chemin, Dieu aidant. Jay sceu les impositions quon vous a faict de nouveau, car ceux de Die et Nihons men ont escript, auxquels jay mandé quils nen payent rien. Je vous prie fere de mesme. Si Dieu me fait la grace destre de della, je suis resolu de le bien debattre, et certes sy on ne commence a monstrer les dents a ces feseurs dimpositions, ils ne cesseront jamais dimposer sur le pauvre peuple tant quils sçauront quils auront un liard. Mais que Dieu me fasse la grace destre en vos quartiers, jespere avoir ce bien que de vous voir et resouldre de ce quil conviendra fere en cella. Cependant je vous prie davoir la bonne garde, pollice, amitié et justice de vostre ville en recommandation... »

Ces citations suffisent pour réhabiliter Gouvernet, assez maltraité par les archives de Mirabel et de Nyons : « Il estoit gouverneur des Baronnies et du Montélimar et Die, et ordinairement suivy de grand nombre de gens de guerre...; en sorte que tant quil a vescu nulle des communaultés, pour puissantes quelles ayent esté, na ozé le convenir ny experir ses actions contre luy, quelque cause que ce soit [3]. »

Nous touchons, d'ailleurs, à la fin des guerres du XVIe siècle ; car l'abjuration du roi Henri IV (25 juillet 1593) ne tardera pas à éteindre le vaste incendie allumé et entretenu par les divisions politiques et religieuses, depuis 1560.

---

(1) Lettre du 16 juillet 1592, aux archives de la Drôme, E. 2819.

(2) Lettre du 24 juillet 1592, aux archives de la Drôme, E. 2819.

(3) *Invent. somm. des archives de la Drôme*, t. III, 4615, 4681.

Sans doute, après la guerre, il y aura bien des ruines à relever, bien des blessures à panser, bien des dettes à payer ; mais on se mettra à l'œuvre avec tant de zèle que tous les maux seront réparés peu à peu.

Il serait facile de reproduire ici les lettres menaçantes de plusieurs créanciers de la ville et les injonctions formelles des principaux chefs militaires [1] ; nous nous contenterons de rappeler qu'en 1596 le consul député à Grenoble devait surtout demander la cessation des vols et larcins [2].

Pendant la période du procès des tailles, Le Buis n'a pas, comme Romans, joué de rôle sérieux : il se contenta d'envoyer ses délégués aux États de la province et auprès du roi pour obtenir quelque diminution d'impôts, le rétablissement de l'ancien poids à farine et la création de deux nouvelles foires, le 10 août (Saint-Laurent) et le 8 septembre (Nativité de la Sainte Vierge) [3].

Outre la reconstruction de l'église paroissiale, les réparations des murs d'enceinte, l'envoi de 25 hommes au siège de Montmeillan, en 1600, la population eut encore à s'occuper, sous le règne d'Henri IV, de la vérification et de la réduction de ses dettes, à cause des intérêts et des réclamations incessantes des créanciers. Cette opération fut confiée à des conseillers au parlement, qui se rendirent au Buis, et, d'après un document de 1615, malgré les réductions opérées, la ville devait encore 32,000 écus, et la plupart de ses 400 familles, réduites à la misère par la mauvaise récolte de l'année, songeaient à se libérer au moyen de l'abandon de leurs terres.

Pour se faire une idée du poids de pareille dette, il est bon d'apporter en témoignage le mémoire de Sigaud, député à Grenoble, vers 1603, par ses concitoyens. Lui et son valet dépensent 8 sols pour goûter à Mirabel, 36 sols à Valréas pour coucher ;

---

(1) *Invent. somm. des archives de la Drôme*, E. 2727 et suiv., t. III.
(2) *Ibidem*, E. 2730.
(3) Les lettres patentes sont de janvier 1601. (*Notice historique*, p. 81.)

le lendemain 14 sols à Châteauneuf-de-Mazenc pour dîner et 38 sols à Crest pour coucher ; le troisième jour 16 sols à Chabeuil pour dîner et 36 sols au Périer pour coucher ; le quatrième jour 15 sols pour dîner à L'Albenc et 36 sols pour coucher à Grenoble. La dépense journalière varie de 44 à 52 sols pour ces deux hommes. Elle serait aujourd'hui de 8 à 10 francs, c'est-à-dire de trois à quatre fois plus forte ; par conséquent les 32,000 écus équivaudraient à près de trois millions de francs [1].

Si, du moins, les logements militaires, les étapes et les aides avaient cessé alors, la convalescence ou le passage de l'état maladif à la santé sociale aurait été plus facile ; mais les franchises de l'édit de Nantes n'avaient pas entièrement satisfait tous les partis et la mort violente d'Henri IV avait réveillé de coupables espérances. Selon Chorier, une assemblée tenue à La Rochelle nomma Lesdiguières chef général du Dauphiné, de la Provence et de la Bourgogne, formant un des sept cercles de la France. Celui-ci, « toujours fidelle et toujours egal à soy même, refusa cette commission. Montbrun, fils du fameux Montbrun, fut nommé pour en exercer les fonctions, sous le titre de lieutenant général, en Provence. L'absence de Lesdiguières, qui avoit suivy le roy en Languedoc, luy estant favorable, il ne tarda pas de lever des trouppes ».

Frère, premier président, et Morges, gouverneur de Grenoble, se mirent en mesure de lui résister. Montbrun, après avoir fait saisir toutes les rentes, censes et pensions du clergé, s'empare de Mollans, Reilhanette, Puygiron, Châteauneuf-de-Mazenc, Poët-Laval, La Baume-Cornillane, Crupies, etc., se dirige sur Le Buis, dans le dessein de s'en emparer. Voici comment les registres de baptêmes, mariages et sépultures de la paroisse racontent son équipée :

« L'an 1621 et le 12 octobre, ceste presente ville fust petardée par l'armée des rebelles Huguenots, soubs leur général, le sieur de Montbrun, car le petardier, par un coup de pierre, fut tombé

---

(1) *Invent. somm. des archives de la Drôme*, t. III, E. 2737, 2746.

et noyé au pont-levis de la porte dite des Frères. Dieu assista particulièrement et merveilleusement ceste ville par l'intercession de Nostre-Dame, car après l'*Ave Maria* du matin le petard joua et la cloche estonna les ennemis et comforta ceux qui estoient sur les murailles en garde... » M. l'abbé Vincent donne à l'artilleur ainsi tué le nom de Cadart, et il ajoute que dans l'église paroissiale se voient encore exposés le pont roulant, le mantelet et l'échelle dont se servit Cadart, que son casque et sa cuirasse sont encore appendus dans l'église des Dominicains, et qu'une statue en l'honneur de Notre-Dame des Victoires dans la chapelle du Rosaire de cette église rappelle le souvenir du merveilleux événement [1].

L'insuccès de Montbrun devant Le Buis ne le découragea pas ; il avait plus de 6,000 hommes, plusieurs châteaux et places à sa dévotion et des intelligences secrètes dans Grenoble même. Frère et Morges pouvaient lui opposer 14,000 hommes, sous les ordres du comte de Maugiron, du vicomte de Pasquiers et de Galles-le-Bellier. Mais le retour de Lesdiguières dissipa aussitôt l'orage : Montbrun « vuida les places qu'il occupoit, licentia ses troupes et chacun rentra dans son devoir [2] ».

Pendant cinq ans la paix ne fut pas troublée. En 1626, Montauban, fils de Gouvernet, ayant fortifié son château de Soyans et pris celui de Mévouillon, Lesdiguières s'empara du premier et Bertrand de Morges, seigneur de La Motte-Verdeyer, capitaine-lieutenant des gendarmes du connétable, obligea le second à capituler, après 46 jours de siège [3].

Ce fut le dernier triomphe de Lesdiguières, mort peu de jours après, et le dernier mouvement excité par les divisions politiques et religieuses dans notre province.

---

(1) *Invent. somm. des archives de la Drôme*, t. III, E. 4220. — *Notice historique sur Le Buis*, pp. 85, 86.

(2) CHORIER, *Hist. abrégée*, p. 233.

(3) *Ibidem*, pp. 237-8.

VI. — Les XVIIᵉ et XVIIIᵉ siècles.

L'inégale répartition des charges publiques n'avait pas peu contribué au succès de la Réforme; toutefois, les guerres du xvɪᵉ siècle, au lieu de guérir le mal, l'aggravèrent encore. Écrasées sous le poids des contributions de guerre et des tailles, les communes empruntèrent pour payer les garnisons et, quand la paix fut établie, obtinrent une vérification et une réduction de leurs dettes. Ce fut le premier pas; le second, ou le procès des tailles, se fit sous la direction de Claude Brosse et se termina par la déclaration de réalité de l'impôt foncier, jusque-là personnel.

Le Buis s'associa à la cause commune et proposa diverses réformes, comme l'exécution d'un arrêt concernant les commissaires de la trésorerie [1], l'opposition des intéressés à tout nouvel anoblissement, le jugement des appels des commissaires vérificateurs des dettes communales par la chambre des comptes ou le parlement et l'attribution d'une part de l'argent du roi ou du pays aux chemins et aux ponts dégradés par l'Ouvèze, ainsi qu'à la reconstruction des murailles de la ville [2].

Là se borna peut-être sa coopération à l'œuvre de Claude Brosse. Quoi qu'il en soit, le procureur général syndic obtenait, en 1623, que les anoblis paieraient aux villages une indemnité à raison de la 8ᵉ partie de tous leurs biens et que des lettres d'anoblissement seraient accordées aux seules personnes en état de justifier de 500 livres de rente en fonds de terre; d'un autre

---

(1) L'arrêt décidait qu'il y aurait un seul commissaire, à 50 sols par jour, et on en comptait 4 ou 5, qui se faisaient payer à leur gré. — Archives de la Drôme, E. 2714.

(2) *Idem*, E. 2745.

côté, la réalité de la taille ayant été proclamée en 1639, la situation s'améliora peu à peu [1].

Malgré cela, la ville était encore surchargée vers 1650 par suite du nombre exagéré de ses feux. En 1632, 1636 et 1640, elle avait payé ses impositions ordinaires et extraordinaires sur le pied de seize; elle demandait une diminution de moitié, à cause du peu d'étendue de son territoire, du faible produit de ses récoltes, de la fuite de plusieurs familles, « pour n'y recueillir des fruits suffisants au paiement des tailles et des subsides, » comme aussi des ravages des eaux et des acquisitions de la noblesse. Elle ajoutait que Mirabel et Vinsobres payaient moins et récoltaient davantage, que ses dettes s'élevaient encore à 70,000 livres et qu'elle souffrait, comme gîte d'étape, des maux intolérables [2].

Ses feux furent réduits à huit.

Pour comprendre la gravité des plaintes du Buis, nous ferons connaître ici le chiffre actuel de la contenance imposable, soit 3,210 hectares, et les contributions directes de 1873, soit 32,150 francs, dont 18,597 pour l'État, 6,648 pour le département, 6,124 pour la commune et 780 de non-valeurs.

Un compte consulaire en patois de l'an 1532 accuse pour « la reseto » 632 florins et pour « la miso » 664; celui de 1658, d'après l'exposé du trésorier, 6,878 livres de recettes et 6,819 de dépenses; enfin, en 1780, les recettes allaient à 14,813 livres et les dépenses à 14,836.

Il serait facile de donner le détail et la destination de ces diverses sommes; mais tant de chiffres ennuieraient le lecteur.

On ne s'explique pas aujourd'hui les doléances populaires au sujet des logements de troupes et de l'étape, parce que l'État se trouve seul chargé de la nourriture du soldat à l'aide du budget. Il n'en était pas de même alors. Le Dauphiné, province frontière, voisine de l'Italie et contiguë à la Savoie, avait constam-

---

(1) Archives de la Drôme, E. 2752, et *De l'usage des fiefs*.

(2) *Idem*, E. 2864 et suiv.

ment des régiments de passage ou des garnisons. Or, pour alimenter les étapes, adjugées à des entrepreneurs, on obligeait un certain nombre de communautés à fournir, selon le nombre de leurs feux, des grains, du vin, du fourrage. Pour les logements militaires, chaque village les supportait ou effectivement ou sous le nom d'*aides*, payées soit en nature, soit en argent. C'était logique, si l'on veut, pour une seule province; mais pendant que la Provence et le Dauphiné succombaient sous les charges de guerre, le Poitou, l'Auvergne, etc., pouvaient en être dispensés; de là l'injustice. De plus, malgré la fixation du nombre des soldats et de la quotité de la ration, il y avait souvent des marchés conclus pour empêcher l'arbitraire, et une fois la somme versée les vexations commençaient.

En 1632, les consuls de Saint-Paul-trois-Châteaux engageaient ceux du Buis à se joindre à eux pour se plaindre au roi des *foules* ou contributions militaires, tellement exorbitantes, écrivaient-ils, « que nous ne pouvons pas dire qu'il y ait aucune chose qui soit à nous [1] ».

Pour s'exonérer le plus possible, chaque ville et chaque village mettaient en campagne, au moyen de présents et de sollicitations, leurs amis les plus puissants, témoin une lettre de 1650, écrite par le délégué du Buis aux consuls à propos d'un délogement obtenu. « Je vous jure, y dit-il, que ça été une faveur tout extraordinaire de M. le président à Mme la connétable [2]. »

Ajoutons, enfin, une dernière cause de surcharge, résultant du mode de répartition des aides. « Il y a trois jours, mande le receveur du Buis à ses compatriotes, en 1650, qu'étant allé à Crolles, pour contraindre le consul à nous payer en le faisant gager (saisir), M. le président Faure (du Faure) s'y trouva, qui, m'appelant dans la maison de Mme de Frère, sa belle-mère, me menaça de me perdre, si je ne me retirois. »

---

(1) Archives de la Drôme, E. 2763, 2772.
(2) *Idem*.

Les dépenses militaires comprenaient les ustensiles du gouverneur de la ville, les frais de levée et d'équipement des miliciens, le logement de la maréchaussée et des troupes de passage, sans cesse en mouvement pendant les trois derniers siècles [1].

Toute l'histoire du Buis à cette époque se trouve résumée dans les délibérations et députations pour obtenir diminution de ses impôts ou délogement de sa garnison, lorsqu'il ne fallait pas combattre sur les remparts ou en rase campagne.

L'invasion du duc de Savoie en 1692 sera mieux à sa place à l'article *La Charce*. Les pestes de 1629 et de 1721 ne furent pas particulières à la ville, mais à tout le département de la Drôme. La famine de 1631 donna occasion au vibailli du Buis de faire preuve d'énergie, car il se « porta sur les lieux, et partout où on lui indiquoit des blés fit ouvrir les greniers et même ceux des rentiers du comte de Sault, de la dame de Montauban, du seigneur de Lus et de bon nombre d'autres, desquels il tira 1,000 à 1,200 charges de blé et les fit distribuer aux communautés de Vesc et du Buis [2]. » Mais tous ces événements sont d'un ordre secondaire.

Il faut en dire autant des grandes inondations de 1507 et des orages de 1684, 1688 et 1745 [3], des pluies désastreuses de 1730, du transfert du grenier à sel de Saint-Sauveur au Buis, de la demande, en 1696, de rétablissement des deux marchés, de la construction, en 1776, de la digue de l'Ouvèze, et enfin, à la Révolution, de la perte de son ancien bailliage.

Inutile d'insister sur le changement de seigneur opéré en 1642, lorsque le roi Louis XIII, pour dédommager Honoré de Grimaldi des fiefs qu'il perdait dans le royaume de Naples, lui donna le duché de Valentinois, avec Romans, Le Buis, Sainte-Euphémie, Crest, etc.; la capitale des Baronnies n'en éprouva

---

(1) Archives de la Drôme, E. 2775, 2822.
(2) Inventaire des archives de la Drôme, E. 2853.
(3) *Idem*, E. 2717, 2801, 4199.

aucun changement dans ses institutions, ni dans son état social. Le prince, investi de la terre domaniale le 11 décembre 1643, nomma dès lors le châtelain, les notaires, les officiers du bailliage, approuva le choix des consuls et retira les émoluments autrefois perçus par le roi. « La vue de son écusson *(fuselé d'argent et de gueules)* gravé sur les portes de l'enceinte n'émut point la population, qui, dans ce transport, ne soupçonnait rien de menaçant pour ses libertés; les franchises locales demeuraient sauves, la municipalité conservait son indépendance et les charges publiques restaient au même niveau [1]. »

D'après les instructions dressées en 1717, le prix de ferme de la seigneurie du Buis, porté à 1,078 livres par an, se trouvait réduit à 250, à cause des gages des officiers et de redevances aux Dominicains et aux religieuses de Saint-André de Ramières, encore cette légère « somme, dit le mémoire, est-elle la plupart du temps absorbée ou par les réparations qu'il convient de faire ou par les frais de voyage des agents. Un produit si modique, dans une terre comme Le Buis, doit faire mettre tout en usage pour en ranimer les droits... »

Pour compléter l'histoire de la ville, il reste à faire connaître son organisation municipale, judiciaire, religieuse, militaire et commerciale.

Municipalité. — L'époque de l'émancipation communale du Buis est inconnue. Il y avait sans doute à l'origine, comme plus tard, deux ou trois consuls, pour gérer les affaires, et un conseil général, formé des chefs de famille, pour les discuter. Le 26 avril 1405, Reynaud, notaire, Francon et Latil étaient élus consuls. En 1596, il y a aussi 3 consuls, 3 auditeurs des comptes, 3 exacteurs des tailles, 3 estimateurs, 3 bombardiers, 2 perquisiteurs des grains et peseurs du pain, 3 recteurs de l'hôpital, 2 prayers ou pradiers pour l'arrosage de Vicroze et

---

(1) Archives de la Drôme, E. 958.

2 pour celui de Maulgrach, et de plus un conseil particulier, formé de 25 membres [1].

Trois ans plus tard, les commissaires chargés de l'exécution de l'édit de Nantes réduisaient à 30 membres le conseil général et à 12 le conseil particulier, outre les trois consuls, le trésorier et le secrétaire.

Des 30 membres du conseil général, 20 devaient être catholiques et 10 de la Religion. Ce conseil devait traiter les affaires accoutumées et « du nombre d'iceluy en seront choisis douze, c'est à sçavoir huit catholiques et quatre de la religion, des plus capables et experimentés, pour servir au conseil particulier, pour deliberer toutes choses concernant le public sellon le pouvoir qui leur en sera donné par le conseil general, et sera le premier consul catholique et le second ou troisième de la religion. Serviront les trente au conseil general leur vie durant, sans qu'ils s'en puissent exempter, sans empechement ou cause legitime, et advenant la mort d'aucun d'iceulx, en seront subrogés d'aultres en leurs places, le plus promptement que faire se pourra, et quant aux douze du conseil particulier et les trois consuls, avec le secretaire et thrésorier, ils seront changés d'année en année, sinon au cas qu'il fût trouvé expedient par le conseil general de continuer lesdits conseillers tant seullement ou aucuns d'iceulx, et le secretaire exercera tout le temps qu'il sera résolu au conseil general, avec inhibitions et défenses aux catholiques du conseil general ou particulier de ne rien délibérer et résoudre que lesdits de la religion ne soient appellés, tant aux péréquations, redditions de comptes et autres affaires publiques [2]. »

Ce règlement ne dura pas, puisqu'en 1617 le conseil général était composé de 40 membres, dont 15 avocats, procureurs ou

---

[1] Archives de la Drôme, E.

[2] Archives des Dominicains, à la préfecture de la Drôme. — En 1606 une amende de 50 sols était infligée aux conseillers absents sans excuse valable.

bourgeois, 15 ménagers, 10 laboureurs ou paysans, et sur ce nombre trois devaient être nommés consuls à la pluralité des voix et un trésorier. Le conseil privé était réduit à 10 membres [1].

Vers 1720, Martin Barbier se plaignait de ce mode d'administration, sous le prétexte que des 400 chefs de famille il y en avait peu de nobles et de bourgeois, très peu d'avocats, procureurs ou notaires, avec 2 ou 3 chirurgiens, le reste étant des paysans ; ce qui rendait les élections difficiles [2].

En 1789, le régime municipal adopté était celui de l'édit de mai 1766 et de la déclaration du 12 du même mois, c'est-à-dire un maire, deux échevins et quatre conseillers [3].

Voici *L'estat de tout Le Buis,* d'après M. Hercule Giraud, curé de la paroisse vers 1644 :

« De rue en rue et de campagne en campagne s'estale au public Le Buis tousjours fort par dessus tous arbrisseaus et tousjours verdoyant. Le Buis semble tout à faict à un navire ; les deux portes de la ville sont comme la prouc et la pouppe ; le clocher est le mât et l'arbre, et à propos d'arbre, le tiltre de la croix de Nostre Seigneur estoit de buis, selon les collections du R. P. François de La Bastide.

» M. l'official ou M. le vibally sont les patrons spirituel et temporel.

» La rue du Marché est une belle rue, où est logé M. de Bruis, le vaillant gentilhomme, et M. le vibally et M. Lair, procureur du roy, et trente autres honnorables personnes, tant hommes que femmes.

» La rue de la Place contient cette année nos trois consuls, tousjours catholiques.

» Nos champs contiennent aussi les chapelles que je vay sou-

---

(1) Archives du Buis, à la préfecture, E. 4191.

(2) *Idem*, E. 4124.

(3) *Idem*, C. 3.

lement nommer : Saint-Trophime, nostre patron, Saint-Jean-de-Cost, Saint-Denis [1], Saint-Martin [2], Sainte-Brigide, Saint-Julien et un beau oratoire soubs ville, et Saint-Charles, au grand chemin. »

Cultes. — Le Buis dépendait du diocèse de Vaison et son église paroissiale, sous le vocable de Notre-Dame de Nazareth et de Saint-Trophime, remonte au xiv° siècle, en ayant remplacé une plus ancienne. Elle était desservie autrefois par un curé, un vicaire et dix-huit prêtres agrégés, qui habitaient ensemble une maison claustrale, sur l'emplacement de laquelle se trouvaient, en 1790, le couvent et le jardin des Ursulines. Le capiscol du chapitre de Vaison, coseigneur de la ville, prieur-décimateur et curé primitif, régalait à certaines fêtes le clergé paroissial, et l'usage s'en conservait encore à la dernière date. Cependant, depuis les guerres du xvi° siècle, la diminution des revenus ecclésiastiques autorisait seulement l'entretien d'un curé, d'un vicaire et d'un agrégé. « Peu vaste, mais élégante et riche, l'église du Buis empruntait une partie de sa magnificence aux chapelles de la nef. On en comptait quatorze, toutes constituées en bénéfices réservés exclusivement à des prêtres natifs et habitants du Buis. » Guillaume de Remuzat, seigneur de Beauvoisin, avait fondé la plus ancienne, en 1324, et des familles bourgeoises ou des ecclésiastiques, les treize autres, dans les siècles suivants [3].

---

(1) Saint-Denis de Proyas, dont il ne reste que des ruines, du diocèse de Vaison.

(2) Saint-Martin d'Ubrils ou d'Ubrieux, du diocèse de Sisteron. Toutes les deux avaient passé des religieux de l'Ile-Barbe au chapitre de Vaison. (Jouve, *Statistique monumentale*, p. 287.) La chapelle de Saint-Georges, plus tard enclavée dans l'église des Dominicains, accuse le xv° siècle par ses voûtes peu élevées et les moulures de leurs arêtes. (*Notice historique*, p. 44.)

(3) *Notice sur Le Buis*, par M. l'abbé Vincent. — Cette église, depuis

L'*Almanach général* du Dauphiné pour 1788 en énumère 18, dont 3 dotées par l'abbé Aricy, du Buis, et tenues alors par M. l'abbé de Consolin, chanoine de Saint-Opportune, à Paris, et directeur de l'abbaye de Saint-Denis, par l'abbé Meynier et par l'abbé de Saint-Véran.

Malgré un clergé si nombreux, la Réforme s'introduisit au Buis et y fut professé publiquement de 1562 à 1568, époque où, selon M. Arnaud, ses adhérents durent fuir la ville. Toutefois on n'a que de rares détails sur ses origines [1].

Après les guerres du xvie siècle, Henri IV chargea, par lettres du 6 août 1599, données à Blois, Lesdiguières, son lieutenant général en Dauphiné, Ennemond Rabot, sieur d'Illins, premier président au parlement de la même province, et Émeric de Vif, conseiller d'État, d'assurer l'exécution de l'édit de Nantes.

Ceux-ci déléguèrent à leur tour à Pierre de La Baume, conseiller au parlement, au seigneur de Gouvernet, sénéchal du Valentinois, commandant du Diois et des Baronnies, aux sieurs de Vachères et d'Alauzon et au capitaine Bar le soin de rétablir à Nyons et au Buis l'exercice de la religion catholique et de la religion réformée, et l'union entre les habitants (11 novembre 1599).

Voici les clauses spéciales au Buis :

Ceux de la Religion rendront et restitueront à l'Église catholique, dans 15 jours, le cimetière dont ils jouissent, et pendant ce temps un autre leur sera préparé par les soins du vibailli et des consuls.

Les Pénitents, établis de nouveau, feront leurs dévotions et

---

la démolition récente de la coquille de son ancienne abside ogivale, n'est plus qu'un édifice régulier, bien tenu, mais sans caractère. Il y avait autrefois une relique de la Sainte Épine, donnée par Humbert II, qui opéra plusieurs miracles, et une confrérie de ce nom, dont Paul V approuva les statuts. (*Idem*, p. 93 et suiv.)

(1) *Histoire des Protestants du Dauphiné*, t. II, p. 310.

processions accoutumées, sans pouvoir être troublés, en se comportant modestement, selon leur devoir.

Pour le rétablissement ou la continuation de l'exercice du culte réformé, les parties se pourvoiront dans un mois devant les commissaires royaux, et les choses demeureront en leur état, en attendant une décision.

Si les commissaires se prononcent en faveur de la continuation, ceux de la religion achèteront un emplacement pour leur temple et une cloche, et entretiendront un ministre à leurs dépens, sans pouvoir recourir aux deniers communaux, si ce n'est pour le cimetière.

« Au college seront entretenus le nombre de pédagogues et regens qui seront necessaires pour l'instruction de la jeunesse, auquel college ne sera fait difference ne distinction pour le regard de la religion à recevoir les escolliers pour y estre instruits, avec inhibitions et deffenses ausdits pédagogues, à tous qu'il appartiendra d'y contrevenir, à peine d'estre punis.

» Pourront les particuliers de ladite religion à leurs despens avoir en leurs maisons pédagogues pour leurs enfans, lesquels pédagogues pourront conduire lesdits enfans dit college, si bon leur semble. »

L'exercice de la religion catholique est rétabli en tous les lieux des Baronnies, avec défense d'y troubler les ecclésiastiques, à peine de 10,000 écus d'amende, et les évêques, abbés, prieurs, curés, chapelains et autres qui ne s'y prêteraient point seront privés de leurs bénéfices.

« Pour obvier à tout scandale et sédition, l'abbaye de Malgouvert, charavarys et danses publiques aux lieux et places publiques cesseront » jusqu'à décision des commissaires, « et quant aux bals, danses aux maisons particulières, en sera usé avec la modestie requise. »

Au sujet des 3 écus de la grande église affectés aux pauvres, le vibailli est chargé d'instruire l'affaire [1].

---

(1) Archives de la Drôme, fonds des Dominicains du Buis.

A peu de temps de là, Martinet, pasteur au Buis, soutenait une discussion publique contre Claude Suffren, professeur au collège d'Avignon; mais on ignore si leur conférence a été imprimée.

Après la révocation de l'édit de Nantes, le temple fut démoli, l'exercice du culte réformé défendu et plusieurs personnes se virent condamnées pour discours injurieux contre les dogmes catholiques [1].

Parmi les nombreuses confréries du Buis : l'Assomption, Saint-Sébastien, etc., nous relèverons ce que dit, en 1643, Hercule Giraud des Pénitents blancs : « Ils sont tous d'une belle édification, Dieu mercy, et les confreresses ici [2]. » Parmi eux se trouvaient M. de Bruis, le vibailli, les trois consuls et les principaux de la ville.

Quant à celle de Saint-Crépin, une de ses chansons *spirituelles*, dont le titre n'est nullement justifié d'ailleurs, renferme entre autres le couplet suivant :

> A l'ostau *(auberge ou maison)* de maistre Peyre *(Pierre)*
> Ly a de tourdres un plein sac;
> Mais tirés-vous en arreire *(en arrière)*,
> Une plume és un patat *(vaut un patat)* [3].

Nés de la religion et de ses enseignements philanthropiques, l'œuvre de *la Miséricorde* pour les pauvres honteux et le *Mont-de-Piété* ou *Confrérie de Notre-Dame de Bon-Secours*, qui prêtait des grains aux cultivateurs malheureux, complétaient l'ensemble de l'organisation religieuse et charitable, avec l'hôpital, de fondation municipale, administré par les échevins, desservi par la communauté des chirurgiens gratuitement et par les sœurs du Saint-Sacrement [4].

---

(1) Arnaud, *Histoire des Protestants du Dauphiné*, t. II, p. 310.
(2) Archives de la Drôme. Supplément, au mot *Buis*.
(3) État civil ancien du Buis.
(4) *Almanach général* de 1788, p. 314.

Quant aux écoles, elles apparaissent au Buis dès 1435, avec Bernard de Lafont, licencié ès arts; avec Simon Bonnefoy, recteur des écoles du Saint-Esprit, en 1545 ; avec Poarin et Ellevis, de 1560 à 1579 ; avec Giraud, suppléant du titulaire malade, vers 1587; avec Garcin, vers 1590, congédié avant son terme et obtenant 4 écus de dommages-intérêts; avec Chaussenc, en 1593, dont la curieuse lettre a été publiée dans le *Bulletin* [1]; avec Pierre et Jean de Rives, plaidant pour être payés, vers 1605.

En 1555 il avait été résolu en assemblée consulaire d'arrêter le candidat qui se présentait, s'il était homme de bien, et ensuite de le remplacer par « un autre magister au meillour marcha », c'est-à-dire à moins de 50 florins par an. En 1546 on avait choisi le maître de Valréas pour régent et celui de Malaucène pour bachelier ou adjoint. Frère Guillaume Peyre, Dominicain, vers 1606, reçoit 39 livres pour deux quartiers ou trimestres. On trouve après lui le P. Girard, prieur, en 1616, Cortès, aussi prieur, en 1637, le P. Lagnel en 1649, le F. Brachet en 1620, etc.

Alexandre des Autels, laïque, traite, en 1690, pour 6 ans et 40 livres par an, outre l'exemption du logement militaire, « à cause de son infirmité notoire, » 4 sols par mois des commençants et 8 des écrivains. Vers 1707, Brian obtient 100 livres et les mois fixés à 3 et à 6 sols.

Vers 1724, un procès est fait aux Dominicains, qui se négligent, et l'issue ne nous en est pas connue. Enfin, vers 1766, le conseil de ville fixe l'ouverture des écoles à 7 heures du matin et à 2 heures du soir et la sortie à la dernière messe et à 4 heures et 4 heures et demie du soir.

Les religieuses Ursulines instruisaient les jeunes filles depuis 1643.

Rappelons aussi que, le 30 avril 1594, l'évêque de Vaison, fonda au Buis un séminaire et un collège dans le couvent des

---

[1] Année 1873, t. vii, p. 423.

Dominicains, au moyen de l'annexion du prieuré de Proyas, et que, par la négligence des habitants, cette double institution ne fonctionnait plus en 1788 [1].

Nos lecteurs connaissent déjà l'origine du couvent des Dominicains et sa ruine au xvie siècle. Nous ajouterons qu'Humbert II lui donna 30 sommées de blé sur la leyde et 10 muids de vin par an; que la noblesse de la contrée l'enrichit de plusieurs pensions, comme Agout de Baux, fils de Bertrand, en 1340; Boniface et Pierre d'Alauzon, chevaliers, en 1347; Barral de Rozan et Bertrand Olivier, seigneurs de Clermont et de Gouvernet, en 1348; Amédée de Rozans, en 1361; Bertrand de Baux, en 1363; Catherine Artaud, en 1369; Amédée de Baux, en 1374; Guillaume de Morges, seigneur de L'Épine, en 1394; Agnès, veuve de Rostaing de Remuzat, en 1433; Catherine Marron, dame de Propiac, en 1534; Claude Artaud, en 1540; Louis Cayrel et Antoine de Galle, vibaillis, en 1603 et 1640; Balthazar de Vincens, seigneur de Savoillans, en 1673; Marie-Stuart de Besaure, veuve de Jean de Bouvard, en 1683; Gabrielle de Castellane, dame de Saint-Sauveur, en 1674; Catherine d'Ambrun de La Barriane, veuve de Pierre d'Autane, seigneur de Bésignan, en 1697, etc. [2].

Reconstruit au xviie siècle et confisqué à la Révolution, le couvent de l'ordre sert aujourd'hui de collège, de mairie, de justice de paix, de gendarmerie et de presbytère,... et encore il y a du local inoccupé, tant l'édifice est vaste [3].

Les filles du tiers-ordre de Saint-Dominique dites de Michalet n'ont pas laissé d'archives ni de souvenirs. Quant aux Ursulines, elles arrivèrent au Buis le 11 octobre 1643, au nombre

---

(1) *Almanach général du Dauphiné.* — Archives de la Drôme, E. 2720, 2716, 2722, 2724, 2725, 2839, 2838, 2747, 2847, 2816, 4199, 4202, 4209, 4190, 4184, 4182, etc.

(2) Archives des Dominicains du Buis, à la préfecture de la Drôme.

(3) *Notice sur Le Buis.*

de cinq, à la demande des consuls et de l'évêque de Vaison. Elles venaient de Gap et Mgr de Lionne les recommanda aux administrateurs de la ville. Leur maison, convertie en hôpital et en école de filles, a conservé sa première destination [1]. »

Gouvernement militaire. — M. d'Albert de Rions en 1788 et 1790 commandait les Baronnies et le chevalier d'Albert de Rions, son fils, le remplaçait. Il y avait aussi un lieutenant des maréchaux de France et une brigade de maréchaussée, ainsi qu'une milice bourgeoise de 180 hommes.

État politique. — Un subdélégué de l'intendant (M. de Reynaud et M. Barbier); — des bureaux pour les affaires du roi: receveurs des francs-fiefs, des gabelles, fermes et tabacs, un bureau de poste; — 2 médecins, 5 chirurgiens et 1 apothicaire.

Agriculture. — On récoltait en 1789 dans la commune du Buis des olives, de la soie, du vin, des grains, des légumes et du fourrage. L'Ouvèze, le Merdarie et le Menon ravageaient souvent la plaine. La digue contre l'Ouvèze coûta 45,000 livres, 1,500 bêtes à laine, 76 chevaux ou mulets, 26 bœufs.

Industrie et commerce. — Filatures de soie (2 moulins et 50 tours à filer les cocons). Fabriques de *cadis*, expédiés à Genève, Vienne et Lyon, et de *bourrettes*. Marchés les mercredis et jeudis; foires le 1er samedi de carême, le lundi des Rameaux, les 10 août, 9 septembre et 2 novembre. — Commerce restreint et difficile, faute de routes praticables [2].

Depuis lors plusieurs chemins excellents ont mis en relations Le Buis avec Nyons et le Nord, avec Vaison et le Comtat, avec

---

(1) *Almanach général du Dauphiné* et manuscrit aux archives de la Drôme, série E. Supplément.

(2) Même *Almanach* et archives de la Drôme, C. 3.

Montbrun, Sault, Carpentras, avec Séderon et Sisteron, avec Orpierre, Remuzat et les Hautes-Alpes, par Lachau. C'est aujourd'hui une des villes importantes de la Drôme, de 2,203 habitants, à 30,685 mètres sud-est de Nyons et à 120,477 mètres sud-est de Valence, et le chef-lieu d'un canton de 23 communes.

Il ne nous reste plus qu'à énumérer ses illustrations pour avoir esquissé son histoire à peu près complète.

Les familles de Baux de Ventaillac et de Chomar seront étudiées à Eygaliers, celles de Bouvard à Roussieux, de Delhomme à La Fare, de Manent à Laux-Montaux, de Cheylus à Propiac. Bornons-nous ici à signaler les hommes marquants en politique ou en littérature nés au Buis.

Bertrand de Montfort (Louis-Antoine-François), vibailli, député aux États généraux, juge au tribunal de sa ville natale, puis à Valence, se fit avocat sous l'empire et mourut le 8 mars 1828, avec la réputation d'un jurisconsulte consommé.

La *Biographie du Dauphiné* le fait créer comte par Pie VI et anoblir par Louis XVIII, en 1814; puis elle raconte ainsi l'histoire de l'addition du nom de Montfort:

Un Bertrand avait trois frères, anoblis par Louis XIV à cause de leurs services militaires. De retour en Dauphiné, ils s'appelèrent Bertrand de Rostaing et moururent sans postérité. Un de leurs cousins, leur héritier, fut l'aïeul du vibailli, qui prit de la sorte le nom de Montfort.

Il existe dans les registres de l'état civil du Buis l'acte de décès de noble Rostaing de Bertrand de Saint-Denis, âgé de 78 ans, à la date du 1er juin 1731, et le 29 mai 1774 l'acte de baptême de Louis-Auguste-François-Félix de Bertrand, fils du vibailli ci-dessus et de Marie-Henriette-Félicité de Julien de Montaulieu.

Francou (Balthazar), né au Buis en 1781, d'abord destiné à la marine par son frère, qui était associé avec un armateur, quitta cette carrière pour la cordonnerie et se fit un nom comme bottier à Paris, Carpentras et Avignon. Il publia en 1832 *L'art du bottier, contenant la manière de prendre mesure, de garnir les formes et embouchoirs, de couper toutes sortes de bottes et de souliers*, etc. (Paris, in-8°, 413 pages, avec figures) [1].

Joseph-Firmin, son fils, né au Buis le 2 octobre 1811, qui avait fait d'excellentes études, rédigea le livre ci-dessus, d'après les notes de son père. Ayant embrassé le commerce, il consacra ses loisirs, non sans succès, à la poésie et aux belles-lettres.

Franque (Jean-Pierre) et *Franque* (Joseph), élèves de David, grâce à la protection de l'intendant de Dauphiné et aux subventions de la province, eurent du succès comme peintres, le premier surtout, et la *Biographie du Dauphiné* a donné la liste de ses tableaux. Joseph quitta la France vers la fin de l'empire et alla professer à l'académie de Naples.

Grossepierre ou *Pierregrosse* (Laurent *de*), enfant du Buis, composa des noëls au XVIe siècle [2].

Jouve (Esprit), décédé à Valence en 1872, a eu des articles biographiques dans *L'Ordre et la Liberté* de Valence, le 23 février 1872, dans le *Bulletin* de la Société, t. VI, p. 201, dans la *Biographie du Dauphiné* et enfin une étude bibliographique due à M. l'abbé Cyprien Perrossier.

Lunel, curé du Buis, martyr de la foi, en 1798 [3].

Le Maçon ou *Le Masson* (Antoine), receveur général des finances, trésorier de l'extraordinaire des guerres sous François Ier, puis secrétaire de Marguerite, sœur du monarque, a laissé une traduction, souvent réimprimée, du *Décaméron* de Bocace et *Érostame ou les amours de Phidie et de Gélasine* (Lyon, 1550). Il descendait, selon M. Rochas, d'une famille noble de Crolles. Nous trouvons cependant au Buis en 1426 un Guillaume Masson, consul, sans qualification nobiliaire et sans rien qui prouve l'identité des deux familles.

---

(1) BARJAVEL, *Dictionnaire biographique de Vaucluse*.

(2) *Catalogue des manuscrits de la bibliothèque de Carpentras*, t. I, p. 432.

(3) *Notice sur Le Buis*.

La *Tour-du-Pin de Verclause des Taillades* (Auguste-Alexandre ou Alexandre-César), fils d'Auguste II et de Marie-Rose Laugier, entra au service le 30 septembre 1764 et devint colonel en second des dragons de la reine, puis colonel commandant des grenadiers royaux de Normandie, maréchal de camp et chevalier de Saint Louis. Il se distingua à l'armée de Condé, se retira ensuite en Normandie et mourut à Bayeux en 1827, âgé de 78 ans.

Rappelons, en quittant le Buis pour la Charce, M. Marre, auteur d'une brochure sur les *Lettres de change* et M. Cottier, le savant auteur des *Notes historiques sur les recteurs du Comtat-Venaissin,* dont la belle bibliothèque se trouve chez M. Raoux, géologue, son héritier.

LA CHARCE

I

Il existe sur les confins de la Drôme et des Hautes-Alpes une chaîne de Montagnes qui alimente de ses puissants réservoirs deux rivières différentes: au nord, la Drôme, et au midi l'Oule, affluent de l'Eygues.

L'Oule, à sa naissance, baigne Montmorin, Bruis, Sainte-Marie (Hautes-Alpes), la Charce, Rottier, la Motte-Chalancon, Cornillon et Remuzat où elle perd son nom, après avoir parcouru 35 kilomètres.

De sa source à Cornillon, la rivière promène ses eaux limpides, de l'est à l'ouest, dans une gracieuse vallée, jadis enclavée dans la Provence, à l'exception de la Motte; de Cornillon à son embouchure, au midi et près de Remuzat, elle descend à angle droit vers sa suzeraine, l'Eygues, tributaire elle-même du Rhône.

Le village de la Charce, bâti sur un modeste monticule,

apparaît avec ses maisons un peu noirâtres, au-dessus des eaux de l'Oule, du Pommerol, son affluent de gauche, et de l'Establet, son affluent de droite, car ces trois cours d'eau venus de points opposés se rencontrent à ses pieds, tandis que de hautes montagnes encadrent son territoire. Si c'est là une prison, comme son nom l'indique, c'est du moins une prison fort agréable et fort pittoresque.

A la vérité, les flancs presque dénudés des montagnes du nord, manquent un peu de verdure ; mais celles du midi, l'Archier et le Raton, taillées à pic, ont à la fois de la majesté et un caractère sauvage.

Près de la Charce, au midi, se trouve un défilé, où coule en temps d'orage le torrent de Pommerol. Rien de plus étrange que cette gorge. D'un côté, des roches énormes en assises superposées, forment une muraille gigantesque ; de l'autre, sur un sable aux tons chauds se dressent taillés par la pluie des tourelles, des clochetons, des pyramides, des colonnes, des forts, des bastions, le tout formant une véritable façade de monument féérique, avec les sculptures et les formes les plus bizarres et les plus variées. Jamais décor plus original ne s'est offert à l'œil humain dans un site plus étonnant. On va bien loin visiter des grottes à stalactites, avec leurs splendides salles, dont jamais, faute de lumière suffisante, l'ensemble ne peut être embrassé. Ici tout est baigné de la clarté du jour et inondé des rayons du soleil.

A ces curiosités naturelles joignez, pour occuper l'imagination du touriste, les souvenirs de l'homme préhistorique, réfugié dans les grottes de la double montagne et ceux des Sarrasins qui incendièrent les églises et les couvents des moines de Bodon, et tout un monde ancien renaîtra pour animer le spectacle.

Il a manqué longtemps à ces merveilles des voies faciles pour les rendre populaires ; aujourd'hui, elles sont accessibles aux voitures de tous les côtés.

Revenons à la Charce, dont le nom signifie broussailles et non prison, comme l'a démontré clairement M. de Coston. Sarça, en effet, se retrouvant dans Charcey, Charcé, Sarçy, Sercy, Sarson etc., il faut bien admettre un radical différent de *carver* pour expliquer tous ces noms de lieu (1).

Que si l'on veut connaître le fondateur de ce village, situé à 11 kilomètres nord-est de Remuzat, son chef-lieu de canton, à 38 kilomètres de Nyons et à 157 sud-est de Valence, la réponse n'est pas facile.

D'après une tradition recueillie par M. Delacroix, Jean de Montauban qui y fit venir quatorze habitants nouveaux en 1563, serait le créateur ou le restaurateur de la Charce (1). Mais rien ne corrobore cette version. Bien au contraire, un compte de la claverie ou administration du val d'Oule pour l'année 1329 renferme certains détails significatifs sur la haute antiquité de la seigneurie (2).

« A Pommerol et à la Charce, y lit-on, tout possesseur de bœufs devait fournir deux journées par an, l'une aux semailles d'hiver et l'autre à celles de mars. A la Charce, tout homme qui n'avait pas de bœufs devait servir personnellement une corvée au temps fixé pour labourer ou pour tailler la vigne. Dans les *deux mêmes villes*, toute personne ayant une bergerie était assujettie à donner un chevreau et un fromage à Pâques (3). »

Que les mots soulignés ne se prennent pas à la lettre, soit ; toujours aura-t-on la preuve de redevances analogues à celles du *Polyptique de l'abbé Irminon* sous Charlemagne ; ce qui constitue une genèse fort respectable.

Au témoignage de M. l'abbé Isnard, après la destruction de l'abbaye de Bodon ou de Saint-May et de ses dépendances par les Sarrasins, les religieux de Saint-Michel de Cornillon remontèrent l'Oule et s'établirent à la Charce, dans une île verdoyante, environnée de montagnes : ce fut le prieuré de Saint-André d'Entraigues. Puis, abandonnant cette première étape, ils se cons-

---

(1) *Etymologies des noms de lieu de la Drôme.*

(2) *Statistique de la Drôme*, p. 455.

(3) *Invent. somm. des archives départ. des Bouches du Rhône*, B. 2066.

truisirent un monastère et une église à Sainte-Marie ; de là le nom de Val d'Oule ou de Sainte-Marie, attribué à leur nouveau domicile et à tout son voisinage (1).

Les documents anciens consultés ne citent jamais le prieuré de Saint-André d'Entraigues ; à part ce détail, tout le reste est dans la logique des événements.

II

Au nord et à peu de distance de Lyon, se voient dans une île de la Saône, les restes d'une ancienne abbaye ruinée par les Sarrasins et restaurée par Charlemagne, sous l'habile direction de Saint Benoît d'Aniane. L'Ile-Barbe, bientôt prospère, ne tarda pas à répandre au loin ses colonies bénédictines.

Nous ignorons qui appela et dota celle de la vallée d'Oule ; mais le 11 mai 1183, le pape Lucius III lui confirmait la possession de Sainte Marie de la Charce (*de Carcere*), des chapelles de la Charce et de Pommerol (*de Pomariolo*) et de l'église de Saint-Roman (2).

Dès lors Saint-May, Lens, Remuzat, Pommerol, La Charce, Cornillac et Cornillon dépendirent de l'Ile-Barbe au spirituel et au temporel.

Plus tard, Charles I, frère de Saint-Louis, comte de Provence, qui d'après Louvet, « ne vouloit point de compagnon, » prit ces terres en échange des Cosses ou Coisses de Sisteron (1261) (3).

Avant lui, Raymond de Mévouillon jouissait de droits féodaux étendus à la Charce et aux environs et il en rendit hommage à l'abbé de l'Ile-Barbe en 1251 et transigea avec lui en 1269 pour

---

(1) *Bulletin de la Société d'Archéologie de la Drôme*, III, 271.

(2) *Mazures de l'Isle-Barbe*, I, 115-120.

(3) *Abrégé de l'hist. de Provence*, I, 160 et 520.

la juridiction de Montmorin, Sainte-Marie, la Charce et Pommerol, etc. (1).

Ce seigneur, déjà rencontré au Buis, avait des finances peu prospères ; il aliéna le Val d'Oule au comte de Provence, représenté par Richard de Gambatesa, moyennant 20,000 livres de revenus provençaux, dont 7,000 pour le château de Cornillon et 13,000 pour les autres : Pommerol et la Charce, inféodés à Pierre Isoard ; la Bâtie des Tourrettes et la moitié du château de Montmorin, tenues en fief par Hugues du Puy ; le château de Remuzat possédé par Amédée de Rosans et Rostand de Cornillon et les châteaux de Cornillon et de Clermont, fiefs du même Amédée de Rosans (2).

André de Marzieu, abbé de l'Ile-Barbe, investit le sénéchal du comte de Provence des fiefs de la vallée de l'Oule.

Vers 1304, Charles II, roi de Naples, enjoignait à Richard de Gambatesa d'étudier avec le Dauphin de Viennois, son vassal, la demande en restitution de la viguerie de Cornillon ou du Val d'Oule, et de punir avec rigueur le baron de Mévouillon coupable d'avoir aliéné une terre de la mouvance de l'Ile-Barbe et emprisonné le moine qui la réclamait.

Le même prince fit recevoir les reconnaissances de l'abbaye précitée pour ses biens de la Vallée, placés par l'abbé Pierre sous la protection du comte de Provence, en vertu d'un traité conclu en 1261.

Le comte ou ses successeurs ne gardèrent qu'un siècle environ l'administration du Val d'Oule, où en 1330, ils se faisaient encore attribuer, selon la coutume du lieu, les biens de Bertrand Béranger, de la Charce, mort sans enfants, et, en 1"46, ordonnaient des poursuites contre le clavaire ou intendant de la viguerie, accusé de concussions (3).

---

(1) *Mazures de l'Isle-Barbe*, I, 172-3 : — l'abbé Chevalier, *Invent. des Dauphins*, n° 1231.

(2) *Invent. somm. des archives des Bouches-du-Rhône*, B. 684.

(3) *Invent. somm. des archives des Bouches-du-Rhône*, B 265, 125.

Ce fut Raymond d'Agoult, seigneur de Sault qui l'obtint et cette libéralité était confirmée en 1350. Sa famille, déjà étudiée à Barret de Lioure, jouissait alors d'une grande puissance ; Louise, une de ses descendantes, en porta les biens aux Montauban par son mariage avec Claude, baron de Saint-André (1).

Des Montauban la terre de la Charce passa aux La Tour-Gouvernet par l'alliance d'Isabeau, fille de François, comte de Sault, avec René de La Tour, maréchal de camp, chambellan et conseiller du roi, compagnon d'armes de Montbrun et de Lesdiguières, sénéchal des comtés de Valentinois et Diois, gouverneur de Nyons, Die et Mévouillon, créé marquis de la Charce en 1619 et mort la même année.

Il laissa plusieurs enfants et, entre autres, Charles, auteur de la branche de Gouvernet et César, tige des seigneurs de la Charce, page du roi Henri IV, capitaine en 1606, député des églises et maréchal-général des armées de la Réforme sous Rohan et Coligny, gouverneur de Nyons et conseiller du roi (2).

Marié d'abord avec Claudine de Ginestous et ensuite avec Françoise de Soissans d'Arènes, César eut, de la première, Pierre, « marquis de la Charce, baron de Cornillon, seigneur de Laval- » doulle, de Plantiers et d'Aleyrac », mestre de-camp du duc de Rohan, en 1622, brigadier en chef de l'arrière-ban au siége de Turin et maréchal de camp dans la campagne du Roussillon.

A l'exemple de Turenne, sous lequel il avait servi, Pierre abjura la religion réformée et revint à la foi de ses pères ; il traita même avec quelque rigueur ses vassaux qui, n'ayant pas voulu l'imiter, tenaient au Désert des assemblées défendues par le roi ; cependant son testament, du 15 novembre 1654, prouve qu'il était encore protestant à cette date, puisqu'il voulait être enseveli « à la forme de ceux de la religion réformée, » léguait aux habitants des Plantiers l'emplacement d'un temple, aux pauvres

---

(1) Guy Allard, *Dict. hist.* — *Armorial du Dauphiné.*

(2) Expilly, *Dict. des Gaules.* — *Tableau généalog.* des La Tour-du-Pin.

de la Charce 100 livres et à ceux de Montmorin, de la religion, pareille somme (1). Mais comme il mourut en 1675 seulement, il eut bien le temps de se convertir.

III

Pierre de La Tour avait épousé Françoise de la Tour-Mirabel sa cousine germaine, fille de Jean, seigneur de Montmorin et de Catherine de Peyre, dame de Sigottier. Sa lignée fut nombreuse et illustre.

1° « Le 5 (janvier) de l'an 1645, écrit-il, ma femme s'accoucha d'une fille à Montmorin. Elle y fut baptisée (nommée) par M. Bonnet, notaire à la Charce ; elle a nom Philippe et on la nomme *Philis*. M. le Conseiller de Saint-Germain, l'oncle de ma femme à la mode de Bretagne, est son parrain et Mme la Conseillère de Morel, sa marraine, laquelle étoit sœur de Mme de Mirabel, mère de ma femme, toutes les deux de la maison de Peire, près de Serre. M. de Jarjayes, fils d'une autre sœur de Mme de Mirabel, la présenta au baptême avec ma fille, de Curban (2). » Les autres enfants furent :

2° Achille ; 3° Pierre ; 4° Françoise, mariée à François de Pontis, seigneur d'Ortis et de Curban ; 5° Marie ; 6° Alexandrine ; 7° Suzanne ; 8° Marguerite ; 9° Louis, sieur de Mirabel ; 10° René-Scipion, qui émigra en Flandre et que nous n'avons jamais rencontré dans nos recherches.

A la mort de Pierre, en 1675, il ne restait plus que Philis, Marie, (Mlle des Plantiers), Pierre, marquis des Plantiers, Marguerite, (Mlle d'Aleyrac) et Louis, qui continua la branche de la Charce.

---

(1) Alb. du Boys, *Philis de la Charce*. Grenoble 1865. — *Archives de la Drôme*, B. 1195 — *Le Dauphiné*, du 6 février 1881.

(2) *Philis de la Charce.*

Philis, élevée par Antoinette de La Garde, femme de Guillaume de Lafont-Bois-Guerin, seigneur des Houillères, aide-de-camp des armées du roi et son lieutenant au gouvernement de Doullens, puisa, ainsi que Marguerite, dite Mlle d'Aleyrac, dans les leçons de la spirituelle Deshoulières, dans la lecture des grands écrivains et dans son propre cœur, les sentiments patriotiques dont elle fit preuve, lors de l'invasion en Dauphiné, des troupes du duc de Savoie (1).

L'exposé des causes et des péripéties de la campagne de 1690 à 1697, terminée par le traité de Ryswick, n'entre pas dans notre sujet ; nous rappellerons seulement qu'une question de religion, la rentrée des Vaudois, avait armé Louis XIV contre le duc de Savoie ; Catinat en 1691 avait ravagé ses provinces et pris la citadelle de Montmélian par capitulation. Dans l'été de 1692, Victor Amédée à son tour franchit les Alpes avec trente mille Allemands pour envahir le Dauphiné où il fait appel aux partis, mais inutilement ; « car une levée en masse où tous, jusqu'aux femmes, s'associent pour la défense commune, rejette le duc en Piémont. » (2) Ici quelques détails sont indispensables.

La prise de Guillestre et la reddition d'Embrun deviennent le prélude d'une guerre de barbares. Soixante villes, bourgs ou villages sont livrés aux flammes par les Savoisiens et les habitants, dénués de tout, se réfugient sur les cimes escarpées des montagnes où quelques-uns meurent de faim.

Cependant tout espoir n'est pas perdu. MM. de Flotte, de Saint-Pierre et de Taillades, Lagier de Vaugelas, et de la Cardonnière à la tête de leurs compatriotes vont attendre l'ennemi au Col de Cabre où Philis de la Charce, en habit d'amazone, vêtue d'une cuirasse, l'épée à la main et le pistolet à l'arçon de sa selle, vient avec la troupe de défenseurs qu'elle a recrutés dans

---

(1) *Archives de Nyons*, GG.

(2) V. de Saint-Genis, *Hist. de Savoie* III, 404 et suiv.

les Baronnies. D'abord elle met en fuite les bandes indisciplinées qui devançaient l'armée du duc, puis elle croise le fer avec les Barbets (ou Vaudois) et les réfugiés français et les rejette sur la pente opposée du Col. Les autres passages des Alpes dans le voisinage avaient été fortifiés par ses ordres, les ponts des torrents rompus, les routes barricadées et les défilés gardés. Les Savoisiens reculent devant une défense si vaillamment organisée et l'effet moral produit par l'éclatant succès de Philis de la Charce est immense et décisif. (1)

Voici un extrait du *Mercure Galant*, journal de l'époque, sur cet événement :

« Le zèle qu'a fait paroître Mademoiselle Philis de la Charce, nouvelle convertie, pour le service du roi, ne doit pas estre oublié. Elle a empesché la désertion des peuples.... Elle s'est mise à leur tête, a gardé les passages, fait couper les ponts etc.

» Madame la marquise de la Charce, sa mère, exhortoit les peuples de la plaine à se maintenir dans le devoir, pendant que sa fille résistoit aux ennemis de la montagne. Madame d'Urtis, son aînée, fit, d'un autre coté, couper toutes les cordes des bateaux qui traversoient la Durance, afin que les ennemis ne s'en pussent emparer....

« Pendant que Madame de la Charce et ses filles donnent ainsi des preuves de fidélité dans la province (où leur maison étoit autrefois souveraine), M. le marquis et M. le comte de la Charce qui sont actuellement au service, font connoître leur valeur et leur courage. » (14 septembre 1692).

Le 22 septembre 1693, M. de Larray écrivit à Philis une lettre ainsi conçue :

« Si le roi avoit dans ses provinces beaucoup de personnes comme vous, il n'y auroit pas besoin d'y avoir des troupes ni d'autres forces que celles de votre prudence et de votre zèle pour

---

(1) *Philis de la Charce*. — *Statistique de la Drôme*, p. 153 — *Biographie du Dauphiné* art. *Philis*

son service. Vous rassurâtes si fort le pays l'année dernière, que nous vous devons la tranquillité qui s'y conserve. Il est vrai, Mademoiselle, que j'en ai rendu compte à la Cour. Elle appréciera certainement tout ce qu'il y a de grand, d'héroïque dans votre conduite, et vous en serez récompensée par la reconnoissance et l'estime de Sa Majesté.... »

En effet, la même année, sur les conseils de l'intendant Bouchu, Philis se rendit à Paris. Elle fut reçue par Louis XIV qui la combla des marques de sa faveur, lui accorda une pension de 2000 livres, comme à un colonel et fit déposer au trésor de Saint-Denis son épée et ses pistolets. (1)

« On y joignit plus tard son portrait et son écusson avec cette inscription :

Philis de la Charce, de la maison de la Tour-du-Pin-Gouvernet, en Dauphiné.

Une photographie prise sur une gravure de la collection de Bure, à la Bibliothèque nationale, la représente debout en costume du temps, la main droite sur un écusson aux armes des Dauphins et des La Tour-du-Pin, puis à cheval dans une escarmouche, au fond.

Au bas se trouvent les vers suivants :

> Cessés de nous vanter vostre gloire immortelle ;
> Amazones, cédez. Phylis, par sa valeur,
> Ranime l'illustre Pucelle
> Qui vangea nos aïeux d'un insolent vainqueur.
> Dans cette Amazone nouvelle,
> Pallas reconnoistroit tout son air, tous ses traits,
> Ou, du bonheur d'avoir mesme air, mesmes traits qu'elle,
> Feroit ses plus ardents souhaits. (2)

---

(1) *Bulletin de la Société de Statistique de l'Isère* 3e série T. V. p. 28, et *Philis de la Charce* par M. Alb. du Boys.

(2) Il y a de plus deux distiques latins. — Dans le fond Philis et sa demoiselle et au bas F. Bonnart ex. au Coq. avec privil. 1695. — Collection de la Société d'Archéologie de la Drôme.

Une lettre de Madame de Sévigné renferme un passage à rappeler ici :

« J'ai vu, dit la spirituelle marquise, Madame de Vins ; M. le
» chevalier y présentait Mademoiselle de la Charce, autrement
» dite la *guerrière Pallas :* elle nous a conté ses dernières cam-
» pagnes avec beaucoup d'esprit. »

Enfin, d'après M. Albert du Boys, un habitant de Gap, M. Souchat, écrivit à Mademoiselle de la Charce le petit billet suivant, qui a, dit-il fort bien, je ne sais quelle odeur du grand siècle.

A Gap, ce 15 octobre 1692.

« Ce n'est pas d'aujourd'hui, Mademoiselle, que je sais que vous faites revivre les Amazones. Bien que nous soyons d'un pays perdu, nous avons ouï parler de vos exploits ; et si nous avions été assez heureux pour avoir ici quelqu'un de votre valeur, nous aurions évité très assurément les maux que les ennemis nous ont faits.

« Si j'en étais cru, non seulement M. l'intendant, mais M. de Catinat publieraient si fort vos louanges à la Cour, que votre nom y serait éternisé, puisque c'est à vous seule que l'on doit la conservation de votre pays. »

M. de Vertron, l'auteur de la *Nouvelle Pandore* lui dédia de son côté le quatrain suivant :

> Par la prudence et la valeur
> La Charce surpasse Clélie ;
> Par l'esprit et par la douceur
> D'Aleyrac surpasse Télie.

Cette dernière jouissait de la réputation de femme spirituelle et lettrée.

« Il y a peu d'années, dit le *Mercure Galant*, Mademoiselle d'Aleyrac, cadette de la maison de la Charce, soutint le parti catholique contre les mutins qui s'étoient assemblés en Dauphiné, près de Bourdeaux, et avoient baptisé leur assemblée du nom de *camp de l'Eternel*. Elle est maintenant à Paris et auroit voulu être en Dauphiné pour y partager les périls et la gloire de sa mère et de ses sœurs. »

Marguerite (Mademoiselle d'Aleyrac) resta auprès de Madame la duchesse de Nemours et mourut dans la capitale ; mais Philis revint à Nyons auprès de sa mère et y finit sa carrière le 4 juin 1703, à 58 ans, sans avoir été mariée. (1)

On conçoit très bien que les romanciers se soient emparés de l'héroïque Philis : le plus ancien, dauphinois d'origine, publia en 1731 : l'*Histoire de Mademoiselle de la Charce, de la maison de la Tour-du-Pin en Dauphiné, ou Mémoires de ce qui s'est passé sous le règne de Louis XIV.*

Madame la comtesse Dash, en 1847, a repris le même sujet, sous le titre de *Mademoiselle de la Tour-du-Pin* et Madame Drevet, vers 1879 sous celui de *Philis de la Charce*, et toutes les deux ont fait revivre cette grande et patriotique guerrière.

Une lettre de M. d'Anfossy, en date du 23 février 1741 parle des Mémoires de Philis et s'il en était retrouvé d'authentiquement émanés d'elle, ils seraient certainement fort curieux à publier.

Jusqu'ici nous avons suivi l'excellente étude de M. Albert du Boys sur Philis de la Charce. Il nous reste à transcrire une lettre de Madame de la Bâtie à Madame de Leberon, sa cousine, écrite le 8 février 1693, de Lettret près Tallard. Nous en modifions seulement l'orthographe un peu fantaisiste :

« Je ne saurois assez vous témoigner ma reconnoissance de votre offre de nous donner retraite chez vous, si notre sort nous eût menés dans vos quartiers. C'est une chose bien pitoyable que d'être obligés de quitter ses maisons et de trouver partout où l'on s'arrête la frayeur et l'épouvante ; nul lieu de repos et de quiétude ; partout on fuyoit et l'on craignoit. Pendant deux mois et demi nous avons été en campagne, Nous (nous) arrêtâmes à Nyons, dans la pensée, si l'ennemi s'approchoit, de passer

---

(1) *Biographie du Dauphiné*. — *Philis de la Charce.*

le Rhône. Nous apprîmes là le malheureux état où l'ennemi avoit mis notre pauvre Gap et tous ses environs. Sachant qu'il s'en étoit retourné, M. Toures alla voir nos chagrins de plus près, et dès que je me suis pu retirer, tout incommodée que j'étois, à fort petites journées, je suis arrivée à un petit village nommé Lettret, à 2 lieues de Gap et une promenade de la comté de Tallard. Une petite maison que j'ai acquise dans Lettret a été conservée, grâces à Dieu, dans les flammes de trois côtés; la Durance étoit de l'autre ; mais il n'y avoit personne (pour) éteindre le feu. Il est pitoyable de voir toutes les maisons brûlées, ce fort beau château de Tallard entièrement brûlé et tout le bourg qui est fort considérable.... Tout ce pays est encore dans l'incertitude de ce qui se fera dans le printemps et si nos troupes seront encore les plus foibles. » (1)

Sans le dévouement de Philis de la Charce, le sort de Tallard était réservé aux Baronnies ; ce qui paraît étonnant c'est le silence de Madame de la Bâtie sur ce point capital.

IV

Louis, frère de Philis, capitaine de cavalerie et ensuite colonel, mourut à Nyons en 1714. Il avait eu de Claudine du Mazel Jacques-Philippe-Auguste, gouverneur de Nyons et père, 1° de Philippe-Antoine-Gabriel-Charles, exécuté révolutionnairement en 1794, mousquetaire en 1736, capitaine en 1738, colonel en 1746, gouverneur du Perche, du Maine, etc. en 1749, maréchal de camp en 1761, inspecteur général de l'armée d'Espagne en 1762, lieutenant général des armées et commandant en chef de la Haute et Basse Bourgogne.

2° De Louis-Henri-Jean-Thomas, colonel du régiment de Chartres, maréchal de camp en 1780, ami éclairé des arts.

(1) Archives de la Drôme E 892.

3° D'Anne-Madelaine-Louise-Charlotte-Augustine, mariée à François David Bollioud de Saint-Jullien, receveur général du clergé.

4° De Jean-Frédéric, dit le vicomte de la Charce, chevalier de Malte, major général en 1759, colonel en 1761, maréchal de camp en 1780, inspecteur général extraordinaire en 1790, lieutenant général en 1801, cordon rouge et gentilhomme du comte d'Artois.

L'aîné épousa Madelaine Bertin, fille du trésorier général, et eut René II Jean-Mans, mort en 1781, laissant René III Louis-Victor, lieutenant-colonel, député.

Gabriel-Aynard, fils de ce dernier, colonel d'état-major, est décédé sans postérité, en 1855, des glorieuses blessures qu'il avait reçues à Sébastopol (1).

Voilà certes, bien des illustrations pour la Charce et elles nous dédommagent un peu de la perte des archives locales.

Ajoutons, en terminant cette monographie, quelques dernières notes sur l'histoire du fief et de la vallée.

Louis XI, obéissant on ne sait à quel caprice voulut y étendre sa domination et l'échangea contre la ville de Gap ; puis l'héritage du roi René lui rendit la ville cédée (2).

La Charce demeura annexée à la Provence jusqu'à la Révolution.

Pithon-Curt fait gratifier Raynaud *Fluviano*, aragonais d'origine, du fief de la Charce, vers 1166, par Alphonse I, — ce qui est un peu prématuré. Il ajoute que Jacques, fils de Raynaud, changea son nom contre celui de Rivière et que Jourdain et Hugues, après une guerre avec Raymond d'Agoult, seigneur de Sault et de la vallée d'Oule, le contraignirent à déposer les armes et à payer une indemnité de 1,000 florins (3).

Chorier parle d'une autre guerre de Reynaud Rivière, cheva-

---

(1) *Tableaux généalogiques.*

(2) *Invent. des Archives des Bouches-du-Rhône.* B. 1215.

(3) *Hist. de la noblesse du comté Venaissin,* III, 77.

lier et seigneur de la Charce (*de Carcere*), Pommerol (*de Pommeriolo*) et de Sainte-Marie, avec Bértrand, seigneur de Montmorin et avec Guillaume et Bertrand de Remuzat, à enseignes déployées, terminée en 1379, par Raymond d'Agoult, « seigneur de Lavaldolle » (1).

Il s'agit très probablement du même fait, arrangé différemment par chacun des auteurs précités.

Quoi qu'il en soit, la présence des Rivière-Sainte-Marie à la Charce ne saurait être niée ; elle est établie à Sainte-Marie par divers hommages rendus aux Dauphins en 1351, en 1407, en 1413, en 1541 et en 1603.

Enfin, d'après le témoignage de Pithon-Curt, Catherine de Peyre, dame de la Charce, aurait épousé, vers 1580, Claude de Montauban, baron de Saint-André en Beauchène, tige des derniers comtes de Sault (2).

L'histoire de la seigneurie se dégage donc assez lumineuse encore malgré la perte des archives locales ; mais celle du clergé et du tiers-état demeure dans les ténèbres les plus complètes et nous sommes réduit à quelques notes extraites du *Dictionnaire géographique de Provence* d'Achard (3).

Selon cet auteur, la Charce au diocèse de Gap, était desservie par un prieur-curé à la nomination de l'ordinaire, « presque » toujours seul dans son église, parce que les habitants au nom- » bre d'environ 300 sont tous protestants ».

Erigée en marquisat en 1619 et unie à la baronnie de Cornillon cette terre passa dans la viguerie de Sisteron où elle faisait un demi-feu.

Le sol est fertile en grains ; on y cultive des noyers ; on y élève quelques bêtes à cornes et l'on y travaille la laine ; les habitants font un grand commerce avec leurs voisins.

---

(1) *Etat polit.* 111, au mot Rivière.

(2) *Hist. de la noblesse.* 111, 554.

(3) Communication de M. le docteur Barthélemy, de Marseille.

Depuis quelques années, la population y décroît :

1831 — 251 âmes		1861 — 204 âmes
1839 — 239 —		1871 — 180 —
1851 — 217 —		1880 — 188 — (1).

Son territoire en 1835, comprenait 115 hect. de bois particuliers, 211 de terres labourables, 29 de vignes, 18 de prairies, 514 de pâturages, 52 de routes et rivières, 3 de terres incultes, 1 d'édifices publics, total 943.

M. Mermoz, en 1839 évaluait le revenu des maisons à 955 fr.; celui du sol à 8,554 fr. ; total 9,509, et le revenu moyen d'un hectare à 9 fr. 60 (2).

Voici les contributions de 1873 :

Part de l'Etat	1,122 f. 50
id. du département . . .	488 92
id. de la commune . . .	785 25
non-valeurs	48 41
total. . .	2,445 08

Le château fut vendu à la Révolution. Il n'a rien de remarquable. Sous la Restauration, en y faisant des fouilles on trouva des fusils de rempart, quelques bombes et une pièce d'artillerie en fer de la forme d'un petit baril, cerclé, destinée à en défendre l'accès. Des médailles romaines recueillies dans des tombeaux furent signalées à Peiresc en 1636 (3).

---

(1) *Annuaire officiel de la Drôme.*

(2) *Nouv. projet de répartition.*

(3) *Statistique de la Drôme,* 453. — *Catalogue de la bibliothèque de Carpentras,* III, 9.

LE BUIS ET LA CHARCE

(Supplément).

V.

Au nombre des encouragements les plus précieux, nous placerons toujours les rectifications et les additions qui nous seront adressées : Ainsi M. l'abbé Perrossier nous ayant signalé parmi les notabilités locales un vicaire général de Sénez, chanoine du chapitre royal de Saint-Quentin, auteur d'un *Discours prononcé dans l'église de la ville du Buis et à Sarrians* (1) ; nous accueillons avec reconnaissance ce renseignement bibliographique, car il s'agit ici d'un enfant du Buis, M. l'abbé de Montfort.

D'un autre côté, M. le docteur Barthélemy, l'auteur d'un remarquable travail sur la maison de Baux, nous a transmis d'intéressantes notes sur la Charce, recueillies à notre intention dans les archives départementales des Bouches-du-Rhône. Il y aurait ingratitude à ne pas les communiquer aux lecteurs bienveillants de ces études. Les voici, par ordre chronologique :

1° Le 5 novembre 1305, Raymond de Mévouillon vendait au sénéchal de Provence sa juridiction et ses droits sur la vallée de l'Oule au prix de 13000 livres coronats, avec le château de Pommerol (*de Pomairollo*) et ses chevauchées et le château de la Charce tenus par Pierre Isoard. Peu après, le 31 décembre suivant, au souvenir de pareille aliénation déjà consentie en faveur du dauphin de Viennois, Raymond s'engageait à faire annuler le premier contrat.

2° Jacques Reynier, chevalier, rendait hommage lige, le 13 février 1319, à Guillaume Artaud et à Hugues d'Aix, père et

---

(1) Avignon, Aubanel 1722, 23 pag. in-8°.

fils, pour les fiefs, château, juridiction et district de la Charce, de Pierre Isoard, seigneur d'Aix, (*de Aczio*). Ensuite, le 1er juin 1324, Guillaume Gilis, mandataire de ce même Pierre, chevalier, et de Guillaume Artaud, son neveu, seigneur de Bellegarde, aliénait à Raynald *de Scaleta*, sénéchal, et à François de Gros (*de Grossis*), procureur du roi Robert, le château de la Charce, au diocèse de Die, avec ses territoire, juridiction, prés, terres, vignes, forts, maisons et revenus, moyennant 800 livres de petits reforciats de Provence, en présence d'Hélion de Villeneuve, grand maître de St-Jean-de-Jérusalem, de Raymond de Mévouillon, etc. (1).

3° C'est au 24 juillet 1348 qu'il faut reporter la donation des châteaux de Cornillon et Bruset et de ses fiefs à Remuzat, Clermont, Pommerol, la Charce, Lens, Saint-May et la vallée de l'Oule, faite par la reine Jeanne à Raymond d'Agout, seigneur de la vallée de Sault, son fidèle conseiller. Des lettres du 25 mars 1349 et du 18 juin 1350 émanées du roi Louis et de la reine Jeanne confirment cette libéralité à la condition par le donataire de leur prêter hommage lige (2).

4° En 1342, le 10 mai, Antoine de Montauban, écuyer, seigneur de la Charce, au bailliage de Forcalquier, en son nom et en celui de Reynault et d'Etienne de Montauban, aussi écuyers, l'un capitaine et l'autre enseigne de gens de pied au service du roi, en Piémont ; de François, de Pierre et de Jean de Montauban, écuyers, ses frères, charge Antoine de Vachères, Jean de Pontis, Pierre Vitalis et Esprit Garcin de fournir aux commissaires royaux le dénombrement de la Charce, tenue en fief du comte de Provence.

Les détails de ce dénombrement sont instructifs et curieux. La seigneurie, possédée indivise par les Montauban, confronte Pommerol, Cornillac, Sainte-Marie, Establet et Rottier. Ils y tiennent pour l'exercice de la justice, un juge, un bailli, un

---

(1) Archives des Bouches-du-Rhône B. 2. fol. 223. — B. 1397.
(2) Archives des Bouches-du-Rhône B. 3. fol. 84, 112.

greffier et un sergent. Ses *quinze* habitants, leurs sujets et justiciables, leur rendent hommage et leur payent pour maisons et autres biens le dizain (10ᵉ partie) du blé froment et du gros blé et quelques jambons. De plus, les bois et herbages vacants appartiennent aux dits seigneurs ainsi qu'une grange.

« Quant à l'arrière-ban du pays de Provence, pour ce que Anthoine et ses frères sont nouveaux possesseurs audit lieu par le décès de leur père Jehan de Montauban, ils ne scavent à quoi sont contribuables. La place peut valoir de revenus, toutes charges payées, cent florins environ (1). »

5° Enfin, le 1ᵉʳ juin 1635, les consuls déclaraient aux commissaires des francs-fiefs que la commune jouissait de la faculté de prendre du bois pour le chauffage des habitants et du bois vert pour la construction de leurs maisons, et que pour cela chaque ménage, payait annuellement au seigneur du lieu une émine d'avoine ; qu'en outre, elle avait acquis à titre de nouveau bail, de ce même seigneur, vingt charges de terres, pour lesquelles elle lui servait une cense de 13 charges de blé de 4 émines chacune (2).

Un fait saillant ressort de la bienveillante communication de M. le docteur Barthélemy, c'est l'existence en 1542, de quinze habitants à la Charce. Par conséquent la légende par laquelle Jean de Montauban aurait peuplé son fief en 1563 se trouve singulièrement compromise.

CHATEAUNEUF-DE-BORDETTE

L'ordre alphabétique, naturellement capricieux, nous ramène de la vallée de l'Oule dans celle de l'Eygues, et du canton de Remuzat dans celui de Nyons. De cette dernière ville, on aperçoit au sud-est, à peu de distance, une montagne boisée très haute,

---

(1) Archives des Bouches-du-Rhône B. 790, fol. 367, 371.

(2) Archives des Bouches-du-Rhône B. 1344, 61ᵉ pièce.

appelée Garde-Grosse. Sur le flanc méridional et aux pieds de cette montagne s'éparpillent les maisons de Châteauneuf-de-Bordette, c'est-à-dire du *château reconstruit, de la métairie* ou *du domaine,* selon les étymologistes.

Qui avait habité le premier château ? Etait-il gaulois ou romain ? Personne ne le sait. D'autre part il ne faut pas espérer une longue monographie du fief et de la commune : peu de faits saillants se sont accomplis au milieu d'une population agricole et paisible.

Le fief relevait des barons de Montauban qui le cédèrent aux Dauphins ; et nous le trouvons aux mains, en 1207, de noble Hugues de Valréas (1).

Ce premier seigneur nous est complétement inconnu.

Sous les Dauphins, Nicolas Constant, docteur en droit, originaire de l'Albenc (de Alba), chevalier, entra dans le conseil de Guigues, l'un d'eux et remplit de délicates missions auprès du comte de Savoie et du roi de France.

En 1323 il reçut comme récompense de ses loyaux services la seigneurie de Châteauneuf-de-Bordette et en 1328 celle de Coste-Chaude, près Montaulieu.

Il avait épousé Florimonde de Bardonnenche qui lui donna un fils de même prénom, mort jeune encore (2).

Les héritiers de celui-ci étant inhabiles à lui succéder, Humbert II disposa de son fief en faveur de noble Guigues Toscan, de Grenoble; mais, sur les représentations de Reybaud ou Raimbauld de Remuzat, fils et héritier de Noblette Constant, le Dauphin lui rendit les biens auxquels il avait droit (1349).

Baudet de Remuzat, fils de Pons, seigneur de Beauvoisin donna, le 9 avril 1369, la moitié de Châteauneuf à noble Guy de Morges, seigneur de Verclause qui en fit hommage au Dauphin, l'année suivante.

---

(1) M. l'abbé Chevalier, *Invent. des Dauphins* n° 1325. — De Coston, *Etymologies des noms de lieu de la Drôme*, p. 97.

(2) Invent. de la Chambre des comptes. — Baronnies. — Valbonnais II, 229, 360.

Sept ans plus tard, on voit l'autre moitié du fief aux mains de Raymond de Remuzat, seigneur de Rochebrune.

Le 4 juillet 1388, Guillaume de Morges vendait à Pierre II Gillin, docteur en droit, ses biens et revenus de Châteauneuf et de la Rochette-sur-St-Auban, pour 1500 florins.

Pierre I, célèbre avocat au conseil delphinal, avait été anobli en 1260 et son fils de même prénom, également conseiller du Dauphin et lieutenant du gouverneur, en son absence (1358) acquit les deux terres précitées et en fut investi en 1389.

Antoine, fils de Pierre II, se déclarait vassal du roi en 1413, puis ses créanciers le poursuivant, Soffrey de Thollon, docteur en droit, acheta Châteauneuf en 1419 pour 114 florins et en rendit hommage en 1421 (1).

Louis, fils de Soffrey remplit le même devoir en 1483 ; puis Fauquet aliéna la seigneurie en 1545, à Marin de Soyans moyennant 2,600 livres.

Comme à partir de 1395, l'Inventaire de la Chambre des Comptes ne mentionne aucun coseigneur, après Mondon de Remuzat, il est à présumer que les Thollon, de Sainte-Jalle, possédaient le fief en entier.

Ni Chorier, ni Guy Allard ne mentionnent la famille de l'acquéreur. Il est pourtant naturel de la faire venir du village de même nom, situé près de Saou, dans cette partie des Baronnies où elle demeurait encore au XVII° siècle. Telle est d'ailleurs, l'opinion de Pithon-Curt, qui attribue Châteauneuf à Antoine dès 1543 et fait créer chevalier, Marin, son fils, en 1553.

A Marin succéda Antoine et à ce dernier Louis.

Au XVIII° siècle, Louis-Bernard de Blégier, baron de Barry, seigneur de Puyméras, est maître de Châteauneuf et ses descendants le gardent jusqu'à la Révolution (2). Il existe pourtant une sentence du Parlement de Grenoble qui condamne le mar-

---

(1) Invent. de la Chambre des comptes.

(2) Inventaire de la Chambre des comptes.— Archives de la Drôme. C. — *Histoire de la noblesse du Comtat* IV, 568.

quis de Taulignan à délaisser la terre en question à Benoît-Ambroise de Labeau de Berard, marquis de Maclas (1714) (1).

La perte des archives communales ne permet pas de suivre de plus près les évolutions du fief; pour le tiers-état et le clergé elle est encore bien plus funeste, car on ne sait rien de ces deux corps.

En 1789, deux consuls annuels administraient la commune et réunissaient en assemblées générales, sous la présidence du châtelain, les chefs de famille pour décider les affaires d'intérêt communal.

Quant au clergé, on sait seulement que le prieur-curé jouissait de la dîme et en payait la 24ᵉ aux pauvres.

Il ne reste plus du château de *châtelas*, à 600 mètres nord du hameau chef-lieu (les Bayles) que des fragments de voûtes et de murailles.

L'église, dédiée à Saint Michel, dépendait du diocèse de Vaison; elle est bâtie sur une hauteur au centre de la commune et loin de toutes les habitations.

Il y a dans le territoire, deux torrents qui naissent au col de la Croix-Rouge : la Bordette qui se jette dans l'Eygues près des Pilles et le Rieusset, près de Mirabel.

Le sol est en pente et coupé de nombreux ravins, tributaires des deux rivières précitées ; il est argileux et maigre.

Outre Garde-Grosse, une autre montagne boisée située au midi s'appelle Peytieu.

On récolte à Châteauneuf du blé, des pommes de terre, des truffes, des olives, de la garance et des fruits.

En 1789, les habitants mêlaient le gland au froment et à l'épeautre rouge pour faire du pain et après le paiement des tailles, de la dîme et des droits seigneuriaux, « ils n'étaient pas même rentiers », c'est à-dire fermiers de leurs propres biens.

Le marquis de Taulignan prélevait alors la 20ᵉ partie des grains et des raisins, les lods et une cense, le tout affermé 320 livres.

---

(1) *Invent. somm. des Archives de l'Isère* B. 3401.

En 1835, il y avait, en bois particuliers 772 hectares, en terres labourables 304, en vignes 22, en prairies 10, en pâturages 335 en routes et rivières 33, en terres incultes 56, en édifices publics 1, total 1535 — maisons 42.

M. Mermoz en 1839 portait la contenance totale imposable à 1500 hectares, le revenu des maisons à 534 fr., celui des propriétés foncières à 7500 et le revenu moyen d'un hectare à 6, 60 (1).

Voici les contributions de 1873 :

Part de l'Etat	870f. 77
— du département. . .	407 71
— de la commune. . .	1431 25
Non valeurs	51 02
Total . . .	2760 75

La population a suivi les fluctuations suivantes :

1831 — 247 âmes	1861 — 263 âmes
1841 — 238 —	1871 — 250 —
1851 — 247 —	1881 — 242 —

Chorier signale l'existence à Châteauneuf d'un vent topique, soufflant dans la vallée de Rieusset, et Aimar du Rivail, de pierres rondes semblables à des boulets.

C'est la patrie d'A. Porte, auteur d'un *Eloge de M. de Brisis député de la Drôme* (Nyons, Gros, sans date, in-8° de 16 p.) — et de *Réflexions sur l'ouvrage de M. Michelet, intitulé du prêtre, de la femme, de la famille*, (Nyons, Bonnardel, 1864, in-8° 108 p.).

Né à Nyons, le 27 décembre 1807, M. Porte fut employé pendant trente ans dans les bureaux de la préfecture du Gard et vint prendre sa retraite à Châteauneuf-de-Bordette, sa patrie

---

(1) Archives de la Drôme, série C et notes particulières.

d'adoption où il est décédé, le 8 septembre 1865, d'après les notes obligeamment fournies par M. le Maire de la commune.

Son dernier ouvrage ne manque ni d'éloquence, ni de chaleur; il honore le catholique sincère et courageux qui n'a pas craint de s'attaquer corps à corps à un écrivain fort habile sans doute, mais plus passionné que juste.

Il n'y a pas de village à Châteauneuf-de-Bordette, mais simplement des hameaux : les Roustans, les Gleyzes, le Moulin, les Latards, les Perdigons et les Bailes.

La mairie se trouve dans le dernier, à 5 kilomètres sud-est de Nyons, et à 95 de Valence.

Quelques documents conservés aux archives départementales nous montrent Paul de Thollon, seigneur de Sainte-Jalle, plaidant contre noble Pierre de la Tour-Gouvernet, baron de Plantiers, qui revendiquait la moitié de Châteauneuf-de-Bordette, au nom, sans doute, de Catherine-Françoise de la Tour, dame de Mirabel, et les consuls contre Martinel, prieur du lieu au sujet de la dîme des agneaux et des chevreaux.

Le prieur, dans ses mémoires, cite une transaction de 1493 qui lui attribue la dîme des grains et des légumes à la cote 24e, celle des raisins à la même cote et un agneau ou un chevreau par 24 agneaux ou chevreaux et un arrêt du Parlement de Grenoble, du 23 janvier 1655 portant défense aux habitants de vendre leurs agneaux et chevreaux avant la fin de mai et d'enlever leurs grains avant d'avoir averti le prieur.

On ignore l'issue de ces divers procès et de celui de Jean-Jacques-François-Xavier du Colombier, avocat, contre les consuls en reconnaissance de la banalité de son moulin et de celui d'Angélique-Madelaine Guintrandy, sa mère (1).

---

(1) Invent. sommaire des archives de la Drôme III, E. 2994.

CHAUVAC

I

LES PREMIERS SEIGNEURS

Pour se rendre à Chauvac, commune du canton de Remuzat, à 22 kilomètres Sud-Est du chef-lieu, à 48 de Nyons et 132 de Valence, on suit la route nationale du Pont-Saint-Esprit à Gap jusqu'à Verclause ; là, sur la rive gauche de l'Eygues, on s'engage dans une série de vals et de vallées pittoresques par un chemin agréable qui passe près de Montferrand.

Selon M. de Coston, Chauvac, *chauviacum*, *chauvacum* signifie *domaine de Calvus*, nom d'homme assez commun sous la domination romaine (1). Toutefois, de l'aveu de notre savant collègue, *acum* signifiant *eau* et *domaine*, on peut, ce semble, également traduire *Calvacum* par *domaine pelé* ou par *eau* (du coteau) *pelé*.

Effectivement le village est bâti auprès d'une colline stérile d'aspect rougeâtre, dans une vallée humide et verdoyante que dominent au midi d'assez hautes montagnes, nues au sommet et boisées sur leurs flancs. Cette vallée commence à Laux-Montaux à l'est et s'étend jusqu'à Roussieu, à l'ouest. Elle est gracieuse, dans son ensemble, à cause de ses arbres et de ses prairies, mais étroite et peu fertile.

Le châtelas ou château féodal dont quelques ruines subsistent encore au sommet du coteau septentrional, comprenait la demeure des seigneurs et une tour carrée, voûtée à la partie supérieure et garnie de créneaux. Au milieu de la voûte une large ouverture donnait accès à une chambre pleine de décombres.

---

(1) *Etymologie des noms de lieu de la Drôme.*

Des murailles hautes et crénelées ceignaient la tour et le village environnant.

Selon M. Borel, ancien maire de Chauvac, modeste érudit qui a curieusement recherché les annales de la commune dans ses archives de famille et dans la tradition, on y reconnaît seulement aujourd'hui l'emplacement de l'ancienne église et de deux cimetières abandonnés en 1671, époque où le nouveau fut bénit dans le village actuel.

Chaque année, le jour de l'Ascension les habitants vont en procession au châtelas prier pour leurs ancêtres.

Si l'époque de la fondation du bourg est restée ignorée, la tradition fait honneur aux Romains de la construction de la tour ; seules les preuves manquent naturellement pour corroborer la légende.

Ce qu'il y a de certain, c'est l'antiquité de St-André de Rosans, où l'abbaye de Cluny avait un prieuré dès les premiers temps de son origine, et la dépendance spirituelle et temporelle de Chauvac de cet établissement monastique.

Un autre point hors de conteste résulte de la possession du fief, en 1284, par Randonne de Montauban fille de Dracenet.

Au démembrement du royaume fondé à Montaille en 879 par Boson, les Mévouillon et les Montauban, gouverneurs civils et militaires de la contrée se la partagèrent: de là les baronnies de leurs noms.

Randonne laissa Chauvac et ses autres biens à Roncelin de Lunel, son fils, puis aux Adhémar (1294) et aux Dauphins de Viennois. Guy, frère de l'un de ces princes, échangea la terre, le 20 septembre 1317, avec Guillaume de Caderousse, contre celle de Montbrison, au pied de la montagne de la Lance, moyennant l'hommage et 1500 livres de retour.

Le nouveau maître de Chauvac, afin de perpétuer dans sa famille le nom de la seigneurie qu'il perdait donna a son fils le nom de Montbrison, sous lequel il rendit hommage aux Dauphins Guigues et Humbert II en 1330 et 1334.

Guillaume, fils de Pierre, renouvela en 1340, le même devoir et disparut de la scène ; car en 1349 on trouve Chauvac aux mains de Guillaume de Bésignan et de Catherine de la Roche, sa femme, fille ou héritière de Perceval de la Roche coseigneur de Montmorin. Catherine paraît avoir épousé en secondes noces Amélius d'Agout, lequel, en 1368, aliéna son fief à Pierre de Mévouillon, seigneur de la vallée de Barret, d'une ancienne famille qui sera étudiée plus tard.

Isnard, fils de Pierre le transmit à Guillaume et celui-ci à Pierre II, seigneur de Montjay vers 1473. (1)

Quelques années auparavant s'accomplissait à Chauvac un fait très important sur lequel nous manquons de détails : c'est la destruction du village par un seigneur de Montbrun, d'après la tradition.

Or, les historiens ne parlent d'autres guerres alors que de celles de Raymond de Turenne, ennemi juré du pape, des abbayes et du comte de Provence. Lui ou quelqu'un de ses capitaines dut être attiré en ces parages par le désir de piller St-André-de-Rozans et les châteaux voisins, comme il fit à Lazer en Gapençais et à St-Férréol dans les Baronnies. (2)

Plus tard, Montbrun renouvela les mêmes scènes de dévastation et la légende confondant les époques, mit à son actif les deux événements.

Quoi qu'il en soit, la ruine de Chauvac est attestée par divers actes dont M. Borel conserve les expéditions. Le premier est une sentence arbitrale rendu à Ribiers le 1er janvier 1502, en faveur de Guillaume Robert, prieur et seigneur de St-André de Rosans décidant que Chauvac serait repeuplé par les soins d'Antoine de Mévouillon, seigneur de Bressieu, Ribiers, etc., lieutenant général en Dauphiné en 1491 et chambellan du roi François 1er en 1525 ; que les dîmes appartiendraient au prieur et seigneur de St-André-de-Rosans ; que les habitants nouveaux seraient

---

(1) Invent. de la Chambre des Comptes et *Inventaire des Dauphins*.

(2) M. l'abbé Chevalier, *Choix de documents inédits*.

tenus comme les anciens, au moment des vendanges et des moissons, d'appeler ledit prieur ou son receveur et de l'attendre un jour entier ; que, passé ce délai, ils pourraient enlever leurs récoltes en plaçant la part décimale du prieur en lieu sûr; que le seigneur paierait 60 sols par an au prieur ou 100 florins petite monnaie en une seule fois ; que tout le territoire de Pra Alix avec sa juridiction demeurerait au seigneur, avec une part au prieur ; que ce dernier pourrait conduire son bétail gros et menu et bûcherer dans ce même territoire jusqu'à la rivière d'Armalause et qu'il ferait ratifier les clauses par l'abbé et le chapitre de Cluny.

Cette sentence avait été rendue nécessaire par les poursuites du prieur contre Antoine de Mévouillon, auquel il réclamait une cense de 60 sols sur le moulin de Chauvac, une partie du quartier de Pra Alix et des dommages-intérêts pour le préjudice que lui causait le dépeuplement du village, depuis environ cent ans.

Antoine de Mévouillon, pressé par le prieur d'exécuter la décision de leurs amis communs ou d'abandonner ses droits seigneuriaux sur Chauvac, chargea en 1506 Bernard Sigaud, seigneur de Poet et Pierre Rame, châtelain de Ribiers, de donner satisfaction au prieur. C'est pourquoi ils cédèrent à titre d'albergement ou de bail emphytéotique perpétuel à Etienne Berthaud, Imbert Girard, Antoine Bernard, Guillaume, Jean et Michel Mourre, Jean et Jacques Odol, Pierre et Jean Siméon, Antoine, Jacques et Claude Samuel, Jacques Jay, tous du lieu de Montjay, la mandement de Chauvac, Pierrefeu et Ramette, sauf le bois et devès de Rescuègne, sous la cense perpétuelle d'un ras de blé, d'un comble de gros blé, d'une poule, de deux corvées de bœufs ou de 6 sols, de 1 sol pour le fournage de chaque habitant au dessus de 3 ans, et de 20 florins valant chacun 12 sols, de taille comtale annuelle. Les albergataires s'obligèrent, de plus envers Antoine de Mévouillon à l'hommage-lige, au paiement des sept cas impériaux (chevalerie, voyage en terre sainte, guerre, achat de fief, captivité visite, du prince, mariage du seigneur ou de ses filles), au moyen du doublement des droits ci-dessus, et de 60 écus au soleil (1).

Enfin ils promirent de payer au dit seigneur la 15ᵉ partie de leurs récoltes en grains et en raisins à la mesure du Buis, de se construire des maisons dans l'espace de six ans et de faire moudre au moulin seigneurial, quand il serait reconstruit, à la cote suivie à Montjay.

Comme ils pouvaient vendre et échanger leurs parts, le seigneur se réserva les lods et le droit de prélation ou de préférence et défendit de les aliéner à des gens de main morte ou à des personnes ecclésiastiques.

L'acte fut passé à Montjay le 19 février 1507 et ratifié, au château de Ribiers, le 22 octobre 1511.

Trois frères appelés Borel avaient continué leur séjour à Chauvac, même après sa dévastation et conservé de la sorte tous leurs droits patrimoniaux. Les nouveaux habitants se plaignirent d'abord de cette cohabitation et finirent par transiger avec les Borel pour la construction de leurs maisons. L'acte est du 22 mai 1508. Deux autres Borel, cousins germains des premiers, traitaient de nouveau avec les immigrants en 1510, mais le titre est tout coupé et indéchiffrable. (2)

Après avoir pourvu sa terre de tenanciers, Antoine de Mévouillon la vendit en 1522 moyennant 3000 écus à la dame de Pennafort sur Bellecombe, mère et tutrice d'Honorade de Ferrus. (3)

M. Borel pense, au contraire, que Raymond d'Achard, seigneur de Sainte-Colombe, hérita de Chauvac en sa qualité d'époux d'une fille d'Antoine de Mévouillon, ce qui serait assez naturel. (4)

---

(1) Archives de la Drôme E 3038.
Manuscrit de M. Borel.
(2) Manuscrit de M. Borel. — Archives de la Drôme, E 3038.
(3) Invent. de la chambre des comptes.
(4) Manuscrit de M. Borel.

Quoi qu'il en soit, cette nouvelle famille entra alors en possession de la seigneurie.

II.

LES ACHARDS - FERRUS.

On a prétendu que les Achards, originaires du Poitou, remontaient jusqu'au temps de Charles-Martel et de la bataille de Poitiers (732) ; cela est fort possible, surtout si comme pour les Adhémar, l'on accapar tous les Achards mentionnés dans l'histoire. Mais Pithon-urt, toujours disposé favorablement à accueillir des genèses antiques, dit les *Accardi, Achiardi*, Accart et Achard, originaires du Faucigny et ne les fait pas remonter au-delà de 1402.

L'Armorial du Dauphiné rapporte une tradition d'après laquelle la famille serait venue d'Avignon à Genève où Etienne était conseiller en 1459. Ses descendants quittèrent cette ville à l'époque de la Réforme pour s'établir en Dauphiné.

M. Borel nous apprend que Raymond d'Achard fils d'Antoine, épousa Thérèse de Mévouillon en 1386, et eut d'elle *Hugues* et *Antoine*;

Que Hugues laissa de Sance *de Corio* Lantelme et Honoré ;

Que Lantelme (1), mari de Béatrix de Montaud, mort à la bataille de Verneil (1426) fut père de Raymond II et d'Antoine, auteur, le premier, de la branche des seigneurs de Sainte-Colombe et Chauvac et le second, des seigneurs de la Baume-Rison, établis à Avignon.

Raymond II, d'après notre guide, s'unit avec une fille d'Antoine de Mévouillon et transmit Chauvac à Antoine III, mari

---

(1) Rapprochement bizarre ! *Le choix de documents inédits* de M. l'abbé Chevalier mentionne vers ce temps un Lantelme Achard notaire du Gapençais qui pourrait bien être le même personnage.

d'Honorade de Ferrus, dame d'Orpierre, héritière d'une famille des Vallées-Cédées venue du marquisat de Saluces dans le Briançonnais dès 1530.

A cette époque, les Borel furent sommés par Antoine des Achards et Honorade de Ferrus de leur payer les droits seigneuriaux, cense, quinzain et fournage comme les nouveaux habitants. En vain, alléguèrent-ils leurs anciennes franchises, le procès suivit son cours en première instance, puis craignant, en cas d'échec devant le Parlement de Grenoble, une ruine inévitable, six familles s'engagèrent le 25 novembre 1553, à payer les services et redevances demandés (1) et quatre ou cinq autres allèrent s'établir dans les montagnes de Barret de Lioure où leurs descendants existent encore.

Antoine III des Achards disposa de ses biens le 12 juin 1564 en faveur de son fils Victor ; celui-ci s'allia avec Honorade Gruel de Saix, des seigneurs de Villebois et Montferrand et joignit à son nom et à ses armes le nom et les armes des Ferrus et testa en 1588.

Des auteurs lui donnent pour femmes Renée de Grasse et Catherine de Rose, quoi qu'il en soit il fut père de David, Charles, Isabeau et Sibille.

David laissa d'Aliénor de Parpaille : Jacques et Charles. Le premier se qualifiait seigneur de Sainte-Colombe, Chauvac, et de Pierrelongue en 1626 et le second, acquit, vers 1640, de Sanson de Périssol, président du Parlement de Grenoble, divers immeubles situés à Chauvac, au prix de 1200 livres. (2)

M. Borel reporte à l'année 1624 une nouvelle échauffourée bien fatale aux habitants. Jean Dupuy, seigneur de Montbrun, avait pris les armes en 1621 pour venger la mort de son père, Charles. Dans une ordonnance de la même année il se qualifie général des

---

(1) Ils obtinrent pourtant que leurs vignes d'Oulieu devant le Laux, seraient franches.

(2) Archives de la Drôme *Invent. sommaire.* E 1418.

« églises du Dauphiné et du conseil d'icelles, en l'absence de M.
« le duc de Lesdiguières. » (1)

Toutes les Baronnies se trouvèrent bientôt sous les armes pour la défense des catholiques ou des Réformés. Ceux-ci arrivés à Chauvac enferment Carderil, curé de la paroisse, dans la tour de Chastelas et dévastent le village que le seigneur ne peut défendre. Les habitants réfugiés dans l'ancien château résistent de leur mieux et Montbrun pour se venger en détruit la plus grande part.

Quand la paix eut été rétablie, Jacques des Achards réclama le secours de ses vassaux pour réparer sa demeure et joignit à sa demande divers griefs contre eux, comme d'avoir coupé du bois et vendu au loin du charbon et d'avoir chassé sans permission. Outre cela, il réclamait la redevance due pour son mariage, pour celui d'Isabeau et de Sibille, ses tantes

La population se défendit, en rejetant la ruine du château sur la force majeure et la guerre, et offrit cependant tout le concours possible. Relativement aux cas impériaux, elle promit de payer pendant les années 1629 et 1630 le vingtain de chauvre et celui des agneaux et des chevreaux, mais non au-delà et pour indemniser le seigneur, de lui laisser le privilége de vendre seul des grains et du vin en avril, mai et juin, de construire un four dans le village, à la condition qu'il payerait les maçons et elle les autres frais. Enfin la banalité du four fut abolie et celle du moulin confirmée avec droit de mouture à la cote 48°. Le seigneur, conformément à l'acte de 1507 se réserva les cense, quinzain, droit de lods et de prélation et les sept cas impériaux.

Cela réglé, Jacques mourut sans postérité et Charles, son frère, lui succéda.

Ce dernier fit reconnaître son ancienne noblesse le 8 juillet 1667, eut des contestations avec ses vassaux pour le droit de

---

(1) Archives de la Drôme, E 3369.

mouture et laissa d'Elisabeth de Gay fille d'Alexandre et de Constance de Roumieux : (1) 1° Jacques-Marie ; 2° Joseph ; 3° Louis, religieux.

Dans son testament du 14 décembre 1685, Charles des Achards-Ferrus avait, entre autres dispositions, légué aux pauvres de Chauvac et de Sainte-Colombe une charge de méteil à perpétuité tout les ans et 30 livres le jour de ses funérailles. Il mourut à Chauvac, le 20 juin 1686.

Jacques Marie, héritier de son père et de Joseph son frère, entra fort jeune au service. Louis XIV le nomma capitaine d'infanterie, au régiment de Picardie le 20 août 1688, et il rendit des services importants en Gapençais, en combattant le duc de Savoie, à côté de Philis de la Charce. En récompense de son zèle, il reçut le 10 décembre 1695, le gouvernement de Nyons, qu'il garda jusqu'à sa mort. M. Borel affirme qu'il contribua par son influence à la conversion des protestants et qu'il existe une liste d'abjuration de 20 personnes, en date du 24 novembre 1698.

Ce seigneur de Chauvac échangea contre d'autres immeubles les terres et prés du prieuré, contigus au village. Il attaqua aussi les douze familles de Borel (2) que la transaction de 1553 avait dispensées de quelques-unes des charges imposées aux habitants venus de Montjay en 1507. Le Parlement de Grenoble le débouta de ses prétentions ; cependant, comme il voulait porter l'affaire au conseil du roi une transaction intervint et, moyennant 600 livres, — 50 à chacun — les Borel acceptèrent la condition des autres tenanciers. L'accord de 1553 se trouva de la sorte anéanti (4 février 1690).

---

(1) Manuscrit de M. Borel. — M. Maignien, *Généalogies et Armoiries dauphinoises* fait marier Claude d'Achard-Ferrus, maintenu noble le 8 juillet 1637, avec Isabeau de Gay, fille d'Antoine et d'Alexandrine de Pertuis.

(2) Voici leurs noms ; Jean Borel, fils de Raymond ; Claude, son frère ; Claude, fils de Thomas, donataire de Jean dit Rouge ; Faulquet, Pierre ; Jean, fils de Vincent ; Mathieu, fils de Jacques ; Claude, fils de Jaume ; Jacques dit Brelot, son frère ; Nicolas Borel.

Jacques-Marie ayant négligé de payer aux pauvres le legs fait par son père, malgré les réclamations de Jean-Claude Allard, curé de la paroisse, éprouva soudain des remords de conscience, et dans son testament du 28 novembre 1713, réitéra le legs de son père, choisit l'église de Chauvac pour sa sépulture, donna 100 livres pour des messes, 9000 livres à chacune de ses filles, Françoise-Marie, Marguerite et Marie-Madelaine et nomma héritier universel Isidore-Jacques-Etienne, son fils (1).

Il mourut à Nyons le 27 novembre 1714 et fut inhumé dans cette ville. Toutefois, pour obéir à ses dernières volontés, Marie-Thérèse de Massot de Pelissier, fille d'un maréchal de camp, qu'il avait épousée en 1692, obtint de l'évêque de Vaison la translation à Chauvac de sa dépouille mortelle. En la recevant, le 29 juin 1720, dans le vestibule du château, le curé, au témoignage de M. Borel, aurait prononcé les paroles suivantes :

« Te voilà enfin, grand guerrier ! Ne savois-tu pas que tu serois forcé un jour de chercher ton dernier asile auprès de ton pasteur, disposé à prier pour toi. »

Isidore-Jacques-Etienne, pourvu le 7 décembre 1730 d'un office de conseiller au Parlement de Grenoble fut reçu le 20 du même mois. (2)

Anne de Gruel de Saix, son épouse, aimait, dit-on, le jeu ; il la laissa une année à Chauvac où, pour occuper ses loisirs, elle fit enlever les arbres à fruits du jardin et les replanta dans les terres voisines. Un poirier de cette date se voit encore près du village dans un fonds de la famille Allemand. A l'époque des vacances, le conseiller, revenu à Chauvac, approuva fort la conduite de sa femme et se rendit à Orpierre qu'il vendit à M. de Genton. Puis, devenu veuf, il entra dans les ordres, fut nommé vicaire général d'Apt, refusa un évêché et mourut à Orpierre,

---

(1) Manuscrit de M Borel — Etat civil de Chauvac.
(2) *Invent somm. des Archives de l'Isère*, II Introd.

en 1770. Il avait obtenu un oratoire privé dans sa maison et fut inhumé, selon son désir, à la porte du cimetière.

De son mariage avec Anne de Gruel, il avait eu : 1° Jacques-François-Etienne, né à Chauvac, le 1er avril 1725, chevalier, marquis et seigneur de Chauvac, Roussieu et Pierrefeu ; 2° Joseph-François-Isidore né au même lieu, le 15 mai 1726, chevalier de Sainte-Colombe, officier réformé au régiment de Flandre, décédé près d'Avignon ; 3° Pierre-Antoine-Augustin, baptisé le 4 avril 1728 et 4° Anne Thérèse, née le 26 janvier 1730.

Jacques-François-Etienne, chevalier, marquis de Sainte-Colombe, seigneur de Chauvac, viguier et premier consul d'Avignon n'eut que trois filles de son mariage avec Melle Charlotte de Parelis ; Julie-Gabrielle-Marie-Jacqueline, femme de M. de Fortia d'Urban ; Gabrielle-Amable, morte à la fleur de l'âge et Agricole-Cécile-Gabrielle-Félicité, mariée avec M. de Verron d'Esclaus, commissaire des guerres et plus tard député du Var (1810). Leur fils unique mourut à 12 ans (1).

Le dernier seigneur de Chauvac demeurait à Avignon en l'an III (5 décembre 1794) et un certificat de résidence de cette date nous le dépeint ainsi : « taille 5 pieds 4 pouces, cheveux et sourcils *grisaillés*, yeux châtains, nez aquilin, bouche moyenne, visage long et maigre, creusé de petite vérole. »

Les armes des Achards étaient : de *gueules à trois heaumes d'argent, grillés et embellis d'or ;* celles de Ferrus, *parti au 1 d'argent, coupé sur sinople ; au 2 de gueules*. La devise des derniers était *Fides perpetua*, le cimier une foi tenant une fleur de lis d'or, les supports : deux barbets d'or :

M. Borel donne aux Achards Ferrus : *deux lions armés de gueules et trois casques d'argent* ; pour divise *ex virtute nobilitas*, pour cimier une patte de lion, armée d'une hache et pour supports deux lions. Ce renseignement ne concorde pas avec les nôtres (2).

---

(1) Manuscrit de M. Borel et Etat civil de Chauvac.

(2) *Armorial du dauphiné*. — Chorier, *Etat politique*. — Guy Allard, *dictionnaire*.

III

FAITS PARTICULIERS.

Après la ruine de Chauvac, à la fin du XIV⁰ siècle, la fuite des habitants rendit le seigneur à peu près seul maître du territoire Toutefois, en l'absence de colons, les terres demeuraient en friche et les revenus seigneuriaux étaient nuls. Le prieur, de son côté, ne pouvait plus vivre de la dime et il somma Antoine de Mévouillon ou d'abandonner ses droits féodaux ou de repeupler le fief. On a vu qu'il prit ce dernier parti et amena de Montjay à Chauvac quatorze familles de cultivateurs.[1]

Le même gentilhomme transigea le 30 novembre 1502 avec les habitants de Laborel et leur permit le pacage du bétail gros et menu à Pierrefeu et Ramette et la coupe des bois à bâtir moyennant la redevance annuelle d'une émine d'avoine par chaque habitant.

Il se réserva aussi le droit de faire cultiver les terres vacantes dans les mêmes quartiers. Enfin une clause de l'accord stipulait que dans le cas où les habitants de Laborel recouvreraient leurs titres anciens au pacage et au bûcherage, ils en jouiraient comme par le passé et que toutes les informations faites pour délits forestiers étaient anéanties.

Il y eut malgré cela, une autre difficulté en 1552 qu'un jugement arbitral termina (1).

Antoine de Mévouillon n'avait guères à Chauvac, après l'albergement de 1507 que son devès de Rescuègne et son vieux château de Chastelas. Les Achards, une fois maîtres de la seigneurie y diminuèrent encore leurs possessions. Ils acquirent des Remuzat le fief de Bellecombe, le rocher de Pennafort et la montagne de Ban, le tout rétrocédé, en 1590, au prix de 5000 écus

---

(1) Manuscrit de M. Borel.

par David, l'un deux à Jacques de la Tour; le même David aliéna à la commune de St-André de Rozans, le 6 octobre 1615, la plugrande partie de son devès de Rescuègne.

La tradition veut que Charles des Achards employé à Marseille, soufleté par M. de Bouvard, de Roussieu, ait chargé son frère le capitaine, de venger cet affront ; que le duel ait eu lieu au pré Beati près Ribeyret et que le provocateur y soit resté percé de part en part.

Seulement comme les dates manquent, nous glisserons sur ce fait.

M. Borel, qui le raconte en détail, ajoute que les fils du seigneur de Roussieu vinrent souvent dans la suite provoquer les seigneurs de Chauvac et qu'étant allés servir le roi, ceux-ci moururent en transmettant à leurs successeurs le soin de venger leur père.

Isidore-Jacques-Etienne des Achards, conseiller au Parlement, pour conjurer tout péril, obtint enfin de Mme de Roussieu la vente de cette terre au prix de 36,000 livres, sur lesquelles 12000 lui furent remboursées à sa majorité pour exagération de prix.

En 1758, ce même seigneur afferma Chauvac à Paul Richaud, pour 4 ans, à l'exception du château du Chastelas et du moulin banal. Ce fermier se ruina ; cependant, en 1762, Isidore-Jacques-Etienne des Achards et son fils consentirent à lui passer un bail emphytéotique perpétuel des domaines des Borel, du Bez, de Mandis et du Plan et de la moitié de Pierrefeu moyennant une cense annuelle non rachetable de 800 livres par an, 30 quintaux de foin et 24 émines de grains dues aux pauvres, ainsi que l'engagement d'établir ses six garçons dans ledit lieu, lesquels paieraient les droits seigneuriaux dus par les autres habitants.

A la révolution, Pierre et Louis Richaud se libéraient envers les demoiselles des Achards en vendant des fonds à Jacques Allemand pour 14000 francs et à Noé Giraud pour 4000. (19 prairial an V.) (1)

---

(1) Manuscrit de M. Borel.

Le fief de Chauvac comprenait en 1368 un fort ou château, des censes, chevauchées, leyde, pâturages, services et lods.

En 1677, le seigneur déclarait posséder la justice haute, moyenne, et basse (1), un château, une maison, des granges, terres, vignes et bois, un moulin banal, les droits de pêche et de chasse, de fournage et de pulvérage, des corvées, les cas impériaux, les terres hermes ou gastes, le quinzième des grains et des raisins, les lods et la régale des eaux.

En 1677, il avait un château, 15 fosserées de pré, 30 charges de terres, et les montagnes et bois de Pierrefeu, etc.

Ce dernier quartier entre Laborel, Chauvac et Laux-Montaud, présente encore des traces de culture ; mais la stérilité du sol ou les difficultés d'accès l'ont fait abandonner. Cependant le bois taillis y vient à merveille et de meilleurs routes en rendraient plus fructueuse l'exploitation des coupes.

On ne sait rien de plus sur l'histoire du fief et sur celle du tiers-état par suite de la perte des archives communales anciennes; quant aux papiers modernes seront-ils mieux épargnés? Il est permis d'en douter, lorsqu'on saura que la mairie qui est en même temps salle d'école se trouve placée immédiatement au-dessus d'un four banal !

Au point de vue religieux, la paroisse dépendait du diocèse de Gap (2).

---

(1) Le juge du seigneur pouvait condamner à mort et l'exécution des sentences avait lieu à l'extrémité du Serre ou coteau appelé *Serre des Fourches*. Les appels de ce juge allaient au bailliage du Buis et de là au parlement de Grenoble.

(2) Inventaire de la Chambre des comptes. Après le règlement de 1631, Chauvac ne fut pas cotisé aux tailles, à cause de la misère de ses habitants ; mais après l'ordonnance royale du 12 mai 1699 pour la révision des feux il entra au péréquaire avec La Fare, Roussieu, Montferrand, Pelonne, Eygaliers, La Penne, Pierrelongue, S. Marcellin de Vaison, Châteauneuf-de-Bordette, Propiac, oubliés ou exemptés auparavant. (Note de M. Borel).

Le territoire de Chauvac est ainsi divisé par un document de 1835 : Bois communaux 63 hectares, bois particuliers 980, terres labourables 495, vignes 19, prairies 24, pâturages 163, routes, rivières, etc. 30, terres incultes 3, édifices public 1, total 1778. En 1839, N. Mermoz donnait aux 1748 hectares imposables un revenu de 10,488 fr., soit un revenu moyen de 6 fr. par hectare et de 774 fr, aux maisons.

Les contributions directes de 1873, accusent pour :

L'Etat	1171 f. 64 ;
Le département	534, 43 ;
La commune	1261, 18 ;
Non-valeurs	55, 44 ;
Total	3022, 69.

Terminons cette notice par l'indication du chiffre de la population :

Années	habitants	années	habitants.
1830	267	1860	230
1840	265	1870	201
1850	255	1880	199.

Chauvac est la patrie ; 1° de Gaspard fils d'Antoine Girard, qui s'établit à Mérindol vers 1750 et devint secrétaire patrimonial du parlement de Grenoble le 19 mars 1753 ;

2° de Claude Borel, né le 31 janvier 1797, breveté le 15 octobre 1823, instituteur libre de 1839 à 1841, instituteur communal à Laux-Montaud de 1841 à 1850, à Chauvac et à Roussieu en 1852 et maire de la commune après 1871.

C'est à lui que nous devons nos principaux renseignements sur Chauvac, les archives communales antérieures à 1790 se réduisant à un cadastre et à quelques registres de baptêmes, mariages et sépultures. Il a réuni à ses papiers de famille tous les détails qui pouvaient projeter sur ses travaux un rayon de lumière et, après avoir amassé tous les matériaux d'un travail prêt à être rédigé, il nous a autorisé à en faire usage pour notre étude.

C'est le premier historien local que nous ayons jusqu'ici rencontré dans l'arrondissement : à lui le mérite et la gloire de la notice sur Chauvac.

Il resterait à parler des fêtes ou repas des Rois, de la veille de Noël, de la décuvaison, etc., maintenant abolis par le phylloxera, des querelles de ménage punies par les voisins, soit au moyen de libations copieuses, soit par l'exclusion du Conseil municipal momentanée, soit par une promenade en ville sur un âne ; toutes choses inusitées de nos jours.

Quant aux épidémies de 1629, de 1720, de 1834 et de 1854, nous les retrouverons ailleurs. Il faut en dire autant des inondations de 1721, de 1819, de 1840, de 1858, de 1860 et de 1868; des hivers rigoureux de 1708, de 1709, de 1774, de 1779, de 1816, de 1819, de 1829 et de 1879.

Entre Chauvac et Montferrand se trouve le moulin de Mangefèves. Là on célébrait un jour la fête des Rois avec le gâteau et les libations accoutumées. Tous les convives avaient acclamé le meunier, favorisé par le sort, et crié à l'envi : le roi boit, le roi boit, lorsqu'il vidait sa coupe. Seule sa femme avait refusé ses bravos. Il s'en fâche et la poursuit...; tout à coup, aux rayons de la lune, il voit une coiffe flotter sur l'eau de son écluse, et malgré le froid s'élance pour sauver la coupable... Pendant qu'il recueille ainsi un rhume de cerveau, la vindicative meunière lui crie cette fois de sa cachette, avec sa voix la plus flûtée : Le roi boit, le roi boit !... La fête ne s'y est plus renouvelée.

CONDORCET

I

GÉOLOGIE, MINÉRALOGIE, TOPOGRAPHIE

En remontant le cours de l'Eygues par la route nationale du Pont-St-Esprit à Briançon, on découvre à gauche, au dessus des Pilles, une vallée gracieuse que dominent les débris informes du vieux village et du château fort de Condorcet.

Cette vallée est arrosée par un affluent de l'Eygues, le Bentrix, qui sort de la montagne d'Angèle et traverse le défilé de Trente-Pas et le territoire de St-Ferréol, et par le torrent de Merdrix, tributaire du Bentrix. (1)

Sur la rive droite de la dernière rivière et sur le chemin de grande communication de St-Jean-en-Royans à Nyons, une agglomération nouvelle s'est formée dans la plaine aux dépens de l'ancien bourg, resté solitaire sur sa haute colline à 10,112 mètres nord-est de Nyons et à 82,600 mètres sud-est de Valence.

Non loin de La Bégude ou du nouveau Condorcet, dans le ravin du Rouet, affluent du Merdrix, a été construit depuis peu d'années un établissement thermal encore peu considérable, mais très agréablement situé où chaque année se rendent d'assez nombreux baigneurs. Plus haut, dans le val du Merdrix une source d'eau salée appartient à l'établissement.

Ce ne sont pas les seules curiosités de Condorcet, entouré de montagnes de tous côtés et coupé de collines rocheuses et de vallons pittoresques.

---

(1) Benturic et Beanturic, en 1291, Bantric, au XVIIe siècle, et Bentrix, aujourd'hui, signifie roi de la montagne (*Bent*, élévation, et *rix*, roi.

M. Lory avait déjà remarqué l'analogie d'aspect que présente le bassin de l'Eygues avec celui de la Drôme : De Remuzat à Curnier, on suit, dit-il, des gorges étroites dans les calcaires compactes supérieurs; de Curnier à l'entrée du défilé des Pilles, on traverse un bassin marneux, où affleurent les assises marneuses moyennes et inférieures de l'étage oxfordien ; et même le déchirement des terrains est assez profond pour laisser apercevoir, au centre de ce cirque oxfordien, à Condorcet et à Montaulieu, un affleurement de lias qui malgré son peu d'étendue contient plusieurs gisements assez importants de *gypse*... Il est accompagné de calcaires marneux, magnésiens et d'argiles schisteuses.... Entre les deux carrières de Condorcet, on observe un rocher cristallin, à couches peu distinctes, qui s'élève du milieu des marnes ; il est coupé par des filons irréguliers de spath calcaire et de *sulfate de baryte*, contenant des indices de galène disséminée en nids et en filets peu étendus.» (1)

Ce rapprochement d'amas de gypse et d'indices de galène avait étonné M. Lory ; aussi d'autres savants sont-ils venus étudier attentivement le terrain.

Une note de M. Lachat, ingénieur en chef des mines, juge d'une compétence incontestée, a paru dans la *Revue savoisienne* du 31 juillet 1881 et sa reproduction est rendue obligatoire par les révélations scientifiques importantes qu'elle renferme.

« Il existe, dit-il, sur la commune de Condorcet, un filon de sulfate de strontiane (2) dont l'épaisseur n'est pas moindre de 5 mètres. Dans les roches encaissantes du toit on rencontre d'innombrables veines de la même substance, et dans celles du mur, de nombreuses boules géodiques de marne, intérieurement tapissées de célestine (3). Le filon qui est associé à un puissant

---

(1) *Description géologique du Dauphiné*, n°s 138 et 146.

(2) Oxide métallique alcalin, formé d'oxygène et de *strontium*, métal blanc, découvert par Davy.

(3) Strontiane sulfatée.

amas de gypse, avait été regardé autrefois comme formé de barytine (1), ou de calcaire cristallin, ou encore de dolomie (2), et comme il contient de la galène (3) en mouche, et souvent de la blende (4), des galeries de recherche y ont été anciennement pratiquées.

« L'amas de gypse et le filon de sulfate de strontiane se montrent dans le ravin de Rouet, l'amas est exploité pour plâtre.

« Une source minérale saline, qui émerge du filon, était déjà utilisée du temps des seigneurs de Condorcet (5) ; elle a été captée et aménagée depuis environ 15 ans. »

Le savant ingénieur établit ensuite que le long de la vallée de l'Eygues, de Nyons au Bentrix, on rencontre successivement des calcaires massifs, base de la molasse marine, le calcaire d'eau douce, des traces de terrain sidérolitique, le grès vert, les calcaires et marnes du néocomien, les calcaires massifs de l'oxfordien supérieur et dans la vallée du Bentrix, les marnes de l'oxfordien inférieur. De là, jusqu'à Rosans, c'est la série inverse : marnes et calcaires oxfordiens, néocomien, marnes aptiennes et grès vert. De plus, jusqu'au Bentrix toutes les couches plongent vers l'ouest, et passé le Bentrix, vers l'est : il y a donc là une ligne de fracture.

L'amas de gypse a 50 mètres environ d'épaisseur et sa pente n'est pas éloignée de la verticale ; les marnes noires oxfordiennes lui servent de mur et les calschistes (schistes argileux) de toit. « Ces calschistes sont le premier terme de la série qui plonge vers l'est.

---

(1) Sulfate de baryte.

(2) Sorte de marbre primitif.

(3) Minerai composé de plomb, de soufre et souvent de matières terreuses jouissant d'un éclat métallique semblable à celui du plomb fraîchement coupé.

(4) Sulfure de zinc tel qu'il existe dans la nature.

(5) Nous avons trouvé la preuve de l'exploitation du gypse en 1291, mais non de la source minérale.

« Le filon de sulfate de strontiane forme la zone du toit de l'amas gypseux, et il s'établit entre les deux un passage graduel; près de la surface, le gypse est transformé en tuf empâtant de gros fragments anguleux de célestine inaltérée. L'ensemble de l'amas et du filon contraste vivement par sa couleur jaunâtre-clair avec la couleur foncée des calschistes et surtout des marnes d'encaissement. Des efflorescences de sulfate de magnésie et de chlorure de sodium recouvrent souvent cet amas de marnes noires.

« Dans le lit du ravin et sur les deux berges, le filon de strontiane se présente en roche massive de 5 mètres d'épaisseur. Cette roche a une texture laminaire, fibro-lamellaire ou fibreuse ; sur les parois des fissures ou dans les petits vides que la texture cristalline détermine dans la masse, le sulfate de strontiane se présente très souvent en cristaux nets, rarement transparents, ou bien en fibres soyeuses. La roche est tantôt pure et alors d'un très beau blanc et d'un aspect qui rappelle l'anhydrite (1) des Alpes. La densité est de 3,991, quand on opère sur la matière pure réduite en petits grains de la grosseur du chenevis, et de 3.519, quand on opère sur de plus gros fragments, toujours plus ou moins parsemés de petites géodes cristallines.

« Le sulfate de strontiane blanc est pur et abondant, et sa couleur est plus pure que celle des plus beaux échantillons de sulfate de baryte. Par ce caractère il remplacerait avantageusement cette dernière substance dans divers mélanges industriels, dans la céramique, dans les papéteries, et il est peu de filons barytiques qui puissent fournir une plus grande production que le gîte de Condorcet.

« On a pu aisément confondre la roche de ce gîte avec de la barytine, et elle pourrait encore être prise pour de l'anhydrite. Elle diffère de ces deux substances :

---

(1) Rocher à base de sulfate de chaux.

« 1° Par sa densité ; celle de l'anhydrite est de 2,93 — celle de la barytine de 4,60 ;

« 2° Par sa fusibilité plus grande que celle de la barytine, moindre que celle du sulfate de chaux ;

« 3° Par sa solubilité dans une perle de soude au chalumeau, la chaux restant insoluble ;

« 4° Par la couleur de sa flamme ; la barytine donne une flamme vert livide, l'anhydrite une flamme rouge ponceau, bien différente de la flamme de la strontiane qui est rouge carmin et qui est plus étalée.

« La roche de Condorcet ne tient pas de trace de barytine ; mais l'essai au chalumeau indique quelquefois un peu de chaux...... On n'y rencontre ni pyrite ni quartz.

« Les calschistes qui forment l'éponte-Est (1) du filon sont traversées par un grand nombre de veines et de petits filons transversaux formés de célestine et de calcaire cristallin avec veinules de blende. L'injection se manifeste jusqu'à 200 à 300 mètres de distance du filon principal. Ces veines présentent des druses (2) de calcaire en scalénoèdres aigus, sur lesquels sont couchés soit de longs cristaux de célestine, aplatis dans le sens du clivage facile, soit des houppes soyeuses de la même substance.

« Dans les joints de fissure des calschistes, ou à la surface des fragments, on observe souvent aussi des enduits minces d'une substance blanc azuré, à éclat cireux et d'aspect opalin qui produit un bel effet quand les enduits sont mouillés par la pluie ; ces enduits que j'avais d'abord pris pour de l'allophane (3), me paraissent aujourd'hui n'être que de la célestine

---

(1) Paroi.

(2) Inscrustation formée à la surface d'un minérai par une multitude de cristaux d'une autre nature.

(3) Substance terreuse, composée d'alumine, de carbonate de cuivre et d'un peu de chaux et d'oxide de fer.

dissoute par les eaux de la surface, et déposée ensuite par évaporation.

« Enfin, dans les marnes noires oxfordiennes on rencontre beaucoup de boules marneuses de 0^{m}15 à 0^{m}20 de diamètre, dont la surface est étoilée par des veines de sulfate de strontiane traversant la masse ; quand on rompt ces boules, on trouve toujours dans l'intérieur une belle géode tapissée d'une fine épaisseur de sidérose (1) rouge de cuivre, sur laquelle sont groupées des scalénoèdres aigus de calcaire et quelques rares, très petits et très éclatants cristaux de quartz ; au dessus des cristaux de calcaire s'élèvent en divergeant de jolis faisceaux de célestine fibreuse, qui forment le principal remplissage de la géode.

« Jusqu'ici la célestine a été regardée comme ne faisant jamais partie du remplissage des filons, mais au contraire comme une substance accidentelle des terrains stratifiés, spécialement des terrains tertiaires..... Les caractères du gîte de Condorcet ne laissent aucun doute sur son origine filonienne : il traverse carrément les couches et tranche vivement avec les épontes ; il contient de la galène et de la blende, substances de filon ; le remplissage a une texture exclusivement cristalline, enfin les calschistes qui s'appuient contre le gîte, sont sillonnés de veines transversales de célestine.

« Ce gîte forme une roche fissurée comprise entre des épontes peu perméables, et, comme tel, établit un drainage dans les collines traversées et déverse les eaux dans le ravin du Rouet; telle est l'origine de la source minérale de Condorcet. Comme le sulfate de strontiane est légèrement soluble, il n'est pas douteux que la source contient une certaine proportion de ce sel. La recherche des effets thérapeutiques de ce sel serait donc facile à Condorcet et les résultats en seraient intéressants. »

La Société d'histoire naturelle d'Annecy, après avoir repro-

---

(1) Fer carbonaté, fer spathique.

duit cette note ajoute qu'elle signale un fait entièrement nouveau dans la minéralogie et qu'elle sera accueillie avec intérêt par tout le monde savant. Ce sera aussi l'avis de nos lecteurs.

II

LES PREMIERS SEIGNEURS

Le 19 juin 1792, Condorcet (Jean-Antoine-Nicolas) député de Paris, proposait à l'assemblée législative de décréter que tous les départements fussent autorisés à brûler les titres de noblesse existant dans leurs dépôts et la mesure, après déclaration d'urgence, était adoptée sans débat.

Les pertes subies alors par les archives publiques jointes aux dégâts ultérieurs résultant de l'humidité, des rongeurs et d'une incurie blâmable ont creusé dans l'histoire locale des vides effrayants.

Condorcet n'a conservé que des titres d'un intérêt restreint pour les XVIIe et XVIIIe siècles; tous les autres ont péri (1).

Là donc, comme ailleurs, il faudra esquisser une notice à l'aide de lambeaux épars et parfois disparates, recueillis péniblement dans les dépôts publics.

Condorcet, *Condorces* en 1165, *Condorceium* en 1295, *Condorssez* en 1391, *Condorses* en 1576, *Condourcet* en 1644, *Condorcessium* en 1383 et *Condorcesium* en 1291, 1304, 1449 et 1516 (2), vient selon M. de Coston, de *Cond* confluent et d'*Orcet*, diminutif présumé d'*Ursus* ou d'Orgétorix, appelé

---

(1) *Moniteur* de 1792, I p. 715. En 1789, beaucoup de titres étaient déjà perdus à Condorcet.

(2) *Cartulaire des Templiers de Roaix*, p. 81-82. — *Inventaire des Dauphins*, n° 1352. — *Choix de documents inédits*, 214, 334 — Archives de la Drôme, E 196 — Pouillés et rôles des décimes.

Orceto et *Orciti* sur les monnaies gauloises (1). Toutefois, *Orca* et *Orcium* signifiant vase de terre ou amphore à 2 anses pour l'huile, le vin ou les figues sèches, on arrive aisément avec le mot Condorcet à l'idée d'une fabrique d'amphores au confluent du Bentrix et de l'Eygues.

En 1835, il y avait encore dans la commune un atelier de poterie.

Quelque opinion que l'on embrasse, l'étymologie indique une origine fort ancienne; mais, faute de documents sûrs, l'histoire des premiers habitants demeure ensevelie dans les ténèbres les plus impénétrables.

Y a-t-il des traces de l'homme préhistorique, des Vocontiens, des Romains et des Gallo-Romains ? Nul archéologue jusqu'ici ne les a signalées, et cependant il existe près de là, en face de Curnier, une inscription romaine.

Nous arrivons ainsi au X° siècle sans le moindre renseignement à fournir sur la localité pittoresque, embrassant une vallée gracieuse et des collines élevées avec des montagnes noirâtres à l'arrière plan.

De 956 à 957 Ponce et Richilde, sa femme, donnent à l'abbaye de Cluny leurs biens fonds situés dans la vallée *Condacense* au *Pagus* Diois, avec réserve pour Richilde, sa vie durant, de l'usufruit de la moitié, laquelle à sa mort, faisait retour aux religieux mâconnais.

Quel était ce Ponce du *Pagus* Diois (2) ? Faut-il l'identifier avec les premiers comtes ou administrateurs civils et militaires de la contrée ? Un fait corrobore l'hypothèse : c'est que Malbérione, maîtresse de la baronnie de Condorcet et Châtillon en 1294, était fille d'Isoard et descendait de la sorte de la dernière race des comtes de Die.

Quant à la vallée *Condacense*, elle doit se placer à Condorcet,

---

(1) *Etymologie des noms de lieu de la Drôme*, p. 254.

(2) *Cartulaire de Cluny*, II, 109.

puisque le Diois n'offre pas de nom similaire et que l'abbaye de Cluny possédait encore le prieuré de St-Pierre de Condorcet, dans les XVII° et XVIII° siècles (1).

Une dernière observation milite en faveur de notre thèse : de *Condorces* en 1165 au *Condacense* de 957 il n'y a qu'une différence de deux lettres, et en rapprochant trop le *r* peu accusé de l'*o* de *Condorces* on en fait un *a* et on arrive à *Condaces* et à *Condacense*. Un copiste a bien pu commettre la méprise.

Autour de la maison religieuse, comme en bien d'autres lieux, s'établirent peu à peu des cultivateurs, colons ou tenanciers des moines et, une fois la féodalité bien assise, un seigneur dont l'origine se perd dans la nuit des temps, se substitua peu à peu aux Bénédictins.

Pithon-Curt cite une charte de l'empereur Conrad, en 980, inféodant à Guillaume de Caritat, le château de Condorcet sous le titre de comté, en considération de ses bons et loyaux services et de ceux de ses ancêtres.

Le même auteur a publié deux autres documents de 1141 et de 1307 où, dans l'un, Guigues Dauphin, comte d'Albon et Raymond de Mévouillon reconnaissent tous les droits des Caritat et, dans l'autre, le comte de Condorcet donne à ses vassaux des libertes et franchises (2).

Nous ne pouvons admettre sans contrôle ces trois documents.

En effet, les noms propres, en 980, n'étaient pas encore usités et les Dauphins, en 1141 avaient peu d'intérêts à débattre dans les Baronnies. Quant aux libertés de 1307, elles nous sont d'autant plus suspectes que trois ans auparavant le prince d'Orange, en qualité de seigneur de Condorcet, ratifiait une sentence arbitrale de délimitation de sa terre avec celle des Pilles (3).

---

(1) Archives de la Drôme, chapitre de St-Apollinaire, art. Condorcet; — Cluny, visite de 1637.

(2) *Histoire de la noblesse du Comtat*, I, 45, 279, 530, IV, 318, 326.

(3) Archives de la Drôme, E. 3029.

Une autre preuve se tire de la charte de 1294 où Malbérione, fille d'Isoard, veuve de Raymond et mère de Bertrand de Baux, déclare avoir reçu en dot la baronnie de Châtillon-Condorcet avec ses dépendances.

On peut encore alléguer un troisième argument décisif, c'est la transmission par les princes d'Orange de la même seigneurie aux Châlon et par ceux-ci aux Poitiers dont les Caritat héritèrent.

Or, si les de Baux et les Châlon n'avaient pas eu le haut domaine et le domaine utile de Condorcet auraient-ils pu les donner aux Poitiers et ceux-ci aux Caritat ?

Enfin, une dernière preuve résulte de la production des titres de noblesse de ces derniers, faite le 10 mai 1705 devant l'intendant de Dauphiné, d'après laquelle l'acte le plus ancien fourni est de l'an 1503 (1).

Certes, l'antiquité des familles a droit à tous nos respects, et nous ne la contesterons jamais de parti pris ; mais un historien peut et doit discuter les documents qui l'établissent, lors qu'ils touchent de près à l'histoire des communes.

Il faut avouer cependant ici qu'il exista jadis une famille de Condorcet, témoin la présence en 1164 de l'un de ses membres à une donation aux Templiers de Roaix (2) et les hommages rendus en 1300 « à Bertrand de Condourcet et à Nicolas de St-Ferréol » et par Philippine de Condorcet, veuve de noble Nicolas de Rochefourchat, aux Adhémar, en 1389 (3).

Mais si les Caritat ne formaient pas avec elle une seule et même race, en quoi ce fait peut-il infirmer notre thèse ?

Admettant donc la possession du fief par les comtes de Die de 956 à Malbérione, il resterait à présenter la filiation des races successives des suzerains du Diois. Pareil travail d'une exécution, d'ailleurs, fort difficile nous éloignerait de notre sujet.

---

(1) Archives de la Drôme, C. 31, fol. 229.
(2) *Cartulaire des Templiers de Roaix.*
(3) Notes dues à l'obligeance de M. l'abbé Fillet.

Il n'en est pas de même des princes d'Orange de la maison de Baux, qui remplirent la Provence et le Bas-Dauphiné du bruit de leurs armes et de leurs exploits.

Ils avaient pris leur nom d'une curieuse forteresse voisine d'Arles et descendaient ou des Rois Mages, ou des chefs Wisigots ou de Ponce le Jeune, contemporain de Guillaume I, comte de Provence, au X° siècle (1).

L'un d'eux, Guillaume IV, s'unit avec l'héritière des premiers comtes d'Orange et laissa deux fils Guillaume V et Raimond dit le Victorieux qui s'intitula prince d'Orange. Ce dernier épousa Malbérione fille d'Isoard, dotée avec la baronie de Châtillon-Condorcet, et fut père de Bertrand et grand-père de Raymond III qui vendit à l'évêque de Die la terre de Châtillon et garda celle de Condorcet.

Raymond IV eut une fille unique dont Jean de Chalon obtint la main et le riche patrimoine. (2)

Or, la baronnie de Condorcet suscita quelques difficultés à Bertrand, fils de Malbérione, avec les chanoines de Valence et de Die, vers 1293.

Raymond d'Agout, seigneur de Luc, arbitre du différend, sous la caution de Guillaume Artaud, seigneur d'Aix, de Raymond de Montauban, seigneur de Montmaur, etc., décida, en 1294, que la baronnie et ses dépendances : Treschenu, Nonnières, Archiane, Mensac, Creyers, Boulc, Sérionne, Soubreroche, Ravel et la Bâtie-des-Fonts, demeureraient au pouvoir de Malbérione sa vie durant; que le chapitre recevrait les 500 livres prêtées par lui et 1500 autres à la mort de la princesse ; qu'à ce moment, baronnie et dépendances appartiendraient à Bertrand de Baux, sans pouvoir sortir de ses mains à peine de confiscation au profit des chanoines de Valence et de Die.

---

(1) Bastet, *Histoire de la ville et de la principauté d'Orange*, p. 63 et suiv.
(2) Bastet; — *l'Art de vérifier les dates*.

Cette clause ouvrit la porte à des revendications ultérieures. (1)

La charte de 1294 a été conservée, et une autre de 1291 relative aux droits de pacage et de bûcherage des Pilles et de Condorcet sur un territoire limité alors, confirme l'existence de Malbérione et de Bertrand, son fils et les droits de l'une et de l'autre à Condorcet. (2)

De plus, comme la servitude intéressait les Pilles, Aubres, St-Ferréol et Condorcet à une époque de vie pastorale, non moins que le droit de cuire la chaux et le plâtre, Bertrand de Baux, en 1304, ratifia une nouvelle sentence arbitrale, en se réservant les tâches et le vingtain du territoire contesté : ce qui prouve sa jouissance du fief à cette époque. (3)

De ce moment à 1381 absence complète de titres; mais à la dernière date Louis de Poitiers, comte de Valentinois, achète à Raymond de Baux, prince d'Orange, l'hommage de Condorcet et l'oblige à le servir en personne ou à lui fournir six hommes armés, en cas de guerre, et à ne jamais séparer le fief de sa principauté. (4)

Cet acte et celui de 1294, en stipulant à un siècle d'intervalle l'annexion perpétuelle des deux seigneuries excluent, les Caritat de la possession de Condorcet.

Toutefois, on trouve à peu de temps de là, en 1406, Juel Rolland, mari d'Anne de Baux, qualifié seigneur de la même terre, dans le mariage de Catherine sa fille, avec Pierre de Vesc, de Bécone; mais, à la mort de Juel et de sa femme, vers 1428, le prince d'Orange avait repris le fief. (5)

La principauté d'Orange appartenait à cette date aux Chalon,

---

(1) Archives de la Drôme, chapitre St-Apollinaire, au mot Condorcet.
(2) Archives de la Drôme, E. 3029.
(3) Archives de la Drôme, E. 3029.
(4) Invent. de la Chambre des Comptes, Baronnies.
(5) Archives de la Drôme, E. 1893.

descendus des anciens comtes de Bourgogne, par suite du mariage de Jean avec Marie de Baux, héritière de Raymond IV, en 1388.

Nous ne parlerons pas de la carrière brillante de Jean de Chalon, ni du rôle considérable qu'il joua dans les guerres des maisons de Bourgogne et d'Orléans; mais il faut constater la lutte engagée par Louis, dit le Bon, son fils, contre le gouverneur de Dauphiné, pour expliquer les vicissitudes de ses terres.

Charles VII en détenait quelques-unes en Dauphiné et refusait de les rendre, Louis de Chalon courut aux armes et battit le représentant du Roi-dauphin, nommé Mathieu de Foix, comte de Comminges.

Raoul de Gaucourt, successeur du comte, refusa d'accomplir le traité conclu avec Louis-le-Bon et les hostilités recommencèrent. On sait que le prince d'Orange fut vaincu à Anthon et couvert de blessures et que Raoul de Gaucourt s'empara d'Orange (1430) et garda cette ville deux ans.

Guillaume VIII de Chalon, fils de Louis, est arrêté et emprisonné par ordre de Louis XI qui pour le mettre en liberté exige l'hommage et la souveraineté de ses terres (1475). Il meurt la même année à 58 ans et Jean II lui succède. Ce prince embrasse la cause de Marie de Bourgogne et se brouille ainsi avec Louis XI. (1)

Aussi la principauté d'Orange est-elle saisie et la terre de Condorcet donnée à Imbert de Bathernay, chambellan et conseiller du monarque, auquel il en rendit hommage en 1478.

Jean II rentra en possession de ses terres vers 1482 et suivit Charles VIII à la conquête de Naples.

Pendant son absence, Etienne de Chalon, son frère illégitime, administra la principauté. Il avait reçu Condorcet à titre gra-

---

(1) Bastet.

cieux et en fut investi le 30 juillet 1484, après l'hommage et le paiement des demi-lods, évalués 200 livres tournois. (1)

Etienne de Chalon avait épousé Catherine de Poitiers, fille du seigneur d'Allan et de Châteauneuf-de-Mazenc et Gaucher, leur fils, se voyant sans postérité céda ses biens à Jean, Louis et Charles de Poitiers, ses cousins germains.

Les nouveaux possesseurs de Condorcet rendirent hommage au Roi-dauphin le 17 février 1501 (1502). Ils descendaient de Lancelot de Poitiers fils naturel de Louis II de Poitiers, comte de Valentinois et de Catherine Liautard, légitimé en 1417. (2)

François de Poitiers fils de Lancelot et de Dauphine Adhémar, laissa Jean, Louis et Charles, tous les trois héritiers à Condorcet, de Gaucher de Chalon.

Jean rendit hommage en 1502 pour lui et ses frères, il était alors protonotaire apostolique ou secrétaire de la chancellerie romaine. En 1540, il se qualifie un des cent gentilshommes de la maison du Roi, dans le dénombrement de ses terres. Il acquit en 1545 des hoirs Amic, au prix de 600 florins leurs parts et portions du moulin de Condorcet, et résista de son mieux en 1539 aux poursuites du chapitre de Valence.

Nous avons vu qu'en 1294, les chanoines de cette ville et de celle de Die avaient obligé Bertrand de Baux fils de Malbérione à ne jamais aliéner Condorcet. Or, le fief avait passé des Chalon aux Poitiers, contrairement à la clause. Jean excipa de la prescription et n'en fut pas moins condamné à rendre aux demandeurs la moitié de la baronnie sans restitution de fruits et sans dépens. (3)

---

(1) Invent. de la Chambre des Comptes.

(2) *L'Arrondissement de Montélimar* aux notices d'Allan, de Montbrison et de Châteauneuf-de-Mazenc.

(3) Archives de la Drôme, E. 4509, chapitre de St-Apollinaire. — Inventaire de la Chambre des Comptes.

La possession ultérieure de Condorcet par les Poitiers permet toutefois de supposer un accommodement entre les parties, car le procès de 1551 à 1599 ne continua que contre les Claret, les de Morges, les Armand etc., pour Creyers, Sérionne, Ravel etc... (1)

Jean de Poitiers, selon d'Aubais, vivait encore en 1564 et donna cette même année Condorcet à Sébastienne sa fille, mariée le 11 juillet 1552 avec Henri de Caritat.

Pithon Curt, au contraire, le fait mourir plus tôt et affirme que Jean et Hector étant décédés en 1564 sans avoir payé la dot de Sébastienne, leur sœur, Alix, de Lestrange lui abandonna Condorcet à titre d'indemnité.

Cette opinion est plus vraisemblable, car la Chambre des Comptes ayant investi de cette terre Sébastienne de Poitiers et Henri de Caritat, ils en rendirent hommage le 14 mai 1567. Les lods ou droits de mutation s'élevèrent à 1041 livres et les nouveaux seigneurs durent payer 2500 écus aux créanciers de Jean de Poitiers.

Nous voilà donc fixés sur l'arrivée des Caritat à Condorcet (2).

III

LES CARITAT.

Sans reculer jusqu'au Xe siècle l'origine des Caritat, il est admis que leur famille peut être comptée au nombre des plus

---

(1) Archives de la Drôme, chapitre St-Apollinaire.

(2) Histoire de la noblesse du Comtat; Inventaire de la Chambre des Comptes.

anciennes de la principauté d'Orange, où François était nommé évêque de la ville chef-lieu en 1373 (1).

Elle a formé deux branches : l'une établie au XVIIIe siècle en Picardie, illustrée par Marie-Jean-Antoine-Nicolas Caritat, marquis de Condorcet, né en 1743, à Ribemont (Aisne), mathématicien, philosophe, académicien, député de Paris à l'Assemblée législative et de l'Aisne à la Convention nationale, et écrivain de mérite ; l'autre venue en Dauphiné par suite du mariage d'Henri Caritat avec Sébastienne de Poitiers (2).

Fils de noble Ollivier, bailli d'Orange, décédé le 23 août 1545, à 80 ans, avec la réputation d'un homme de bien et de Marie de Vesc, Henri, appelé aussi Mourcy, Mourret et Mouret de Caritat, fut viguier d'Orange en 1564, en 1565 et en 1572 (3).

Ayant embrassé publiquement la Réforme, il fit baptiser sa fille Ennemonde le 3 novembre 1561 par le ministre du Pont-St-Esprit. Ses descendants combattirent pour la religion nouvelle pendant 40 ans, mais sans jamais s'attacher à aucun prince ni aucun parti politique, ce qui n'était pas le moyen de faire fortune.

Un auteur prétend que ce gentilhomme était dans Orange, pendant le massacre de 1562, à la tête de quelques gentilshommes et d'un petit nombre de soldats réfugiés dans sa maison, et qu'il obtint la liberté de se retirer.

Il testa le 3 mars 1598 en faveur de Jean-Louis et de Paul, ses fils (4).

Jean-Louis, seigneur de Condorcet, mari de Françoise Pape St-Auban, mort sans postérité, se ruina en soutenant la Réforme : chose assez rare parmi les capitaines de cette époque (5).

---

(1) Bastet, *Histoire des évêques d'Orange.*
(2) Didot, *Biographie ;* — Pithon-Curt, *Histoire de la noblesse du Comtat.*
(3) Duhamel, *La chronique d'un notaire d'Orange.*
(4) La Chesnaye des Bois, *Diction. généalogique. Affiches du Dauphiné.*
(5) Pithon-Curt ; — Justin (Boudin), *Histoire des guerres du comtat.*

CONDORCET

III

LES CARITAT. (Suite.)

Paul, le cadet, servit sous Lesdiguières et disposa de ses biens, le 5 janvier 1626, en faveur d'Antoine, de Jacques-Henri, de Charles, d'Ollivier et de Guillaume, tous enfants nés de son mariage avec Olympe Baron. Guy Pape, fils de Jacques et de Blanche de Poitiers lui suscita quelques difficultés et finit par se désister de toutes ses prétentions sur le fief, le 22 mai 1606 (1).

Antoine, fils et héritier de Paul, ayant épousé en 1627 Bonne Martinel, laissa Laurent et Gédéon. L'aîné, demeuré fidèle à la Réforme, fut arrêté par ordre de Louvois, sous prétexte qu'il avait gardé dans son château quelques canons et un magasin d'armes. On le mit à Pierre-Cize, où après quelques mois de captivité, il se détermina à changer de religion.

Marie d'Yze, décédée en 1727, avec le titre de comtesse de Condorcet, lui donna Antoine II. Celui-ci eut de Judith Amieu Jean-Laurent qui continua la branche de Dauphiné; Jean-Pierre, auteur de celle de Picardie; Jacques-Marie, prélat pistingué, et trois filles (1).

Jean-Laurent entra dans la magistrature et fut nommé conseiller au Parlement de Grenoble le 26 mai 1716, avec dispense d'âge, étant né le 1er avril 1694 (2). Il s'unit à Jeanne-Marguerite de Plégros de Lachau, des environs de Pontaix et

---

(1) *Affiches du Dauphiné*. — Archives de la Drôme, G. 31. — Etat civil de Condorcet.

(2) M. Pilot, *Invent. des archives de l'Isère*, introd. p. 42.

eut François-Hélène et Gabrielle, femme de Jacques de Gruel de Saix.

François-Hélène, qualifié comte de Condorcet en divers actes, chevalier et colonel des chevau-légers du pape, marié avec Anne d'Hérail de Brisis, donna le 10 juin 1782, à Marguerite-Thérèse, sa fille, la totalité de ses biens et notamment la terre et le château de Condorcet, les fiefs des Pilles, d'Aucelon, de la Bâtie-Coste-Chaude et d'Aubres en partie, une maison à Die avec tous ses tableaux, un terrier et une chapelle à Pontaix, ne se réservant qu'une pension viagère de 6,000 livres.

Marguerite-Thérèse avait accordé sa main à Jean-Pierre-Gaspard Ailhaud, chevalier, baron d'Entrechaux et du Castelet, seigneur d'Alauson, Roche-sur-Buis etc., colonel de cavalerie et capitaine général des gardes du Roi (1).

Nous ignorons pour quelle cause l'acte de libéralité du seigneur de Condorcet ne sortit pas son effet ; mais François-Hélène de Caritat, en 1790, possédait encore les terres données huit ans auparavant (2).

On remarque parmi les illustrations de la famille : Fauquet, grand prieur de Toulouse, qui se trouva au siége de Rhodes, le marquis de Condorcet, écrivain distingué, promoteur et victime de la Révolution française, et Jacques-Marie, d'abord militaire, puis grand vicaire de son oncle d'Yze de Saléon et enfin évêque de Gap en 1741 et d'Auxerre en 1754. « Son gou-
» vernement fut orageux, mais il sut conserver ce que les
» hommes ont de plus cher, une réputation de probité et
» d'honneur que les zélateurs les plus ardents du parti
» contraire n'osèrent attaquer. Il les combattit toujours avec
» le zèle d'un apôtre, mais avec la loyauté d'un chevalier (3). »

Promu à l'évêché de Lisieux, en 1761, il n'accepta ce poste que par obéissance et l'honora par sa conduite. Un tiers de

---

(1) Etat civil de Condorcet. — Archives de la Drôme, B. 993.
(2) *Almanach du Dauphiné*.
(3) *Affiches du Dauphiné*, d'après le *Journal de Paris*.

son revenu suffisait à sa dépense, le reste appartenait à l'Eglise et surtout aux pauvres. Il tenait en réserve une partie considérable de ses revenus pour les besoins imprévus de son diocèse, rédigeait lui-même ses mandements dans un style simple, élégant et paternel, et s'adonnait aux études nécessaires à la dignité de son état et à l'autorité de ses instructions. « Chari-
» table, mais toujours humain, pratiquant la piété, mais ne la
» prêchant que par son exemple, austère dans ses mœurs et
» indulgent pour celles d'autrui, n'ayant de sévérité que pour
» les vices directement contraires à la morale et pour les
» hommes qui doivent en être les modèles, il ne négligeait point
» les agréments de la société qui, réunis à de véritables vertus,
» servent à les rendre plus aimables et plus faciles. »

Ce prélat, oncle du marquis de Condorcet, lui avait fait donner une éducation brillante, mais le panégyriste des philosophes n'osa ou ne voulut pas écrire la vie de son bienfaiteur : c'est la remarque du *Journal de Paris*.

IV

LE CLERGÉ

Il a été question déjà de la donation faite à Cluny par Ponce et Richilde en 956-57 ; dom Bouquet rapporte une charte de l'an 998 par laquelle Rodolphe III, roi de Bourgogne, à la prière d'Agildrude, son épouse, de Burchard, archevêque de Lyon, et d'Otelon, abbé de Cluny, renouvelle et confirme en faveur de l'abbaye de ce nom, les donations faites antérieurement par son père et comprenant dans l'évêché de Valence les églises de Montoison et d'Allex, et en Provence les Celles (petits établissements) de Saint-Amand, de Saint-Pantaléon et de Rozans, Tulette (*Tudeleta*), le château de Condorcet (*Condorcense*) et celui de Colonzelles (*Colonzellas*) (1).

---

1) *Recueil des historiens des Gaules*, XI, 545.

M. Emmanuel Pilot de Thorey, sous-archiviste de l'Isère, qui a recueilli de nombreux et intéressants matériaux sur l'histoire des prieurés dauphinois, nous a signalé, en outre, une donation en prestaire consentie par Odilon, abbé de Cluny, en faveur d'un chevalier (*quidam miles*), nommé Pierre et à sa femme Ermengarde, du château de Condorcet (*castrum vocabulo Condorcense*) et de ses dépendances, datée de la 6ᵉ année du règne de Rodolphe III, c'est-à-dire de l'an 999, puisqu'il monta sur le trône le 19 octobre 993 (1). Pons, fils de Pierre et d'Ermengarde marqua la charte de son signe et vers 1056 vivait un comte de Die de même nom. Serions-nous sur les traces d'un ancêtre de Malbérione ?

A partir de cette époque, la terre demeure au pouvoir de seigneurs laïques et deux ou trois religieux desservent le prieuré. On trouve le bénéfice en 1406, aux mains d'Antoine de L'Épine, en 1474, de Pierre Brunet, et en 1540 de Balthazar de Peyre. Ce dernier n'y jouit plus que de modestes redevances en argent et en grains, sans aucune juridiction.

Bientôt après, les troubles du XVIᵉ siècle portaient la désolation dans la paroisse. Une visite du prieuré faite le 5 décembre 1637 par les commissaires du grand vicaire de l'abbé (le cardinal Richelieu) nous en révèle la triste situation.

« L'autel de l'église est très mal garny d'ornements nécessaires, n'y ayant que deux seules nappes et un vieux restable sans cadre et un devant d'autel fort vieux et indécent, une chasuble verte, avec un calice doré et un autre d'estaing commun fort usé. »

« Le prieur dit avoir fait faire le presbytère (chœur) de l'église depuis quelques années, lorsque la paroisse fit bâtir la nef en lieu d'emprunt, puisque l'église prieurale qui souloit estre dans le chasteau a esté entièrement desmolie et rasée lors du trouble des guerres, auquel presbytère y a une fenestre avec des pierres sèches, du levant, et (dont) le plastre de la

---

(1) Biblioth. nationale, collection Moreau, XVI, p. 170.

voûte se desmolit peu à peu, ce qui peut incommoder le célébrant à l'autel, ainsi que le vent qui entre par ladite fenestre.

« Pour les bastiments du prieuré, il n'y en a aulcuns ni seulement les masures, ayant esté rasé comme ladite église. »

Les notables et le consul se plaignent de l'absence du prieur Liotard, fixé à Bouvières à deux lieues de là, et demandent qu'un deuxième prêtre soit adjoint au curé pour le service paroissial et que l'église soit pourvue d'ornements.

Le prieur répond qu'autrefois la dîme se levait à Condorcet à la cote dixième et que Villeperdrix et Teyssières, dépendances de son bénéfice, en augmentaient les revenus : ce qui a été changé ; qu'il n'a point de logement et que les ornements donnés par lui ont été volés.

Sur le point contesté de savoir si deux religieux desservaient jadis la paroisse, la production du pouillé de Cluny donne raison aux habitants. Les revenus actuels, ajoutent-ils, suffiraient encore à leur entretien, puisque le prieuré s'afferme 300 livres, même en exceptant la 24ᵉ partie due aux pauvres et la pension due par le seigneur pour immeubles aliénés.

Le prieur finit par alléguer la qualité de son bénéfice à simple tonsure et prétend que s'il y avait autrefois deux prêtres à Condorcet, l'un était séculier et touchait la dotation d'une chapelle depuis lors unie à la cure.

Les visiteurs éludent la difficulté sur le premier point en l'ajournant, et décident par provision que le prieur sera dispensé de la résidence, mais non de la pension due à la mense abbatiale ou revenus de l'abbé, ni de ses arrérages. Ils l'obligent pourtant à fournir un tabernacle, un ciboire « honorable », des nappes et les ornements nécessaires, un rétable dont il paiera le tiers du prix et les paroissiens le restant, et des chassis de toile aux fenêtres du chœur, dont il fera réparer la voûte.

Le prieur Liotard se plaint d'avoir été injurié et soufleté par le notaire du lieu, « huguenot soutenu par le seigneur », en haine de la revendication qu'il poursuit de quelques droits usurpés, et il réclame la protection du cardinal-abbé, « n'osant, dit-il, venir à Condorcet (1). »

Le 6 octobre suivant, la communauté s'engageait à prendre fait et cause pour le prieur contre le notaire, mais en laissant à sa charge les frais de la procédure (2).

De ce moment jusqu'en 1664, les titres manquent. A la dernière date, l'évêque de Die, en tournée pastorale, enjoint aux curé et vicaire d'observer les sentences de 1643 et 1644 sur l'exercice du culte et de faire la doctrine et le prône, suspend le curé, accusé de crimes « fort grands » et demande l'élection de deux marguilliers, la clôture du cimetière et l'entretien d'un maître d'école catholique, celui de la Religion ne pouvant exercer, d'après les édits.

En 1685, il y a 120 familles et 345 anciens catholiques, 60 familles et 212 religionnaires convertis dont la plupart ne remplissent aucuns devoirs, plus 19 fugitifs. La dîme qui se lève à la cote 24e sur tous les fruits, excepté le foin, les olives et le jardinage, appartient à de Bucher, de St-Guillaume, simple clerc. Le curé reçoit 300 livres de portion congrue et n'a point de vicaire. Des particuliers, mais non la commune, entretiennent l'instituteur, « bon vieillard, de bonnes mœurs, non approuvé. »

Même situation en 1688.

Les consuls réclament encore un vicaire en 1695, la paroisse ayant 800 communiants, à leur dire, chiffre exagéré certainement. « Il n'est pas raisonnable, ajoutent-ils, que le prieur possède un bénéfice sans rien faire. » Grief ordinaire des paroissiens contre les prieurés en commende.

Vers ce temps, un ancien conseiller de l'élection de Guéret, nommé Bellon des Prés, faisait l'école à Condorcet, « plus par humilité que par nécessité », et comme il avait fondé quelques messes au moyen d'un capital de 135 livres, en 1699, M. de

---

(1) Archives de la Drôme : Cluny.
(2) Archives de Condorcet.

Condorcet voulut appliquer à sa chapelle cette fondation, ce que le curé refusa d'autoriser.

En 1706, la population comprenait 210 familles et 600 âmes dont 160 d'anciens catholiques et 50 de nouveaux, sur lesquelles 40 remplissaient leurs devoirs religieux, le maître d'école recevait 93 livres de gages annuels.

Alexandre de Chalvet, prieur en 1728, était représenté par Tronquet, curé.

Le prieur en 1757 touchait 686 livres de revenu dont 560 de la dîme, et les charges s'élevaient à 526 livres ; 20 pour le luminaire, 24 pour les pauvres, 32 pour les décimes dues au Roi, 300 de portion congrue au curé et 150 au vicaire (1).

Parmi les chapelles, signalons, dans l'église paroissiale, celle de Notre-Dame-de-Pitié, d'un revenu de moins de 100 livres, et à la campagne, celle de St-Pons, au pied de la montagne de Cougoir, entièrement ruinée pendant les guerres civiles, puis rétablie, croyons-nous, au XVIIe siècle. On rapporte que de nombreux pèlerins s'y rendaient en temps de sécheresse pour demander la pluie et qu'une procession y vint une fois de la ville d'Arles. Le 14 mai de chaque année, il y a encore un grand concours de fidèles à cette chapelle.

La tradition place aux Gleyzes, dans une vallée étroite, une église de Templiers dont aucun document ne fait mention ; on y a découvert des tronçons de colonnes et des tombeaux en pierre (2).

Condorcet, succursale depuis 1807, vient d'échanger l'église du vieux village, bâtie sur pilotis vers 1625 et dédiée à Saint-Jean-Baptiste contre un édifice plus élégant, construit à la Bégude, ouvert au culte en 1881.

La Réforme eut dès le principe d'assez nombreux adhérents à Condorcet, d'abord uni à la Motte-Chalancon en 1610 et à Villeperdrix en 1664.

---

(1) Archives de l'évêché de Die, à la Préfecture.
(2) Notes de M. Miellon, instituteur.

Jules Fevot en 1609, Cordeil en 1611, Bouvier en 1626, Piellat en 1627, Magnet en 1660 et Corrége en 1683 y furent successivement pasteurs.

Les commissaires exécuteurs de l'édit de Nantes y refusèrent l'exercice public du culte en 1664, tout en l'accordant au seigneur qui se convertit peu après.

V

LE TIERS-ÉTAT

Des auteurs ont prétendu que les habitants de Condorcet possédèrent des libertés et franchises dès 1050 et que Fauquet de Caritat les modifia en 1307. Cette affirmation nous paraît peu sérieuse. Quoi qu'il en soit, pour comprendre l'acte de 1307, s'il est authentique, il faut se reporter à l'époque romaine et aux premiers âges féodaux. L'esclave devenu peu à peu lide, colon, serf et puis mainmortable ne pouvait ni tester, ni transmettre ses biens, ni quitter sa demeure. Il était, de plus, soumis à des redevances en nature et à des services personnels. Or, en 1307, le seigneur aurait accordé à ses vassaux la libre disposition de leurs biens, sous certaines réserves, comme le droit de prélation (préférence) et les lods ou 5ᵉ du prix en cas de vente, la liberté des mariages hors du fief en payant 30 sols et en donnant quelques rubans, et le droit de s'établir ailleurs et d'emporter leurs meubles, moyennant 10 sols par an. Le même acte les exempta de la garde du château, sauf en cas de guerre, des voyages à plus de trois jours de marche, de tout péage et leyde ; mais il les soumit à un droit d'habitation de 5 sols, au vingtain du blé, à la réparation des murailles et du fort, à 4 corvées par an, à la banalité des fours et moulins à farine et à huile, aux cas impériaux (voyage en Terre-Sainte, passage de l'empereur, achat de seigneurie, etc.), à raison de 10 sols chacun. Le bayle du seigneur confirmait les syndics ou consuls et présidait les assemblées populaires. Outre ce bayle ou bailli, il y avait un juge d'appel et un notaire (1).

Bien que des priviléges semblables aient été concédés au XIII⁰ siècle à différents villages, nous doutons de l'authenticité du document publié par Pithon-Curt et de celui de 1324 défendant à Raymond de Baux ou à sa Cour, d'arrêter, pendant deux jours, selon un usage antique, les accusés qui embrasseraient le poteau de Fauquet de Caritat.

D'après l'inventaire de la Chambre des Comptes, Jean de Poitiers jouissait, en 1540, à Condorcet, d'un château, des fours et moulins, de la juridiction en première instance et de divers droits évalués ensemble 100 livres, toutes charges payées.

Jean-Louis de Caritat, en 1624, s'attribue toute juridiction, la banalité des fours et moulins à la cote 30e, 10 ou 12 charges d'avoine pour chevalage à raison de civayers par habitant, des corvées, des censes évaluées 18 livres, un pressoir à huile, 20 charges de terre, 12 hommes de pré, 160 de vigne et 300 pieds d'oliviers : c'était là le tènement en 1688 de la grange de la Bégude.

A cette date, Laurent de Caritat dénombre en outre un terrier (livre de censes foncières) de 18 livres avec lods au 6e denier, un droit de pulvérage valant 12 livres, un vingtain des grains allant à 12 charges de blé, 1 émine de plâtre, 5 civayers d'avoine, des corvées, le privilége exclusif de la chasse, toute justice et la banalité des fours et moulins (2).

La perte partielle des archives communales exclut tout détail plus explicite.

On ignore l'étendue des maux causés par les guerres antérieures au XVI" siècle. Condorcet fut abandonné des Protestants vers le 15 mai 1570 ; trois ans plus tard, Montbrun assiégea et prit le village ; mais les habitants réfugiés dans le château avec douze pièces de canon le contraignirent à s'éloi-

---

(1) Pithon-Curt, *Hist. de la noblesse du Comtat.*
(2) Manuscr. aux archives de la Drôme et de l'Isère.

gner. En 1626, Lesdiguières enjoignit de Valence, le 6 août, à la dame du lieu d'établir dans son château une garnison de vingt hommes et aux habitants de fournir à chacun d'eux tous les jours 2 livres de pain, autant de viande et un pot de vin, mesure du pays, outre le bois et les chandelles du corps de garde. Le 27 août, malgré les protestations de Françoise de Saint-Auban, la commune fut déchargée de cet entretien.

En 1789, les consuls représentent le village comme menacé d'une ruine prochaine, ainsi que l'église, à cause de leur situation au sommet d'une montagne aride et desséchée ; le sol comme léger, mauvais et en pente. Il y croît, disent-ils, des grains et des fruits ; mais le froid a fait périr les oliviers et, faute de chemins, le vin ne se vend pas au dehors. Les habitants vivent de pommes de terre, de fruits et de légumes une partie de l'année, les récoltes en céréales n'étant pas suffisantes à la consommation.

Henri IV y avait créé trois foires et un marché le lundi ; cette concession fut sans résultats ; peu à peu la draperie cessa d'y travailler et tout le commerce consista en la vente du plâtre (1).

Trois rivières ou torrents dangereux et rapides traversent le territoire, d'une petite lieue d'étendue, en tout sens : le Biantricq (Bentrix), le Marnas et le Merdaric (Merdrix). Le bétail agricole se compose de mulets, de bœufs et de moutons. La commune s'impose 300 livres pour l'école, l'entretien des édifices publics et le logement du clergé. Elle est administrée par deux consuls annuels électifs et par un châtelain à la nomination du seigneur. Les pauvres ont 2,000 livres de capital dont un bureau et un recteur gèrent les revenus ; la vingt-quatrième partie de la dîme équivaut à 8 émines de blé et 12 charges de vin. En 1665, la contenance territoriale était de 1,800 sétérées,

---

(1) Archives de la Drôme, série C, 3. — D'Aubais, *Pièces fugitives;* — P. Justin, *Hist. des guerres civiles, du Comtat.*— Statistique de la Drôme.

mesure de Grenoble, et les productions de 200 charges de blé et 150 de vin.

Depuis lors, on a appris de la statistique divers renseignements précis :

1835 : Contenance en bois particuliers 852 hectares ; en terres 601 ; en vignes 93 ; en prairies 16 ; en pâturages 526 ; en routes et rivières 92 ; en terres incultes 61 ; en édifices publics 1.

1839 : Le revenu des 2,152 hectares imposables atteint 20,229 francs et celui des maisons 2,248 ; total 22,477 : celui d'un hectare n'est que de 9 fr. 40 c.

1873 : Charges publiques :

Part de l'État. . . .	2,859 fr.18 c.	
— du département .	1,216 20	6,502 fr.74 c.
— de la commune .	2,295 97	
Non-valeurs	131 39	

Un compte consulaire de 1652 accuse 3,650 livres de recettes et 3,232 de dépenses.

La population, en 1304, aurait été d'après une assemblée des chefs de famille où 63 comparurent, de 300 âmes environ ; en 1685, de 576 avec 182 familles ; en 1706, de 600 âmes avec 210 familles ; en 1796, de 602 ; en 1830, de 639 ; en 1840, de 734 ; en 1850, de 704 ; en 1860, de 639 ; en 1870, de 561 ; en 1880, de 594 (1).

Condorcet, en 1790, dépendait du canton de Vinsobres ; en 1793, il devint lui-même chef-lieu de canton, avec Aubres, Eyroles, les Pilles, le Pègue, Rousset, St-Pantaléon et Valouse, pour dépendances ; en l'an VIII, il fut placé dans le canton de Nyons où il est demeuré.

D'Aubais place le village sur la rive droite du Lez, entre les monts de la Lance, et d'Angèle, à deux lieues *au-dessous* de Nyons, dans le district des Baronnies et le diocèse de Die (2); le

---

(1) Archives de la Drôme, C. 3. — *Statistique de la Drôme*. — Mermoz, *Projet de répartition*. — *Annuaires officiels*.

(2) *Pièces fugitives*.

Dictionnaire de la France, à sept lieues au sud-ouest de Valence : tous renseignements erronés qui témoignent du peu de soin que mettent les géographes à rédiger leurs articles.

Enfin, la *Statistique de la Drôme* a découvert un temple antique dans l'intérieur du château, ce qui pourrait s'appliquer à l'ancien établissement de Cluny, s'il n'avait été détruit, au XVI° siècle.

Nous avons, en commençant cette notice, reproduit l'article de M. Lachat où le savant ingénieur réclame des renseignements sur les vertus de l'eau minérale de Condorcet, qui traverse une couche épaisse de sulfate de strontiane; il nous reste à lui donner satisfaction, en transcrivant ici la note que M. Laurens, docteur en médecine et maire de Nyons, a bien voulu nous adresser.

« Les eaux de Condorcet, dit l'habile praticien, sont employées en douches, en bains et en boisson. Les douches ne sont pas suffisamment bien organisées pour qu'il soit possible de donner sur leur action propre des conclusions sérieuses. Elles sont employées contre les douleurs rhumatismales.

» Les bains sont sédatifs. Ils calment les états nerveux les plus divers. Les névralgies, les sciatiques, les accès de goutte surtout sont rapidement améliorés par l'action des bains combinée presque toujours à celle de l'eau prise en boisson.

» On boit l'eau de Condorcet à la dose de 1 à 3 litres tous les matins. A cette dose elle est généralement purgative. Elle est fortement diurétique. La gastralgie, la gastrite simple, la goutte, la gravelle, le rhumatisme chronique et les douleurs rhumatismales sont traités efficacement par cette eau.

» J'ai vu des accès de goutte et des accès de gastralgie violents céder, dès le premier jour, à Condorcet.

» Je ne sais si les eaux contiennent de la strontiane. Si elles en contenaient en certaine quantité, comme le pense M. Lachat, on pourrait tout naturellement attribuer leur effet sédatif à la présence de cette substance qui, comme la baryte, agit à la manière des narcotiques. »

L'établissement, situé en plaine, dans un site fort pittoresque, est appelé à un avenir prospère.

Nous avons fait connaître ses ressources : aux curieux et aux malades à s'assurer de l'exactitude de nos renseignements.

Avant de quitter Condorcet, recueillons dans ses archives quelques détails instructifs.

En 1633, le seigneur demande 100 livres pour obtenir la conservation des murs d'enceinte du village et il gagne sa cause, puisque l'année suivante, les habitants réunis s'obligent à fournir du sable pour relever la muraille de la place et qu'en 1674, M. de Condorcet s'emparait des tours, fossés et murs.

Il manquait de l'eau potable à la population agglomérée au sommet du coteau ; en 1635 elle appela un fontainier, et en 1648, elle promit de travailler les jours de fêtes pour creuser les galeries.

Selon l'usage général, les affaires publiques se traitaient en assemblées des chefs de famille ; mais ceux-ci montraient si peu de zèle à s'y rendre qu'il fallut établir en 1674 un conseil particulier pour les cas urgents et infliger une amende de 5 sols aux absents, applicable aux pauvres.

En 1682, les bois devenaient assez rares à cause de nombreux défrichements. Les délits ruraux donnaient lieu à des amendes : vol de fruits, le jour, 10 sols et de nuit 3 livres, dégâts causés par le bétail de 1 denier à 10 sols.

Signalons aussi le passage des Bohémiens ou Egyptiens en 1634 et quarante ans plus tard des excès commis par les soldats du fils de M. de Caritat.

Il y avait un gros mûrier devant l'église qu'il fallut soutenir par une muraille en 1773.

Au point de vue de la bienfaisance et de l'instruction, on doit mentionner l'existence d'un recteur des pauvres chargé de la gestion de leurs revenus et d'instituteurs fréquemment renouvelés.

En 1652, le seigneur et les familles protestantes entretenaient un maître auquel les catholiques envoyaient leurs enfants. La raison en était que le seigneur, peu tolérant, avait en 1644, menacé le précepteur catholique et notamment le sieur Guille, frère du curé de Charens.

Au XVIII° siècle, l'école est catholique, et Bernard, en 1741, recevait 100 livres de la commune et 30 des écoliers ; en 1759, Gaufredy avait 120 livres et les mois des élèves des deux sexes fixés à 2, 3 et 6 sols, selon leur instruction. Pez, l'année suivante, se contentait de 75 livres ; il est vrai qu'il était enfant du pays.

En 1687, la commune ayant cessé de payer le maître d'école, les particuliers l'entretiennent, et ce fut là le mode primitif universellement pratiqué dans nos pays, car il n'est pas admissible que nos pères appelés à la gestion des affaires publiques comme consuls, receveurs de tailles et comptables, asséeurs de tailles, vérificateurs de comptes, jurés experts, recteurs des pauvres, secrétaires, etc. depuis Louis XI aient pu ignorer la lecture, l'écriture et le calcul.

Quand les archives font défaut, l'exemple des villages voisins est là pour nous instruire. Mais pourquoi les archives ont-elles péri ? En 1635, les conseillers de Condorcet avaient fait rédiger un inventaire de leurs titres et les avaient placés dans un coffre à trois clefs, 1 au châtelain, 1 aux consuls et 1 au secrétaire (1).

Or, malgré ces précautions, coffre et papiers ont en grande partie disparu.

Et voilà pourquoi l'histoire des communes est si difficile à reconstituer !

Au moment de clore cette notice, nous avons reçu de M. le docteur Barthélemy, président de la Société de statistique de Marseille, son *Inventaire chronologique et analytique des char-*

---

(1) Archives de Condorcet et *Invent. somm. des archives de la Drôme,* t. III, *infine.*

tes *de la maison de Baux* (1), utile et importante publication pour l'histoire des Baronnies de la Provence et du Dauphiné.

Or, voici les actes qui se rapportent à notre sujet :

1239, 17 juin. Isoard d'Aix, seigneur de Châtillon et Dragonette, son épouse, donnent en dot à Malbérionne, leur fille, en la mariant à Raymond de Baux, prince d'Orange, les châteaux et seigneuries de Condorcet, Montjoux, Teyssières. Aubres etc., avec leurs territoires et 10,000 sols.

Un autre acte du 2 mai 1242, nous apprend que Dragonet de Montauban avait envahi à main armée le château de Condorcet, propriété de Dragonet de Mondragon, et que pour terminer le différend soulevé par cette agression, Raymond de Mévouillon, arbitre choisi, décida que Dragonette, fille de Dragonet de Mondragon, femme d'Isoard d'Aix et Malbérionne, femme de Raymond de Baux, cèderaient à Dragonet de Montauban tous leurs droits sur Montjoux, Teyssières etc., et le tiendraient quitte de tout dommage et de tout revenu perçu à Condorcet : ce qui permet de supposer à celui-ci quelques droits antérieurs (2).

La même difficulté renaquit en 1266 ou une nouvelle s'éleva entre les parties, puisque le 16 juin, Raymond d'Agout, seigneur de Luc, arbitre, adjugea les châteaux de Châtillon et de Condorcet à Raymond de Baux et à Malbérione et ceux de Montmaur et Volvent à Raymond de Montauban.

En 1291 et 1314, Philippe de Bernisson, recteur du Comtat règle, avec Bertrand de Baux, fils de Malbérione quelques difficultés de pacage entre les Pilles et Condorcet.

Bertrand de Baux IV institue en 1314, le 21 juillet, Bertrandet son héritier pour Condorcet, St-Ferréol etc., à la condition de les tenir de Raymond de Baux, son fils.

Tiburge d'Anduze, veuve de Guillaume de Baux, mère et tutrice de Bertrandet, s'oblige à rendre hommage lige au prince

---

(1) Marseille, Barlatier-Feisat 1882, 1 vol. in-8 de 652 pages avec sceaux et tableaux généalogiques.

(2) n°ˢ 280 et 298.

d'Orange pour St-Ferréol, Guisans etc., sans préjudice des droits dudit Bertrandet sur Condorcet, le 3 juin 1317.

Ici le savant écrivain, adoptant les chartes de Pithon-Curt fait céder Condorcet à Raymond de Baux IV pour 20,000 florins par Foulque de Caritat.

Il nous semble pourtant bien établi que ce château appartenait aux de Baux avant l'acte du 1er juillet 1324.

Un acte de 1294, déjà connu de nos lecteurs, fut complété le 3 mars 1340 par une convention entre l'évêque de Valence et Die et Raymond de Baux IV. Moyennant 15,000 livres viennoises, le prince d'Orange devait livrer à l'évêque Châtillon et d'autres terres, sauf Condorcet, St-Ferréol, Guisans etc. (1).

La même année 1340, le 29 août, Raymond de Baux fonde par testament une chapellenie à Condorcet avec 10 livres tournois au prêtre desservant, et lègue Orange et Condorcet à Raymond, son fils.

Guillaume de Baux, seigneur de Camaret et héritier de Bertrand ou Bertrandet, son frère, réclame à Raymond de Baux la même terre. Des arbitres décident que Guillaume se reconnaîtra vassal du prince d'Orange pour ce fief et d'autres et jurera de le servir en temps de guerre avec un homme d'armes et 10 piétons, armés à ses frais, le 30 juillet 1342.

Raymond V reçoit encore, le 30 janvier 1362, l'hommage et le serment de Guillaume d'Unia pour le tiers des bans et pulvérage des château et domaine de Condorcet et pour son droit d'exiger certaine quantité de fromage des possesseurs de brebis au même lieu.

En juin 1365, Charles IV, roi des Romains accorde à Raymond de Baux le pouvoir d'établir un péage à Condorcet. L'année suivante, le prince donne à son frère Bertrand, seigneur de Gigondas, Condorcet et les Pilles, à l'occasion de son mariage avec Blonde Adhémar de Grignan.

---

(1) Nos 513, 714, 992, 1013, 1181.
(2) Nos 1183, 1212, 1402, 1428, 1442, 1597.

Jean de Châlon, prince d'Orange, à cause de son mariage avec Marie de Baux, ordonne à Aimon, bâtard de Baux, de délivrer le château de Condorcet à Juhel de Rolland, mari d'Anne de Baux, le 26 août 1396. Quelques mois plus tard, ceux-ci déclaraient devoir au même Aymon, 136 florins d'or pour ustensiles et revenus à Condorcet, dont il était fermier depuis 1392.

Guillaume Rolland, fils de Juhel, majeur et malade, le 20 juillet 1414, par donation entre vifs, délaissa à Marie de Baux et à Louis de Châlon tous ses biens et droits à Sahune, Condorcet, Rochebrune et Esparron, en considération de services rendus à sa famille et en vertu d'une substitution établie par Guillaume de Baux, son aïeul maternel. Le même jour, il leur rendit hommage.

Marie de Baux, le 22 mai 1416, disposait à son tour de Condorcet, en faveur de Jean, son fils.

Guillaume Rolland mourut sans postérité peu après sa donation, et sa sœur Catherine, le 14 août 1428, céda ses biens à Pierre de Vesc, son mari, et en 1439, à Hugonin de Vesc, son fils.

A quel titre Albaron de Laudun dit de Baux, abandonnait-il en 1438, les châteaux de Condorcet et de Courtheson à Louis de Châlon, prince d'Orange? Nous l'ignorons. Cependant, le même jour le prince échangeait avec Albaron les deux mêmes châteaux contre ceux de Lers, Roquemaure et Châteauneuf-de-Calcernier.

Tels sont les renseignements empruntés à l'excellent travail de M. le docteur Barthélemy.

De Condorcet nous passons à Cornillac. (1)

---

(1) Le *Dauphiné* a publié, au commencement de 1883, une étude sur le gisement de célestine de Condorcet, confirmant les données de M. Lachat.

CORNILLAC

Cette commune du canton de Remuzat présente cinq ou six vallons que ravagent les torrents de Cenas, de Merdari et de La Blache, et quelques collines boisées ou cultivées. Son village chef-lieu, bâti aux flancs d'un mamelon de sable, domine au sud-ouest la vallée de l'Oule.

Les époques préhistorique, vocontienne et romaine n'ayant pas été étudiées dans ces parages, nous nous bornerons à signaler la grotte de St-Roman, avec sa pierre carrée, écrite en caractères romains, et sa mine d'or, l'une et l'autre fort problématiques.

Il existe aussi, au village, une fontaine curieuse, indiquant la hausse ou la dépréciation du blé, selon que son niveau, habituellement stationnaire, s'élève ou s'abaisse dans l'année. De pareilles sources, autrefois observées en Valloire, ont insensiblement perdu tout crédit depuis les facilités commerciales créées par les chemins de fer et les bateaux à vapeur. (1)

Des Mévouillon, qui relevaient des moines bénédictins de l'Ile-Barbe (près Lyon), le fief passa en 1270, aux Isoard, seigneurs de Chalancon, aux d'Ancesune ou de Sahune, aux Remuzat, vers 1330, et aux d'Agout, en 1348. Le comte de Provence y percevait, en 1340, une part du péage et Pons de Remuzat, le reste. Plus tard, de 1541 à 1548, on y trouve les Grolée-Mévouillon, barons de Bressieu, qui en dénombrent les revenus, et de 1615 à 1790, les La Tour-La-Charce, et un moment les Dupuy-Montbrun, leurs créanciers. (2)

Cornillac, au triple point de vue administratif, judiciaire et financier, dépendait de l'Intendance de Provence, du Parlement d'Aix et de la Viguerie de Sisteron.

---

(1) Notes de la mairie.
(2) Archives des Bouches-du-Rhône.

Achard lui donne pour armes : *d'or à la fasce ondée d'azur chargée d'un poisson d'argent*, avec le nom du bourg et une croix autour de l'écu. Si les vallons et les collines peuvent expliquer la *fasce ondée*, la présence du *poisson* échappe à toute interprétation plausible, dans un pays sans lac, ni rivière.

« Cornillac, ajoute-t-il, est un petit village du diocèse de Gap, à 10 lieues de Sisteron. On y compte 1 feu et 1/8 et 75 habitants, ce qui fait en tout 360 personnes environ.

« L'église paroissiale, desservie par un seul prêtre, est sous le vocable de Ste-Madelaine ; le jour de la fête patronale est célèbre par le concours des habitants du voisinage.

« On y trouve beaucoup de collines couvertes de pins et de chênes. Il y a aussi des hêtres ; le bas est planté de noyers. Dans la plaine on recueille des grains et des légumes. »

Depuis 1787, date du *Dictionnaire* d'Achard, les choses ont peu changé ; la commune a été rattachée à la Drôme et au canton de Remuzat, en 1790, et sa succursale, avec Cornillon pour annexe, remonte au 30 septembre 1807.

Les faits de guerre, les événements heureux ou malheureux accomplis sur son territoire sont couverts d'impénétrables ténèbres. Toutefois, en 1340, il est parlé de troubles survenus entre les sujets du comte de Provence et les habitants de La Motte, au sujet de l'établissement de fosses à engrais sur le sol de Cornillac; ce dut être une simple rixe sans importance. (1)

D'autre part, les archives de Rousset y signalent, en janvier 1659, une maladie contagieuse, ainsi qu'à Rottier, « et autres villages circonvoisins. » Le choléra de 1855 y fit également de nombreuses victimes.

Le marquis de La Charce, établi en Bourgogne, était en 1693, seigneur haut-justicier de Cornillac. Son fief n'avait ni château, ni industrie, ni commerce, ni péage, ni droits de champart, albergue ou cavalcade. En 1730, les revenus de ses four, moulin, censes et lods, affermés à la commune, s'élevaient

---

(1) *Dictionnaire de Provence.* — Archives des Bouches-du-Rhône.

à 600 livres et ceux du prieur (l'abbé des Pilles) à 240 livres pour la dîme et à 12 pour censes et lods. On voit aussi en 1613, Isabeau de Montauban, réclamer 10 écus pour l'achat de la baronnie de Cornillon.

Quant au prieur à simple tonsure de St-May (Lagarde, de Séguret), il possédait à Cornillac, en 1790, la moitié de la dîme, l'autre moitié ayant été abandonnée au curé pour sa portion congrue. Elle se levait à la cote 14ᵉ pour les grains et légumes et à la cote 10ᵉ pour les agneaux et chevreaux. Le curé avait seul la dîme du chanvre et de la vendange.

Deux consuls et un conseil, formé de tous les chefs de famille, géraient les affaires communales. Les revenus se tiraient des tailles imposées et de la ferme des mesures du vin ; les dépenses comprenaient l'impôt dû au roi, les charges locales comme poules et moutons offerts au seigneur, pauvres portés dans les localités voisines, messes de St-Sixte et de St-Roch, gages du maître d'école, abonnement de la taxe foraine, entretien des moulins, passages de Bohémiens, dettes communales, etc. En 1745, la commune supportait 80 livres 1/2 de charges locales ordinaires, 60 d'extraordinaires, les intérêts de 1500 livres de dettes liquidées au 5 0/0. Son territoire ingrat, « ardu » et penchant, sujet aux ravines et couvert de pierres » produisait peu de blé, de vin et d'huile.

Relativement aux charges générales, elles arrivaient, en 1766 à 1,184 livres : 843 pour la province, 43 pour le taillon, 24 pour la viguerie, 203 du sol par livre, 12 pour droits de quittances, 37 pour offices municipaux.

Voici les chiffres de 1873 pour contributions directes, allant à 4210 fr. 61 centimes.

        Part de l'Etat 2,099 68
        — du département. . 1,000 60
        — de la commune. . 1,095 15
        non-valeurs 15 18

A côté de ces renseignements statistiques, il est bon de relever une délibération curieuse de 1667, qui alloue 72 livres de gages par an à l'instituteur, oblige tous les habitants à acheter de la viande d'un bœuf de laboureur, accidentellement blessé, et à faire une journée pour relever toute maison qui s'écroulait dans la commune. N'était-ce pas là de la bonne philanthropie ?

Le traitement du maître d'école ne se maintint pas à 72 livres, car à partir de 1673, il ne dépassait guères 30 livres. Il est vrai que, d'après une lettre du subdélégué de l'intendant, du 11 janvier 1737, les classes étaient ouvertes seulement six mois.

Terminons cette notice par quelques chiffres sur l'étendue territoriale et sur la population :

1835 Bois. . . . . . 283 hectares — Terres 707
— Vignes. . . . 23 — — Prairies. . . . 26
— Pâturages. . . 634 — — Routes et rivières. 115
— Terres incultes. 154 — — Edifices publics. . 2
— En tout. . . 1.944 hectares.

En 1839, le revenu des 130 maisons atteignait 1,577 fr. et celui des 1,829 hectares imposables 20,851 francs ; en tout 22,428 fr., soit un revenu moyen de 11 fr. 40 par hectare.

La population à diverses époques a suivi la marche suivante :

1787 — 360 âmes.   1850 — 360 âmes.
1796 — 400 —   1860 — 344 —
1830 — 411 —   1870 — 354 —
1840 — 391 —   1880 — 320 —

Le village est à 4,630 mètres nord-est de Remuzat, à 32,144 nord-est de Nyons et à 121,936 sud-est de Valence.

Son nom de Cournillac, en patois, *Cornilhanum* en 1269, *Cornillacum* et *Curnilhanum* lui vient de Korn, carn, rocher auquel la forme *Cornillacum* ajoute l'idée de domaine ou d'eau.

Outre l'église paroissiale, sans caractère architectural, il y a les chapelles de St-Roch et de St-Genay où les habitants vont demander la guérison de la peste et la pluie en temps de sécheresse. (1)

---

(1) Archives de la Drôme. — *Annuaires officiels* — M. de Coston, *Etymologies des noms de lieu.* — *Tableau des distances légales.* — *Statistique de la Drôme.* — *Nouveau projet de répartition.*

CORNILLON

Placé entre Cornillac et la rivière d'Oule, le village chef-lieu de la commune, desservi par le chemin de grande communication n° 11 de Die à Nyons, occupe le sommet d'un coteau de sable qui domine la vallée de Remuzat, dont il est distant de 5,490 mètres, et comprend une quarantaine de maisons, généralement mal bâties et séparées de l'est à l'ouest par des rues étroites.

Quant à l'ancienne agglomération, sous le château fort, au nord-ouest, construit sur un roc escarpé en forme de cone ou de corne, d'où est venu le nom de *Cornelium*, *Curnillio* et *Cornillio* en latin et Cournillou en patois, elle fut détruite par les Sarrasins, rebâtie dans la suite, et abandonnée à des époques inconnues. Son enceinte mesure 650 mètres de long sur 500 de large, et ses murailles de 3 mètres d'épaisseur font l'étonnement des touristes et des archéologues. (1)

D'après le *Dictionnaire de Provence*, ce vieux manoir dut être habité par les moines de St-Bodon, maîtres de la vallée, ou par leurs intendants ou procureurs. On conservait à Remuzat, à la fin du siècle dernier, des actes aujourd'hui perdus, qui avaient été reçus dans cette résidence aérienne.

Les Bénédictins de l'Ile-Barbe, successeurs des religieux de St-May, ayant cédé leurs droits aux comtes de Provence, ceux-ci faisaient garder la position stratégique par six sergents et un châtelain. On y trouve, en 1329, Simonet d'Atrabas; en 1331 et 1332, Simon de Ras ou d'Arras ; en 1339, Guillaume de La Motte et, en 1344 et 1345, François Flotte, aux gages de 130

---

(1) *Inventaire des Dauphins* n°s 1231, 1240, 1270, 1338, 1833.

livres reforciats valant 105 livres coronats et 12 sols, soit 2 sols 4 deniers au châtelain et 10 sols aux six sergents, par jour.

Lorsque le châtelain était absent, comme en 1332, le grand sénéchal de Provence affectait son traitement aux réparations du château. (1)

Nous redirons à St-May, l'histoire des religieux de Bodon et celle des Bénédictins de l'Ile-Barbe ; pour le moment, il suffit de savoir qu'à partir de l'an 1261, la vallée de Cornillon, dite aussi Claverie de l'Oule, dépendit de la Provence ; qu'elle fut plus tard comprise assez longtemps parmi les Terres adjacentes, réunie par arrêt du Conseil à la viguerie de Sisteron, au commencement du XVIIᵉ siècle, et incorporée en 1790 dans le canton de Remuzat et le département de la Drôme.

Sous les comtes de Provence, des seigneurs féodaux y jouissaient de droits acquis des religieux de St-May ou de l'Ile-Barbe. Les Mévouillon, les Isoard de Chalancon (1268), les Rozans, les Alleman (1279), les Dauphins et les Cornillon (1319) sont les premiers dont l'histoire ait conservé les noms sans autres détails.

Viennent ensuite : Bertrand de Baux, qui reçut la vallée de la reine Jeanne ; Raymond d'Agout, mari de Léone de Baux (1348) ; Guillaume *de Sanhis* (1391), gratifié par la reine Marie des biens de Reynaud de Remuzat et de ses fils rebelles ; les Grolée-Mévouillon de 1541 à 1560, et enfin René de la Tour-Gouvernet, acquéreur du fief, en 1615. (2)

La postérité de ce dernier le conserva jusqu'à la Révolution ; bien qu'en 1710, le marquis de Montbrun l'ait possédé un instant à titre de créancier.

La plupart de ces familles, sont déjà connues des lecteurs.

---

(1) *Inventaire sommaire des Archives des Bouches-du-Rhône* B. 489, 2066, 2067, 2970 et 2080.

(2) *Invent. somm. des Bouches-du-Rhône* B. 486, 537, 737, 3308, 2719, 2068, 2070, 2071, 2073.

On sait d'autre part qu'en 1728, le marquis de la Charce affermait aux habitants de Cornillon ses droits seigneuriaux, pour 790 livres, et que ce chiffre descendit à 630 en 1750 et à 540 en 1780 ; qu'en 1737, l'intendant de Provence défendait au marquis de la Charce et à l'abbé de Taulignan d'y exiger un droit de pulvérage sur les troupeaux qui y passaient ; et que, vers 1706, Mme de La Charce réclamait pour Louis de La Tour, revenu d'Angleterre à Nyons, du blé et des poules pour ses fêtes de Noël. (1)

Malgré la présence de religieux, maîtres alors de la seigneurie, l'abbaye de St-Victor de Marseille reçut de Gérard, évêque de Gap, le prieuré de St-Martin de *Cornelio* et le possédait encore en 1135, d'après une bulle d'Innocent III. (2)

La liste des évêques de Gap ne renferme aucun Gérard, mais, vers l'an 1000, un Feraud ou Geraud, qui doit être le donateur cité.

Selon Achard, la paroisse en 1787 ne contenait que 60 familles et 250 âmes ; l'église paroissiale, sous le titre de St-Michel, était desservie par un prieur-curé, à la nomination de l'évêque de Gap ; elle se trouvait à 3 ou 400 pas du village actuel. Alexandre de Fortia, prieur du lieu, vers 1695, percevait le produit de la dîme, évalué 245 livres, et le revenu de quelques fonds allant à 14 livres, et sur cette somme il donnait au curé 200 livres de portion congrue.

Aujourd'hui, l'église dédiée à Notre-Dame, de dimension exiguë, grossièrement crépie et mal meublée, offre une voûte en pierres, deux chapelles latérales et une petite sacristie ; le service religieux y est fait par un desservant depuis un décret du 10 novembre 1873.

Les comptes de la claverie de la vallée d'Oule, analysés dans l'*Inventaire sommaire, des archives des Bouches-du-Rhône*, révèlent quelques détails intéressants. Ainsi les recettes de

---

(1) *Invent. som. de la Drôme* E. art. Cornillon.

(2) *Cartulaire de St-Victor de Marseille.*

1323-24 accusent 3 livres de guidage (sauvegarde) exigé en blé et en cire, pour Cornillon et Clermont ; 1 sol dû par Raynier de Montréal et 17 par Bassanin ; 20 livres 17 sols des lates, à raison de 2 sols par dette avouée et de 4 sols par dette niée, et 25 livres pour amendes diverses, total 225 livres.

Dans les dépenses figurent d'abord les frais de poursuites contre Jacques Rivière, chevalier, accusé d'avoir voulu empoisonner Raymond de Mévouillon, et ceux d'une expédition armée contre Pommerol, à laquelle 454 hommes prirent part, et ensuite les gages de Jean Pilard, châtelain de Cornillon et de ses six soldats, du 1er novembre 1323 au 9 juillet 1324, allant à 89 livres... total 215.

En 1340, les revenus de Cornillon et de Remuzat s'affermaient à Paris, de St-Sauveur, châtelain, 90 livres 10 sols coronats.

D'autres comptes de la même époque attribuent à la cour de Provence le fournage et la moitié du produit du moulin, le blé des *gaschères*, des services (redevances) en argent, en blé et en poules, les corvées de 42 hommes à 3 deniers l'une au temps ou l'on bêche la vigne (il y a aussi des corvées de femmes et de bétail en 1340), les 5/6 du péage, l'autre sixième appartenant à la famille de Cornillon, des droits de pâturage à raison d'un fromage par bergerie ou par troupeau, la haute seigneurie, le mère et mixte empire et la juridiction, les lods ou treizains, les lates, les bans et amendes, sans parler des propriétés immobilières en vignes et en prés.

Les amendes, paraît-il, constituaient le plus solide revenu de la claverie, si l'on en juge par celles que prononçait, en 1330-31, le juge de Sisteron et de la vallée de l'Oule. Le relevé de celles qui regardent Cornillon tout seul est en effet curieux.

Gras est condamné à 20 sols pour avoir négligé, étant vibailli, de dénoncer quelques délits commis au château ; divers habitants, à 10 sols chacun pour s'être querellés avec les soldats du fort et les avoir suivis jusqu'au four banal avec des démonstrations hostiles ; Françoise de Cornillon, à 3 sols, pour avoir fraudé la cour de Provence, en vendant comme franche d'impôts une terre assujettie à la tasque ; Etienne Médici, à 100 sols pour avoir traversé le territoire avec 2 ânes chargés de sel, sans acquitter les droits de péage. (1)

Le climat de Cornillon est froid, l'air sain et la santé publique excellente. « Tous les habitants, dit Achard, sont adonnés
» à l'agriculture ; ils sont affables et assez laborieux. Les prin-
» cipales productions du pays sont le blé, le vin et les fruits
» de toute espèce. On y recueille aussi des pommes de terre
» et de l'huile de noix. » (2)

Depuis 1787, ces renseignements n'ont pas cessé d'être vrais ; seulement le phylloxéra y a diminué de beaucoup les revenus agricoles. On assure pourtant qu'au moyen de trois belles sources, il serait facile d'y arroser plus de 200 hectares de terrains et de combattre ainsi le fléau.

« On remarque sur le versant méridional du coteau de
» Chamousset une autre source d'eau douce de 15 degrés de
» chaleur, qui jaillit au fond d'une grotte naturelle de 12 mè-
» tres environ de profondeur. Cette eau forme du tuf sur la
» mousse qu'elle fait croître en abondance. Au devant de la
» grotte, se trouve un jardin de 4 ares environ, ayant une
» surface horizontale sur ce tuf appliqué à un rocher calcaire,
» coupé à pic. L'eau de la source, après avoir traversé ce jardin
» par plusieurs petits canaux, se précipite en pluie fine dans le
» lit resserré de la rivière à l'endroit appelé *pas des ondes*, à
» une profondeur de 200 mètres au-dessous de la grotte. Les
» curieux pour arriver à la fontaine sont obligés de subir cette
» pluie et de suivre un sentier abrupt dans le rocher. » (3)

Nous avons relevé les chiffres suivants dans la comptabilité communale :

Années	Recettes	Dépenses
1694	1954 livres	1801 livres.
1703	869 —	833
1711	882 —	882

---

(1) *Inv. somm.* des Bouches-du-Rhône II, pp. 17, 37 et B. 1519.

(2) Achard, *Dictionn. de Provence.*

(3) Notes de M. le maire et de M. l'instituteur.

Les recettes et les dépenses comprenaient la taille, le taillon, la capitation et les charges locales, comme les gages de l'instituteur fixés à 30 livres, de 1715 à 1730, à 60, de 1741 à 1745, et à 72 en 1770.

Voici les contributions de 1873, allant à 3090 francs 84 centimes :

Part de l'Etat.	1420 f. 60
— du département . . .	670 36
— de la commune . . .	942 12
Non valeurs.	57 76

La contenance du territoire, en 1835, accusait 329 hectares de bois, 468 de terres, 12 de prairies, 429 de pâturages, 48 de vignes, 80 de routes et rivières, 87 de terres incultes, etc, total 1,455 hectares.

En 1839, le revenu des 1,375 hectares imposables arrivait à 13,750 fr. soit 10 fr. par hectare et celui des 67 maisons, à 916, total 14,666 fr.

La population a suivi les fluctuations suivantes :

1709 — 220 âmes		1850 — 301 âmes	
1796 — 278 —		1860 — 251 —	
1830 — 340 —		1860 — 258 —	
1840 — 317 —		1880 — 237 —	

Le village de Cornillon est à 32,984 mètres nord-est de Nyons et à 122, 776 sud-est de Valence. (1)

---

(1) *Tableau des distances.* — *Annuaires de la Drôme.* — Archives de Cornillon et de la Drôme.

CURNIER & ARPAVON

I

Bouche et Robert placent Curnier dans la principauté d'Orange et dans l'archiprêtré de Val-Benoît au diocèse de Sisteron. Si le second point est vrai, le premier manque d'exactitude, puisque ce lieu, du domaine féodal des Mévouillon et des Dauphins, fut incorporé seulement en 1341 dans les possessions des princes d'Orange, de la maison de Baux.

Placé aux dernières assises et à la jonction de deux montagnes en face du confluent de l'Ennuie dans l'Eygues, *Cornierium* en 1035, *Currerium* en 1231, *Cornerium* en 1297, *Curnerium* en 1300 et 1319, *Curnierium* en 1317, Curneyer et Corneyer au XVIIIe siècle signifie cap, corne, pointe et quartier. (1)

Son château, dont quelques restes subsistent encore, dominait à la fois l'entrée de la vallée de l'Eygues et de la vallée de l'Ennuie ; c'était donc un point stratégique, et cela seul explique sa destruction. Quant au village actuel, sur la rive gauche de l'Ennuie, il n'offre aucun monument remarquable à l'archéologue. En revanche, deux inscriptions attestent le séjour des Romains en cet endroit: la première rappelle l'accomplissement d'un vœu de Sabinus Cœlius aux déesses Mères, en grande vénération chez les Vocontiens, puisqu'elles avaient des adorateurs à Vaison, à Dieulefit et à Pont-de-Barret ; (2) la 2°, décrite

---

(1) M. de Coston, *Etymologies des noms de lieu de la Drôme. Cartulaire, St-Victor* p. 860. — *Invent. des Dauphins* n°º 1351 et 1404. — Valbonnais II, 165, 605. — Bouche, *Hist. de Provence* II, 241. — Robert, *Etat de la Provence* I, 755.

(2) M. Florian Vallentin : *Bulletin épigraphique de la Gaule*.

et publiée dans ce *Bulletin* par M. Allmer, se trouve aujourd'hui au musée St-Germain : c'est l'épitaphe de Séveriola, épouse incomparable de Marinus et fut trouvée en 2 tronçons dans les ruines d'une chapelle, au lieu de la *Donne*, entre les Pilles et Curnier. (1)

Après les Romains et les Gallo-Romains, d'épaisses ténèbres couvrent la contrée, et il faut arriver à 1205 pour rencontrer des documents. B. Arcelar, W. (Guillaume) Arrelar et Richard Geranz rendent alors hommage à Raymond de Mévouillon pour tous les biens qu'il leur avait donnés à Curnier, et reçoivent de lui 1000 sols d'indemnité. (2) Il s'agit ici sans doute des Artelar, plusieurs fois cités dans le *Cartulaire de Roaix* et notamment en 1178 ; toutefois un acte de 1358 mentionne aussi Pierre Artilhan, de Piégon, et sa fille Briancie, nièce et héritière de Guigues Guirand, coseigneur d'Arpavon, près de Curnier. (3) Ne seraient-ce pas les mêmes familles dont les noms se trouvent défigurés dans l'un ou l'autre des deux documents ?

Nous laisserons dans l'ombre ces premiers seigneurs, trop peu connus, et même Gertut de Sahune, en 1231, pour rappeler la soumission des Mévouillon aux Dauphins de Viennois, en 1293, et l'abandon de leurs droits aux mêmes princes, en 1317, à Curnier et autres lieux voisins. (4)

Les nouveaux suzerains établirent là quelque descendant de l'ancienne famille des Eynard ou Monteynard, puisque Jean, fils de Raymond et de Philippine, rendit hommage vers 1300 au Dauphin pour Curnier, et que Lantelme renouvela cette marque de soumission à Guigues VIII, le 30 mars 1330. Mais, à des possessions si éloignées du berceau de la famille, le même Lantelme en préféra d'autres plus à sa convenance et, le 10

---

(1) *Bulletin de la Société d'Archéologie de la Drôme* III, 225.
(2) Invent. de la Chambre des Comptes de Grenoble
(3) *Invent. chronolog. et analyt. des titres de la maison de Baux* n° 1375.
(4) Valbonnais I, 35 et 276 ; II, 165, 166, 169. — *Inv. des Dauphins.*

septembre 1331, il échangea Curnier et 25 livres de rentes au Buis, que lui avait léguées Henri, baron de Montauban, contre Roac, Roach, Roagh ou Rohac, au mandement de La Mure, dont il fut investi l'année suivante. (1)

Malgré le faible revenu du fief, Curnier était partagé en deux parts et, en 1334, Guillaume de Mévouillon, héritier universel de Raimbaud de Lachau, se reconnaissait feudataire d'Humbert II pour l'une d'elles. (2)

Or, le même Dauphin, pour dédommager Raymond de Baux V, prince d'Orange, de l'hommage qu'il lui avait rendu, se désistait en sa faveur, en 1341, des châteaux de Montbrison, Noveysan et Curnier. D'après une charte de la même année, cette cession avait pour but de compléter les 500 florins promis au prince par Humbert II, qui, en 1339, lui avait déjà donné le château du Poët.

Dans son hommage de 1343, le prince d'Orange s'engageait à soutenir le Dauphin en ses guerres avec trois hommes convenablement armés, et Humbert II conservait Curnier, Montbrison etc., bien que son vassal dût les faire garder à ses frais. Toutefois, l'année suivante, le Dauphin rendait les mêmes terres à Raymond de Baux, à la condition qu'il ne pourrait y battre monnaie. Enfin, en 1345, Humbert II ordonnait l'exécution complète des conventions passées entre Anne de Vienne, veuve de Raymond IV de Baux, et Raymond V, son fils, au sujet de la baronnie de Sahune, Curnier ou toute autre terre. (3)

On a encore des hommages rendus au Dauphin et au fils aîné du roi de France par le prince d'Orange, en 1349, pour « Curneier, Montbrison, Montbreton, Noveysan et Sahune ; » mais au lieu de Montbreton il faut lire sans doute Montréal, beaucoup plus voisin de Sahune et de Curnier. (4)

---

(1) Archives de l'Isère II, B, 3022.

(2) Inv. de la Chambre des Comptes.

(3) *Inv. chronol. et analyt. des de Baux* nos 1200, 1236, 1246, 1275, 1374.

(4 Valbonnais.

Malgré cet hommage il existe une difficulté que nous n'avons pu résoudre.

Dans l'acte de mariage de Raymond V de Baux avec Jeanne de Genève, fille de comte Amédée III (du 12 avril 1358), la future reçoit en dot de son père, et pour tous ses droits sur les biens de Mathilde de Boulogne, « la somme de 12000 florins d'or, dont
» 1000 devaient être perçus sur les revenus des châteaux de
» Montréal, Arpavon, Curnier et leurs territoires. Suit l'investi-
» ture de ces châteaux donnée au prince d'Orange, par la remise
» d'un bâton que le comte de Genève tenait dans ses mains,
» avec ordre à ses officiers de prêter hommage au nouveau sei-
» gneur et de lui faire payer les cens et services obligatoires.» (1)

Selon Valbonnais, Jean II, en recevant l'hommage de Guillaume, comte de Genève, lui avait donné 15,000 livres à titre de récompense.

La rareté de l'argent avait-elle obligé le Dauphin à laisser au comte les revenus de quelques unes de ses terres ? La preuve en fait défaut ; mais l'hypothèse est probable.

D'autre part, Humbert II, en 1334 ayant cédé à Jean de Châlon, seigneur d'Arlay, fils de Béatrix de Vienne, sœur du Dauphin Jean II, les châteaux de Trescléoux et d'Orpierre et des rentes à la mère et au fils pour les indemniser de la renonciation à tous leurs droits sur le Dauphiné, Agnès de Châlon, mère d'Amédée III, avait-elle apporté à Guillaume de Genève, son mari, partie de ses droits sur Curnier et les terres voisines ? Cette seconde hypothèse est également admissible. (2)

Quoi qu'il en soit, une lettre de Raymond de Baux V, du 8 février 1367, charge Guillaume de Lussans, son procureur, de faire exécuter les volontés d'Humbert II, contenues dans sa lettre du 2 mars 1345, relative à la baronnie de Sahune et aux châteaux de Curnier, Monturison et Noveysan, lettre aujourd'hui perdue. D'où il serait permis de conclure que les droits du comte de Genève étaient purement accidentels et momentanés.

---

(1) *Inv. chronol. et anal. des titres des de Baux*.
(2) Valbonnais.

On trouve, en 1386, un ordre de Raymond de Baux V à son procureur de donner en gage à Hugues de Châlon d'Arlay les châteaux de Curnier, Noveysan etc. avec pouvoir d'en toucher les revenus, et, la même année, le mariage de Marie de Baux, fille du prince d'Orange, avec Jean de Châlon.

Louis, né de cette alliance, négligea ses devoirs de vassal envers le Dauphin et, en 1414, un délai lui fut accordé pour se mettre en règle avec les lois du temps ; mais il se révolta contre son suzerain et ne prêta hommage qu'en 1428.

Bien plus, il reprit les armes, fut battu à Anthon en 1430, et perdit ainsi toutes ses terres de Dauphiné. Il les recouvra toutefois, en obtenant son pardon, et les reconnut en 1448 à Louis, Dauphin, alors à Valence. Cela n'empêcha pas Guillaume VIII de Châlon d'avoir des difficultés avec ce prince, et Imbert de Bathernay devint possesseur de Curnier, Noveysan etc. vers 1479.

La mort du favori de Louis XI ou le retour des bonnes grâces du monarque ramena ces terres chez les Châlon, car en 1484, Jean, l'un d'eux, les donnait à Etienne, son frère illégitime, mari de Catherine de Poitiers d'Allan, et père de Gaucher de Châlon, qui en mourant sans postérité, les transmit à Jean, Louis et Charles de Poitiers, ses neveux, vers l'an 1502, comme on l'a vu à Condorcet.

Nous ignorons pour quelle cause Curnier, Montbrison, Noveysan etc. retournèrent aux Châlon, princes d'Orange ; mais Philibert de Châlon, en 1508, René de Nassau, neveu de ce Philibert, en 1540 et Guillaume-Henri de Nassau, en 1687, reconnaissaient les tenir des rois de France, successeurs des Dauphins. (1)

Il reste encore à expliquer un hommage des mêmes seigneuries, rendu au Roi-Dauphin en 1394, par Hugonin de Saluces, et l'*Inventaire des titres de la maison de Baux* nous permet d'éclaircir ce point.

---

(1) Invent. de la Chambre des Comptes.

Hugues ou Hugonin de Saluces, mari de Marguerite de Baux tenait en gage les deux terres précitées pour garantie d'un prêt de 3,200 livres à Jean de Châlon et à Marie de Baux. Une fois payé, il perdit les droits qu'il y avait encore en 1401.

On dit qu'avant la Révolution Curnier avait été cédé par le Domaine à des engagistes, dont Raymond de Modène fut le dernier, et cela par suite de l'annexion à la France de la principauté d'Orange. (1)

Il y a ici dans l'histoire du fief une grande lacune que l'absence d'archives municipales ne permet pas de combler.

Curnier, autrefois n'avait pas son autonomie : c'était une simple section de Sahune. Comme paroisse, il dépendait de l'évêché de Sisteron, et son église était dédiée à Notre-Dame. Devenu indépendant en 1790, il fut rattaché d'abord au canton de Mirabel et, vers l'an VIII, à celui de Nyons. Quant à son église, elle devint succursale en 1807, avec Montaulieu et la Bâtie-Côte-Chaude pour annexes.

L'histoire du tiers Etat se réduit pour Curnier à quelques simples notes. De 1333 à 1341, il payait aux Dauphins des censes en argent (52 sols), en grains (114 émines), en vin (4 muids), en poivre (1 quarteron) et en présure pour les fromages (1 livre 1/2); des tâches en poules et en graine de chanvre (1/2 émine) ; des lods (48 sols) ; pour le péage (48 sols) ; des clames (4 sols) et des amendes (4 sols 1/2) ; pour le péage 34 sols ; pour les vignes delphinales 63 sommées de vin, 3 de noix, 8 émines d'amandes et 37 brocheaux d'huile d'olive.

Les dépenses comprenaient 10 florins au châtelain, 5 au bailli, 4 au juge, 5 pour frais de vendanges, etc.

René de Châlon, en 1540, et Guillaume-Henri de Nassau, en 1687, déclaraient y percevoir un péage, un droit de pulvérage, le vingtain des agneaux, des chevreaux, des grains et des raisins, des censes, corvées et lods, estimé le tout 90 florins, tous frais déduits. (2)

---

(1) *Almanach du Dauphiné* pour 1789.
(2) Invent. de la Chambre des Comptes.

Terminons par quelques notes de statistique.

Les contributions directes de 1873, allaient à 2,565 fr. 53 cent.

    Part de l'Etat . . . . .   1,198 f. 34.
    — du département. . .   516 99.
    — de la commune . . . .   793 83.
    Non valeurs . . . . . .   56 37.

La contenance de 1835 accuse 215 hectares de bois particuliers, 154 de terres, 85 de vignes, 6 de prés, 216 de pâturages, 85 de routes et rivières, etc., total 794.

D'après M. Mermoz (1839), le revenu des 709 hectares imposables atteignait 7,657 fr. soit 10 fr. 80 par hectare et celui des maisons, 1,315 fr. : total 8,972.

La mairie est à 11, 318 mètres E. de Nyons et à 101,110 mètres S. E. de Valence.

Voici les chiffres de la population à diverses époques :

    1830 — 271 âmes   1860 — 271 âmes
    1840 — 256 —   1870 — 280 —
    1850 — 227 —   1880 — 244 —

De Curnier revenons à Arpavon.

Depuis la publication de la notice sur Arpavon, la première de ce travail sur l'arrondissement, les archives de cette commune ont été découvertes dans une maison abandonnée, grâce au concours intelligent de M. Bompard, curé de la paroisse, et il est utile d'en faire connaître ici les traits les plus saillants. On aura de la sorte, par induction, une idée de ce qui se passait ailleurs aux mêmes époques.

A la vérité, les nouveaux documents sont à peu près muets sur les possesseurs du fief, se bornant à indiquer un bail à ferme en 1616 par les commissaires du Roi à Martin Rey pour 3 ans et 250 florins par an. (1)

Au point de vue religieux, ils sont un peu plus explicites ; mais les révélations contenues sur le tiers Etat ne manquent pas d'un réel intérêt.

---

(1) *Invent. somm. des Archives de la Drôme*, T. III.

Savait-on, par exemple, que le village eût souffert des troubles de 1621, et des fréquents passages de troupes dans la première moitié du XVII⁰ siècle ?

Aucun auteur, à notre connaissance, n'avait signalé ces faits.

Selon M. Eug. Arnaud le motif du soulèvement de 1621 aurait été la ruine des églises réformées de Béarn. Lesdiguières avait accompagné Louis XIII à Montauban et les protestants du Dauphiné, n'ayant plus à redouter sa présence, se réunirent à Die, au mois d'avril, y établirent un conseil politique, offrirent à l'assemblée de la Rochelle une soumission complète et nommèrent Jean Dupuy-Montbrun, fils de Charles, lieutenant-général des églises du Dauphiné, en l'absence de Lesdiguières. Le nouveau chef, secondé par Guy Pape, sieur de St-Auban, Charles de La Tour-Gouvernet, Charles de Vesc de Comps, etc, entra en campagne au mois de septembre, échoua sur le Buis, se saisit de Mollans, Reilhanette, Puygiron, la Baume-Cornillane et autres places ; (1) puis, grâce au retour de Lesdiguières, le mouvement s'arrêta soudain au commencement de 1622.

Voilà l'ensemble. Aux détails maintenant.

Le 29 octobre 1621, Montbrun défendait aux consuls d'Arpavon « de se dessaisir des deniers de la taille de 110 livres
« 18 sols 4 deniers imposée, dès le mois de septembre, sur le
« general de la province, et de la payer à aultre qu'au recep-
« veur general des eglises, à peyne de payer deux fois et d'en
« respondre en leur propre et privé nom, et aux rentiers,
« fermiers ou tenanciers des biens, rentes et revenus, censes
« et pensions des ecclesiastiques de l'eglise romaine, chacun en
« droit soy... de n'avoir à s'en dessaisir..., sur les mesmes
« peynes que dessus, et de les payer à d'aultres qu'audit
« recepveur general des eglises. »

Jacob Videl chargea donc Mathieu Teste, procureur au Buis de mettre la main sur tous les revenus ecclésiastiques de la contrée. (2)

---

(1) *Hist. des protestants du Dauphiné*, II, 8.
(2) *Invent. somm. des archives de la Drôme*, III, 375.

C'était un moyen de s'assurer des ressources, car l'argent, selon l'axiôme vulgaire, a toujours été le nerf des entreprises.

Arpavon refusa-t-il d'obéir promptement ou son fort offrait-il une position stratégique? L'une et l'autre raison, sans doute, guidèrent St-Auban, lorsque le 12 novembre 1621 il chargea le sieur de La Vérière d'aller prendre le fort.

Le capitaine « estant à Sahune trouve laffaire dispose, sen
« va audit lieu avec ses compaignons, avec le capitaine Armand
« et 25 des siens prendre Arpavon. Le jour estant venu, re-
« cognoissant que la place n'estoit pas tenable, il dict au capi-
« taine Armand de la quitter, ce que le capitaine ne trouva
« pas bon que premier il n'en heut donné advis au seigneur de
« St-Auban, que le lieu estoit contribuable à la cause, il fut
« donc treuvé à propos de s'accorder avec eux et les desman-
« teller. Cependant le capitaine Armand se retire à Sahune
« avec la moitié de ses gens; le sieur de La Vérière se barri-
« cade dans le fort; la nuict estant venue, et environ la minuict,
« le sieur de La Vérière fut investi par le sieur de Ste-Jalle,
« avec bon nombre de gens et attacqué une h... e devant jour
« et la dura jusques une heure de soleil, que les ennemis eurent
« gaigné la moitié du fort, par le moyen des paysans qu'ils
« persarent par dedans les maisons; fust donc contrainct le
« sieur de La Vérière quitter le fort, y laissant ses armes,
« munitions, chevaux, mulets, bagaiges de ses compaignons, à
« son grand interest et ruyne, s'il n'y estoit proveu. » (1)

Il demande donc à Montbrun de lui accorder un mandat de 2,000 livres sur Arpavon, Ste-Jalle ou le Poët, « qui ont
« retiré les biens et commodités despuis l'action passée, sauf
« leur recours sur ceux d'Arpavon, en récompense de la perte
« qu'il a éprouvée. »

Le général permet au suppliant d'user de représailles sur les

---

(1) On trouve dans le compte de 1621 une dépense de 2 sols pour ensevelir les morts dans cette action.

lieux mentionnés en sa requête jusques à la somme de 1,200 livres, le 26 décembre 1621, en l'assemblée politique des églises tenue à Die.

M. de Ste-Jalle se plaignit aux consuls de Sahune de leur connivence avec le sieur de La Vérière et de saisie de bétail emmené dans leur village ; mais ils se justifièrent sur ce chef. (14 janvier 1622).

Arpavon, protégé par un fort, aujourd'hui ruiné, avait-il autrefois une ceinture de remparts ? Nous ne le pensons pas. Toutefois, il en réclama une à diverses reprises, afin de se garantir du logement des soldats de passage. Dès 1595, Alphonse d'Ornano l'autorisait ; mais la dépense était forte, et en 1655 les murs protecteurs n'étaient pas encore commencés.

« Je n'ay que vous dire, écrivait aux consuls M. de Pingré
« le 14 février, d'y faire travailler le plus tost que vous pourrés,
« et d'en bailler le pris faict sans y perdre temps, et pour faci-
« liter ceste bonne œuvre, je trouve bon que la somme que
« vous conviendrés estre baillée aux maistres, qui prendront
« ledit pris faict, soit payée par les habitans au sol la livre de
« leurs biens, et, pour la difficulté des corvées, M⁰ Laurens
« Rey, Simon Bernard, vostre consul, Carrière et Tortel les
« regaleront à la presence de M. le curé, en leur conscience, et
« après, le consul en nommera d'autres pour taxer le pris.....
« Je crois que ce moyen faira cesser toutes les difficultés, et le
« pris faict qu'on m'a dict que quelques particuliers ont baillé
« pour reparer le fort, je l'empecheray de tout mon possible,
« ne voulant pas exposer tout le reste pour en sauver quel-
« ques-uns, ny qu'on choque l'authorité de Mgr le duc en
« restablissant ledit fort, qui dans une guerre civile pourroit
« causer la ruine totale du lieu. »

Il est probable que rien ne se fit, car une autre précaution moins coûteuse fut recherchée avidement par la population, que les passages de troupes reduisaient à la misère ; nous voulons parler d'une sauvegarde du lieutenant général de la province. Le maréchal de Créquy, le 5 novembre 1626 et Lesdiguières, le 16 février 1641, défendirent, en effet, à tous gens de guerre « d'y loger, fere loger ou souffrir y estre logé aucun « soldat, sans ordre expres du Roi, avec son attache, ni enlevé « aucune chose aux habitans,à peine de la vie. » Ce *palladium* ne les sauva pas, et M. de Pingré avait beau leur recommander d'exciper de leur sauvegarde et de l'avertir des difficultés, les logements officiels continuaient à ruiner les habitants. Le même seigneur en 1654, les exhortant à la patience, ne leur mandait-il pas, ces mots : « pour le présent, il est impossible d'y pouvoir « rien faire, plus de 20 villages ont souffert comme vous ! »

On y trouve, en 1621, des impositions d'aides à l'entretien de la compagnie de Lesdiguières, en 1622, à celui des carabins de M. de Montauban, commandés par M. Deneyrol, et des soldats de Mévouillon, sans les logements ou aides de 1622, 1624, 1627 et 1628.

M. de Ste-Jalle, seigneur d'Arpavon écrivait le 2 mars 1630, au sujet de la menace d'une simple couchée des recrues du régiment de Picardie : « Je jure que mes subjets desabiteroient « tous pour n'avoir de quoy faire l'avance, car il n'y a que « 3 jours qu'ils ont souffert la couchée des carabins de M. Des- « sandres, du Languedoc, qu'ils ont logé à discretion, sans « ordre et par force, et les ont mis à la faim, comme un lieu « ouvert, exposé à tous orages ; s'ils sont contraints de les « loger, ils sont perdus par about.... »

Une requête tendant à réduire de 5 quarts de feu à 2 quarts et demi la cotisation aux rôles des subsistances et quartiers d'hiver donnait les renseignements suivants : « Le lieu est « situé sur le hault et en pente ; la rapidité des eaux pluviales « leur apporte de grands dommages, ravageant la plupart de « leurs fonds cultivés, emportant la superficie du peu de terre « qu'il y a, laissant en plusieurs endroits rochers pelés et « hermes infertiles, et dans le peu de prairies qu'ils ont au bas « de leurs montaignes de grosses pierres et gravier. » Il faut ajouter à ces maux les ravages, dans la vallée, de la rivière d'Ennuie, le manque d'herbages et de bétail, l'émigration depuis 10 ou 12 ans de bon nombre d'habitants, les désordres infinis causés par les troupes dans un lieu ouvert et les événements de 1621 arrivés « en la province par ceux de la religion, « (lesquels) se saisirent du lieu et pillèrent tous les habitants, « leur ayant enlevé presque tout le bestial de labourage et « aultre, les ayant réduits par ce ravage dans une extrême « necessité, de laquelle ils n'ont pu se relever du depuis... »

Les charges de guerre grossissaient démesurément les rôles de tailles, et quand même elles étaient remboursées par le Roi, l'avance de fonds ne laissait pas d'être bien onéreuse à une époque où le commerce n'était pas développé, ni le numéraire abondant.

De 1654 à 1773 les recettes des comptes consulaires s'élevèrent de 491 à 799 livres et les dépenses, de 489 à 819.

Dans ces chiffres entraient naturellement les impôts levés au nom du Roi et de la province et les charges locales : école, chemins, enfants assistés, Bohémiens, cadastre, etc.

Une délibération de 1604 allouait 15 livres à un instituteur ; plus tard en 1691 et 1692, il en recevait 30 et même 38 en 1737 pour cinq mois et demi.

Dès 1683, les chemins de la commune étaient entretenus au moyen d'une journée de tout propriétaire ; de plus, il y avait des visiteurs ou voyers, qui réclamaient à leur passage de 2 à 4 livres.

Les documents conservés signalent un seul enfant abandonné dont, en 1684, l'entretien fut adjugé aux enchères pour 28 livres l'année.

Quant aux Bohémiens, Egyptiens ou autres aventuriers nomades, rançonnant les communes depuis le XVe siècle, on s'explique difficilement la terreur qu'ils inspiraient et l'apathie de l'autorité en face d'un pareil abus. Quoi qu'il en soit, les comptes consulaires nous y signalent le passage, en 1603, du capitaine Mailhe ; en 1606, du capitaine Allin « maistre despée, » du capitaine Jacques et du sergent Lafont ; en 1620 et en 1626, du capitaine Simon ; en 1621, des capitaines La Rose et Philippe ;

en 1636, du capitaine Annibal. Chaque passage se soldait par des contributions de 10, 13, 22, 26, 44 et 45 sols.

Nous négligerons les autres dépenses, comme moins anormales.

La commune était administrée par deux consuls, élus chaque année le 6 janvier et par un conseil formé de tous les chefs de famille. En 1749, le 2e consul était chargé de la levée de la taille à raison de 5 deniers par livre et de la capitation, à 4 deniers par livre.

Chaque année les consuls sortants rendaient leurs comptes à leurs remplaçants, en présence de quatre auditeurs.

Malgré ce système économique, le village ne prospéra pas. Il avait pourtant songé à un avenir meilleur, témoin la délibération prise en 1604 de fournir une journée « soit de bœufs, beste à bast, d'homme ou de femme » à quiconque voudrait bâtir grange ou maison, afin d'offrir des logements aux nouveaux venus !

D'après une transaction de 1565 entre le prieur et les habitants, la dîme des grains, du vin, des légumes, des agneaux et chevreaux avait été réduite de la cote 14e à la 16e (de 16 gerbes 1); celle de la graine de chanvre avait été abandonnée, à la condition que la lampe du sanctuaire ne serait plus à la charge du prieur et qu'il serait exonéré également des fêtes de la St-Sylvestre, de Noël et de la veille de l'Annonciation, « cette despense « estant considérable pour le prieur, attendu la multiplication « du peuple et l'affluence d'iceluy. » Il est évident que sous les expressions un peu obscures de l'accord, s'abritaient des *de fructu*, collations ou repas dans le genre de ceux que nous avons rencontrés à Sahune ; mais nous ignorons si comme en ce dernier village, le prieur traitait séparément les compagnons envoyés à la recherche d'un roitelet, les hommes et les femmes.

En 1616, la dîme fut encore diminuée et portée à la cote 22e, et les habitants exigèrent la résidence du prieur et la 24e partie de la dîme pour les pauvres.

Plus tard, en 1735, un autre prieur ayant voulu réclamer la dîme du chanvre et des agneaux la population lui résista.

L'église, réparée en 1608, était interdite en 1692.

Ajoutons en terminant que Barbier, chanoine de Grignan, prieur d'Arpavon, se prétendait, en 1616, autorisé à se faire remplacer par un curé et que la multiplicité des fêtes obligeait souvent les fidèles à réclamer des dispenses au moment des semailles, des moissons et des vendanges, et nous aurons mis à profit tous les renseignements cueillis dans les archives communales. (1)

EYGALAYES

Cette commune dépendait, avant 1790, du diocèse de Gap, du Parlement d'Aix et de la viguerie et recette de Sisteron, et pour une partie de la province de Dauphiné ; elle fut réunie alors au département de la Drôme et incorporée dans le canton de Montauban, d'une courte existence, et dans celui de Séderon dont elle relève encore. (2)

Son nom d'Aygrelaye en 1346, d'Aygolayo en 1507, d'Aquelaye en 1513, d'Aigalaye en 1527, d'Egalayes et Gaudissard en 1581, d'Eygalaye-lès-Gaudichard en 1603, d'Esgallaye au XVIIIe siècle, tire évidemment son nom d'*Aqua*, eau, aigue en langage vulgaire, et de laye, forêt en langue romane.

D'après le *Dictionnaire de Provence* et la *Statistique de la Drôme*, Eygalayes remonterait seulement à trois siècles en arrière et se serait peuplé des habitants fugitifs de Gaudissard et de St-Jacques ou St-Jaume de Sarrières.

Un mémoire judiciaire de la fin du XVIIIe siècle assigne à la localité l'unique nom de Gaudissard et prétend que le château

---

(1) Voir *Inventaire sommaire des archives de la Drôme*, T. II, p.

(2) Archives de la Drôme, série M.

de ce nom à 1/2 lieue de l'Eygalayes actuel fut longtemps, avec les maisons voisines, un hameau de Séderon, ne faisant avec lui qu'une seule et même communauté. « Un incendie, arrivé de-
« puis un siècle et demi environ, consuma le château et le
« village de Gaudissard ; les habitants transférèrent leurs de-
« meures sur les bords du ruisseau de Riançon (affluent de la
« Meuge qui l'est elle-même de la Durance) et le village perdit
» son nom pour prendre celui d'Eygalayes. »

« Les sept habitants, qui s'établirent sur le bord opposé du
« Riançon et sur le terroir de Ballons, trouvant plus commode
« pour eux d'être de paroissialité à Eygalayes, obtinrent leur
« changement.

« Eygalayes et Ballons, l'un Provence et l'autre Dauphiné,
« sont deux pays en quelque sorte amalgamés ensemble, quoi-
« que de province différente. » (1)

Nous voilà donc en présence de versions contradictoires et de villages distincts ; pour plus de clarté, abordons la monographie de chacun.

St-Jacques de Sarrières.

« On a découvert, dit Achard, aux terres du prieuré de St-
« Jaume une espèce de caveau où il y avait des ossements ren-
« fermés dans des pierres creusées, longues et larges. On en a
« trouvé de pareilles dans les terres qui dépendent de l'ordre de
« Malte et que l'on nomme St-Ariès. Il est vraisemblable qu'il
« y avoit en ce lieu une maison de Templiers.

« Le prieuré de St-Jacques a été possédé en commende libre
« pendant plus d'un siècle par MM. de Coriolis d'Espinouse.
« A la mort du dernier, le bénéfice fut réuni à l'ordre de St-
« Ruf, ensuite à l'économat ; enfin le chapitre de Gap en prit
« possession, et l'affecta aux deux derniers chanoines pour aug-
« menter leurs prébendes. » (2)

---

(1) Archives d'Eygalayes à la Préfecture de la Drôme.
(2) *Dictionnaire de la Provence.*

Les tombeaux à auges ont été employés depuis les Romains jusqu'en plein moyen-âge ; le fait signalé par Achard n'est point un indice absolu de haute antiquité, et ne s'applique pas plus aux Templiers qu'à d'autres ordres religieux.

Gaudissard.

Castrum de Gaudissardo, en 1299 et 1344, *de Gaudeysardo* en 1301, de Goudissard et Goudisart en 1548 et 1588, de Godichard au XVI° siècle et Gaudichard en 1603, signifie probablement forêt défrichée de *Gaud* et *Gaude* forêt, en langue romane et *issard* et *essard*, défrichement.

Ce fief appartint d'abord aux Mévouillon et, en 1274, Stéphanette, dame d'Orpierre, en offrait 10,000 sols à Raymond de Mévouillon, parce qu'elle voulait le donner à Guillaume de Mévouillon, son gendre. (1)

Philippe de *Lavano*, chevalier, le possédait à la fin du XIII° siècle, et bien qu'il eût un fils, il l'offrit à Charles, comte de Provence. Ce prince, afin de récompenser les nombreux services d'Hugues de Baux, de Courtheson, son fidèle chambellan, le créa seigneur de Gaudissard, sous la réserve des cavalcades (service à cheval), de l'affouagement (tailles) et de la suzeraineté, le 22 janvier 1302. (2)

Le 8 août suivant, Bertrand de Baux, père et procureur d'Hugues, prenait possession de la seigneurie.

Nous n'avons pas à esquisser ici l'histoire de la grande et puissante famille du nouveau maître de Gaudissard : ce travail a été fort bien fait par M. le docteur Barthélemy. (3)

En vue cependant de permettre au lecteur de se reconnaître au milieu des personnages nombreux qui portaient le même

---

(1) Invent. de la Chambre des Comptes de Grenoble.

(2) *Invent... des titres de la maison de Baux.*

(3) *Inventaire analysé et raisonné des titres de la maison de Baux.*

prénom aux mêmes époques, nous signalerons brièvement les principales branches.

Pons-le-Jeune, le premier des Baux, authentiquement connu, vivait en 980. Hugues, son fils, laissa entre autres enfants, Guillaume-Hugues, père de Raymond qui, par son mariage avec la fille de Gilbert, comte de Provence, commença ainsi la fortune de sa maison.

Bertrand, né de cette alliance, obtint la main de la fille de Raimbaud III, devint seigneur de Courtheson et prince d'Orange pour une part, en 1173.

Sa postérité conserva Orange, avec Guillaume Ier et forma avec Bertrand et Hugues, les branches de Berre et des Baux d'Avelin. Hugues fut père de Barral de Baux et celui-ci de Bertrand, mari, en 1263, de Philippine de Poitiers, et en 1300, d'Agathe de Mévouillon qui lui donna Agout, sénéchal de Beaucaire et de Nîmes en 1340.

D'Agout et de Catherine Artaud, de Châtillon au Diois, naquit Bertrand, seigneur de Brantes, sénéchal de Saintonge en 1346 et bailli de Senlis en 1355 : c'est lui qu'épousa Catherine de Baux, dame de Courtheson et de Gaudissard.

Elle descendait de Guillaume Ier, prince d'Orange et d'Esmengarde de Mévouillon, par Guillaume II (1215), Guillaume III (1239), Bertrand III (1279), Raymond III sénéchal de Piémont (1309) et Bertrand, maréchal d'Achaïe, vers 1340.

Hugues de Baux, frère de Raymond III, sénéchal de Sicile, ne jouit pas longtemps du fief de Gaudissard, l'ayant assigné en dot à Isoarde de Baux, sa nièce lorsqu'il la fiança, le 29 avril 1308, à Hugues de Baux, seigneur de Berre. Toutefois en 1335, Constance de Montaulieu, veuve et héritière de Raymond III, revendiquait Gaudissard et La Garde-Paréol à Bertrand de Baux qui s'engagea à lui payer 630 florins d'or.

Ce gentilhomme avait eu de Marguerite de Roanas une fille appelée Catherine, femme de Bertrand de Baux, fils d'Agout, seigneur de Brantes, dotée de 2,000 florins et du château de Gaudissard, du consentement d'Humbert II, dauphin de Viennois. Le contrat remonte au 5 avril 1336, et le futur époux reçut de son père à cette occasion, les châteaux de Brantes, de Savoillans, la Bâtie-Guisans, partie de Guibert, la haute seigneurie de Montbrun et de Ferrassières, l'arrière fief de Vercoiran, les châteaux du Poët et de Villefranche et l'hommage dû pour celui d'Arpavon.

Tout absorbé par ses fonctions de sénéchal de Saintonge et de bailli de Senlis, Bertrand confia la gestion de ses affaires à Catherine, sa femme, dont l'existence, mieux connue, donnerait lieu à un roman véritable.

Elle aimait le luxe et les plaisirs; la preuve en ressort, du moins, de deux actes où elle reconnut, en 1346, avoir reçu de son mari, une couronne et un chapelet d'or contenant plusieurs perles fines, une tresse d'or et divers ornements de tête, une selle pour palefroi, sur laquelle il y avait des perles fines, une couverture et des harnais, le tout évalué 2,000 florins d'or, et une autre couronne d'or avec un petit chapeau d'or orné de perles et de pierres précieuses.

Catherine avait sans doute puisé ces goûts de luxe dans la maison paternelle, Catherine Artaud ayant apporté en dot à Agout de Baux 120 marcs d'argent fin en vaisselle et des joyaux et ornements pour plus de 1,000 florins d'or.

Quant aux défaillances de la dame de Gaudissard, nous en trouvons l'indice dans un acte du 30 octobre 1373. Comme sa conduite lui inspirait des remords, elle manda, pour tranquilliser sa conscience son confesseur et son époux et avoua tout haut devant eux « qu'elle avait depuis longtemps négligé les soins de
« son âme, à cause de la dureté de son cœur, de sa jalousie et
« méchanceté envers diverses personnes ; qu'elle avait fait peu
« d'aumônes, parce qu'elle était pauvre, et qu'elle avait, de
« plus à se reprocher certains chagrins causés à son mari,
« auquel elle demandait pardon, ainsi qu'aux autres personnes
« qu'elle avait offensées. Elle entra ensuite dans l'église de
« Brantes, se mit à genoux devant l'autel, en présence de l'hostie
« consacrée, et jura, avant de communier, qu'elle serait obéis-

« sante à son mari, ne ferait rien qui lui fût préjudiciable, et
« lui abandonna ses biens dont il pourrait disposer librement. »

Cette donation devint caduque par la mort de Bertrand de Baux d'Avelin, à deux ou trois ans de date, car le 12 novembre 1375, Catherine, alors veuve, cédait le château de Gaudissard avec son territoire et ses revenus à Guillaume de Beaufort, vicomte de Turenne, en récompense de ses nombreux services ; mais la mort ne laissa pas le donataire en jouir longtemps.

Indépendamment de ses soucis domestiques, Catherine de Baux eut, en 1347 et 1348, de sérieuses difficultés avec le prince d'Orange, et Humbert II, dauphin, venait à peine de négocier la paix quand le château de Courtheson fut menacé d'un siége. Nous la trouvons, à quelques années de là, prisonnière du prince d'Orange (1365). La reine Jeanne, prenant son parti, fit citer en justice le prince et le fit condamner par défaut. Il fallut aussi l'intervention du pape pour la rendre à la liberté.

Devenue vieille, elle habitait en 1388 et 1389 une maison du comte de Valentinois, son parent, à Chastel-Arnaud, et à Crest, en 1386, 1388 et 1392. Dans la première résidence, en 1388, Jean de Varenne, auditeur du sacré palais, la réconciliait avec l'église, ayant été excommuniée à la requête du prieur de Montdidier ; dans la seconde, en 1386, elle chargeait noble Jean Ogier de prêter hommage et serment de fidélité pour Gaudissard et ses terres de Provence, à la reine Marie, tutrice du roi Louis II. L'année suivante, Pons Bertrand, prêtre, son mandataire, affermait à noble Raymond Borelli, d'Orpierre, la juridiction et les revenus de Gaudissard pour 4 ans et 120 florins d'or.

Catherine mourut en 1394 et cette même année Guillaume de Sault, viguier de Marseille, prenait possession du fief qu'elle laissait à la cour de Provence, en mourant sans postérité. Marie de Blois l'avait donné à ce gentilhomme, le 26 mars 1394, et sa famille, le conserva longtemps sous les noms de Gaudissard et d'Eygalayes. (1)

---

(1) Barthélemy, inventaire.... des titres de la maison de Baux.

Eygalayes.

Un mémoire d'avocat fait remonter la fondation de ce village au milieu du XVIIe siècle et Achard, à la fin du XVe ; le premier en donne pour cause l'incendie de Gaudissard et le second, la ruine du même lieu par les habitants de Lachau.

Or, si l'on manque de détails sur *l'incendie*, il existe deux documents sur la *ruine* prétendue et en voici l'analyse :

En l'année 1302, au mois de juin, 500 hommes environ, partis de Ballons (*Balayonis*), d'Izon (*de Yson*), de Barret, Salerans, Laborel, Villebois, Etoile, Orpierre, Saléon (*de Celeone*), Arzeliers (*de Argileriis*), Montaiglin, Aiguians, Lachau et autres lieux vinrent à pied et à cheval, armés de balistes avec carreaux, de lances, de bâtons, pendant que la Provence jouissait de la paix, mettre le siége devant Gaudissard, pendant trois jours, détruire le château, un four à chaux et le moulin de Falque de Pontevès, seigneur du lieu, faire des prisonniers, battre les habitants, enlever 13 bœufs et une ânesse, frapper atrocement Pierre de Montlaur, prieur, et sa domestique, profaner et piller l'église et le cloître de Sarrières (*de Cereriis*).

Un jugement rendu contre les principaux auteurs de cette expédition armée fait connaître les amendes imposées à chacun : Sicard, Danoda, Nal, Arabroys, Durand, Forma, Garrel, Hugues et Reybaud furent condamnés à payer 100 sols, Tisseur 60, Médici, Tisseur, Utram, Jeune, Garente, Brachin, Garrel, Bernard et Tusser 50, Nasal, Tournaire, Fustier, Sigoyer, Mercier, Calvière, Aurelle, Girouin, Garcin, Maurenc, Marre, Galle, Forma, Barret, Barthélemy, Boyer, Isnard 40, Gallician et Paul 30, Daurelle, Alland, Sabin, Hugolin, Reyboud, Boycerat et Bernard 20, Saléon et Faure 10. (1)

Mais Galburge de Mévouillon, accusée d'avoir commandé ou autorisé cette équipée échappa à toute poursuite.

---

(1) Archives de Lachau, à la préfecture de la Drôme E 3152 et 3181.

D'après la tradition recueillie par Achard, les habitants de Gaudissard avaient jeté dans un four à chaux quatre ou cinq de leurs voisins de Lachau, et les parents et amis des victimes allèrent la nuit mettre le feu à St-Jacques et le réduire en cendres.

Les documents consultés parlent bien d'un four à chaux détruit par les 500 hommes accourus de tous les villages environnants, mais ils sont muets sur les faits antérieurs qui auraient provoqué de telles représailles. Il semblerait même plus naturel de supposer les Gaudissardais coupables de quelque offense envers leur suzeraine, autrement le concours de tant de villages à une même campagne ne saurait être expliqué.

Quoi qu'il en soit, ce point de notre histoire locale n'a pas encore été suffisamment éclairci.

Une dernière remarque à faire roule sur les diverses dates accusées par la tradition et rectifiées par les documents; au lieu des 17e et 15e siècles il faut remonter à 1302.

Eygalayes ou le Gaudissard de Dauphiné appartenait aux Adhémar, par suite d'une alliance avec les Mévouillon ; Hugues en 1308 en rendit hommage au Dauphin ; un autre Hugues en 1389, au roi de France; Louis, fils d'Hugues en 1423 et Christophe, seigneur de La Garde, en 1487, au même souverain. Guillaume de Mévouillon avait possédé 8 parts sur 9 à Gaudissard, Ballons, Chabre, Ebris et Salerans ; Christophe Adhémar tenait un quart d'Eygalayes, le reste appartenant à la maison de Sault.

Celle-ci, représentée par les Isoard de Chanarilles au XVIIe siècle, vendit ses droits aux La Tour-Montauban et dès 1630, nous y trouvons Anne-Charlotte Sauvain, mère de René de La Tour, puis René-Antoine, seigneur de Soyans, au XVIIIe siècle.

Achard qui écrivait en 1787 donne le Riançon pour démarcation du Dauphiné et de la Provence. « Il est à remarquer, ajoute-t-il, que la paroisse est composée de 87 habitants dont 9 en Dauphiné, formant avec ceux de Provence 400 personnes.

Une autre rivière, l'Izon, passe au-dessous du village, met en jeu les moulins et sert à l'arrosage des terres, avantages que la Meuge n'offre pas à l'agriculture.

L'histoire d'Eygalayes et de la plupart des communes rurales ne présente guère que trois périodes importantes. Dans la première, des populations pastorales se disputent quelques brins d'herbe ou revendiquent leurs libertés et franchises. — Avec la seconde, les passages de troupes, les guerres et les aides épuisent leurs ressources de vivres et d'argent. — La troisième enfin est consacrée à la liquidation des dettes communales et à la répartition plus équitable des tailles.

Nous trouvons à Eygalayes, dès 1254, une sentence arbitrale confirmative des droits de pacage des vassaux de Lambert Adhémar, seigneur de Montélimar et de Vers, à Gaudissard, et de ceux de Bertrand Raimbaud, seigneur de Lachau et Gaudissard, à Vers ; puis une transaction du 22 décembre 1477 entre les habitants de Vers et noble Dominique Simon dit Scaramusse, seigneur du Puy et coseigneur pour les trois quarts de Gaudissard et d'Eygalayes, octroyant aux uns et aux autres le pacage de la montagne de Brissac.

Voilà pour le côté ouest. Le territoire boisé du levant ne suscita pas de moindres embarras.

En 1300, par exemple, Bertrand Lombard, de Lachau et Geoffroy de Séderon, dit Gairaud, arbitres, reconnaissaient à Lachau la faculté de construire des fours à chaux et de couper du bois dans le territoire de Gaudissard, sauf dans les anciens devès ou défends et à Gaudissard le droit de pacage et de bûcherage sur Lachau.

Dans l'acte de syndicat ou procuration pour terminer ce différend comparurent 25 chefs de famille formant les deux tiers et plus de la population gaudissardaise, ce qui en porterait le nombre total à 37 environ.

A cette date Galburge de Mévouillon était dame d'Izon et de Lachau et l'on a vu de quelle façon belliqueuse ses vassaux, en 1302, vengèrent l'injure faite à quelques-uns d'entre eux.

On a aussi l'indication d'une difficulté d'un autre genre entre les deux localités au sujet du don gracieux ou subside dû au comte de Provence en 1344.

Quant à Ballons, il entra en lutte avec Eygalayes dès 1527, témoin l'accord entre Antoine Adhémar, seigneur de La Garde, de Ballons et de Lachau pour les pacage et bûcherage d'Aulazon.

Mais la grande lutte s'engagea surtout à la fin du XVIIIe siècle. Nous négligerons les détails de cette instance dont l'issue nous est inconnue d'ailleurs, pour relever dans les procédures quelques détails plus intéressants.

La commune de Ballons s'étend, comme on le sait, jusqu'aux portes d'Eygalayes ; un de ses principaux hameaux le longe, même dans une étendue de plus de demi-lieue. « Ce hameau composé de 9 à 10 maisons, s'appelle Ballons-les-Eygalayes ou la Bégude-de-Ballons ou Eygalayes en Dauphiné pour le différencier d'Eygalayes en Provence.

« Il est simple que les habitants de ces deux Eygalayes, accoutumés à se regarder comme une même famille, se soient communiqué respectivement le bûcherage et le pâquerage. Cette union subsiste entre Lachau et Ballons ; elle existe aussi entre Lachau et Eygalayes ; à bien plus forte raison doit elle exister entre Eygalayes et Ballons qui se touchent et s'entrecroisent. Ces communes sont contiguës et appartiennent au même seigneur, leurs droits paraissent donc devoir être communs. » (1)

Les logements militaires au XVIe siècle créèrent à la population, dès 1542, des charges ou *foules* sans cesse renaissantes, malgré les sauvegardes du comte de Chénerilles (d'Isoard,) agent du comte de Sault, vers 1576 ; du seigneur de Montauban (de La Tour) vers 1625 et la recommandation du comte d'Oraison au cadet de Beauchamp, vers 1580.

En 1576 et 1577, M. de Ste-Marie, le capitaine Pons et M. de Ste-Colombe y logeaient avec leurs compagnies.

---

(1) Archives communales d'Eygalayes, à la préfecture de la Drôme ;
    id.   de Vers et Lachau,   idem.

Une nomenclature des fournitures de pionniers, de vivres et d'aides, de 1560 à 1594, deviendrait fastidieuse ; elles se retrouvent dans tous les villages des Baronnies, comme les impositions pour l'école dirigée, dès 1635, par des maîtres souvent renouvelés; les aumônes faites aux bohémiens pour éloigner au moins pendant un an les divers capitaines de passage; les dépenses ordinaires et extraordinaires de la commune, de la Provence et du royaume, s'élevant ensemble en 1601, à 873 livres, en 1650 à 1137, en 1707 à 2086 et en 1752 à 2750 livres.

Les renseignements nous font défaut pour les dettes des communes et le procès des tailles dont la réalité en Provence, précéda celle du Dauphiné. C'est au commencement du XVIIe siècle qu'Eygalayes fut séparé de Séderon.

S'il n'est pas permis d'y suivre pas à pas les progrès de l'émancipation du tiers Etat, on sait du moins que dans les deux derniers siècles, le commandeur de St-Pierre d'Avès y possédait un domaine important; que la justice haute, moyenne et basse s'y rendait au nom du marquis de Montauban ; qu'il y percevait un droit de tasque à la cote 20e sur toute sorte de grains, 1 émine d'avoine et 9 deniers par habitant, pour fouage, sans compter les lods ; que vers 1715, les droits seigneuriaux s'affermaient 1600 livres et la dîme à la cote 13e appartenant à l'abbé d'Espinouze, 800 livres.

Il y avait aussi un péage supprimé en 1749, qui se levait au profit du marquis de Montauban pour Ballons, Lachau et Quinson ; et un bureau des fermes du Roi.

En résumé, la commune arrosée par le Rif d'Izon, la Meuge, le Rianson et la fontaine de Fortunière produisait du chanvre, du foin, du blé, du vin, de l'huile, et des fruits excellents. Elle n'avait ni foires, ni antiquités, ni curiosités. (1)

Sous bien des rapports, les choses ont peu changé depuis.

Voici quelques détails statistiques :

Contenance.— Bois 285 hectares, terres 725, vignes 14, prés

---

(1) Archives communales.

24, pâturages 663, routes et rivières 60, rochers et hermes 2, etc., total 1797.

En 1839, M. Mermoz donnait aux 1736 hectares imposables un revenu de 12,499 fr. soit 7 fr. 20 l'un et de 1181 fr. aux 100 maisons habitées.

Contributions de 1873 :

Part de l'Etat.	1,520 f.	48
— du département . . , .	677	16
— de la commune	1,362	68
Non valeurs	77	23
Total	3,637	55

Population : 1830 — 442 âmes   1860 — 443
             1840 — 469   1870 — 444
             1850 — 460   1880 — 367

Distance : de Séderon . . 8,604 mètres N. E.
           de Nyons . . . 59,456   —   S. E.
           de Valence . 149,456   —   S. E.

Eygalayes a vu naître deux écrivains de genres différents : François de Genton du Barsac et Isidore-Augustin Bertrand.

Le premier appartenait à une famille noble sortie d'Allevard où on la trouve en 1316. Hector forma la branche du Barsac, établie en Gapençais et illustrée par un commandant de Grenoble en 1572, par un maître en la Chambre des Comptes en 1619 et par César, maintenu dans sa noblesse en 1702.

François, fils de César et de Suzanne Maigre, naquit à Eygalayes le 24 mars 1745 et mourut en 1825 à St-Paul-trois-Châteaux, après avoir été officier dans les colonies.

M. de Payan publia de lui en 1781 un Mémoire sur les fossiles du Bas-Dauphiné, curieux encore, malgré les progrès de la géologie et de la paléontologie.

Quant à M. Bertrand, d'abord élève du Petit Séminaire de Valence, ensuite professeur de seconde et même de rhétorique, s'il eût voulu, dans le même établissement, il fut vicaire à la cathédrale et plus tard curé de Pisançon près Romans.

Comme directeur d'une imprimerie à Bar-le-Duc il a publié d'importants ouvrages de théologie, de science et de belles-lettres.

Mais son principal titre de gloire est la littérature.

Après avoir fondé à Valence le *Foyer littéraire* et l'*Echo du midi*, il collabora aux *Annales du monde religieux*, à l'*Union d'Angers* et à *la Semaine des familles* et devint même rédacteur en chef de l'*Opinion du Midi*, à Nîmes vers 1870-71.

On doit à cet écrivain, plein de verve, de feu et d'esprit de nombreuses brochures et notamment : *La liberté de l'Eglise et le pouvoir civil*, les *Causeries d'un solitaire*, *Journalistes et journaux*, *Nous y voilà* ! *Première à un allobroge*, *la Logique du côté gauche*, *la Vie de St-Clair*, patron de Pisançon, etc.

Ayant recueilli de nombreux documents à Rome, il publia en collaboration avec le chanoine Sauret, de Gap et l'abbé Clerc-Jacquier : *Le Pontificat de Pie VI et l'athéisme révolutionnaire* (Bar-le-Duc 1879. 2 vol. in-8º) et *Aujourd'hui et demain. Les événements dévoilés* par un ancien rose-croix. Paris 1881, in-8º.

Né le 14 février 1829, M. l'abbé Bertrand peut lutter longtemps encore avec le zèle et le talent qu'il a montrés dans tous ses écrits et s'assurer une place distinguée parmi les écrivains contemporains.

EYGALIERS

Un ancien château et des remparts noircis par le temps, placés avec quelques maisons aux flancs d'une colline presque blanche, dominent la verte vallée qu'un ruisseau limpide arrose : c'est le village d'Eygaliers, à 6,159 mètres sud-ouest du Buis, son chef-lieu de canton, à 30,446 mètres de Nyons et à 120,238 mètres S. E. de Valence.

Son nom de *Aguileriis* en 1242 et 1317, de *Argueleriis* en 1388 et de *Ayguelariis* en 1317, d'Aygalliers dans l'inventaire manuscrit de la Chambre des Comptes de Grenoble et d'Aigaliers dans le *Dictionnaire* de Guy Allard, renferme comme Eygalayes le radical *Aqua,* aigue ou eau. (1)

La vallée en effet, perpendiculaire à celle du Buis, est traversée par le Derboux qui va grossir l'Ouvèze au pont de Cost et sort du territoire de Plaisians et de l'abondante fontaine des Gastauds.

De tous les noms connus de la Drôme, Eygaliers dans sa forme latine est le seul qui se rapproche de celui de Raymond d'Aguilers ou de *Aguileriis*, traduit fort approximativement par des Agiles. Le chanoine du Puy, chancelier de l'évêque Adhémar, légat du pape, descendait-il des seigneurs du modeste fief des Baronnies ou en était-il originaire ?

Les documents se taisent sur ce double point.

Toutefois, comme Eygaliers appartenait, à l'origine, à l'ancienne et puissante famille de Mévouillon et que ce prénom de

---

(1) M. DE COSTON, *Etymologies des noms de lieu de la Drôme. Inventaire des Dauphins, passim* ; et *Valbonnays.*

Raymond se transmettait chez elle comme un héritage sacré, il suffirait de supposer une alliance avec les Clérieu pour mettre en relations Adhémar évêque du Puy, originaire de Peyrins ou des environs, avec Raymond des Agiles ou d'Eygaliers, historien de la première croisade.

La question n'est pas résolue sans doute par ces rapprochements ; mais, était-ce une raison pour ne pas les signaler à la critique historique ?

On a la preuve d'un hommage rendu à Raymond de Mévouillon, fils de Sibille, par Jordan de Rozans, seigneur d'Eygaliers le 1er Juillet 1259.

Après la cession des droits des barons de Mévouillon aux Dauphins, Rican de l'Ile se reconnaît vassal de ces derniers en 1334 ; puis Henri de Villars, régent du Dauphiné confie la garde d'Eygaliers à Guillaume de Bésignan qui en prête hommage en 1347 et 1348. Didier, fils de Guillaume rend le même devoir en 1353.

Possesseur des droits de Didier, Jourdan de Bésignan épouse Clémence de Morges et lui laisse le fief, puisqu'en 1379, Falconne Roux, veuve de Guy de Morges, réitère l'hommage.

On trouve après les de Morges, les Sauze (*de Salice*) en possession d'Eygaliers, et Guigues l'un d'eux vend la seigneurie à Aimar Alleman de Champs et St-Georges, le 21 septembre 1450

Les Sauze étaient venus de La Mure à Arzeliers en Gapençais, et Guigues et Jean, vivants en 1450, ne laissèrent pas de postérité.

Nul n'ignore que les Alleman formaient une ancienne et nombreuse famille ; toutefois, leur courte apparition à Eygaliers, s'oppose à une notice explicite. Ils vendirent le fief le 6 septembre 1459 à Pierre de Chomard. La famille de l'acquéreur se retrouvera à Plaisians ; constatons seulement ici le faible rendement des censes, terres, prés, olivette, maison, fort et droits aliénés, ne dépassant pas 12 écus en 1540.

Après Robert Chomard, mentionné en 1541 et Jacques Chomard en 1600, Eygaliers échoit aux Ventaillac ou Ventillac, par suite du mariage de Louis avec Françoise Chaumard ou Chomard, le 14 août 1591. (1)

Un jugement de maintenue en faveur de Jacques, du 15 septembre 1642, donne sur cette famille des renseignements précis.

Elle habitait le Languedoc et la paroisse de Durfort en 1492, époque où Pierre s'unit avec Marguerite de Baux (*de Balcio*) Sauveur, leur fils, mari de Marguerite Fourcado, testa le 7 septembre 1535 en faveur de Raymond et de Pierre, ses enfants.

Louis, succéda à Pierre, son père et eut de Marguerite de Baux : Moïse, Jean et Jacques. (2)

Le dernier reçut commission du roi de lever deux compagnies de gens de pied en 1631 et 1632.

D'après l'*Armorial du Dauphiné*, Alexandre fut officier au régiment de Sault en 1675, Samuel, capitaine au régiment de Boulonnais en 1696, et Jean-Alexandre aussi capitaine d'infanterie, obtint la main, le 22 novembre 1767, de Marie-Madelaine-Jeanne Lancelin de la Rolière.

Il était fils de Françoise de Blancluc et de Gabriel-Claude-Joseph de Ventaillac, possesseur en 1735, à Eygaliers d'un droit de vingtain sur tous les grains et de censes réelles et personnelles, arrivant ensemble à 80 ou 90 livres.

L'absence d'archives municipales ne permet pas d'esquisser l'histoire du tiers état.

En 1789, le territoire de la commune, de l'Election de Montélimar et du bailliage du Buis, avait un quart de lieue de l'est à l'ouest et demi-lieue du nord au midi ; 23 familles et 144 personnes dans un seul village formant une paroisse du diocèse de Gap. (3)

Le sol des collines qui entourent la vallée, exposé aux ravins et à la sécheresse produisait à peine des céréales pour

---

(1) Inventaire de la Chambre des Comptes.
(2) Archives de la Drôme E.
(3) Archives de la Drôme.

nourrir la population, la moitié de l'année ; les fonds de la plaine, un peu étroite, appartenaient au seigneur. La rivière de Derboux servait à l'arrosage des prairies ; mais la cherté du sel s'opposait à l'élevage du bétail.

Un foulon pour étoffes, un moulin à farine et un moulin à huile étaient exploités par un tenancier des Dominicains du Buis, auxquels il payait 15 livres de redevance.

Aucuns biens, ni aucuns revenus communaux. Les pauvres recevaient la 24ᵉ partie de la dîme qui levée à la cote 16ᵉ arrivait à peine à 300 livres et les charges locales comprenaient 6 livres pour l'assistance du châtelain aux délibérations et comptes consulaires, 3 livres à chaque consul, 9 au secrétaire, 3 au sonneur de cloches et 6 pour voyages à Die auprès de la maîtrise des eaux et forêts.

« Nous payons aussi, disaient les consuls en 1789, un vingtain au seigneur de tous nos grains, vendanges, agneaux et chevreaux et une cense personnelle de 7 cosses et demie de blé, mesure du Buis, au dessus de l'âge de 7 ans. » (1)

Depuis lors aucun fait saillant n'a mis la commune en évidence, seulement par décret du 5 mai 1869, la paroisse est devenue succursale.

Contenance : Bois communaux 95 hectares, bois particuliers 108, terres labourables 201, vignobles 21, prairies 4, pâturages 327, chemins et rivières 32, rochers et hermes 7, etc., total 796.

En 1839 ses 772 hectares imposables avaient un revenu de 5,095 fr. soit 6 fr. 60 par hectare, et ses 26 maisons, de 440.

Contributions de 1873 :

Part de l'Etat	. . . .	709 f. 82
— du département	. . .	303 92
— de la commune	. . .	627 80
Non valeurs.	. . . .	35 30
Total	. . . .	1,676 84

---

(1) Archives de la Drôme C., 2

1830 — 148 habitants   1860 — 166 habitants
1840 — 153   —   1870 — 156   —
1850 — 131   —   1880 — 145   —

Les productions du pays sont le blé, le vin, les olives et les truffes. (1)

EYROLES

Avant 1790, époque de son annexion à la Drôme et au canton de Condorcet et de Nyons, Eyroles dépendait du comtat Venaissin, de la judicature de Valréas et du diocèse de Die. (2)

Son nom de *Airolis* en 1179, d'*Eirole* en 1138, de *Arrolas* en 1183, d'Ayrol et Eyrol en 1207 et plus tard, de *Airolio* en 1301, d'*Errolæ* en 1308, de *Herolis* en 1231 signifie champ, domaine, jardin, aire et herme, d'Airola en provençal.

Ce modeste village, situé sur un plateau élevé entre Sahune et Condorcet, St-Ferréol et Curnier n'a rien de remarquable dans ses alentours ni dans ses annales. Ses maisons disposées circulairement n'ont aucune élégance et sont habitées par de modestes et laborieux cultivateurs.

On y arrive de Condorcet par un étroit sentier dont le spectacle de la gracieuse vallée du Bentrix compense la raideur.

Les Mévouillon en furent les suzerains ; on y trouve parmi les seigneurs, vers 1231, les d'Ancezune ou de Sahune. Arnaud et Jarente, deux membres de cette famille, réglaient entre eux,

---

(1) **Statistique de la Drôme** — *Nouveau projet de répartition* — *Tableau des distances*, etc.
(2) *Au XVIe siècle il ressortissait de la judicature de Carpentras.* (Invent. somm. de Vaucluse C. 142.

en 1266, qu'Arnaud jouirait d'Eyroles et de Sahune et Jarente du Poët-Sigillat. (1)

Jean de Sahune, en 1310 rendit hommage au pape pour le château d'Eyroles ; puis, en 1336, il en donna sa part au Dauphin Humbert II, avec l'approbation de Faura, son épouse. Il fut stipulé dans l'acte que si le donateur avait des enfants, Sahune, Arpavon, etc., lui feraient retour, mais non la parérie d'Eyroles, dont il conservait la jouissance viagère.

Selon La Chesnaye-des-Bois, Rodulphe Pelissier épousa en 1407 Dauphine de Remuzat, fille de François, seigneur de Tarandol et de St-Ferréol en partie, et leur fils, Etienne Pelissier, transigea le 8 juin 1446 avec Béatrix d'Aspres, veuve de Jean de Remuzat et femme de Rodulphe de Theys. Cette dernière céda partie de St-Ferréol, Eyroles et Valouse à Etienne Pelissier qui lui passa quittance de la dot de Dauphine de Remuzat, sa mère.

Déjà en 1420 Catherine Bellon, dame du Pègue avait donné à Dauphine de Remuzat, sa fille, tous ses droits féodaux à Eyroles et Valouse.

Etienne Pelissier laissa de Catherine Lot ou Luot plusieurs enfants et entre autres Jean, François et Guillaume, évêque d'Orange en 1510.

Jean, capitaine de cent hommes d'armes, chevalier, fut coseigneur de St-Ferréol, Eyroles et Valouse et eut de Gabrielle Dupuy-Montbrun : 1° Jean II, coseigneur des mêmes terres dont il rendit hommage au pape le 1er octobre 1490 ; 2° Louis, évêque d'Orange et 3° Martin, vassal du pape en 1506 pour Eyroles, Valouse, etc, etc. Ce dernier s'unit avec Benoîte de Grammont-Vachères qui le rendit père notamment de Jacques, époux de Françoise de Gandelin, fille de Pierre, seigneur des Pilles, et de Louise de Remuzat.

---

(1) *Inventaires des Dauphins*. — Id. de la Chambre des Comptes. — DE COSTON, *Etymologies des noms de lieu de la Drôme*.

Claire, une de leurs filles et leur héritière donna ses biens à Claire et Madelaine de Collans nées du mariage de feu Jean de Collans avec Jeanne de Morges, et femmes de Christophe et de François des Bertrands, frères, à la charge de faire porter à leurs enfants le nom et les armes des Pelissier.

Claire avait eu de son union avec Jean de Morges des fils qui auraient eu droit à sa succession ; mais comme ils étaient de grands seigneurs, elle préféra la transmettre aux dames de Collans.

Nous avons déjà mentionné un fils d'Etienne Pelissier et de Catherine Luot, appelé François, qui fut chevalier et coseigneur d'Eyroles et Valouse.

Marié avec Jeanne Vieux (*Veteris*), il laissa Rodulphe qui prêta hommage au pape pour les mêmes terres le 1er octobre 1490 et Michel, fils et héritier de Rodulphe, l'imita le 21 février 1506.

Ici s'arrêtent les renseignements fournis par le *Dictionnaire généalogique, héraldique, historique et chronologique*, (1) et confirmés par l'*Inventaire sommaire des archives de Vaucluse*. (2)

Effectivement ce dernier ouvrage mentionne des hommages rendus à la chambre apostolique par Delphine ou Dauphine Remuzat pour Valouse vers 1450 ; par Jean et Vincent Emenard frères pour un neuvième de la juridiction d'Eyroles, au XVe siècle ; par Guillaume Pelissier pour 1/8 d'Eyroles et 1/4 de Valouse vers 1500 ; par les frères Fer pour la coseigneurie d'Eyroles, peu après ; par Pierre Gandelin, pour les Pilles, Aubres, Valouse et Eyroles ; par Claude Gandelin pour les mêmes terres et par Louis de Thollon pour Aubres et Eyroles.

Le même *Inventaire* cite, mais sans date précise, un aveu de Philippe des Bertrands de Pelissier pour Eyroles, un testament du même gentilhomme et des hommages de Julie de Ca-

---

(1) Tome VII, p. 352.
(2) B. 5, 14, 15, 16, 39, 41, 8, 9, 10.

vaillon, sa veuve, vers 1680 ; d'Henri des Bertrands de Pelissier, vers 1700, et de Jean-François Bertrand de Pelissier, vers 1735 pour Eyroles.

Il y a fort peu de terres de minime importance comme celle-là, qui aient eu autant de seigneurs. Outre les précédents, on trouve au XIVe siècle des Latil-Eyroles et les frères Geoffroy et Bertrand d'Eyroles, à Modène et Mourmoiron ; un Geoffroy d'Eyroles, prieur de St-Amans sur Montségur en 1301 ; un Raymond et un Pierre d'Eyroles, notaire de Giraud Adhémar, vers 1318 et enfin, en 1414, les hoirs d'Albert d'Eyroles, coseigneurs du lieu.

Jean de Remuzat, Dalmas de La Penne, de Montaulieu, étaient aussi coseigneurs d'Eyroles en 1414 et à la même date, noble Arnaud Pelicier et les hoirs de noble Aimar Pelicier, simples propriétaires au même lieu. (1)

Enfin, le 18 avril 1455, noble Didier Rastel vendait à vénérable Bertrand Giraud dit d'Aiguebelle, fils de noble Antoine Giraud, de Valréas, la moitié de la juridiction et de la seigneurie d'Eyroles pour 12 florins monnaie courante. (2)

L'histoire du tiers état ne présente pas de telles fluctuations; des agriculteurs paisibles et peu fortunés ne laissent pas d'annales : leur vie obscure est une simple lutte contre les intempéries et les agitations politiques.

Rappelons à ce propos que, d'après un cadastre existant, de 1414, il n'y avait plus un seul habitant à Eyroles depuis la guerre de Raymond de Turenne et que des forains y cultivaient seuls 15 sommées 6 émines de terres ou de prés, évaluées 473 florins. (3)

Au point de vue religieux, l'Eglise de St-Jacques d'Eyroles dépendit d'abord sans doute de l'abbaye de Bodon, plus tard de

---

(1) Archives de la Drôme E 3030.

(2) Vieilles minutes de M. Long à Grignan : note de M. l'abbé Fillet.

(3) Archives de la Drôme E. 3030.

l'Ile-Barbe, en 1183 et enfin du prieuré de St-May jusqu'à la Révolution.

De tous les curés, Alexandre, l'un d'eux est connu dans toute la Provence par ses naïvetés et ses réparties. L'auteur de la *Statistique de la Drôme* va jusqu'à dire qu'elles pourraient faire le sujet « de fabliaux très piquants. » Seulement, comme la collection en serait difficile et les preuves de paternité impossibles, il faut y renoncer.

Quoi qu'il en soit, le curé Pierre Alexandre, mourut à Eyroles le 15 août 1731. (1)

Le village est à 12,275 mètres Nord Est de Nyons et 79,888 S. E. de Valence.

En 1835, la commune avait 271 hectares de bois, 104 de terres, 3 de vignes, 2 de prés, 476 de pâturages, 12 de routes et chemins, 6 de terres incultes, 1 d'édifices publics, total 875 hectares.

M. Mermoz en 1839 évaluait le revenu de ses 863 hectares imposables à 2,589 fr. soit 3 fr. de revenu moyen chacun et celui de ses 16 maisons à 2,736.

Les impositions de 1873 ont donné :

A l'Etat.	268 f. 01
au département.	128 87
à la commune	711 41
en non valeurs. . . .	19 95
total	1128 24

La population a suivi les variations suivantes :

1830 — 72 habitants	1860 — 75 habitants
1840 — 85 —	1870 — 61 —
1850 — 78 —	1880 — 69 — (2)

---

(1) Etat civil d'Eyroles.
(2) *Statistique de la Drôme*. Mermoz, *Nouveau projet* etc. — *Annuaire*.

LA FARE

Avant 1790, cette commune dépendait de l'Election de Montélimar et du Bailliage du Buis ; depuis cette époque elle appartient au canton de Remuzat. Placée sur les hauteurs de la vallée de l'Eygues et au pied de la chaîne de rochers qui la séparent de celle de l'Ouvèze, elle présente un territoire coupé d'excavations et de précipices et un sol léger qu'une multitude de ravins emporte. Il y a 256 hectares de bois, 103 de pâturages, 10 de prés, en tout 504 hectares, dont 494 imposables d'un revenu de 3,557 fr. soit 7 fr. 20 l'un. En 1835, ses 7 maisons rapportaient 86 fr. en tout 3,643 fr. Ces chiffres suffisent à démontrer que cette commune tout agricole ne saurait avoir une importance historique quelconque. Sa population, de 1790 à 1880, a très peu varié ; à la première date elle était de 40 habitants et à la dernière de 51. Quant à ses impôts ils comprenaient, en 1873, pour l'Etat 310 fr. 48, pour le département 153 fr. 32, pour la commune 286 fr. 42, total, avec les non-valeurs, 761 fr. 73.

Le nom de *Phara* ou *Fara*, (1) qui se retrouve dans les Hautes-Alpes, Vaucluse, le Gard et les Bouches-du-Rhône, signifie maison, clan, famille, curtil et lieu habité par des émigrants de même origine, dont l'époque d'arrivée est inconnue.

Les renseignements sur le fief remontent à la fin du XIIe siècle ; il appartenait alors, ainsi que sa chapelle aux Bénédictins de l'Ile-Barbe, successeurs des moines de Bodon ou de St-May. Un accord de 1246 transmit à Dragonet de Montauban les

---

(1) Cette forme prouve que *Lafarre* et *Lafare* en un seul mot constituent une faute d'orthographe.

droits de l'abbé sur les terres de Bertrand de Mison à la Fare, et le puissant baron lui en rendit hommage. De son côté, en 1277, Pierre de Mison renouvela le même devoir envers Randonne de Montauban, fille de Dragonet, et celle-ci, sept ans plus tard légua la seigneurie à Ronsolin, son fils.

Les Dauphins, héritiers des Montauban, la donnèrent à Eynard, possesseur de Chalancon, sur le versant opposé de la Vallée et l'on voit en 1322, le fils de ce nouveau seigneur en retard pour l'hommage à prêter.

Pierre Eynard, fils de Jean, remplit son devoir de vassal en 1344. Baudon Eynard transmit, par échange, ses droits sur la Fare, à la femme de Guigues Izoard. Marguerite, fille de Guigues, prêta hommage en 1378.

A un siècle de date, Louis de Thollon a remplacé les Izoard et Falques ou Fauquet, en 1545 vend le fief avec la Clavelière à Mathieu Delhomme, écuyer, seigneur de Verclause, pour 300 écus.

L'acquéreur avait servi le roi en Italie, dans l'arrière-ban, et sa postérité compta plusieurs guerriers de mérite, comme Pierre, capitaine sous Lesdiguières ; Joseph, commissaire d'artillerie à Perpignan et général des vivres de l'armée d'Italie ; François, capitaine à la Martinique et Alexandre, aussi capitaine et ingénieur de S. M.

Bertrand et François, enfants de Mathieu, rendirent hommage en 1546. Alliés aux Chomard, d'Eygaliers; aux Caritat, de Condorcet, aux Maynier, aux Manent, aux d'Estuard, Stuard ou Estoard de Cheminades, leurs enfants transmirent leurs droits à ces trois dernières familles. En 1635, Claude Maynier se qualifiait coseigneur de la Fare et en 1735, M. d'Estuard y possédait 27 livres de censes ou de vingtain. Quant aux Manent de Laux-Montaux, aussi maîtres du fief à la même époque, ils portèrent leurs droits chez les Lamorte-Laval, de La Motte-Chalancon, par le mariage de Jean-René avec Marie-Louise de Manent et chez les Châtelard, d'Hauterives (Drôme) par le mariage en 1755 de Marie-Thérèse de Lamorte avec François de Châtelard, colonel d'infanterie.

Une transaction de 1291 entre la Fare et St-Auban, pour le pacage et le bûcherage, décide qu'en cas de guerre, une des parties pourra placer son bétail sur le territoire de l'autre, et que si une bête d'un troupeau franchit les limites convenues, le seigneur ou son baile aura droit au ban seul. Les limites de la Fare étaient le devès du seigneur de Durfort, dit la Clavelière, le collet de La Valine, le chemin de la Fare, le bois de la dame de Pelestort et de Pierre de Mison, son fils, la cîme du Serre de Pruemeau et le territoire de Roussieux ; celles de St-Auban se trouvaient à Durfort, aux Gapians et à l'église de Notre-Dame de l'Espinasse.

Vers 1600, les consuls de Sainte-Euphémie réclamaient à Jean et Mathieu Delhomme un semblable droit de pacage à la Clavelière.

Il est inutile d'ajouter que la perte des archives de la commune rend impossibles tous autres détails.

Au point de vue religieux, la Fare dépendait de la paroisse de Lens et du diocèse de Gap ; la dîme à la cote 16° rapportait 150 livres environ au bénéficier et 2 émines de blé aux pauvres.

Distance de la mairie à Remuzat, 16,360 mètres, à Nyons, 42,005 et à Valence 132,097 mètres N. O. (1)

---

(1) Invent. de la Chambre des Comptes. — Valbonnais II, 118. — Archives de la Drôme C. 4, 98 ; B. 185 ; E. 2939, 2983, 2927, 2912, 2973, 2856, 2722, 4184, 4219, 3312, — Familles, supplément. — *Statistique de la Drôme, Annuaires,* Mermoz, *Nouveau projet,* etc.

FERRASSIÈRES

A 35 kilomètres et au levant de Carpentras, se trouve sur un plateau élevé, le bourg de Sault (Vaucluse) ; il donna son nom à la vallée voisine et le reçut lui-même des forêts environnantes.(*Saltus*). M. Courtet pense que l'ancienne Aéria, ruinée par les Barbares, se trouvait sur son emplacement, et il en donne pour preuves les débris d'armes, vases, lampes, miroirs et médailles extraits de son sol. Pareil argument n'a rien de décisif. Quoi qu'il en soit, un sommeil de mort suivit la destruction de la cité gauloise jusqu'à l'arrivée des d'Agoult, qui en firent le chef-lieu d'un comté. (1)

Or, un acte de 1271, passé en présence de Raymond d'Agoult, seigneur de la vallée de Sault, et de Raimbaud Cottin, seigneur de Montbrun, reconnaissait aux communes d'Aurel et de Sault des droits de bûcherage et de vaine pâture sur le territoire de Ferrassières, depuis les temps les plus reculés (*antiquissimis temporibus.*)

D'après un mémoire d'avocat, de 1792, la commune de Ferrassières n'existait pas encore en 1271, et l'acte parlerait seulement des habitants futurs. En l'absence du titre original, tout contrôle est impossible ; cependant le même avocat affirmant le même fait en 1536, alors que l'article 19 de l'accord intervenu, à cette date, entre Aurel, Sault et Aimar Dupuy, seigneur de Ferrassières, mentionne positivement la commune de ce nom, il y a lieu de s'abstenir de toute conclusion. (2)

---

(1) *Dictionnaire... de Vaucluse.* — Louvet, *Abrégé de l'histoire de Provence.*

(2) Archives de la Drôme, série O.

Au surplus, la naissance de Ferrassières, au milieu de forêts abandonnées aux vassaux des d'Agoult, au XIII⁰ siècle, n'a rien d'invraisemblable ni d'anormal ; plusieurs autres villages agricoles n'ont eu sans doute d'autre origine que la faculté «de bû-« cherer et de pâquerer. »

A défaut de l'acte de 1271, peut-être perdu, nous donnerons ici la brève analyse de celui de 1536, d'après un résumé fait en 1684 par Donodei, avocat, lieutenant civil et criminel au siége et ressort du comté de Sault, conservé aux archives de la Drôme. (1)

Les habitants de Sault et d'Aurel sont maintenus au droit général et particulier de mener paître leur bétail gros et menu à Ferrassières ; si ce bétail est gardé par des pâtres étrangers ayant eux-mêmes des troupeaux, ils payeront, pour ces derniers, 12 deniers « par trentenier d'average, » au seigneur. Le pacage s'étendra sur toutes les terres, après la levée des récoltes et sur tous les prés, du 23 juillet au dernier février. Les fonds cultivés seront exempts de treizain et les terres hermes defrichées aussi, à moins qu'une cessation de culture pendant cinq ans ne les rende vacantes. Nul ne pourra couper des arbres par le pied ni en déraciner, si ce n'est pour bâtir une maison. Défense est faite de clore les prés et autres fonds, sauf ceux du seigneur. Le droit de vendre et d'acheter est confirmé, pour les immeubles, à la charge de s'en faire investir par le seigneur et de lui en payer le treizain ou le demi-treizain. Il ne sera rien dû pour donation ou testament entre parents jusqu'au 4ᵉ degré. De son côté, le seigneur conserve son droit de prélation qu'il exercera 40 jours après avis et paiement du prix et des frais. Les propriétés franches resteront telles en changeant de mains. Par le bûcherage, les usagers ont droit de couper des poutres et de faire des cercles pour leur usage, mais non de les vendre au dehors, et le seigneur lui-même ne le peut pas. Ce droit s'étend, de plus, à la faculté de faire du

---

(1) Série O, communes.

charbon et de cuire de la chaux pour l'usage exclusif des usagers. La glandée est libre, à la condition que nul, pas même le seigneur, ne fera battre les chênes pour en détacher les glands, à peine d'amende. Liberté entière est accordée d'abreuver le bétail aux fontaines et puits de Ferrassières et même d'en établir de nouveaux, de tenir les troupeaux dans les champs, le jour et la nuit, de couper des broussailles et des branches, en laissant les plus hautes, de chasser, en respectant les perdrix et en réservant au seigneur les membres du quartier de devant des bêtes fauves, de vendre toutes propriétés foncières, en payant le treizain, d'acheter toutes denrées, sans acquitter aucun droit de leyde, d'arrêter toute bête d'average égarée ou mêlée à d'autres troupeaux et de la rendre à son propriétaire, de prendre tous essaims d'abeilles et tout miel en rayons, sans nuire aux tiers. En cas de délit rural, le ban ou amende est fixé à un denier par chèvre ou brebis, à deux deniers par bœuf ou vache, à trois par cheval ou poulain, le prix du dommage, en sus. S'il reste des herbages ou des glands, le seigneur pourra les vendre à des étrangers. La bastide ou maison de la Gabelle, avec son clos de 1595 cannes, demeurera exempte de servitude quelconque, à la condition d'être close. Une demi-quartière ou émine de blé sera payée au seigneur, au lieu du vingtain, par les laboureurs d'Aurel et de Sault. Défense même au seigneur, de clore plus d'une sommée de terre pour jardin, étable, jas ou basse-cour, et d'enlever l'écorce des arbres, à peine de 10 sols d'amende. Des gardes seront choisis par les usagers et nommés par le seigneur pour l'observation des clauses de l'acte. Le droit de pacage est exclusif pour Aurel, Sault et Ferrassières, et les troupeaux étrangers ne pourront séjourner plus d'un jour ou plus d'une nuit. En cas de dommage causé par des inconnus, dans des terres ensemencées, le plaignant aura la faculté « d'aveysonner » le plus proche propriétaire de bestiaux de l'espèce délinquante, et celui-ci en devra payer la valeur, ou bien dénoncer le coupable, ou bien « aveysonner » un 2e propriétaire et celui-là un 3e.

Telles étaient les conditions imposées aux usagers, et elles permirent à la population de Ferrassières de s'accroître insensiblement, car un arrêt du Conseil d'Etat du 25 janvier 1729 lui assura les franchises de Sault, et des jurisconsultes en 1772 et 1792 reconnurent la validité des droits stipulés dans les actes de 1271 et de 1536.

Nous avons vu, à cette dernière date, la seigneurie de Ferrassières et le domaine de la Gabelle aux mains des Dupuy-Montbrun. Plus tard, César, fils de Raybaud de Vaulserre, en épousant Suzanne de Beaumont, fille du baron des Adrets, et ensuite Marguerite Dupuy-Monbrun, acquit l'une et l'autre à sa famille, et une cession consentie en 1707 par le marquis de Montbrun les lui confirma.

On voit par ce détail l'erreur des historiens qui ont attribué la Gabelle au célèbre baron ; les Vaulserre tenaient de lui le nom de des Adrets, mais non Ferrassières, venu des Montbrun.

Nous apprenons de l'*Armorial du Dauphiné*, que César et Jean de Vaulserre se signalèrent dans les guerres des XVI° et XVII° siècles.

Les documents consultés nous ont révélé, de plus, que Ferrassières, au commencement de ce siècle, appartenait à Appollinaire-Louis-Emmanuel, à Françoise de Sales et à Louise-Elizabeth de Vaulserre des Adrets ; que le fils se maria dans l'émigration, et mourut sans postérité, et que des deux filles, l'une (Françoise), épousa Joseph-Gaspard de Mareste, colonel en retraite demeurant à Turin, et l'autre (Louise-Elizabeth), Etienne-Maurice d'Argout, auquel elle donna : 1° Maurice-Apollinaire, gouverneur de la Banque de France, ministre et sénateur, et 2° Godeline-Bertuphe-Philippine-Angélique d'Argout, mariée avec Joseph-François-Auguste Lacoste de Belcastel.

Keisser, horloger à Grenoble, mandataire des possesseurs de la Gabelle, (1) établit d'abord une usine d'acide pyroligneux et

---

(1) Le château de ce nom est « remarquable surtout par quatre « énormes tours qui en défendent le pourtour et dont la hauteur s'é- « lève à 15 ou 20 mètres. » (*Annuaire de la Drôme.*)

revendiqua, à cet effet, la majeure partie des bois de Ferrassières, ainsi que la fontaine de Lioure.

Un double procès s'engagea aussitôt, et si les droits sur la fontaine furent réglés par une transaction, les droits sur les bois, après une instance régulière devant le tribunal civil de Nyons, se trouvèrent ainsi déterminés, en 1823 : les deux cinquièmes aux cohéritiers des Adrets et le restant aux communes d'Aurel, Sault, Ferrassières ; ce que la cour de Grenoble confirma le 26 janvier 1825. (1)

Voilà toute l'histoire de Ferrassières.

Cette commune, dépourvue d'archives, dépendait avant 1790, du diocèse de Sisteron, du Parlement et de l'Intendance d'Aix, et de la viguerie et recette d'Apt. Elle fut alors annexée à la Drôme et fit partie du canton de Montbrun jusqu'à l'an X qu'elle entra dans celui de Séderon.

Son village chef-lieu est en face et au levant du Mont-Ventoux, à 15,486 mètres S. O. de Séderon, à 60,831 de Nyons et à 150,623 mètres S. E. de Valence. On y voit, d'après la *Statistique de Drôme* trois ormeaux et deux tilleuls remarquables. L'un des ormeaux « a une telle circonférence que *six hommes* « n'en embrassent pas le tronc. » L'*Annuaire officiel* pour 1884 dit *trois hommes* seulement.

Une note de la mairie concilie en ces termes les deux versions : « à 1 mètre au-dessus du sol l'ormeau est embrassé par « *trois* hommes et, au-dessous de cette hauteur, il en faut « *six*. »

Ferrassières-de-Barret, les Hautes-Ferrassières ou les Pascaux, à cause du nom de Pascal commun à tous ses habitants, forme une agglomération plus à l'est.

« Le patron de la paroisse, dit Achard, est St-Julien de Brioude, dont on chôme la fête le 28 août ; il est aussi le titulaire. Celui de la succursale, nommée Ferrassières-de-Barret, est le Bon-Pasteur. L'une et l'autre église dépendent de l'abbaye

---

(1) Archives de la Drôme, Série O.

de St-André de Villeneuve et sont desservies, la première (Ferrassières de Montbrun), par un curé et la seconde par un vicaire. » (1)

Depuis 1807, la paroisse n'a plus qu'un succursaliste. La population, d'ailleurs, de 401 habitants en 1830, 441 en 1840, 412 en 1850, 411 en 1860, 381 en 1870 est descendue en 1883 à 354.

Le territoire se divise en 228 hectares de bois communaux, 318 de bois particuliers, 1619 de terres, 699 de pâturages, 42 de chemins, 4 d'édifices publics, total 2927.

M. Mermoz, en 1839, évaluait à 8,655 fr. le revenu des 2,885 hectares imposables, soit 3 fr. l'un, et à 2,885 fr. celui des 88 maisons.

Les contributions de 1873 accusent :
  Pour l'Etat. . . . . . 1,154 fr.
  Pour le département . . 521 65
  Pour la commune . . . 1,859 26

Total 3,596 24, non valeurs comprises.

La *Statistique de la Drôme* place une ancienne bourgade sur la colline de Lay et la fait détruire par les Routiers au XIII° ou XIV° siècle. C'est là une hypothèse pure. Sa description de Ferrassières n'est guère plus exacte. « Le territoire forme, dit-« elle, un vallon d'assez grande étendue, entouré de montagnes « et en partie couvert de bois. Aucune rivière, aucun ruisseau « de quelque importance n'arrose ce vallon. » (2)

Nous avons traversé la commune, en suivant le chemin de Séderon à Aurel, et nous avons vu sur le plateau de Barret-de-Lioure et, en descendant vers Ferrassières, d'assez jolis bois taillis, puis des terres d'apparence peu fertiles. La principale agglomération, comme tout le territoire communal, du reste, se trouve sur le versant méridional d'une immense colline, séparée, à l'ouest, du Mont-Ventoux par une étroite vallée. De

---

(1) *Dictionnaire de Provence*.
(2) *Statistique de la Drôme*. — *Annuaires*. — *Nouveau projet de répartition de la contribution foncière*, 1839. — Archives de la Drôme.

là, on domine au midi un assez vaste horizon et une plaine d'aspect assez monotone, dépourvue de villages, de cultures et de rivières.

Achard dit le pays très froid en hiver et très sain, et les habitants robustes, actifs, simples et honnêtes.

La carte géologique du Dauphiné place Ferrassières-de-Barret dans le terrain de la craie et Ferrassières-Montbrun dans le néocomien supérieur ; mais ni M. Lory, ni Scipion Gras, ni la *Statistique de la Drôme*, ni les titres anciens ne parlent des mines de fer indiquées par son nom.

Il est venu de la couleur un peu rougeâtre de son sol ou de très anciennes fabriques d'acier (*Ferrum acerium*), alimentées avec le charbon de ses forêts.

Une dernière curiosité du pays consiste en la présence d'abîmes ou gouffres formés dans un sol pierreux et spongieux par l'infiltration des eaux qui vont grossir, dit-on, quelque lac souterrain où s'alimente la fontaine de Vaucluse. « Lorsque cela « arrive, l'eau de cette fontaine, d'ordinaire fort limpide, prend « la teinte rougeâtre de la terre de Ferrassières. »

Ce phénomène n'a pas été encore expliqué. Mais Achard avait déjà mentionné les gouffres ou abîmes des environs de Monnieux et de Sault. (1)

IZON

De Ferrassières, où les Vaulserre des Adrets étaient seigneurs, nous passons à Izon, une autre de leurs terres, dans le même canton, placée entre Montauban et Laborel au nord et Eygalayes, au midi, à 12,000 mètres N. E. de Séderon, à 62,852 de Nyons et à 152,644 S. E. de Valence.

---

(1) *Dictionnaire de Provence*. — *Statistique de la Drôme*. — M. de Coston, *Etymologie des noms de lieu de la Drôme*.

Apollinaire-Louis-Elizabeth-Emmanuel de Vaulserre des Adrets était conseiller au Parlement de Grenoble, lors de la suppression de cette cour. Sa nomination remontait au 11 janvier 1781. Izon, en tant que fief, lui fut confisqué pendant son émigration. On y trouve en 1742, Marguerite Landais, baronne des Adrets, affermant 300 livres ses droits féodaux et la moitié d'un moulin.

Jean de Vaulserre, guerrier de mérite, avait obtenu cette terre en épousant Olympe Tonnard, fille unique de Charles. Celui-ci, conseiller en la Chambre de l'Edit, magistrat « d'esprit fort « net, d'humeur prompte et colère, » très assidu à ses fonctions, devait le jour à Madelaine Lamorte et à Claude Tonnard, commissaire des guerres, originaire d'Etampes, anobli en 1601, et aussi conseiller en la Chambre de l'Edit.

C'est Claude qui acheta Izon et Chabreil, en 1608, pour 12,000 livres de Marguerite de St-Michel, dame de Beaujeu, Bressieu, etc., et de Louis de Mévouillon ou Meuillon, baron de Bressieu, représenté par Charles de Bellan, avocat. (1)

Avant eux, Antoine de Mévouillon, chambellan du roi, en avait rendu hommage en 1515 ; Pierre, fils de Guillaume en 1433 ; Pierre, fils de Baudoin en 1413 ; Baudoin, fils de Pierre en 1375 : Pierre, dit Reynier, héritier de Louis en 1365 ; Raimbaud de Mévouillon, dit de Lachau et Guillaume de Mévouillon en 1334 et 1342 ; Galburge, fille de Bertrand de Mévouillon en 1270 et 1283.

Un accord de 1306 entre Raymond de Mévouillon, Galburge d'Izon et Raimbaud de Lachau, seigneur d'Izon, mit ce dernier sous la dépendance du seigneur de Mévouillon, dont les Dauphins furent les héritiers.

Il est à peu près certain que ces divers maîtres d'Izon n'habitèrent guères le fief, le séjour de Lachau étant plus agréable.

---

(1) *Armorial du Dauphiné*. — Inventaire de la Chambre des Comptes. — Archives d'Izon à la Préfecture de la Drôme. — Brun-Durand, *la Chambre de l'Edit*.

Cependant ils y possèdaient un château-fort, démoli par ordre souverain au commencement du XVIIe siècle.

D'abord réunie à Villefranche et au canton de Montauban, cette commune entra dans celui de Séderon, en l'an X.

Elle a 17 hectares de bois communaux, 42 de bois particuliers, 48 de terres, 16 de prés, 725 de pâturages, 45 de rivières, etc. Total, 1,465. Mais les 1,420 hectares imposables rendaient seulement 5,010 fr. en 1839, soit 3 fr. 53 l'un et ses 29 maisons, 285 fr. (1)

Les 4 contributions de 1873 ont produit :

A l'Etat.	512 f. 62
au département.	242 37
à la commune	438 »

Soit en tout 1,217 fr. 02 avec les non valeurs.

On ne trouve rien de saillant dans les archives anciennes de la commune, sauf l'existence d'une école aux XVIIe et XVIIIe siècles, avec 30 livres de gages au maître et même 60 en 1744.

Les charges publiques de 1622 à 1776 y arrivaient à 543, 917, 738 et 917 livres, et, dans ces chiffres entraient les dépenses militaires, les intérêts des dettes communales et les sommes votées par les chefs de famille réunis.

Izon dépendait, avant 1790, du diocèse de Gap et non de celui de Vaison, comme l'assure Guy-Allard ; du bailliage du Buis et de l'Election de Montélimar. Son nom de *Ysone* et de *Ysono* signifie rivière, d'après M. de Coston. Il sort effectivement des flancs argileux de la commune, placée en face d'Eygalayes, une petite rivière, affluent de la Meuge.

Du 12 décembre 1872 au 5 janvier 1873, à la suite de fortes pluies, des éboulements considérables entraînèrent dans le rif d'Izon des prairies et deux maisons de la colline où se trouvent les principaux établissements du lieu.

---

(1) En 1862, il y avait 4 maisons à Chabreil, 6 à Hère, 6 à Coldoluy, 6 aux Granges Basses et 6 aux Granges-Pichon.

Déjà, le 8 novembre 1668, pendant la messe, « un grand et notable accident » était arrivé au même endroit. Comme un rocher domine l'église, des blocs de pierres, en tombant sur la toiture, en écrasèrent la voûte et tuèrent trois personnes et en blessèrent onze ou douze, dont trois grièvement.

La crainte de quelque nouveau malheur fit projeter la construction d'une autre église ; mais l'exiguité des ressources communales s'opposa sans doute à la réalisation de ce vœu.

Cette localité présente un paysage intéressant qu'un peintre ne dédaignerait pas. Elle est séparée d'Eygalayes par un étroit défilé, entre des rochers élevés et abrupts ; puis elle développe en demi-cercle, sur les flancs d'une colline, ses champs cultivés et ses prairies.

La population d'Izon a présenté depuis 1830 les variations suivantes :

1830 — 146 âmes		1860 — 125 âmes	
1840 — 173 —		1870 — 131 —	
1850 — 127 —		1880 — 130 —	(1)

LABOREL

I

Les seigneurs.

Cette commune touche à Izon, Montauban, Chauvac (Drôme) et Orpierre (Hautes-Alpes). On y va de Nyons par les chemins de grande communication de Nyons à Sisteron et du Buis à Orpierre, qui se croisent à St-Auban.

---

(1) *Statistique et Annuaire de la Drôme.* — Inventaire de la Chambre des Comptes. — *Nouveau projet de répartition de la contribution foncière.* — *Étymologies des noms de lieu de la Drôme.*

Son nom de LABOREL, LABOUREL dans *l'Almanach du Dauphiné*, BOURET (*La*), dans le *Dictionnaire des Gaules* d'Expilly, *de Leborello* et *de Laborello* dans les titres anciens, vient très naturellement de *Laboria*, terre nouvellement défrichée, car il reste encore de fort belles forêts sur les versants voisins de Villebois et de Pierrefeu.

Le bourg placé dans une vallée gracieuse au pied de coteaux élevés n'offre rien de remarquable au point de vue monumental et pittoresque ; il rappelle cependant quelques faits et quelques noms peu connus.

A la vérité, les archéologues n'ont pas encore exploré son territoire pour y recueillir les instruments de l'âge de pierre ou des traces de l'occupation gauloise ou romaine ; mais ils savent qu'au XIIIe -siècle, les barons de Mévouillon en étaient seigneurs. (1)

Bertrand de Mison et de Lachau, l'un d'eux, ayant marié Galburge, sa fille, le 1er novembre 1239, avec Guillaume III de Baux, co-prince d'Orange, lui avait donné en dot tous ses biens du diocèse de Gap, à la réserve de l'usufruit. Les deux époux se déclarèrent vassaux de Charles d'Anjou et de Béatrix, comtesse de Provence, leur promettant les calvacades pour les châteaux d'Izon, Laborel, Chabre et Villebois (1256), moyennant 10,000 sols et un beau cheval noir ; puis Galburge, devenue veuve, traita de nouveau pour Mison, avec les mêmes souverains dont ses vassaux avaient maltraité le bailli de Pomet. (1264) (2).

L'expédition armée contre Gaudissard, déjà racontée à Eygalayes, rend témoignage des sentiments belliqueux de ces derniers.

Un catalogue de livres et documents, vendus à Paris, le 31 mars 1884, indique une transaction du mois d'octobre 1264 en-

---

(1) M. de Coston, *Etymologies des noms de lieu de la Drôme*. —*Inventaire des Dauphins*. Valbonnais.

(2) Barthélemy — *Inventaire... des titres des de Baux*.

tre la même dame appelée à tort Gauburge, et les « chevaliers,
« donzels et paragers qui pouvaient avoir des droits sur la terre
« de Laborel. Toutes les parties auront le droit de juger les
« voies de fait et les délits relatifs aux immeubles : quelques-
« uns des cas prévus sont des plus curieux, si l'on se tire les
« cheveux, si l'on se saisit à la gorge, si l'on se frappe de la
« main ou du poing, si le sang jaillit, etc., Gauburge de Mison,
« en retour, jugera seule des guerres privées, possèdera le droit
« de gîte et de part, elle pourra lever sur les gens du village
« une aide extraordinaire, non en quatre cas, selon la coutume,
« mais en six cas, qui sont énumérés dans l'acte. »

Cette charte a été adjugée à un libraire de Paris, qui en demande un prix élevé et nous n'avons pu obtenir les noms des pariers et des damoiseaux de Laborel, la seule indication utile à notre sujet, car les voies de fait et la taille aux six cas (mariage d'une fille, chevalerie, voyage en Terre-Sainte, achat d'une terre, rançon, etc.), se retrouvent en bien d'autres seigneuries. (1)

Toutefois, nous savons d'ailleurs qu'il y avait, de 1260 à 1367, une famille de Laborel représentée par Guillaume, Raimbaud et Marguerite ; qu'en 1322 les coseigneurs s'appelaient Richard de l'Epine, « le marquis de Montjay » et Raymond de Lachau ; qu'en 1334, noble Pons de Remuzat, dit Cornillon, y percevait quelques censes et rentes et que d'autres personnages encore y prétendaient à la suzeraineté ou au domaine utile.

Ainsi Galburge de Mévouillon, femme de Raimbaud de Lachau, fut condamnée, le 2 août 1303, à prêter hommage à Raymond de Mévouillon pour les châteaux qu'elle tenait de Bertrand de Mévouillon et ce dernier à lui céder Laborel, Villebois et Etoile.

D'autre part, Bertrand de Mévouillon et Bertrand Raimbaud, frères, avaient reconnu la suzeraineté du Dauphin en 1249, et l'acte d'hommage portait que le prince ne pourrait faire aucune

---

(1) Catalogue Voisin.

acquisition dans leurs terres, sauf dans celle de Lambert Adhémar de Monteil, mari de Galburge de Mévouillon, fille de Raymond. (1)

Béatrix, veuve du dauphin Guigues avait ratifié cette clause, en 1270, et cependant Henri, élu évêque de Metz, baron de Montauban, s'était rendu acquéreur des droits d'Henri de Montaut et des héritiers de la dame de la vallée de Barret sur la 6e partie de Laborel, et d'Isnard Rigaud pour la 8e partie de ses revenus. Guillaume de Mévouillon, chevalier, réclama auprès du conseil de régence du Dauphiné, et moyennant 850 florins, fut mis en possession des parts aliénées, et en rendit hommage au Dauphin le 4 novembre 1334. Mais ce gentilhomme peu scrupuleux s'était rendu coupable de rapts, de viols et d'autres crimes non spécifiés : il fut condamné à 26,240 florins d'amende. C'était là une somme considérable pour l'époque et, afin de se libérer, il recourut à des médiateurs qui obtinrent son exonération au moyen de l'abandon de tous ses droits sur Laborel et du paiement de 3,000 florins (3 novembre 1338). (2)

Humbert II, peu de temps après, prétendant que les terres d'Albert de Sassenage étaient tombées en commise, eut des difficultés avec Henri de Bérenger, seigneur du Pont-en-Royans. Un accord intervenu entre les parties le 30 avril 1339 attribua Izeron à Humbert II et Laborel, à Henri.

Toutefois, comme il y avait une trop grande différence de prix entre les terres échangées, le Dauphin abandonna au sei-

---

(1) Inventaire de la Chambre des Comptes. — Moulinet, notes. — *L'Inventaire sommaire des archives des Bouches-du-Rhône*, B. 378, cite une sentence du Sénéchal de Provence adjugeant Orpierre, Borel (Laborel), Villebon (Villebois), Stelle (Etoile), St-Maurice, Ste-Colombe aux hoirs de Bertrand Raybaud (Raymbaud).

(2) Invent. de la Chambre des Comptes. — Valbonnais, II, 141. — *Inventaire des Dauphins*. D'après ce dernier document, le Dauphin aurait vendu en 1323, ses droits à Laborel à Thomas Islolay, de Turin, pour 900 livres viennoises et 7 ans plus tard Bossos de Summière et Thomas Bernardon avaient remplacé Islolay.

gneur du Pont, le 26 mars 1349, tous ses droits sur St-Nazaire, entre les rivières du Cholet, la Lyonne, la Bourne et Vernaison, la Bâtie-de-Royans exceptée.

Les Bérenger-Sassenage ne conservèrent pas longtemps Laborel ; car après en avoir rendu hommage en 1351, François le vendit, le 18 mars 1382, à noble Pierre Gillin, avocat au conseil delphinal et ensuite membre de ce conseil.

Selon l'*Armorial du Dauphiné*, Pierre Gillin, seigneur de Laborel, Brion, la Rochette-sur-St-Auban, fut un de ceux que le gouverneur de la province désigna pour administrer le pays en son absence.

Il fut l'aïeul d'Antoine Gillin, mort sans postérité, et d'Antoinette Gillin, mariée en premières noces à Baudon Joffrey, et en secondes, à Louis de Bardonenche. (1)

M. Pilot, cite un Pierre Gillin, docteur en lois, prieur de St-Robert de Cornillon, conseiller clerc au conseil delphinal, en 1386 et 1396, et l'inventaire de la Chambre des Comptes rappelle des hommages rendus, en 1413, par Henri de Bérenger, héritier de François, et par Antoine Gillin, fils de Pierre, pour Laborel, et en 1424, par Louis de Bardonenche, fils de Justet, mari d'Andiennette Gillin, héritière de Pierre.

Le fils de Louis de Bardonenche renouvela l'hommage au dauphin Louis, en 1446, et il vendit ensuite Laborel à Jean Pacte ou Pactis, médecin de Carpentras.

Jean de Cizerin, conseiller delphinal, acquit Laborel de ce dernier pour 120 écus et revendit le fief à Pierre Gruel vers 1484. (2)

M. Rivoire-La-Bâtie n'est point fixé sur l'identité des familles de ce nom établies à St-Vallier et à Laborel, et nous ne le sommes pas davantage. Toutefois, si nous négligeons ici les Gruel de Fontager, nous avons recueilli sur les Gruel de Laborel quelques notes utiles à leur histoire

---

(1) Invent. de la Chambre des Comptes. — *Armorial*.
(2) Invent. de la Chambre des Comptes. — *Invent. sommaire des Archives de l'Isère*, t. II. introduct. p. 20.

Un terrier de 1339-1340 mentionne un Etienne Gruel parmi les tenanciers de la commanderie de St-Paul-lès-Romans, représenté par le tabellion facétieux, sous les traits d'un vieillard entre deux grues.

Un inventaire non signé de titres sur Laborel fait prêter hommage par des habitants de ce lieu à un de Gruel en 1350, alors que la seigneurie n'appartenait pas encore à la famille.

Moulinet nous semble plus exact quand il constate l'existence de Jean et de Claude Gruel, père et fils, notaires à Serres, de 1423 à 1459, et le dernier qualifié noble. Quoi qu'il en soit, Pierre fut le premier personnage illustre de sa famille. Ses relations avec le dauphin Louis (Louis XI) lui valurent, dès 1455, les fonctions de conseiller et maître des requêtes de l'hôtel du prince, « commis à la charge de 30 arbarestiers soubs son or-
« donnance, » celles de président en la Chambre des Comptes de Dauphiné et, en 1461, de président du Parlement. (1)

On sait, de plus, qu'il remplit une mission à Rome, vers 1465, lorsque le Roi, en guerre contre les ducs de Berry et de Bouillon, le comte de Dunois, etc., avait obtenu du duc de Milan des renforts conduits par Galéas-Marie Storce. Ces troupes vinrent aux environs de Vienne et passèrent dans le Forez. « Ce païs
« du Dauphiné, mandait au Roi, Pierre Gruel, le 14 septembre
« 1465, est esmeu par le retornement qu'ont fait ses seigneurs
« de Velaic, et aussi parceque tout le païs de Provence est en
« armes..... Les places des montaignes de ce païs ne sont point
« fournies d'artillerie ni de vivres, et seroit expédient de four-
« nir Briançon, Serre et Exilles, aussi pour tenir seur le pas-
« sage de Romme, car sont les clefs des montaignes..; s'il est de
« vostre bon plaisir me bailler la garde de Serre, je le feray
« fournir d'artillerie, vivres et gens, car il n'y a rien. Je ne le
« dy pas pour avoir la revenue, car ne vouldrois rien avoir

---

(1) Archives de Laborel à la préfecture de la Drôme. — Moulinet, notes chez M. Morin-Pons. — *Invent. som. des archives de l'Isère*, introd. *Invent. som. des archives de la Drôme*, III, E 4744, 4856.

« d'Arnault de Salines, ne d'autre vostre serviteur, ains le veux
« faire du mien pour tenir seure la place et le païs ; car ay de-
« liberé d'amploier tout ce que j'ay en ce que je verray estre à
« faire... » (1)

A Pierre succéda Henri qui obtint une sauvegarde du Roi-Dauphin en 1484, moyennant deux livres de cire de redevance et acquit Laborel. Il avait eu un fils naturel appelé Antoine, légitimé par lettres du Roi en octobre 1501, connu par un procès contre Claire de Poitiers, veuve de Jean Fougasse, au sujet de 200 écus d'or, dus à Henri de Gruel par Briande Davin, veuve de Guillaume d'Arzeliers. (2)

On trouve après lui Gaspard, mari de Jeanne de Thollon, qui rendit hommage en 1541 pour Saix, Laborel, Villebois, Chancroze, etc. (3)

Claude et François de Gruel, ses fils, acquirent du renom pendant les guerres du XVIe siècle. Le premier surtout, né en 1521, fut chevalier de St-Michel en 1570, gouverneur de Gap, du Gapençais et du Graisivaudan.

Battu à Serres par Montbrun et Lesdiguières, en 1574, il s'était distingué au siége de Sisteron, en 1562, et commandait avec Glandage le régiment de Dauphiné au camp de Bollène, en mars 1568. Il avait épousé Catherine de Villette et mourut sans postérité. (4)

Un autre Claude, commandeur de Malte, entra dans le conseil de l'ordre à la mort du grand-maître, en 1652. (5)

Expilly rapporte que « le 26 mars 1579, en la cause de Claude
« Gruel, sieur de Labourel, plaidant pour Louise, sa fille, con-

---

(1) *Documents inédits* extraits de la Bibliothèque royale et des Archives, II, 381.

(2) Invent. de la Chambre des Comptes.

(3) Archives de la Drôme E 963, 1583, 2337, 4342.

(4) MM. Dougla et Roman, *Correspondance de Lesdiguières*, table du 1er volume.

(5) Guy-Allard. *Dict. historique*.

« tre Guydier (Guy Diez), sieur du Peigue (Pègue), Jean de
« Bonnard (Bouvard), sieur de Roussi (Roussieu), Louis d'Alo-
« jon (Alauzon), sieur de Riberez (Ribeyres), et Jean de Morges
« de l'Epine, le Parlement adjugea à Gruel le tiers des biens
« que tenait noble Antoine Alojon, sa vie durant, pour la légi-
« time de ladite Gruel, sa fille, mère dudit Antoine. » (1)

Le marquis d'Aubais déclare ignorer le prénom du Gruel, capitaine catholique pendant les guerres de la fin du XVIe siècle, et il ajoute que Villefranche et Véras, ses frères, avaient une compagnie chacun au régiment de Dauphiné. « La généa-
« logie de Gruel-Labourel, dressée par Allard, que je n'ai pas
« sous les yeux, nous apprendra peut-être le nom de baptême
« de Labourel et de ses deux frères et peut-être quelque parti-
« cularité sur leur compte.

« On doit pourtant se défier beaucoup d'Allard, en se servant
« de ses généalogies. Il ne faisait aucune difficulté de joindre
« des filiations qui n'avaient aucune affinité entre elles, et à
« voir toutes les branches d'une famille, qu'il arrange très bien
« dans ses tables et ses discours, on croirait avoir une généalo-
« gie bien prouvée et on se tromperait fort. » (2)

N'ayant pas eu l'occasion de consulter Guy-Allard, l'observation du marquis d'Aubais n'est rapportée ici qu'à titre de renseignement. Quant au prénom de Claude, il est donné au capitaine Laborel par le P. Justin (Boudin) et par les éditeurs de la *Correspondance de Lesdiguières*. (3)

Si nous n'avons pu trouver ni la seigneurie ni le seigneur de Véras, la seigneurie et le seigneur de Villefranche sont connus; cette terre est placée entre Mévouillon, Vers et Séderon et François Gruel la posséda en qualité de mari de Dauphine Rivière, fille d'Antoine Rivière, seigneur de Ste-Marie, et de

---

(1) *Plaidoyers*, p. 749, 5e édit.

(2) *Pièces fugitives*, I, 247, 269.

(3) *Histoire des guerres... du Comtat.* — MM. Dougla et Roman. *Correspondance de Lesdiguières.*

Jeanne de Montbrun, laquelle était veuve et héritière de Jean Fogasse ou Fougasse, d'Orpierre, capitaine de Mévouillon. (1)

Un autre Claude Gruel testa le 14 novembre 1631 en faveur de Melchionne de Gras, sa mère ; de Julie de Bonne d'Auriac, son épouse, et d'Ennemond, son fils. Il léguait à ce dernier la seigneurie de Laborel et Villebois, à la charge de donner 12,000 livres à Etienne, son frère ; les revenus de ses biens à Julie de Bonne, et la moitié de ceux de Sigoyer, à Melchionne de Gras. (2)

Vient ensuite Charles, héritier universel de Claude, qui fut gouverneur de Gap, comme Etienne, son frère, dit le comte de Laborel ; il s'unit avec Anne de Paul de Lamanon, laquelle devenue veuve, remit, en 1677, au greffe du bailliage de Graisivaudan les papiers de la succession de Charles, afin de répondre à ses créanciers et à ceux d'Isabeau de Bozonier, mère et tutrice de Jacques de Gruel, héritier du même Charles. (3)

Jacques fut nommé le 3 avril 1699 conseiller au Parlement de Grenoble, sans cesser pour cela d'être gouverneur de Gap, et il laissa d'Anne de Marnais plusieurs enfants, comme Etienne, Jean-Libéral, chanoine de Grenoble, Jacques, mari de Gabrielle-Marie de Caritat, Anne qui porta en dot Laborel à Isidore-Jacques-Etienne des Achards-Ferrus, Thérèse, femme d'Elzéar Manent de Montaux et Isabeau, religieuse ursuline à Grenoble. (4)

Nous constaterons encore, en terminant cette étude sur les Gruel et sur Laborel, que François de Gruel ayant vendu Laborel, le 12 décembre 1603, à René de la Tour-Gouvernet, sénéchal des comtés de Valentinois et Diois pour 7650 livres, l'acquéreur en rendit hommage à la Chambre des Comptes en 1604 et en 1620. (5)

---

(1) Archives de la Drôme, E. 821, 1583.
(2) Archives de la Drôme, E. 3146.
(3) Inventaire sommaire des Archives de l'Isère, B. 3531.
(4) Archives de la Drôme, E 3531.
(5) Inventaire de la Chambre des comptes.

Il paraît cependant que la terre fit retour aux Gruel, ses anciens maîtres, témoin la qualification de seigneurs donnée à Claude, dès 1631, et à Etienne, son fils. (1)

Nous achevions péniblement l'histoire des Gruel, quand une bonne fortune nous est survenue soudain sous la forme d'un tableau généalogique de la famille.

Ce travail dû à M. Roman, notre savant collègue, a sa place toute marquée ici, d'autant mieux que les auteurs ont confondu à l'envi les Gruel de Fontager et ceux de Laborel.

I. PIERRE Gruel, notaire au Saix, canton de Veynes, en 1340, laisse :

II. GUILLAUME, aussi notaire au même lieu de 1357 à 1396 et Jacques, marié, selon Moulinet, avec Arthaude de Veynes. Guillaume a pour fils :

III. GUIGUES, coseigneur de Veynes ; Etienne, notaire au Saix, en 1407 ; Jean, notaire au même endroit en 1395 ; Guillaume, commandeur de Valdrôme. Les enfants de Guigues sont :

IV. PIERRE, coseigneur de Veynes, du Saix et de Chabestan, de 1400 à 1459 ; Jean, qui teste en 1447 ; Bertrand et Antoine, en 1440. Pierre laisse :

V. CLAUDE, mari de Sybille, de 1458 à 1465 ; Pierre, premier président et Guillaume. (2) Claude compte parmi ses enfants :

VI. HENRI, 1475 ; Marguerite, épouse de Pierre Perdrix ; Mabille, épouse de Pierre des Herbeys ; Florette, épouse d'Albert Chabert ; Dominique, père de Catherine, et Claude, notaire à Serres, père d'Antoine, seigneur de Fontager, demeurant à Serres, de 1490 à 1533, et grand-père de Valérian. Henri laisse :

VII. GABRIEL, seigneur du Saix, Chabestan, Laborel et Villebois, mari de Jeanne de La Baume-Suze ; Hugues (1485) ; Jacques (1476), et Jean, protonotaire, sacristain de Die. Gabriel a :

---

(1) Archives de la Drôme, E. 963.

(2) Chorier, *Etat politique* IV, 166, fait anoblir Guillaume par Louis XI et le présente comme l'auteur de la branche de Fontager près St-Vallier.

VIII. Gaspard, d'abord marié avec N. de Mereuil et ensuite avec Jeanne de Thollon de Ste-Jalle (1510-1569) ; Gabrielle ; Louis ; Claude, chevalier de Malte ; Louise et Jean, chevalier de Malte. De Gaspard naissent :

IX. Jacques, mari de Melchionne de Gras de Montorcier, dame de Sigoyer, qui teste en 1631 ; Claude, gouverneur du Gapençais ; Gaspard, archidiacre ; Jacques, protonotaire ; François, prêtre ; François, seigneur de Laborel et Villebois, mort en 1615 ; Pierre et Louise.

X. Claude, fils de Jacques, seigneur de Chabestan, du Saix, Laborel, Villebois et Sigoyer, mari de Julie de Bonne, teste en 1631.

XI. Etienne, fils de Claude, allié à Isabeau de Bozonnier, gouverneur de Gap, meurt vers 1698 ; Charles, gouverneur de Gap est son frère.

XII. Jacques, fils d'Etienne, gouverneur de Gap, marié avec Anne de Marnais (1665-1705), est le père d'Etienne et de Jacques, époux de Gabrielle-Marie de Caritat ; (1) de Jean-Libéral, d'Anne, de Thérèse et d'Isabeau.

XIII. Etienne, seigneur du Saix, Sigoyer et Montferrand, époux de Suzanne-Philippe d'Astier (1760), laisse :

XIV. Jean-Jacques, seigneur de Sigoyer et de Gruyère (1745-1780), mort en émigration.

Quelques autres familles possédèrent aussi à Laborel des immeubles ou des droits, comme Jeanne Gaubert, dame de la Penne, veuve de François Aubéry, vers 1700; Charles Philibert, baron de l'Argentière, mari de Charlotte-Renée de Périssol, fille de Laurent, président au Parlement de Grenoble, en 1671 ; Alexandre de Bardel et le sieur du Barsac, vers 1630.

D'après une requête d'Etienne de Gruel au roi, demandant annulation d'un arrêt de la Chambre de l'Edit de Grenoble, « le « sieur de Périssol ayant entrepris depuis longtemps à l'imita- « tion de son père et de son aïeul, de ruiner les vassaux du

---

(1) Etat civil ancien de Condorcet.

« suppliant, auroit exercé des violences extraordinaires par
« emprisonnement de la personne des consuls, saisie et enlè-
« vement de bestiaux de labour.....et fait naître un tel désor-
« dre que les particuliers étoient sur le point d'abandonner le
« village pour s'exempter d'exécutions continuelles. » (1)

Les archives de la commune accusent aussi Jacques de la Tour d'avoir profité de la présence des troupes cantonnées au Buis, pour lever des impositions extraordinaires et se faire attribuer des immeubles considérables. (2)

Telle est, au point de vue féodal, l'histoire de Laborel ; au point de vue religieux, la paroisse dépendait du diocèse de Gap et le prieuré, de l'abbaye de Lagrand. Une ancienne église, dédiée à S. Martin, dut être abandonnée au XVIIIe siècle et remplacée par la chapelle agrandie du Rosaire.

Divers procès engagés par les curés contre les habitants, nous font connaître les difficultés ordinaires que la perception de la dîme soulevait. Ainsi Coutoulenc, en 1613, transigeait au sujet de la dîme des agneaux et des chevreaux, se contentant d'un par vingt, et Meynier, un de ses successeurs, promettait, en exigeant un agneau sur onze, de tenir compte l'année suivante des neuf manquants pour arriver à vingt. (3)

La dîme du chanvre fut réglée à 10 livres en 1613, et celle des bois communaux défrichés suscita un procès, vers 1789. De plus, comme le curé avait négligé de payer la 24e partie due aux pauvres, un accord intervint et il promit de donner six charges de blé en 3 ans pour les arrérages et quatre émines par an, ce qui suppose une recette de 96 émines ou 18 sétiers. On convint aussi que les habitants feraient sonner la cloche à

---

(1) Archives de la Drôme, E. 3148 Antoine de Périssol était noble à Chauvac; son fils, Samson, conseiller au Parlement en 1601, devint président de la Chambre de l'Edit et laissa de Blanche Alleman, Laurent, aussi président en 1671.

(2) Invent. somm. des Archives de la Drôme, E. 3145.

(3) Invent. somm., E. 3151.

leurs frais, les jours d'orage, et que le prieur et le curé s'entendraient pour la fourniture des ornements, vers 1685.

Enfin, le 15 janvier 1763, il fut proposé en assemblée consulaire d'employer à une bonne œuvre ou à une mission l'argent attribué par le curé décimateur et le prieur « aux hommes, « femmes et enfants, pour rubans, épingles et autres choses, « ce qui cause presque continuellement des désordres dans la « paroisse, en en faisant la distribution, » et le conseil accepta avec empressement cette proposition.

Ce qu'il y a de regrettable à ce propos, c'est le silence du registre des délibérations sur la fête supprimée ; car pareille abbaye joyeuse connue aurait révélé quelques détails sans doute curieux.

Constatons encore l'existence d'une école dès 1658 et un traitement au maître de 30 livres d'abord et de 100, vers 1705. (1)

Relativement au tiers-état son histoire se réduit presque aux luttes soutenues pour droits d'usage dans les forêts voisines placées au sommet et sur le versant du coteau élevé qui sépare Laborel de Chauvac et de Laux-Montaux.

Une première difficulté surgit à cet effet entre les syndics de la commune et Pierre Latil, Henri Reybaud et Guillaume Latil, fils d'Isnard ; elle fut terminée par sentence arbitrale du 21 janvier 1290, rendue par Guillaume de Laborel-le-Vieux et Arnaud de Durfort, damoiseaux, maintenant la jouissance ancienne des pacage et bûcherage aux habitants, moyennant 25 livres annuelles aux seigneurs.

Un arrêt du Parlement de Grenoble du 2 mars 1546, décida qu'une sentence arbitrale, approuvée des parties, devient une transaction véritable. Or, cette décision s'appliquait à une sentence arbitrale de 1490 entre les seigneurs de Pierrefeu et de Ramette, d'une part et les habitants de Laborel, de l'autre, qui adjugeait à ces derniers un droit de pacage moyennant 25 livres de redevance aux seigneurs.

---

(1) Archives de la commune.

Il est aussi question d'un autre arrêt de la cour delphinale du 17 juin 1535 contre Antoine Achard, écuyer et Honorade de Ferrus, seigneur et dame de Pierrefeu et Ramette, et d'une sentence arbitrale du 9 mai 1552, rendue par Gaspard de Gruel, seigneur de Laborel, Antoine Achard, seigneur de Chauvac et Pierre Achard, prieur de Ballons et de St-Vincent, délimitant le territoire contesté entre le serre des Chaux de Vesc, le serre de St-Montant, le béal de Ramette, les limites de Laux, etc. (1)

Indépendamment des droits d'usage, la population de Laborel jouissait aussi de bois communaux à la montagne de Jussie, à l'Hubac d'Ercq et aux devès de la Blachette et de Malagoustar.

Ces bois ont dû être défrichés peu à peu, car on trouve mention de distribution de lots par experts. (2)

Les renseignements sur les guerres du XVIe siècle manquent absolument ; on sait toutefois que la commune s'endetta alors beaucoup (3) et que les logements militaires y furent continués jusqu'en plein XVIIe siècle.

Formé des impôts dus au roi, des intérêts des sommes empruntées, des indemnités aux Bohémiens de passage, des gages des instituteurs, des aides payés aux commandants du fort de Mévouillon, des réparations à l'église, des logements de troupes, etc., le budget communal atteignait en recettes, au XVIIIe siècle, 1325, 1520, 1569 et 3833 livres, et en dépenses 1353, 3833 et 3923.

Laborel a 113 hectares de bois communaux, 378 de bois particuliers, 977 de terres labourables, 44 de prairies, 759 de pâturages, 88 de rivières et chemins, 30 de terres incultes et 2 d'édifices publics, total 2391 hectares.

---

(1) Archives de la Drôme, E. 3143. — Expilly, *Plaidoyers*.

(2) Archives de la Drôme, E. 3150.

(3) Archives de la Drôme, E. 3150. — Une requête au Parlement de 1626, pour avoir une surséance au paiement des dettes contractées, les déclare à ce point considérables que les habitants furent contraints de céder leurs biens à leurs créanciers et qu'un curateur leur fut donné à cet effet.

M. Mermoz, en 1839, évaluait le revenu de ses 2303 hectares imposables à 19,345 fr., soit 8 fr. 40 l'un, et de ses 135 maisons à 1,623 : total, 20,968 fr.

En 1873, les 4 contributions ont donné :

A l'Etat.	2,266 f. 07
au département.	1,016 20
à la commune	2,765 80
en non valeurs.	117 36
Total	6,165 f. 43

La distance de Laborel à Séderon est de 17,881 mètres ; à Nyons, de 60,803, et à Valence de 150,595.

Voici les chiffres de la population :

1830 — 590 âmes	1860 — 527 âmes
1840 — 588 —	1870 — 462 —
1850 — 570 —	1880 — 459 —

LACHAU

I

Topographie et antiquités.

Le vallon de la Meuge ou Méouge commence à Séderon et Villefranche et se prolonge entre deux chaînes de collines et de montagnes élevées jusqu'au Buech, affluent de la Durance. Nous y avons déjà remarqué Ballons et Eygalayes ; c'est aujourd'hui le tour de Lachau, *Calma* en 1209, *Chalma* en 1289, (1) *La-*

---

(1) De Coston. *Etymologie des noms de lieu de la Drôme.* p. 105.

chaup au XVIIᵉ siècle ; *Chaup* (La) dans le *Dictionnaire* de Guy Allard, ainsi appelé de ses chaumières, chaumes et terres incultes, et non de la chaux qui s'y fabrique, comme l'insinue un auteur. (1)

Le village actuel bien bâti et percé de rues spacieuses se trouve en face de la montagne de Muéou, limite des trois départements de la Drôme, des Hautes et Basses-Alpes, et à l'angle droit décrit par la rivière ; mais le territoire de Lachau a dû avoir des habitants dès l'époque préhistorique. Il existe, en effet, au nord-ouest de la montagne précitée, quatre grottes successives, accessibles par une entrée unique, la première de 15 à 20 mètres de profond sur 2 de large, assez ressemblante à un tunnel de chemin de fer, avec voûte à plein cintre, et les autres de forme irrégulière, avec dôme en stalactites grisâtres.

A la vérité, les fouilles pratiquées dans ces excavations n'ont produit aucun résultat au point de vue anthropologique ; mais la découverte de crânes trépanés sur le territoire de Lachau ne permet guères de révoquer en doute la haute antiquité du pays.

D'après M. Mourre, il existe une légende locale qui suppose d'immenses trésors cachés en ces parages :

> Entre Muéou et Mare
> La vache d'or l'yés encare. (2)

L'*Itinéraire du Dauphiné* d'Adolphe Joanne ajoute, en forme d'explication, que l'on a trouvé sur le Muéou (commune d'Eourres) des traces de gîtes aurifères et que d'après un autre distique local conservé dans les environs d'Orpierre :

> Entre Plaisance et Blaisance (3)
> Est le trésor de la France.

---

(1) *Statistique monumentale de la Drôme*, par M. Jouve.
(2) *Bulletin de la Société d'Etudes des Hautes-Alpes*, 1883, n° 4, p. 418.
(3) Rivières voisines d'Orpierre.

Or, au point de vue géologique, Orpierre est avec Villebois, Laborel, Izon et Ballons dans le terrain oxfordien, Lachau dans les groupes de la craie, du néocomien inférieur et des marnes aptiennes, et, au témoignage de M. Scipion Gras, il est permis d'affirmer, presque sans aucun doute, que l'or en paillettes visibles n'existe point dans les roches secondaires. (1)

D'où, il faudra conclure au rejet, parmi les traditions erronées, de la *Vache d'or* et des cyclopes de Lachau dont me parla, à mon passage, l'aubergiste tuilier placé entre ce village et Ballons. La découverte de crânes trépanés a sans doute fait naître la croyance aux géants à un œil unique, et les souvenirs des fées, celle de la Vache d'or.

Quoi qu'il en soit, on remarque, près du hameau de Notre-Dame, 1° la *Madelaine* en ruines ; 2° le prieuré ; 3° la tour carrée en forme de télégraphe aérien ; 4° le quartier dit le *Luminaire* où l'on a trouvé de nombreux échantillons de lampes funéraires en terre cuite, frustes ou ornées du coq gaulois et d'autres dessins ; 5° à l'ouest du cimetière actuel, une église du XIII⁰ siècle, seul reste d'un monastère bénédictin ; 6° enfin des vestiges d'une maison de Templiers, détruite en 1318. (2)

Avec le village et l'église neuve dont le clocher élégant n'est pas encore achevé, voilà bien des sujets d'études : malheureusement la perte des archives, pour la partie la plus ancienne, ne permettra pas de donner des renseignements complets sur chacun.

II

Seigneurs et Vassaux.

Les Mévouillon paraissent avoir possédé Lachau à l'origine de la féodalité, et ils formèrent une branche cadette de ce nom. Un fragment d'inventaire des biens de la maison du Temple

---

(1) *Statistique minéralogique de la Drôme*, p. 63, note.
(2) *Inventaire sommaire des Archives départementales des Bouches-du-Rhône*, B. 155.

mentionne la charte scellée de la donation du lieu à l'ordre religieux militaire par Raybaud de Lachau, sans préciser de date. (1)

Un autre Raybaud de Lachau, fils de Ripert de Mévouillon et de Sance, octroyait, en 1209, des libertés et franchises à ses vassaux en ces termes :

Je donne à mes fidèles sujets de Lachau et à tous les hommes qui sont sous ma juridiction et même à ceux qui n'y sont pas, et à leurs héritiers, la liberté de se conduire dorénavant en hommes libres. Je veux me contenter de mes censes... et je renonce à toute levée forcée et exaction d'argent et de blé, depuis la plus petite pièce jusqu'à 1,000 marcs, depuis la plus petite quantité jusqu'à l'infini. Mon désir est pourtant que mes corvéables avec bœufs me fassent 3 journées par an, une pour cultiver les jachères, une pour les semailles d'hiver et une pour les semailles de trois mois, à l'exception de ceux qui me doivent deux journées avec leurs bœufs à titre de cense, et que les vignes assujetties au service d'un quart paient seulement la 5ᵉ sommée. J'exempte, en outre, mes sujets des redevances en viandes (*desdoblatas*). Si un étranger vient habiter Lachau, il paiera 12 deniers, à moins d'avoir construit sa maison en un an. Tout habitant soumis à un service corporel et de même tout étranger me devra chaque année une corvée, à mon gré. Si un particulier, étranger ou domicilié, se lasse d'habiter Lachau, il pourra vendre ou donner ses maisons ou ses vignes, ses biens meubles et immeubles, sans préjudice à mes droits, et se retirer librement dans le lieu de mon duché ou du duché de mes amis qu'il aura choisi. Lorsqu'un habitant aura testé, sa dernière volonté sera observée selon le droit et les lois ; s'il meurt intestat, son héritage et tout son argent écherront à son plus proche parent dans la ligne des ascendants et des descendants.

Sachent tous présents et à venir, que je fais les concessions

---

(1) *Inventaire sommaire des Archives départementales des Bouches-du-Rhône* B. 155.

ici écrites, par amour de Dieu, pour le salut de mon âme et en haine de mon fils qui m'a injustement déshérité, et qu'elles dureront à tout jamais ; et attendu que mes fidèles sujets, contre la volonté de mon fils, selon qu'ils y étaient obligés par serment, ont eu soin de me rendre ma terre, je veux que les dettes de mon fils soient à ma charge et que ses créanciers soient satisfaits à leur gré. Si mon fils a donné une terre à quelqu'un et confirmé ce don d'une façon quelconque, il ne sera rien changé à cette donation faite légalement. Et afin que mes héritiers et leurs successeurs ne puissent en aucune façon innover à l'endroit des présentes concessions, je défends toute construction de tour et de maison-forte à Lachau et en tout château ou toute ville de ma terre, ordonnant la ruine des tours ou maisons-fortes construites dans ma seigneurie et prohibant à l'avenir la construction de toute poterne *(posterla)* à Lachau.

Je veux que chaque année, à la Toussaint, 4 consuls soient élus à Lachau, pour qu'à l'avenir ma terre soit gouvernée d'après leurs conseils. Si quelqu'un fait une injure ou commet une mauvaise action, il sera puni d'après leur avis. Je veux en outre et j'y travaillerai de tout mon pouvoir, que toute ma terre dépende du consulat ou gouvernement de Gap, d'Embrun, de Sisteron et même d'un plus grand, s'il est possible. Je jure sur les saints évangiles de Dieu, pour moi et mes héritiers, la durée perpétuelle de ces concessions, et si l'un de mes successeurs cherche à les enfreindre, qu'il soit déshérité et exilé, et afin que mes hommes soient toujours traités ainsi, je prie Raymond de Mévouillon, mon seigneur, de se porter caution pour moi et mes héritiers que rien ne sera innové, et d'obliger 50 des meilleurs habitants de sa terre à se porter garants de son serment et de sa caution.

A quoi le seigneur de Mévouillon et 50 de ses hommes ont consenti. Je veux que les concessions faites à Lachau profitent aussi à la terre et aux châteaux de ma juridiction. (1)

---

(1) Valbonnays I, 19, 20. — Traduction dans le *Bulletin de la Société d'études des Hautes-Alpes*, 1883, p. 418 et suiv.

« Lorsque les habitants des campagnes… commencèrent à aspirer à la liberté…, ils s'efforcèrent avant tout d'obtenir l'exercice du droit de propriété, la faculté d'acquérir et de disposer librement du produit de leur travail… Le droit de mainmorte ne fut d'abord qu'implicitement supprimé ; les chartes consacrèrent seulement au profit des serfs, la faculté d'acquérir, de vendre, d'aliéner, d'hypothéquer, sans recourir à la permission du seigneur. » Telles sont les dispositions des franchises de Moirans (1164), de St-Vallier (1204), de Lachau (1209), etc.

M. Berger auquel nous empruntons ces lignes ne voit qu'un commencement d'organisation municipale dans les chartes de Moirans et de Lachau, car elles permettent seulement de porter les différends devant les notables du pays ou de nommer des consuls pour juger certains délits. C'étaient avant tout des concessions relatives au droit de justice. (1)

Elles s'élargiront peu à peu ; l'esclave devenu serf, puis mainmortable, finira par devenir homme libre.

Après ce bienfaiteur de Lachau, qui prit part à la croisade Albigeoise pour le comte de Toulouse sous le nom de Reiambalts de La Calm, (2) les documents sont muets jusqu'en 1230.

A cette date, André, comte de Vienne et d'Albon, cède à Raymond de Mévouillon ses droits sur la personne et les biens de Raimbaud de Lachau, comprenant les châteaux de Lachau, Ballons, Gaudissard, (Eygalayes), St-Etienne, Ribiers, Upaix, etc.

Béatrix, mère et tutrice de Guigues, héritier d'André et, en cette qualité, comtesse de Vienne et d'Albon, confirme cette concession à Raymondet de Mévouillon et à Raymondet le Bossu, frères, malgré leur peu d'empressement à lui rendre hommage. Ils remplissent toutefois ce devoir féodal le 1er juin 1238.

Raymond l'aîné, testa en faveur de Galburge, sa fille et de Raymond, son frère, en 1242. Galburge avait épousé, en 1239,

---

(1) *Les communes et le régime municipal en Dauphiné.*

(2) Fauriel, **Histoire de la Croisade contre les Albigeois** vers 3850.

Guillaume de Baux, prince d'Orange et en 1247, une autre Galburge, fille de Raymond le Bossu s'était unie à Lambert Adhémar, seigneur de Montélimar et de La Garde. (1)

Nous retrouverons bientôt cette puissante famille en possession de la plus grande partie de Lachau ; pour le moment il convient de donner les quelques notes recueillies sur les premiers seigneurs.

La cession des droits delphinaux n'avait pas enlevé toute autorité aux Raybaud ou Raymbaud de Lachau, témoin les transactions de 1264 avec leurs vassaux pour les corvées et les censes et du 3 octobre 1266 avec Bertrand de Sault, seigneur de Gaudissard, au sujet de la liberté réciproque de la vaine pâture et du bûcherage « dans le terroir les uns des autres » et de l'hommage dû au seigneur de Gaudissard par les hommes de Lachau, propriétaires sur son mendement.

Des compromis et sentences arbitrales des 4 janvier 1284 et 5 mars 1299 confirmèrent la vaine pâture et le bûcherage, réglèrent la quantité de bois à prendre dans le bois de Chabre et le temps de le couper et déterminèrent le nombre de fours à chaux et les endroits en défends.

Toutefois, nonobstant ces titres et peut-être à cause d'eux, une véritable expédition armée, avec la connivence ou par les ordres de Galburge de Mévouillon, s'organisa contre Eygalayes. (2)

Cette campagne a été racontée déjà et il nous reste à constater, d'après un appel de 1303, interjeté par les principaux coupables, que la commune paya 60 livres pour eux. (3)

On trouve encore en 1283 Etiennette et Catherine de Lachau en procès contre le procureur du Roi en la sénéchaussée de Provence à cause de l'inféodation faite à un seigneur de Lachau,

---

(1) Invent. de la Chambre des Comptes. *Cartulaire de Montélimar*.

(2) Inventaire d'anciens titres conservés jadis à Lachau, aujourd'hui perdus.

(3) Invent. de la Chambre des Comptes et de Lachau en 1788.

leur parent, par Galburge, fille et héritière de Raymond de Mévouillon et femme de Guillaume de Baux, prince d'Orange, et en 1298, la cession par Raymond Bertrand, chevalier, à Guigues Alleman, seigneur de Valbonnais, de 50 livres sur Raymond de Montauban, seigneur de Montmaur, acquéreur de la terre de Lachau ; puis un profond silence règne sur ces familles et l'on ne voit plus le fief qu'aux mains des Mévouillon et des Adhémar de La Garde.

III

Les Mévouillon et les Adhémar.

De ces deux maisons également anciennes et puissantes, l'une a été étudiée dans *l'Arrondissement de Montélimar* et l'autre le sera bientôt à l'article Mévouillon.

D'après l'*Armorial du Dauphiné* Rambaud, baron de Mévouillon, s'allia, vers 1334, avec Mabille Adhémar, et se voyant sans enfants, fit héritière Eléonore Adhémar, sa sœur (belle sœur) mariée en premières noces à Pierre des Barres (dans la Marche) et en secondes à Pierre de Lachau, qu'elle obligea à prendre, pour lui et sa postérité le nom de Mévouillon.

Nous n'avons pas trouvé ce Pierre dans les documents consultés ; mais un Guillaume de Mévouillon recevant l'hommage de ses hommes de Ballons et Lachau, en 1332 et confirmant leurs libertés.

Pierre, fils ou petit-fils de ce Guillaume, se reconnut vassal du roi-dauphin pour le même fief en 1430, et Antoine en 1515.

Mais, à cette époque, la famille s'était une seconde fois fondue dans une autre, celle de Grolée, par le mariage de Béatrix de Mévouillon avec Jean de Grolée, seigneur de Revel et du Grand-Serre, vers 1450.

Aimar de Grolée-Mévouillon, né de cette union, épousa Philippine-Hélène de Sassenage, aimée par Zizim, exilé à Rochechinard, et mérita le surnom de *Renard* par son habileté.

Son frère, Antoine II, administra le Dauphiné de 1500 à 1502, comme lieutenant-général et comme gouverneur en Dauphiné.

Antoine II laissa d'Hélène d'Angest de Genlis Aimar-Antoine, dit le *vendeur*, à cause de ses nombreuses aliénations de terres, un des combattants de Marignan en 1515, et des prisonniers de Pavie en 1525. Une inscription du château de Bressieu semble même rappeler des relations entre lui et le pape Léon X.

Marié d'abord en 1504, avec Isabeau de Peyre et ensuite avec Louise de St-Germain, il eut, entre autres enfants, Aimar-François, chevalier de l'ordre du roi et gentilhomme de sa chambre, tué en Auvergne, pendant les guerres du XVI° siècle et chanté par Calignon. (1)

C'est lui qui vendit sa part de Ballons et Lachau, le 24 octobre 1582, à René de la Tour-Gouvernet pour 2,000 écus d'or sol. (2)

Le restant des mêmes seigneuries, après avoir appartenu aux Mévouillon et aux Adhémar, ne tarda pas à venir aux mains du même acquéreur. Or, les Adhémar, en s'appropriant tous les personnages qui portèrent le même prénom, ont été regardés longtemps comme les fondateurs et les maîtres de Montélimar, depuis Charlemagne. De fausses chartes du XVII° siècle prêtèrent même un utile appui à cette opinion, que la critique historique a fini par ébranler, en établissant d'une façon positive la filiation de cette famille à partir seulement de la fin du XII° siècle.

De ses diverses branches l'une posséda Montélimar, une autre La Garde et la troisième Grignan.

Dès le 2 juin 1247, Lambert Adhémar, fils d'Hugues, seigneur de Montélimar, épousait Galburge de Mévouillon, fille de Raymond-le-Bossu, dotée avec les châteaux de Curel, Vers, Montfroc, etc., échus à Raymond par donation de Raybaud de Lachau.

---

(1) MM. Dougla, *Vie du chancelier Calignon*. — Lacroix, *Notice sur le Grand-Serre*.

(2) *L'Arrondissement de Montélimar*, au mot La Garde.

A Lambert succéda Hugues, émancipé le 16 juin 1272, vassal du Dauphin en 1308, mari de Mabille de Mévouillon ou de Mabille Dupuy et père d'Hugues et d'Agout, possesseurs de Lachau.

Hugues confirma, en 1332, les libertés de cette seigneurie, avec Guillaume de Mévouillon, et testa deux ans plus tard en faveur de son fils de même prénom.

Un hommage de leurs vassaux, rendu en 1339, attribue les huit neuvièmes du fief à Lambert et le neuvième restant à Guillaume.

Hugues, héritier de Lambert, obtint le 3 avril 1378, une inféodation nouvelle de Lachau et de Clansayes du commissaire du gouverneur de la province, à la condition de les tenir du roi-dauphin. Il était stipulé, en outre, que ses hommes jouiraient des priviléges de la noblesse et ne paieraient aucun subside, que les premières appellations ressortiraient de sa cour et les secondes de la cour delphinale ; qu'enfin Hugues prêterait secours au Dauphin dans ses guerres.

On a l'hommage rendu le 5 février 1389 par le seigneur de Lachau. (1)

Après Hugues, son fils Louis renouvela, le 6 décembre 1423, son devoir de vassal et permit, en 1401, à ses hommes de s'assembler, sans la permission de ses officiers, pour élire des consuls chargés de la gestion des affaires communales et pour délibérer sur l'imposition des tailles et le paiement des censes.

Charles, successeur d'Hugues, encourut la disgrâce de Louis XI, et Marguerite de Romieu, sa veuve, dut céder à Antoine et à Aimar d'Urre, frères, seigneurs du Puy-St-Martin et d'Ourches, moyennant 800 écus d'or, le péage de Lachau, Ballons et Chabre, le 16 mai 1496.

Christophe, Jean et Etienne Adhémar rachetèrent ce péage en partie, quelques jours après ; cependant Giraud d'Urre, en 1545, déclarait en posséder encore la moitié.

---

(1) Inventaire de la Chambre des Comptes et *Cartulaire de Montélimar.*

Christophe, baron de La Garde, chambellan du roi et seigneur de Lachau, disposa de ses biens en 1510, en faveur de son fils Jean, avec substitution au profit de Louis et d'Antoine. (1) Ces deux derniers lui succédèrent en effet, et nous trouvons, l'un d'eux, en 1519, transigeant avec ses tenanciers au sujet des *taisses* (tasques) ou redevances foncières des terres gastes (abandonnées), réduites à la 24e partie des grains, moyennant une indemnité de 100 florins. (2)

La veuve d'Antoine, Geneviève Odoard, et Thomas Adhémar, son beau-frère, donnèrent Lachau, Ballons, La Garde, etc. à Louis Adhémar, leur parent, baron de Grignan, commandant en Provence en 1537, ambassadeur à Rome en 1539 et à Worms en 1544, décédé en 1559.

Comme ce gentilhomme ne laissait pas d'enfant d'Anne de St-Chamond, il choisit pour héritier universel François de Lorraine, duc de Guise ; toutefois, à l'aide d'anciens pactes de famille, Gaspard de Castellane, mari de Blanche Adhémar, sœur du même Louis, rentra en possession de ses biens, par arrêt du Parlement de Toulouse du 27 mars 1563. (3)

Lachau ne se trouvait pas compris dans les seigneuries revendiquées, car le 23 juillet 1543, Louis Adhémar de Grignan l'avait donné avec Ballons et La Garde à Antoine Escalin des Aimars, dit Le Pollin, de simple soldat devenu lieutenant et capitaine en 1537, ambassadeur à Constantinoble en 1541, général d'armée navale en 1542, lieutenant-général des mers du Levant et colonel de 300 hommes de pied en 1543, général et ensuite capitaine-général des galères en 1544 et 1552 et général de l'armée navale française en 1575, et à ces titres, véritable créateur de notre marine, mort à La Garde en 1578. (4)

Jean-Baptiste Escalin des Aimars, fils légitimé du capitaine

---

(1) *L'Arrondissement de Montélimar*, IV.

(2) Inventaire de 1788.

(3) et (4) *L'Arrondissement de Montélimar*, aux mots Grignan et La Garde Adhémar, t. IV et V.

Le Pollin, lui succéda à Lachau et y transmit ses droits aux Simiane, puisqu'en 1582, Joachim, l'un d'eux, baron de Châteauneuf, fils de François, seigneur de La Coste, en rendait hommage à la Chambre des Comptes de Grenoble.

On a de lui une lettre du 7 octobre 1601, réclamant à ses vassaux la pension qu'ils lui devaient, à cause des fiançailles et des noces de sa fille. Il reçut en présent à cette occasion 2 moutons et demi-douzaine de fromages.

Nous n'essayerons pas de résumer ici l'histoire de cette illustre famille provençale et dauphinoise ; elle garda trop peu de temps le fief, l'ayant rétrocédé en 1616 à René de La Tour-Gouvernet, déjà maître de la part des Grolée-Mévouillon.

Le prix d'achat de 1582 avait été de 2,000 écus et celui de 1616 atteignit 30,500 livres.

IV

Les La Tour-Montauban.

Les nouveaux seigneurs de Lachau descendaient de Pierre de La Tour, de Clelles, marié en 1510 avec Madeleine de Silve, dame de Gouvernet sur St-Sauveur, et Pierre avait pour ancêtres les anciens seigneurs de la Tour-du-Pin, dont sortirent les derniers Dauphins de Viennois. (1)

Guigues, fils de Pierre, embrassa la Réforme et laissa d'Esprite Bousquet René, dit Gouvernet, maréchal de camp, chambellan et conseiller du roi, sénéchal du Diois et Valentinois et l'un des principaux chefs protestants à la fin du XVIe siècle. Un auteur avance même que « son mérite avait été balancé dans l'esprit d'Henri-le-Grand avec celui du fameux connétable de Lesdiguières. » (2)

---

(1) *Tableaux généalogiques de la famille de la Tour-du-Pin*, avec preuves.
(2) Le P. Pollet, *Eloge funèbre de Mre René de La Tour*, prononcée à Valence en 1687.

Une copie de son testament, daté de Nyons, le 3 juin 1617, écrit par Isabeau de Montauban, sa femme, et signé par lui, nous fait connaître ses dernières volontés : sépulture « en la « forme accoutumée par ceux de la religion réformée » ; legs de 100 livres aux pauvres de Gouvernet et de la Charce, de ses meubles et revenus de Gouvernet à sa veuve, d'un écu à chacun des enfants de René, son fils, alors décédé, d'un écu à Hector, à Lucrèce, à Marguerite et Justine, de la terre de Gouvernet à Charles, de 45,000 livres à Alexandre et institution d'héritier universel en faveur de César, avec substitution au profit de Charles et d'Hector.

Le 5 juin, même année, Gouvernet déclara devant Justin Duclaux, François Cusin, François Ferrent et le capitaine Pierre Deneyrol, qu'il laissait le choix à Alexandre de prendre dans sa succession les 45,000 livres léguées ou les biens acquis de M. de Causans. (1)

On raconte à Lachau que, pendant la Révolution, le portrait de Gouvernet fut lacéré et brûlé sur la place publique, alors que les autres portraits demeurèrent intacts. Il y avait contre lui d'anciennes haines encore vivaces, et il s'en trouve un écho dans la requête adressée par les consuls à l'intendant Talon, vers 1634. Il y est dit, en effet, que ce puissant capitaine les avait contraints à lui souscrire cinq obligations allant ensemble à 8,000 livres, intérêts au dix pour cent compris, et que prévoyant une réduction de sa créance, il avait exigé de la commune une imposition de la somme due, puis des obligations de chaque particulier imposé pour le montant de sa cote, et enfin le paiement du tout en numéraire, ou en immeubles.(2) La tradition l'accuse aussi d'avoir enlevé les dalles de l'église de Notre-Dame pour les placer dans son château, où elles se voient encore.

Nous remarquerons parmi les enfants de Gouvernet : 1° Hec-

---

(1) Archives de la Drôme, supplément aux familles.
(2) Archives de la Drôme, E. 3166.

tor, né à Die en 1585, gentilhomme ordinaire de la chambre du roi et maréchal de camp de ses armées, gouverneur de Mévouillon et du Bas-Dauphiné, et lieutenant-général sous le duc de Rohan, mort en 1630, et 2° René II, baron de Chambaud, à cause de son mariage avec Paule de Chambaud, dont le fils, Jacques-César, vendit le 28 septembre 1637, à Jean et à Charles Dupuy-Montbrun, père et fils, les terres de Lachau, Ballons et Mévouillon pour 30,000 livres. C'était livrer le fief à une nouvelle famille illustre dans les annales de la Réforme et du Dauphiné ; mais elle ne le conserva pas longtemps, le mandataire du marquis de Montbrun l'ayant rétrocédé, le 10 février 1682, pour 27,000 livres, à Louis de La Tour, fils d'Hector, filleul de Louis XIII et gouverneur de Crest.

Hector, fils de Gouvernet, avait gardé sa part de la seigneurie de Lachau ; il épousa Anne-Charlotte de Sauvain du Cheylard du Mesnil et eut René II, Louis et Alexandre.

René II rendit hommage au roi-dauphin pour la moitié des terres et juridictions de Lachau et Ballons et pour Soyans, Auriples, etc., le 5 août 1687. L'*Eloge funèbre* de ce gentilhomme, prononcée à Valence, le 13 septembre de la même année, par le Minime Pollet, nous le montre pourvu d'un commandement dans la cavalerie à 15 ans, vainqueur en Catalogne, en Hongrie, en Flandre, en Hollande et en Sicile, gouverneur de Zutphen et de Nimègue, combattant sous le prince de Condé et sous Turenne, lieutenant de roi en Franche-Comté, et mort regretté de Louis XIV. Il abjura la Réforme et « ne se voulut jamais ma-
« rier pour se réserver tout entier au service de son prince. »

D'après l'auteur de cet éloge, le marquis de Montauban n'était pas seulement remarquable « par sa bonne mine et son
« agrément, et par sa valeur militaire, » il fut aussi un excellent chrétien, « docile aux vérités de la religion, exact à en remplir
« les devoirs, magnifique à en soutenir la grandeur, hardy à en
« établir le culte, glorieux à en étendre les conquêtes. » (1)

---

(1) *Eloge funèbre, passim,* br. in-4° imprimée à Valence chez Joffroy Mercadier en 1687, 28 pages.

Quant à ses frères, d'après la même autorité, « le premier, (Hector), mourut dans sa seconde campagne, âgé seulement de 14 ans, cornette de M. le maréchal de La Motthe » ; le second, M. de Soyans, vivait encore en 1687, mais ses blessures l'empêchaient de commander dans les armées, en qualité de mestre de camp » ; le troisième, (M. de Lachaux), a servy dès ses plus « belles années jusqu'à la fin de sa vie, avec un succez egal à « sa valeur ; il alloit à grands pas au suprême commandement ; « il est mort brigadier de la cavalerie. »

Quant à ses neveux, (« MM. du Mesnil et de Lachaux »), le roi voulut qu'on leur assurât des pensions et qu'ils fussent élevés auprès de M. de Montauban. (1)

Nous rappellerons ici que Louis, marquis de Soyans et baron de Lachau, après avoir acquis, en 1682, la part des Dupuy-Montbrun à Lachau et à Ballons, en rendit hommage au roi-dauphin, le 1er janvier 1690, avec sa sœur, Marie-Lucrèce de la Tour, demoiselle d'honneur de la reine Anne d'Autriche. (2)

René-Antoine, fils de Louis et de Marie-Madeleine de Truchet, reçut, en 1700, le serment de fidélité de ses vassaux et mourut en 1732, laissant de Madeleine-Angélique d'Auvergne de Longpré : 1° Madeleine-Jeanne-Louise, baptisée à Lachau, le 14 août 1711 ; 2° René-Louis-Henri, et 3° Marie-Renée-Lucrèce, femme de Jean-François Le Clerc de Ladevèze, commandant en chef du Languedoc.

René-Louis-Henri, capitaine de cavalerie perdit en 1749 les revenus de son péage, établi, dès 1350 au moins, sur les voitures, bêtes de somme, bestiaux, denrées et marchandises passant à Eygalayes et dans les seigneuries de Lachau, Ballons et Quinson, supprimé par arrêt du Conseil d'Etat. (3) Il eût quelque difficulté avec le curé de Lachau au sujet de l'eau bénite, qu'il prétendait devoir lui être offerte, et l'affaire, d'après les conseils des supérieurs, dut s'arranger amiablement. (4)

---

(1) *Eloge* précité
(2) Inventaire de la Chambre des Comptes.
(3) et (4) Archives de la Drôme, E 3179.

Marié d'abord avec Marie-Gabrielle de Montferrand et ensuite avec Françoise-Victoire d'Hugues, il laissa une postérité fort nombreuse ; nous citerons seulement : 1º Françoise-Victoire, baptisée à Lachau, le 5 novembre 1756, (Mlle de Villefranche), tour à tour religieuse à Lyon, chanoinesse de Malte et épouse du comte d'Antours ; 2º Madeleine-Victoire-Renée, tenue sur les fonts sacrés de Lachau, le 22 septembre 1759, et devenue comtesse de Prunières ; 3º et 4º Angélique-Madeleine et Madeleine-Gabrielle-Renée, qui s'unirent dans l'église de Lachau, en 1763 et 1764, avec Pierre-Paul-François-René de Clerc de Ladevèze, seigneur de Beaufort, Gigors, etc., et avec Annet-Jacques-Joseph de Rostaing-Champferrier, seigneur de Portes, Fiancey, etc. ; et 5º Armand-François, chevalier de Malte, colonel du régiment de Rouergue (1784), maréchal de camp (1788), défenseur de Malte après s'être distingué à l'armée de Condé.

Les terres de Brutinel, la Chalmasse, la Dondelle, la Palu, Gravas, la Cour et les Pignies, les prés du moulin, de Bravaux, du Temple et de Rousset, le château, une maison au village et leurs dépendances, à Lachau, lui furent confisqués et vendus par la nation les 29 ventôse, 24 floréal et 1er messidor, an II, 27 vendémiaire, 1er et 3 brumaire et 24 germinal, an III. (1)

Henri Armand-François épousa: 1· Louise-Françoise-Alexandrine de Tencin et 2· Marie-Ernestine de Mercy et eut René-Guillaume-Claude-François-Jean, pair de France, dont la postérité existe de nos jours.

Une autre branche des La Tour-Montauban, celle des marquis de Lachau, naquit du mariage d'Alexandre, fils d'Hector et petit-fils de Gouvernet, avec Justine-Lucrèce Dupuy-Montbrun et, bien que les archives de la commune ne signalent aucun rapport avec ses membres, nous donnerons ici leur filiation.

I. Alexandre eut : Charles-Louis, maréchal de camp ; Justi-

---

(1) Archives de la Drôme, série Q.

ne-Renée (Mme de Lamorte-Laval) ; François-Hector-Lucrétius, maréchal de camp : Louis-Pierre, évêque de Toulon, etc.

II. Charles-Louis, décédé en 1739, laissa de Marguerite de Corteille de Vaurenard : Charles-Louis-François-René, capitaine de cavalerie ; Charles-Louis, chevalier de Malte ; Lucrétius-Henri-François, évêque de Riez, etc.

III et IV. A Charles-François-René, mari de Françoise-Catherine-Alexandrine-Charlotte de Blacons, succéda Charles-François-Lucrétius, seigneur d'Allan, mort sans postérité. (1)

Enfin, les registres de la paroisse de Lachau mentionnent encore d'autres de La Tour, comme Jean, décédé en 1665, et Claude, son fils, marié le 12 décembre 1660 avec Isabeau Bouchony, dont vinrent Isabeau, Catherine, Jean, René et Joseph. (2)

Cet exposé rapide de l'histoire des seigneurs de Lachau permet d'entrevoir le rôle important qu'ils jouèrent dans la province et projette sur la commune une véritable illustration, bien que la plupart y aient peu séjourné.

V

Le Clergé.

La commune de Lachau compta jadis sur son territoire plusieurs chapelles, deux établissements monastiques et deux églises.

Peu de temps avant la Révolution, on bâtissait sur les flancs des montagnes de l'Adrech la chapelle de St-Sauveur, qui ne fut jamais bénite ; celle de St-Antoine, à l'ouest de Notre-Dame, n'existait plus à la fin du XVIIIe siècle, et celle de St-Claude, aussi en ruines, sur le chemin du village, au prieuré, vit ses biens confisqués et vendus en 1793. On aperçoit encore sous les murs

---

(1) *Tableaux généalogiques des La Tour du-Pin*.
(2) Archives de la mairie de Lachau.

du jardin Mauduech, au nord du village, les fondations d'une petite église très régulière, dédiée à Ste-Madeleine, où les femmes après leurs couches allaient faire leurs relevailles (1); enfin les Pénitents commencèrent au beau milieu de la place, vers 1630 une chapelle de Notre Dame-de-Pitié, qui fut transférée dans le jardin Joubert et probablement ensuite dans l'église St-Martin qu'ils revendiquaient toute entière en 1750. (2)

On n'a pas d'autres renseignements sur ces divers oratoires.

Il a été démontré que les pénitences publiques firent naître les pélerinages lointains et les pélerinages, les ordres religieux et militaires, chargés de la défense de la Terre-Sainte et de la protection des pélerins.

Les commanderies des Templiers et des Hospitaliers de St-Jean-de-Jérusalem, échelonnées le long des routes, n'avaient pas d'autre destination, à l'origine.

Lachau, qui se trouvait sur une ancienne voie, comme Ste-Colombe, Séderon, St-Pierre-d'Avès etc., attira l'attention de l'ordre religieux et militaire des Templiers, fondé en 1118, et Raybaud leur donna des terres pour y créer un établissement.

Les archives des Bouches-du-Rhône conservent un fragment d'inventaire dressé en 1308, trois ans avant la suppression de l'ordre, qui donne pleinement raison à l'historien Papon.

« Le mobilier des Templiers n'annonce point, dit-il, qu'ils eussent en Provence ces grandes richesses qu'on leur envioit ailleurs. Tout annonce au contraire un état de médiocrité plus voisin de la misère que de l'opulence. A la sacristie d'Aix, on ne trouva qu'un calice d'argent, une patène, deux corporaux, trois napes, 2 aubes, 2 amicts. Dans la maison, il n'y avoit ni argenterie, ni livres; tous les meubles étoient de bois, sans aucun ornement. (3) »

---

(1) Notes dues à l'obligeance de M. l'abbé Mathieu, originaire de Lachau, curé à la Rochette-St-Auban.
(2) Archives de la Drôme, E. 3153.
(3) Histoire de Provence, III, 110.

De même à Lachau, l'inventaire de 1308 se borne à mentionner un fourreau d'oreiller, 3 essuie-mains, une paire de manchettes en brunette, un chapeau de feutre, 2 gantelets de fer, 2 bottes en cuir, divers parchemins, un livre contenant la *Légende dorée* et un cartulaire relié, transporté à Sisteron.

L'énumération des autres biens se réduit à des terres, maisons et moulins, à des censes et à des redevances pour droit de sauvegarde. Ainsi Pons Cordoneri doit 7 deniers pour pré et chenevière, Batailleur 10 sols pour immeubles à Villefranche, Hugues Sparron 3 oboles, aux foires de Mévouillon, pour son pré des Bordels, Pons Areille, la 5ᵉ partie ou le quint de ses récoltes et une petite cornue de raisins pour sauvegarde, Guillaume Ylabès et Isnard Bermond, au nom de Guillaume Bertrand, exilé, les mêmes droits.

Si l'on en juge par les 33 charges de vin pur et les 23 de piquette trouvées alors, le vin devait être la principale recette de la maison de Lachau, (1) maison sans importance et sans histoire.

On pourrait en dire presque autant de celle de Cluny fondée au même lieu, probablement à la même époque, malgré la tradition qui a voulu y placer un monastère véritable.

L'ordre avait été fondé près de Mâcon en 910 et soumis à la règle réformée de St-Benoît, en 930. La publication du *Cartulaire de Cluny* depuis ses commencements jusqu'à la fin du XIIᵉ siècle, ne renferme aucune mention de Lachau ni de Lagrand, du canton d'Orpierre, centre principal de la colonie bénédictine qui rayonna dans tout le voisinage.

C'est donc probablement après 1190 qu'eut lieu la fondation du prieuré de Notre-Dame, à 750 mètres du village actuel dans un quartier moins froid, en des circonstances absolument ignorées.

La découverte d'anciens édifices, murs d'enceinte, chapiteaux, colonnes et débris de monuments publics, dans un espace con-

---

(1) Archives départementales des Bouches-du-Rhône. B. 155.

sidérable autour de Notre-Dame ou du prieuré, y a fait supposer une ancienne ville; d'autre part, des monnaies antiques en grand nombre, à l'effigie des empereurs romains, comme la trouvaille d'un kilogramme de pièces en argent, faite par Joseph Charras, ces dernières années, lui auraient valu le titre de capitale de la Calmatie. (1)

Avec un peu d'imagination, de Chalmasse, ou lieu plein de Chaume, on arrive à *Calmalia* qui en est le nom latin, et de Lachau à *Calma*, dont l'étymologie est la même ; puis, à l'aide des médailles et des lampes sépulcrales rencontrées à *Luminari* ou aux alentours, on peuple la contrée de Romains et de Galio-Romains, convertis par les premiers évêques de Gap, et en possession d'un cimetière et d'une église.

Malheureusement, toutes ces hypothèses s'évanouissent an souffle de la critique ; les Romains n'avaient pas de cimetières, mais de simples tombeaux de famille, appelés *Columbaria* ; les géographes anciens ne mentionnent aucune ville dans ces parages, et le site même s'oppose à l'existence d'une agglomération de quelque importance ; d'autre part les évêques de Gap avant le Ve siècle ne sont pas acceptés par divers historiens.

Qu'il y eût une ou deux villas dans le pays et une fabrique de lampes de terre, la supposition n'a rien d'invraisemblable ; mais aller au delà, c'est de la fantaisie.

En somme la seule preuve de la présence des Romains se tirerait plutôt de la tour encore debout au quartier du Château ; car ce peuple conquérant établissait d'ordinaire un grand nombre de forts (*castella*) dans les campagnes pour contenir la turbulence des Voconces, et donnait aux soldats et officiers, dans le territoire protégé par ces forts, des bénéfices révocables, véritables suppléments de solde. Les Bourguignons rendirent ces bénéfices viagers et laissèrent les villes aux Gallo-Romains. Pendant les invasions des IXe et Xe siècles, que les faibles successeurs de Charlemagne ne pouvaient empêcher, les populations pillées et

---

(1) *Statistique monumentale de la Drôme.*

décimées se refugièrent autour des abbayes ou des châteaux forts, demandant asile et protection aux grands bénéficiers qui s'y renfermaient. (1)

Les Mévouillon, admirablement placés pour jouer ce rôle, devinrent peu à peu les maîtres de la contrée, et quant ils eurent peuplé et organisé quelques villages, ils y assurèrent le service religieux avec l'aide des abbayes de St-Ruf ou de Cluny.

C'est vers l'an 1200 que se forma le prieuré de Lachau et que fut commencée son église dont le style accuse précisément cette époque.

Les prieurés réguliers se divisaient en conventuels, claustraux, forains et cures, selon qu'ils avaient un abbé ou un prieur, pour chef d'un personnel de plus de dix ou de 3 à 6 moines (6 d'après le capitulaire de 817 et 3 d'après le concile de Montpellier de 1274.)

Y eut-il à Lachau, dès l'origine, un prieuré conventuel ou un prieuré claustral ? La tradition l'affirme, mais les documents conservés ne remontent pas jusqu'à cette époque.

Quoi qu'il en soit, un acte de 1262 y montre seulement un curé et un prieur.

En 1356, Lagrand avait un prieur, (Arnaud), un sacristain, (Raymond Alphant) et 3 moines : (Jean Fabri ou Faure, Hugues Truchet et Henri Raymond) ; Lachau, de son côté ne comptait que le seul prieur, Pierre d'Ose, moine de Lagrand.

La conclusion à tirer est que Lagrand était prieuré forain et Lachau, une cure ou annexe. Cependant en 1460, on rencontre en ce dernier lieu un sacristain, remplissant les fonctions curiales et un clerc pour le servir ainsi que le prieur, à l'église et dans le prieuré.

D'après *l'Inventaire sommaire des archives des Hautes-Alpes*, Lachau aurait dépendu dans la suite du prieuré d'Antonaves, et ce prieuré, de l'abbaye de Montmajour. M. Charronnet cite même des reconnaissances de tenanciers de Lachau en 1571. (2)

---

(1) Albert du Boys, *Vie de S. Hugues*, introduct.
(2) *Invent. sommaire*, G. 127, 143, 153, 154, 156, 184, 185.

A quelques années de là, en 1583, Jean d'Embrun, sacristain d'Embrun et de Lachau, ayant arrenté les biens de son bénéfice, le capitaine La Rivière aurait pris les récoltes du fermier. (1). La même année, Berluc, receveur des décimes dues au roi, réclamait diverses sommes arriérées dues par les prieuré et sacristie du même lieu. (2)

On y trouve un vicaire, en 1624, un sacristain en 1677, un curé et un vicaire en 1709 ; un prieur et un sacristain, de 1780 à 1785 ; un prieur, un sacristain et un curé en 1791.

Ce dernier, appelé Meyer, déclara toucher 700 livres de portion congrue, payer 88 livres de décimes et n'avoir ni cure, ni jardin ; Bizot, sacristain recevait du prieur 300 livres de mense annuelle, affermait 84 livres un petit domaine et une maison délabrée, et payait 135 livres pour la messe des dimanches et fêtes, ordonnée par la cour de Grenoble.

Au prieur appartenait la dîme, perçue à la cote 13ᵉ.

Le 7 mars 1791 tous les biens du prieuré furent vendus à Nave, Michel, etc. qui les rétrocédèrent, le 21 du même mois, « à environ cent habitants » pour 13,400 livres.

VI

Les églises.

Tout à côté du prieuré bénédictin, entièrement détruit, s'élève encore l'ancienne église de Notre-Dame, silencieuse et solitaire. « Le plan de l'édifice est un parallélogramme allongé, à une seule nef, avec transept, abside principale semi-circulaire et deux absidioles dans le transept, » en forme de carré tant à l'intérieur qu'à l'extérieur. Il n'y a plus ni clocher, ni sacristie. La courbure des arcades engagés dans les murs latéraux est romane et celle des arcs du transept, ogivale. Roman aussi est l'arc de la grande abside encadré dans une ogive. La voûte de

---

(1) *Invent. somm. de la Drôme*, E. 3152 et suiv.
(2) *Invent. somm. de la Drôme*, E. id.   id.

cette abside est une demi coupole sphérique: celle des absidioles est en berceau et en demi cercle. Trois fenêtres à plein cintre, d'une projection très élancée, éclairent l'église : la première, à la façade principale, la deuxième au dessus de l'arc de la grande abside, et la dernière, au mur circulaire du chœur. La porte d'entrée est romane et chacun de ses jambages présente trois colonnettes sur lesquelles repose un arc à triple voussure à plein cintre. Les voûtes de la nef en berceau et en ogive appuient leurs arcs doubleaux sur des pilastres couronnés de chapiteaux à feuilles romanes non découpées. Très épais et sans contre forts, les murs sont en pierre de taille calcaire, d'appareil moyen, comme les voûtes. La couverture de la grande abside, de forme conique, est en pierre de taille, et celle du reste de l'édifice, en tuiles creuses. Cependant, elle devait être aussi en pierre à l'origine ; mais pour empêcher les infiltrations de l'eau de pluie on dut en exhausser les murs de 1^m 20 pour une charpente en bois. « En général, conclut M. Epailly, l'ensemble du monument est d'une belle simplicité et les détails sont pleins d'intérêt. Il est regrettable qu'un badigeon de mauvais goût le dégrade à l'intérieur. (1) »

Voici les dimensions de cette église, d'après M. Epailly : longueur, hors d'œuvre, 28 mètres, largeur extrême 11^m. 30, hauteur totale de la nef, sous clé, 13^m. 50, de l'arc de la grande abside 8 mètres. M. l'abbé Mathieu accuse 25 mètres de longueur intérieure, 7^m 50 de largeur et 13^m 50 de hauteur. Il signale, en outre, au milieu de la chapelle de droite, une excavation dans le mur, avec table en pierre, qu'il croit être le tombeau des prieurs, et dans un coin, une porte de communication avec le prieuré.

« J'ai observé, ajoute-t-il, dans les piliers intérieurs, une
« gradation dans l'ornementation, à mesure qu'ils se rappro-
« chent de l'autel, gradation qui m'a plu. »

Des démarches furent faites en 1848 ou 1849 pour obtenir le

---

(1) M. JOUVE, *Statistique monumentale de la Drôme,* p. 303.

classement de cette église comme monument historique, et un inspecteur indiqua même les réparations à exécuter ; mais ce fut tout.

L'unique tableau de Notre-Dame de l'Assomption mérite l'attention des connaisseurs : le visage, les bras, les mains et la pose de la Ste-Vierge décèlent un peintre de talent, et le voile, d'un bleu admirable, semble flotter au gré d'un vent qui en agite les replis. (1)

En 1748, l'évêque de Gap, en ordonnant de fournir un tableau neuf, avec cadre en partie peint et doré aux angles et au milieu, semble indiquer l'arrivée à Lachau de cette œuvre d'art.

Malgré quelques mutilations, l'église bénédictine est demeurée chère aux habitants, qui s'y rendent en foule le 15 août et à d'autres époques de l'année, et il serait regrettable qu'elle fût abandonnée tout à fait aux injures du temps.

Les premiers emphytéotes ou tenanciers du prieuré s'étant bâti leurs maisons tout auprès, Notre-Dame resta paroissiale ; mais le village actuel se forma plus au nord et réclama un édifice mieux à sa portée, sous le vocable de St-Martin.

Un acte de 1262, rappelé dans un procès du XVIIIe siècle décida que le curé, chargé du soin des âmes, serait libre de résider soit au village, existant déjà, soit à Notre-Dame, et que le prieur fournirait le luminaire de St-Martin. N'est-ce pas là une preuve de la haute antiquité de cette église ?

Les malheurs des temps ayant diminué les vocations et le nombre des moines, les commendes, uniquement instituées à l'origine, pour l'administration d'un bénéfice en attendant un titulaire, devinrent peu à peu perpétuelles et indépendantes. Prieurs et sacristains, non tenus à la résidence, se firent remplacer par des curés à portion congrue et continuèrent à percevoir la dîme et les revenus attachés à leur titre. En vain les populations se plaignirent elles de cet état de choses, le cumul des bénéfices alla toujours croissant. Aussi la Réforme profita-

---

(1) Notes dues à l'obligeance de M. l'abbé Mathieu.

t-elle de la disposition des esprits pour se substituer au culte ancien. On trouve à Lachau d'Oraison et Verdéty, de 1622 à 1656, chargés de dire la prière à ceux de la religion, protégés d'ailleurs par Gouvernet et ses premiers successeurs.

L'église de St-Martin fut démolie ou endommagée pendant les guerres de la fin du XVIe siècle, témoin une quittance de 30 écus par Michel et Vincent, maçons, adjudicataires de sa reconstruction, vers 1620.

Une visite pastorale de l'évêque de Gap en 1709 nous apprend qu'elle servait alors aux habitants et aux confréries, et que les uns et les autres furent chargés de faire vitrer les fenêtres et lambrisser ou voûter la nef. En 1730, l'église paroissiale de Notre-Dame « est très mal propre et, à l'exception de l'autel, entière-
« ment denuée de tout, à cause de son éloignement, qui fait qu'on
« n'y va faire les fonctions qu'une fois ou deux dans l'année, ce
« qui la rend presque absolument inutile. » Au contraire, la chapelle des Pénitents (St-Martin) paraît au prélat visiteur si bien « ornée et garnie de tous les vases et ornements nécessaires qu'il n'a rien à ordonner au prieur D. Gassaud, aussi prieur
« de Ganagobie, qui est si zélé pour le service divin et si cha-
« ritable envers les pauvres qu'il pourvoit abondamment à tout
« ce qui peut être nécessaire. » Il enjoint à la commune de faire élargir cette chapelle, suivant un plan qu'il donne lui-même, afin qu'elle tienne lieu d'église paroissiale et reçoive la plus grande partie des habitants. (1)

Comme le sacristain, quelque sept ans plus tard, avait sommé les paroissiens de réparer la nef de Notre-Dame, l'évêque leur promit de défendre leurs intérêts auprès du prieur de Ganagobie. « Il ne seroit pas juste de vous charger de deux églises
« paroissiales ; ce qui m'embarrasse fort, c'est que vous avés
« reconnu celle de Notre-Dame pour paroissiale et que vous
« vous êtes soumis à l'entretien de la nef : ce qui sera chose
« difficile à dissoudre et qui ne pourra l'être que par accom-

---

(1) Archives de la Drôme, E 3,186.

« modement ou par arrêt. Ce que je puis vous dire, c'est que,
« connoissant comme je fais, l'inutilité de l'église de Notre-
« Dame, à cause de son éloignement, je ferai de mon mieux
« pour vos intérêts et votre commodité. »

En 1748, une nouvelle ordonnance épiscopale pour la construction de l'église du village demeure sans effet, et dix ans plus tard, l'évêque menaçait encore d'interdire la chapelle des Pénitents où se faisaient toutes les fonctions curiales, si après un délai de six mois les travaux n'étaient commencés.

En 1775, l'église St-Martin se trouvait dans le plus triste état, sans pavé, sans vitres, sans voûte, sans « couvert, toute
« décrépie, surtout au chœur où il pleuvoit comme devant la
« porte » ; l'évêque renouvela son ordonnance de 1761 et déclara interdites les églises du village et celle de Notre-Dame, si rien n'était fait dans six mois.

Les paroissiens se mirent à l'œuvre, cette fois, et construisirent lentement la portion de l'édifice que le droit mettait à leur charge. Puis, en 1780, ils appelèrent à leur aide André-Marius Chapuis, prieur décimateur de Lachau, chanoine de Forcalquier et grand vicaire de Sisteron (1).

Leurs mémoires rappellent : l'ancien monastère de Bénédictins de Cluny, desservant la paroisse au moyen des dîmes et des fondations ; le service confié à un curé amovible sous les commendataires ; l'existence de l'église matrice de Notre-Dame, contiguë au prieuré et au cimetière, et de celle de St-Martin, bâtie au village de temps immémorial et dotée des cloches et des fonts baptismaux (l'acte de 1262 la qualifiant déjà de paroissiale), son agrandissement prescrit par les évêques de Gap et la reconnaissance de sa paroissialité en 1723 par le visiteur général de Cluny.

Nous avons, ajoutent-ils, agrandi la nef et le prieur doit agrandir le chœur. Or, il refuse tout concours à cette œuvre, sous prétexte que Notre-Dame est seule paroissiale, et St-Martin, une église de secours.

---

(1) Archives de la Drôme, B. 3186.

Le Parlement de Grenoble, saisi de la question, la trancha en faveur des habitants et ordonna au prieur décimateur, le 24 février 1780, « de faire agrandir, réparer et entretenir le chœur « et cancel de St-Martin », sinon que la commune mettrait l'adjudication des travaux à sa charge. Le prieur fit appel, et la Cour, les 13 mars et 7 août 1781, le condamna, par défaut, une seconde fois, l'obligeant à réparer, outre le chœur et cancel, le clocher, bâti sur la nef et le chœur, sous la même peine, a fournir les vases sacrés et les ornements prescrits par l'évêque, à confier l'office de sacristain à un prêtre approuvé qui recevrait de lui 300 livres et le revenu de deux pièces de terre et à restituer le produit de la mense du sacristain, depuis 29 ans.

Sur nouvelle opposition du prieur, un nouvel arrêt du 21 juin 1785 confirma les prescriptions antérieures et obligea Bizot, sacristain, mis en cause, à faire dire une messe à Lachau les dimanches et fêtes à peine de saisie des 300 livres de son bénéfice (1).

Ce procès ne coûta pas moins de 1,291 livres à la commune, et la Révolution, bientôt après, renversait de fond en comble tout l'ancien ordre de choses.

Au dire des anciens, la nef de St-Martin s'écroula vers ce temps; elle fut relevée sans fondations et tomba de nouveau. Nous avons trouvé, en 1791, un curé, appelé Meyer, réclamant un jardin et une maison d'habitation et le sacristain Bizot avec 1,280 livres de traitement.

En 1803, sous l'abbé Ferlin, M. Mathieu, maire de la commune, exposait à la préfecture la nécessité d'imposer 1,200 livres « pour rebâtir l'église paroissiale de St-Martin qui s'était « écroulée depuis deux mois », et de vendre la terre dite le vieux cimetière.

L'année suivante, l'édifice n'était pas rétabli, et le devis de la dépense à faire s'élevait à 5,333 fr. (2)

---

(1) Archives de la Drôme, E. 3186.
(2) Id., série V.

révèlent d'une façon explicite les droits des seigneurs et les devoirs des vassaux.

Voici l'analyse du dernier document, le seul qui nous reste : (1)
Les consuls et notables se proclament hommes liges, sujets et justiciables d'Antoine-René de La Tour-Gouvernet, marquis de Montauban et baron de Lachau, Mévouillon, Vers, Ballons, Egalayes etc. ; soumis à l'hommage et au serment de fidélité envers lui, le prêtant les mains jointes entre ses mains et chapeau bas ; — à un service dû à feu René de La Tour, gouverneur et lieutenant général au comté de Bourgogne, son oncle, à raison d'une émine de blé, d'une émine comble d'avoine et de 9 deniers d'argent et à un cens personnel au marquis de Montbrun, à raison de sa directe seigneurie, fixé à une émine comble d'avoine et à 9 deniers, outre 6 deniers par habitant, âgé de plus de 7 ans ; — à la 24e partie de tous les grains, les légumes exceptés, payable à l'aire, sans pouvoir les en enlever avant un avis préalable, ou 24 heures seulement après signification, ou en cas « d'impetuosité de pluie ou de temps de tempête ; » — à la tasque des raisins, suivant les anciennes transactions à la cote 24e, outre une charge de vendange « pour le droit de garde » (sauvegarde (2) ; — à la banalité des moulins du seigneur, « en payant le droit de mouture à la cote 40e, à condition que les habitants ont le droit de jouir des eaux desdits moulins, depuis le samedi à midi, jusques au lundi à midi, pour arroser leurs propriétés, et pour leurs jardins annuellement, le tout sans abus » ; — à des lods au sizain (6e denier), en cas de mutation de propriétaire, à l'investiture et à la prélation (préférence) ; — Enfin à la justice haute, moyenne et basse, au mère et mixte empire. (3)

---

(1) Archives de la Drôme. E 3186.
(2) Ce droit de sauvegarde avait-il passé des Templiers aux seigneurs du lieu ? On a vu que l'ordre religieux et militaire le percevait.
(3) Le juge du seigneur en 1789 était M. Barbier, son procureur juridictionnel M. Leblanc et son greffier, Messiés *(Almanach du Dauphiné)*.

L'abbé Tardieu, successeur de M. Ferlin, traita à son arrivée avec les maçons, sans remplir aucune formalité, au prix de 600 fr. pour dresser trois arceaux destinés à soutenir la toiture; puis, les travaux faits, se voyant poursuivi pour le paiement de 300 fr. dus, il recourut à M. Descorches. M. Ferdinand Fabre, dans le *Dernier des Courbezon*, a parfaitement décrit une situation pareille.

On ignore comment l'affaire s'arrangea ; mais Tardieu fut changé et l'église resta inachevée.

Depuis 1868 environ, le clocher et la sacristie en ont été démolis, et la voûte du chœur étant tombée, ainsi que la toiture, les pierres ont servi à la reconstruction du pont de la Lozenche, et la surface entière du sol de l'édifice est convertie actuellement en esplanade.

St-Martin, au point de vue architectural, n'avait rien de remarquable, et le chœur seul paraissait ancien.

La paroisse, privée de cette église et de celle de Notre-Dame, mal entretenue et humide, réclamait pour le service religieux un nouvel édifice, et la commune ne se pressait pas, faute de ressources, de le construire. M. l'abbé Benoît, aujourd'hui curé de Die, se dévoua courageusement à cette œuvre, et grâce à la générosité des catholiques de France et de l'étranger, il parvint à élever un monument de 28 mètres de long à l'intérieur sur 9 de large et 14 de haut, qui, d'après une vue lithographique existante, ne manque ni de style, ni de pittoresque.

VII

Le Tiers-Etat.

Les libertés de 1208, plusieurs fois confirmées, avaient créé à la population de Lachau une situation tolérable pour l'époque. On ignore les dates de leurs modifications successives ; toutefois, des reconnaissances des 20 novembre 1544, 2 décembre 1545, 10 décembre 1591 et 21 juin 1700, toutes conformes, nous

Les mêmes clauses se retrouvent à peu près dans toutes les seigneuries, et les charges stipulées étaient indépendantes des censes foncières consenties par chaque tenancier.

On a aussi l'indication, mais sans aucuns détails, d'un acte de 1317 concernant la chasse aux perdrix et aux lapins ; d'un autre de 1325 relatif à la 24ᵉ partie des grains et des légumes et d'un troisième de 1539 sur la conservation des vignes de Lachau et de Ballons. (1)

D'autre part, une sentence arbitrale de 1255 rendue par Pierre de Lagarde, d'Orpierre, et Giraud d'Eourres *(de Elris)*, arrivée jusqu'à nous, porte :

« Du pont Aumage sera fait un béal de 2 pans de largeur et demi-canne entre la Condamine ancienne du prieuré et autre Condamine pour arrouser les pièces de terre de la Chalmasse ;

« Autre béal sera fait à la Condamine qui fut jadis d'Antoine Berengier, semblable, pour arrouser les propriétés de la Chalmasse ;

« Lesdits beaulx ne seront rompus pour l'advenir :

« Pourront passer ceulx qui ont propriétés audit lieu par ce béal, allant quérir l'eau ;

« Ne sera faict aultre beal en la terre de l'eglise par lesdits de Lachaup ;

« Ne donneront auicun dommage à la Condamine de l'eglise sans le paier et le satisfaire ;

« Sera paié le disme des agneaux, chevreaux et chèvres, ainsi qu'est de coustume.

« Et pour le dommage donné à l'église par le feu, les arbitres ont pris terme d'en ordonner. »

D'après l'acte, le prieur réclamait des dommages pour les livres, ornements, crucifix, croix et calices brûlés ou détériorés par un incendie dont les habitants accusaient le prieur ou ses gens d'avoir été les auteurs. (2)

---

(1) Inventaire de 1788. (Archives de Lachau, à la Préfecture de la Drôme).

(2) Archives de la Drôme, E. 3152.

Quant à l'arrosage, malgré certaines tracasseries des fermiers des seigneurs, il fut maintenu, et le 21 juillet 1784, M. Charras, curé, écrivait à M. de Montauban : « Tout le monde sçait que « les eaux des moulins vous appartiennent et le meunier ne « peut pas ignorer que vous avez donné à vos vassaux la fa- « culté de s'en servir, comme en effet on s'en sert... » Il ajoute que si les titres du seigneur ont été mis en avant, c'était moins pour en contester la validité que pour obliger le fermier à s'y conformer.

Le marquis de Montauban répondit de Thionville, au curé le 12 août : « Il est impossible que les reconnoissances donnent « permission aux habitants de se servir journellement des eaux « du canal du moulin, attendu que le moulin, privé d'eau, ne « pourroit plus aller ; ce qui troubleroit le service public ; mais « j'entends que vous, ainsi que tous les habitans jouissiez, pour « l'arrosage, des eaux du canal, les jours qui vous sont accor- « dés par mes lettres : c'est la justice exacte. » (1)

La même question a suscité un procès en ces dernières années.

Essentiellement pasteurs et agriculteurs, les habitants s'étaient assuré des droits de vaine pâture et de bûcherage sur les communautés voisines de Ballons, Eygalayes, Salerans et Eourres, avec droit de réciprocité. La campagne armée contre Gaudissard, en 1300, et différents procès naquirent de ces concessions mutuelles. Il existe un compromis de 1491 entre Eourres et Salerans d'une part, Ballons et Lachau de l'autre, au sujet du pacage, et des sentences arbitrales rendues en 1284 par Galburge, dame de Lachau et en 1504 par Christophe Adhémar, seigneur de La Garde et Christophe d'Herbeis, seigneur de Châteauneuf-du-Val-d'Oze attribuant à Ballons un droit de pacage à Lachau, sauf dans les défends d'Ysil ou Ycil et du Château et un droit de bûcherage à Ballons aux habitants de Lachau. Il y eut encore d'autres procédures et une transaction en 1748,

---

(1) Archives de la Drôme, E 3186.

ménagée par d'Eyglun, curé de Ballons, qui abandonnait à Ballons les défends de Chabre, Trasaisy et l'Adrech, et à Lachau l'Hubac ou le versant nord de Trasaisy, tout en maintenant la vaine pâture. (1)

Si de la condition générale des habitants nous passons à l'organisation de la commune, nous y trouvons, d'abord, trois et ensuite deux consuls, avec des assemblées des chefs de famille pour la gestion des affaires ; un instituteur dès 1622, servant aussi de clerc et recevant la 24e partie de la dîme avec une rétribution de 30, 45 et 100 livres par an ; un chirurgien barbier, en 1626, payé par abonnement (2 et 4 civayers de blé par maison) ; un maréchal, aussi abonné (à 1/2 et 1 civayer) un chirurgien pendant la contagion de 1586, aux gages de 100 écus ; un garde à 18 livres en 1675, une sage-femme, un secrétaire à 18 livres en 1739 et un prédicateur du carême à 66 livres en 1675.

Parmi les autres dépenses des comptes consulaires, on remarque, vers 1627, des réparations à la maison commune, la construction vers 1789 d'un cabinet pour les archives — ce qui ne les a pas sauvées d'une destruction partielle ; — des frais de justice (27 écus) aux officiers de Sault qui avaient fait périr sur la roue l'assassin de Salles et Porsan en 1587, et au vibailli du Buis poursuivant ceux qui étaient allés guerroyer en Languedoc ; des dons aux Bohémiens de passage pour les éloigner, de 1610 à 1660, ainsi qu'à un conducteur d'ours vers 1670 ; des présents à M. de Montauban en 1648 et à Mme de Montbrun en 1665 et 1674 ; des procès engagés par les créanciers de la commune ou soutenus pour la défense des droits d'usage, et enfin des logements militaires, les étapes et les aides (2).

Ce dernier article mérite quelques développements.

Dès l'année 1280, le juge de Sisteron réclamait aux habitants des terres de Galburge, dame de Lachau et d'Izon, les cavalcades ou chevauchées dues au comte de Provence (3).

---

(1) Archives de Lachau, à la Préfecture de la Drôme.
(2)   Id.
(3) Archives des Bouches-du-Rhône.

En 1413, des cavaliers au nombre de 600 arrivent soudain à Lachau et répandent l'effroi jusqu'à Montélimar, sans laisser d'autres traces de leur passage dans l'histoire du lieu. Il en est à peu près de même, au surplus, des guerres du XVI⁰ siècle, et les archives communales soulèvent seules par moments un coin du voile épais qui couvre cette époque agitée.

Ainsi Antoine de Crussol, le 8 février 1563, charge Labreule de garder Mévouillon et les villages voisins avec 200 hommes de pied, et de résister « aux ennemis du roi. »

Dix ans plus tard, une assemblée de la noblesse tenue à Serres, et où se trouve Montbrun, assure la protection des cultivateurs.

Cheminades, en 1574, réclame de Rozans une contribution d'avoine et de moutons et Gouvernet, en 1578, 12 livres par feu pour sa compagnie cantonnée à Nyons.

On a encore des commissions de Lesdiguières au capitaine Périssol de lever 21 livres par feu et par mois sur Lachau (3 feux), Ballons (1 feu), Laborel (2 3/4) etc., afin d'entretenir les compagnies « qui foulent les Baronnies » (17 mai 1580) et à Gouvernet, commandant à Nyons, de séquestrer les biens des bénéfices ecclésiastiques de Vers, Ballons, Montguers, Aulan, Izon, Montfroc, Reilhanette, Rioms et Lachau etc., « pour éviter aux « pernitieux desseings des ennemis et pourvoir à l'entretien « des gens de guerre. »

En 1585, Cayrel, vibailli du Buis, ordonne la levée d'une contribution pour la recrue de 15 hommes « au chasteau de Meoillon » d'où Lafontaine, qui y commande, promet de respecter la sauvegarde octroyée à Lachau par Thollon de Ste-Jalle, remplaçant de Maugiron aux Baronnies. Le même Ste-Jalle interdit la levée des contributions qu'exige le seigneur de Reilhanette pour sa garnison et demande à Lachau des vivres pour celle de Mollans.

En 1586, malgré la protection de Gouvernet, il faut payer 432 écus à sa compagnie de gens de cheval, et des aides à Mévouillon et St-Vincent.

L'année suivante les habitants informent leur seigneur de la saisie de 5 mulets et 2 juments faite à des soldats maraudeurs de St Auban, et le prient de faire rendre ce bétail sans frais, à cause de leurs bons rapports avec Sisteron.

Le même Gouvernet, en 1589, leur recommande d'empêcher les courses de ce genre, et leur écrit en 1596 qu'ils n'ont pas été surchargés d'un seul liard par son moyen.

De ce moment jusqu'au blocus de Mévouillon, en 1626, il y a un peu d'accalmie ; mais à cette date « les trouppes logées à Lachau vont courre aux lieux circonvoisins. » (1)

Enfin sous Louis XIII et Louis XIV, les logements militaires ou les aides et les étapes continuent à grossir les charges de la commune, déjà endettée en 1592, de 12 à 13,000 écus. Elle réclame, vers 1634, la réduction de ses trois feux à deux, à cause des acquisitions de la noblesse et du clergé. « Le pays, « dit la requête, ne produit aucun fruitage, ni vendange, pour « être grandement frais, vide, aquatique et où la rigueur « de l'hiver tue la plus grande partie des blés et en été la « nèble les cuit. » D'après l'état de 1709, Lachau est cotisé à 2 feux 1/2.

En 1788, le compte consulaire accusait en tout 2,501 livres de recettes et 2,504 de dépenses. En 1873, les 4 contributions ont rapporté :

A l'Etat.	3087 f.16
Au département. . . .	1308 72
A la commune. . . .	1383 19
En non valeurs. . . .	133 02

Soit en tout 5,912 fr. 09.

Son territoire comprend, d'après la *Statistique de la Drôme*, 318 hectares de bois particuliers, 201 hectares de bois commu-

---

(1) Bulletin de la Société d'Archéologie de la Drôme. — Archives de Lachau.

naux, 1176 de terres et jardins, 21 de vignes, 35 de pré, 783 de pâturages, 36 de route et rivières, 12 de terres incultes, etc, total 2,584, sur lesquels, les 2,548 imposables supposent un revenu de 20,815 fr. pour les fonds soit 8 fr. 17 par hectare, et de 2,844 fr. pour ses 176 maisons.

Le village actuel est à 9,951 mètres de Séderon 60,803 de Nyons et 150,595 de Valence ; il est gracieux, bâti régulièrement et doté de plusieurs places assez vastes et d'une avenue bordée de peupliers.

Cette commune, à l'extrémité sud-est du département de la Drôme, est environnée de montagnes en partie boisées, et la vallée de la Méouge et de La Lozenche, présente une belle végétation. Malheureusement, comme on l'a vu, le climat y est rude en hiver et humide au printemps et en automne. La plupart des habitants sont peu aisés et il y a chaque année bon nombre de jeunes gens des deux sexes qui vont travailler à Marseille et même s'y établir.

La population, de 400 âmes en 1636, de 675 en 1775, de 720 en 1791, s'est élevée à 737 en 1840, à 875 en 1850 à 907 en 1860, pour descendre à 709 en 1870 et à 624 en 1884.

On y récolte des céréales, du miel et des fruits et il s'y fabrique des tuiles, des moellons, des étoffes et de l'essence de lavande. Le commerce principal est celui des moutons et des bois de noyer, qui vont jusqu'en Angleterre.

Par suite de la rectification de la route de Pomet, Lachau est à 22 kilomètres seulement de la gare de Laragne sur le chemin de fer de Grenoble à Gap.

Il s'y tient un marché le 1er lundi de chaque mois et 3 foires (11 juin, 1er et 21 décembre). Autrefois, elles étaient fixées aux 11 juin, 16 août, 30 septembre, 30 novembre et 22 décembre, et la première et les deux dernières étaient seules de quelque importance (de 7.645 à 2.184 fr. d'affaires).

Avant de quitter la commune, constatons que l'édifice appelé le château est un vaste corps de bâtiment carré, flanqué d'une tourelle à chacun des angles. La maison Bernard-Lacroix, moins grandiose et très bien construite, sert aujourd'hui de maison d'école pour les garçons.

Quelques détails sur Lagrand, publiés dans le premier fascicule du *Bulletin de la Société d'études des Hautes-Alpes* pour 1885, compléteront ce que nous avons dit du prieuré de Lachau.

M. le comte Riant a récemment fait connaître les établissements fondés à Jérusalem par les Occidentaux, depuis le VIe siècle jusqu'à la première croisade (1099) et prouvé clairement que le *Saint-Sépulcre de Jérusalem* possédait dans les Hautes-Alpes, avant cette dernière date, quelques dépendances, celle entre autres de Lagrand.

En effet une charte du 22 août 1091 contient donation par un vicomte de Marseille et sa famille des dîmes de Vidauban au Saint-Sépulcre de Jérusalem et d'Aquapendente (Italie) et à Notre-Dame de Lagrand.

D'après une bulle du pape Alexandre IV, du 7 mars 1256, Vidauban fut cédé par Lagrand aux Templiers contre des biens gapençais — (probablement ceux de Lachau) et y conserva cependant des droits, puisque le 6 décembre 1365, le pape Urbain V, sur la demande du prieur de Lagrand, appelé Jean de Châteauneuf, détacha ce monastère et ses dépendances de l'obédience d'Aquapendente, pour les soumettre à Cluny.

Ces dépendances au XVIIIe siècle étaient les prieurés d'Orpierre, Ste-Colombe, Laborel, Villebois et Etoile et les *filleules* de Vitrole, Lachau, Ballons, Montauban et Vercoiran.

A cette même époque, Lagrand n'était plus qu'une maison de l'abbaye bénédictine de Notre-Dame de Rochefort, canton de Villeneuve-lès-Avignon, arrondissement d'Uzès.

D'après Ladoucette, il y avait ordinairement 12 religieux et, après 1410, trois seulement.

Malgré les preuves fournies par M. le comte Riant, en faveur de la dépendance de cette maison du Saint-Sépulcre d'Aquapendente, les auteurs de la *Bibliotheca Cluniacensis* font unir Eymeux et Gigors à Lagrand sous le bienheureux Hugues, abbé de Cluny, en 1048, bien longtemps avant la bulle de 1365.

Il reste donc encore plusieurs points obscurs relatifs à Lagrand et à Lachau ; espérons que de nouvelles publications permettront d'y apporter la lumière.

Nous rectifions aussi, en terminant cette notice, une erreur commise dans l'attribution du nom de du Mesnil à Anne-Charlotte Sauvain du Cheylard, femme d'Hector de La Tour, fils de René, dernier chef militaire des protestants dauphinois, mort en 1630 ; elle ne prit ce nom qu'après son mariage en secondes noces, en 1635, avec Tanneguy Poisson, sieur du Mesnil, Monttenay et Boison, en l'Election de Pont l'Evêque (Calvados).

Quand aux marquis de Lachau, descendus d'Hector, ils ne possédèrent jamais ni fief ni biens à Lachau et s'établirent en 1673 à Allex où ils ont résidé jusqu'en 1806, époque de l'extinction de leur branche. (1)

Pour écrire une notice irréprochable, il faudrait unir à la connaissance approfondie des documents imprimés ou manuscrits celle de la topographie, des mœurs et coutumes locales, et le passage momentané dans un village est toujours insuffisant. Aussi devons-nous corriger ici quelques erreurs signalées par un enfant du pays et combler quelques lacunes.

Le bourg de Lachau se trouve à l'angle droit décrit par le confluent de la Lozenche et de la Méouge. Peu de personnes y connaissent l'existence de crânes trépanés que l'on prenait pour des crânes de Cyclopes ; mais, en revanche, on voit encore, au quartier de Barjavel, sur le chemin des vignes la trace régulière d'un pied de vache dans le rocher à fleur de terre, et de là sans doute est venue la légende de la *vache d'or* de Muéou.

La chapelle de Ste-Madelaine n'était pas voisine du hameau de Notre-Dame, mais au nord du village. Il n'y a rien à remarquer au prieuré, et l'église de St-Martin, depuis la cessation du service religieux en 1864, étant tombée en ruines, son emplacement est aujourd'hui converti en esplanade.

---

(1) Notes dues à l'obligeante érudition de M. le comte de la Tour-du-Pin la Charce, récemment décédé

LAUX-MONTAUX

Une petite vallée peu fertile s'étend de Chauvac jusqu'au pied du modeste village de Laux-Montaux bâti, sur une faible éminence couverte de prairies et d'arbres fruitiers. Au nord, à l'est et au midi des montagnes l'enserrent, et quelques-unes présentent des bois taillis d'assez belle venue.

M. de Coston voit dans la première partie du nom de la commune le radical *law* et *low*, colline boisée ou *lo* et *loh* bois, et garde le silence sur la seconde. Toutefois, l'*Inventaire des Dauphins*, en donnant au château seigneurial le nom de *Castrum de Monte Alto*, y désigne une montagne élevée. (1)

Ajoutons que les parrains de ce village auraient également pu faire entrer l'eau dans son nom, puisque son territoire accidenté renferme les sources de deux rivières : l'Eygues et l'Armalauze et des 12 ou 13 affluents de ce dernier cours d'eau.

La carte de la Drôme publiée en 1856 par le service vicinal semble faire naître l'Eygues près de Ribeyret (Hautes-Alpes) et celles de Cassini et de l'Etat-major à Laux-Montaux,

Afin de déterminer d'une façon précise ce point hydrographique M. le maire de la dernière commune a été consulté, et voici sa réponse obligeante :

« La source d'Eygues est réellement dans notre territoire à environ 500 mètres nord de Montaux, hameau composé de trois maisons ; cette rivière quitte bientôt le bois de St-André, entre dans la commune de Sorbiers (Hautes-Alpes), va rejoindre un autre cours d'eau venu de Ribeyret, appelé Toulay, et leurs eaux réunies passent à St-André-de-Rozans, Verclause, Pelonne, Remuzat, St-May etc. »

---

(1) *Etymologies des noms de lieu de la Drôme*

L'Eygues, Aigue, *Equa, Icarus, Aigarus, Iquarius, Egueris Ecaris, Ycaris, Yquaris, Eger*, en latin, tire son nom d'*Eg*, eau, d'après Guettard, qui la fait passer au Buis et à Vaison et la confond ainsi avec l'Ouvèze. (1)

Son cours est de 71,100 mètres dont 50 dans la Drôme et le reste dans Vaucluse; sa largeur moyenne va de 45 mètres dans le premier département à 300 dans le 2e ; sa pente de 403 millim. dans le 1er descend à 124 dans le 2e ; son débit ordinaire est de 6 à 10 mètres cubes et l'extraordinaire de 200 à 600. (2)

Outre les nombreux cours d'eau secondaires de l'Eygues, avant son entrée dans le Rhône, près d'Orange en face de l'île du Colombier, cette rivière reçoit l'Armalauze sur Roussieux. l'Ennuie près de Curnier, le Bentrix près des Pilles et la Gaude sous Mirabel.

Nous nous contenterons ici de parler de l'Armalauze qui sort de Laux-Montaux et, se dirigeant de l'est à l'ouest, rejoint l'Eygues au moulin Mange-Fèves. Son parcours est de 7 kilomètres le long du chemin d'intérêt commun n° 16 de Remuzat à Laux-Montaux. Cette rivière sort à la fois des environs de Montaux et de Laux ; elle s'appelle Armalauze et non Armalaude, comme l'écrivent quelques auteurs.

L'existence d'une grande pierre en forme de vase irrégulier sur le territoire de Laux (3) nous avait fait supposer un monument mégalithique, à cause du nom de St-Montant qu'elle porte dans le pays ; mais les appellations de St-Joseph, de St-Vincent etc. données à d'autres rochers voisins, et l'absence de hachettes et de silex taillés autour de sa base détruisent notre conjecture.

Laux-Montaux, privé d'archives, n'a pas d'histoire ; on y

---

(1) *Inventaire des Dauphins* ; *Cartulaire des Templers de Rouix*: A. du Rivail, *de Alloqrogibus*. — Hirt. *de l'église de St-Paul-Trois-Châteaux* 41, 60, 61 etc.

(2) Archives de M. l'Ingénieur en chef.

(3) Elle a 11^m 40 de haut, 7 en moyenne de large et ressemble à un tronc d'arbre du côté ouest. (Notes dues à l'obligeance de M. Villard).

trouve cependant, en 1330, les Montferrand possesseurs de pâturages et de droits qui échurent aux de Peyre, par le mariage de Draconette avec l'un d'eux, vers 1400.

Plus tard, vers 1580, noble Rostaing de Manent se qualifiait sieur de Montaux. (1)

Moulinet et l'*Armorial du Dauphiné* font remonter seulement à 1604 l'anoblissement de Jean Manent, à cause de sa belle conduite à la bataille de Salbertrand.

De Jean et d'Hélène d'Urre-Mollans naquit Claude, mari de Marguerite Cayrel et père de Jean, seigneur de Laux-Montaux en 1645, de Pierre, sieur de Laux et de Laureut, sieur des Achards.

En 1736, François-Ignace de Manent, fils d'Aimar et de Marie-Louise de L'homme de la Clavelière épousait Thérèse de Gruel du Saix, fille de Jacques, seigneur de Laborel; il mourut jeune encore, laissant Louise pour unique héritière. Comme elle porta par alliance tous ses biens chez les Lamorte Laval, de la Motte-Chalancon, François de Chastellard d'une famille ancienne d'Hauterives (Drôme), en hérita à cause de son mariage avec Marie-Thérèse de la Morte et il était seigneur de Laux-Montaux en 1790. (2)

C'est là toute l'histoire de ce fief, après la mention, toutefois de reconnaissances au dauphin Jean par Rican ou Richan de l'Epine pour le haut domaine de Montaut et la parerie de Sorbiers, par Barthélemy de Moroce à Henri, baron de Montauban et d'un échange avec le même Henri, par Henri de Montaux d'un sixième des château et territoire de Laborel. (3)

Le territoire de Laux-Montaux se divise en 133 hectares de terres labourables, 228 de bois, 7 de prairies, 236 de pâturages 22 de rochers et 15 de rivières ou chemins, total 645.

---

(1) Il y avait à Allevard en 1484 des Manent qualifiés nobles, selon Moulinet.

(2) Archives de la Drôme E. 2774, 2865, 2152 — *Almanach du Dauphiné*. — Inventaire de la Chambre des Comptes.

(3) *Inventaire des Dauphins*, publié par M. l'abbé Chevalier.

M. Mermoz, en 1839 évaluait le revenu de ses 486 hectares imposables à 2,268 fr. soit 4, 67 pour un hectare et de ses 14 maisons à 188 fr.

Voici les contributions directes de 1873 :

Part de l'Etat.	264 f. 30
— du département	124 04
— de la commune.	328 86
non valeurs	13 23

Soit en tout 730, 49.

La distance de Laux à Remuzat, son chef lieu de canton, est de 24,008 mètres, celle de Laux à Nyons de 40,117 mètres et celle de Laux à Valence de 129,909 mètres.

Sa population, de 78 habitants en 1830, de 94 en 1840, de 82 en 1850, de 77 en 1860, de 86 en 1870, est descendue à 63 en 1880.

Guy Allard, dans ses manuscrits, parle d'une sentence arbitrale du 23 juin 1251, condamnant Raymond, seigneur de Mévouillon, à faire hommage de Laux-Montaux au Dauphin, sans préjudice de celui qu'il devait à l'église de St-André de Rosans.

Isoard, seigneur d'Aix, tenait ces fiefs du Dauphin en 1330 ; mais, par droit de retour, Montaux revint à Humbert II qui l'inféoda à Bertrand et à Barthélemy Moroce, d'une famille tombée en quenouille chez les Mévouillon, seigneurs d'Arzeliers, par le mariage, en 1380, de Sibille avec Baudon de Mévouillon.

On trouve en 1523, François et Barthélemy Achard, seigneurs de Laux-Montaux et Jean Achard, en 1541. Ce dernier mourut sans postérité, et sa sœur Marguerite porta ses biens aux Manent, en épousant Rostaing, l'un d'eux.

Claude Manent, en 1687, dénombra les deux fiefs où il avait 20 vassaux et 300 livres de revenus (1).

---

(1) Communication bienveillante de M. Adolphe Rochas.

La commune dépendait en 1790 des bailliages et subdélégations du Buis, du parlement de Grenoble, de l'Election de Montélimar, de l'intendance de Dauphiné et de l'évêché de Gap.

Au point de vue religieux, Laux est desservi par Chauvac.

LEMPS [1]

§ 1er. Seigneurs et Prieurs.

Placée au sommet d'une colline élevée sur la rive gauche de l'Eygues, cette commune, appelée *Lencium, de Lencis*, Lens, Lemps, Leyns et Lents, tire son nom des bois de son territoire (2). Avant 1790, elle dépendait de la Provence, du Parlement et de l'intendance d'Aix, de la viguerie et recette de Sisteron et du diocèse de Gap ; mais à cette époque elle entra dans le département de la Drôme et dans le canton de Remuzat, où elle est restée.

Au point de vue religieux, l'abbaye bénédictine de l'Ile-Barbe, près de Lyon, maîtresse de St-May et de Cornillon, en possédait le prieuré dès 1183 (3), au moins, puisque la bulle de Lucius III lui confirma la possession du monastère de St-Pierre de Lemps (4).

---

(1) Cette orthographe administrative est vicieuse ; dès lors qu'on adoptait Lens-Lestang, il fallait forcément écrire Lens, l'étymologie des deux noms étant la même. La crainte d'une confusion doit être la seule excuse.

(2) M. de Coston, *Etymologie des noms de lieu de la Drôme*. En 1790, Lens, Montferrand et La Fare formaient une seule commune et paroisse.

(3) Avant ce temps, le prieuré dépendait de l'abbaye de Bodon ; en 950, Hugues, évêque de Gap l'unit à l'Ile-Barbe, et l'empereur Conrad approuva cette union, en 971.

(4) Le Laboureur, *Les Mazures de l'Ile-Barbe*.

Quant à la seigneurie, elle relevait de Pierre de Mison, qui vendit ses droits au prieur de Lemps et à l'église de Gap, d'après une quittance de 1284.

D'autre part, un compromis de 1273, passé entre les religieux de l'Ile-Barbe, Pierre de Mison et Raymond Geoffroi (*Gaufridi*), seigneur de Montauban, attribue à ce dernier des droits sur les châteaux de Lemps, Montferrand, La Fare et Roussieux (1), Randonne de Montauban, fille et héritière de Draconet, énumère les mêmes fiefs dans la donation qu'elle fit en 1284 à Ronsolin de Lunel et les Dauphins, bientôt après, héritèrent des Montauban.

Malgré ces détails, il paraît que les Bénédictins de l'Ile-Barbe occupaient, dès 1261, une partie de la seigneurie de Lemps, puisque Guillaume, prieur du lieu, et Guichard, prieur de St-May, reçurent l'ordre de leurs chefs de convertir les possessions de l'abbaye en fiefs relevant du comté de Provence. L'acte passé le 30 avril 1262 avec Charles, comte d'Anjou, laisse indivis l'exercice de la justice souveraine, attribue au juge commun les forfaitures des grandes routes et des lieux publics, déclare communes les chevauchées, assigne au comte à titre de souveraineté une redevance par feu d'une émine d'avoine, et n'oblige l'abbé à se reconnaître son vassal qu'à réquisition. Les emphytéotes de l'abbaye devaient être jugés par l'abbé en premier appel et par le comte et l'abbé en 2ᵉ appel ; le comte ne pouvait donner en arrière-fiefs les terres de l'abbaye que du consentement de l'abbé ; enfin les moines et leurs biens étaient placés sous la sauvegarde de Charles d'Anjou (2).

La perte des archives locales ne permet pas d'éclairer d'un jour quelconque les fastes de Lemps à ces époques lointaines, ni d'expliquer le siége de Lers (ou Lemps) au diocèse de Gap,

---

(1) *Inventaire des Dauphins*, Nᵒˢ 1276 et 1315. Pierre de Mison transmit ses droits aux Mévouillon qui dépendaient des Montauban, vassaux de l'Ile-Barbe.

(2) *Inventaire sommaire des archives des Bouches-du-Rhône.*

au nom du pape et du duc d'Anjou, en 1365, Louis, frère du roi de France ayant été adopté par la reine Jeanne en 1380 seulement (1).

Il faut en dire autant de la sauvegarde octroyée aux habitants de Lemps, en 1380, par le gouverneur du Dauphiné, moyennant une redevance annuelle de 10 florins d'or, après enquête sur « le vol et brullement que les gens de guerre y « avoient fait, » et dont le dommage arrivait à 1500 florins (2).

Le 10 juin 1329, sous noble Lantelme de Valserres, prieur et seigneur, noble Guigues Borrel, juge mage des Baronnies, déclarait les habitants de Lemps francs et exempts du péage levé au col du Lion pour le Dauphin et pour Raymond Reybaud, seigneur de la Bâtie-Verdun, après avoir ouï les témoignages invoqués par les mandataires de la commune. Les marchandises destinées à être revendues étaient seules exemptes de ce privilège ancien (3).

D'après un acte du 20 avril 1357, dont l'authenticité fut mise en doute vers 1667, Gaussandy de Montégut, prieur et seigneur de Lemps, excitait les plaintes des habitants pour avoir exigé d'eux des cautions « et applegements », défendu le pacage dans ses possessions, refusé salaire aux manouvriers travaillant pour lui, interdit la chasse aux lapins et aux perdrix, exigé un tribut de ceux qui portaient hors du lieu marchandises et paille, sans sa permission, réclamé lits et draps de lit pour ceux qui lui rendaient visite, cordes pour le charroi de ses blés et le meilleur agneau pour sa dîme, usurpé l'eau d'arrosage tous les jours de la semaine, alors qu'il y avait droit le jeudi et le mardi seulement, revendiqué les ruches et essaims d'abeilles pris à la montagne, exigé des censes pour pacage au bois de Peyremond, et laissé réclamer à son bailli 6 deniers par témoin et par serment dans les enquêtes.

---

(1) Inventaire de la Chambre des comptes.
(2) Id. de Lemps, à la préfecture de la Drôme.
(3) Id. Id.

Une transaction de 1359 lui refusa les cautions et les amendes pour délits de pacage, la gratuité du travail des manouvriers, l'interdiction de la chasse aux lapins et aux perdrix ; mais lui accorda le droit de préférence à lui et à son bailli sur les poules, poulets, chevreaux, etc., en payant un gros tournois pour une poule et pour 3 poulets, et les lits et draps de lit pour ses visites.

Cet accord ne termina pas les difficultés, puisque le 20 octobre 1366, Guy Royer, prieur et seigneur, successeur de Josserand de Montorcier, fit régler de nouveau, dans la grande salle du cloître, que la chasse serait interdite dans ses bois, que la présentation des lapins, perdreaux et gibier à vendre lui serait faite, qu'il aurait 20 sommées de blé et 19 florins pour une taille et 1 porc de 3 « porcelades » et non d'une seule (1).

On trouve après Royer, un évêque de Patras, cardinal, dont Moréri ne parle pas, avec le titre de prieur de Lemps, et Guillaume *de Sanhis* avec la qualité de seigneur, dans une sorte de géographie du milieu du XVe siècle (2).

Puis, en l'absence de documents, on arrive jusqu'à 1527, époque où noble Pierre Bérenger s'en qualifiait prieur et seigneur. Celui-ci, oubliant ses devoirs, éleva toute une famille avec les biens de son bénéfice (3). Un de ses fils, s'empara même violemment des revenus du prieuré et les garda un an et Catherine, sa fille, en se mariant à Nyons, amena à Lemps, une famille, récemment, anoblie qui refusa d'y payer les tailles. Isaac Bar, fils de Catherine Bérenger, capitaine châtelain de

---

(1) Archives communales de Lemps à la Préfecture de la Drôme. M. l'abbé Isnard place Guy Royère en 1357, de Montorcier en 1362 et Guy Royer en 1366. L'évêque de Patras aurait été le premier commendataire.

(2) *Choix de documents inédits*, par M. l'abbé Chevalier.

(3) Il eut, selon des témoins entendus dans une enquête, Pierre, Jean, Jacques, Floret, Catherine et Marie, et selon d'autres, Pierre, Jean et Catherine seulement. Comme il avait embrassé la Réforme, il fut destitué et remplacé par Bernoin en 1562 et celui-ci par Nicolaï.

Cornillon et seigneur de Salles, soutint à ce propos divers procès contre les consuls ; mais, de 1611 à 1628, il fut soumis aux tailles et reconnu propriétaire du moulin banal.

Claude Chabrier, prieur du lieu, transigea en 1607 avec deux de L'homme, cousins, coseigneurs de La Fare, et les habitants au sujet de la dîme, fixée alors à 1 émine par 8 émines pour les blé, seigle, orge, avoine, épeautre, fèves et pois et à la cote 20ᵉ pour les raisins, les agneaux et les chevreaux, et pour le chanvre mâle. Mais comme le prieur devait le premier jour de l'an, un repas et un pain à chaque habitant, il se fit exonérer de cette redevance et demeura seulement obligé à une aumône aux pauvres de la Fare, à discrétion, de Noël à la Saint-Jean-Baptiste (1).

Le même prieur, en 1613, convint avec les consuls de Lemps que moyennant 40 écus, 1 charge de blé et 2 de vin, la dîme des grains de toute espèce, des légumes, des agneaux et des chevreaux lui serait payée à la cote 16ᵉ et en 1639, qu'. .rait tous les jours du 1ᵉʳ novembre au 24 juin une aumône aux pauvres des deux sexes, grands et petits, en pain de blé et d'orge (2).

Ces dates ne laissent pas que d'être embarrassantes puisque Pierre Arnaud, prieur de Lemps, réclamait le secours de la justice pour le paiement de la dîme (3) et des droits seigneuriaux, en 1621, et que, l'année suivante, Guilhen de Blégiers s'en prétendait aussi prieur et seigneur.

Quoi qu'il en soit, Jacques de Paparin de Chaumont, aumônier du roi et vicaire général de l'abbé et doyen de l'Ile-Barbe, fut par arrêt du Sénéchal de Forcalquier, en date du 16 septembre 1632, maintenu en la possession des seigneurie, juridiction, domaine et droits seigneuriaux de Lemps avec restitution de fruits depuis sa mise en possession du prieuré, contre René de La Tour, seigneur de St-Sauveur.

(1 et 2) Papiers de Lens aux archives de la Drôme. On peut lire aussi Chabris ou Chabrie.

(3) Il l'afferma en 1622 pour 40 charges de blé, 4 de vin et 20 livres de chanvre. Arnaud et de Blégiers avaient été nommés par des autorités différentes.

Celui-ci était fils de Jacques, seigneur de Verclause, et St-Sauveur, capitaine de 50 hommes d'armes, compagnon et émule de René, son frère, et de Jeanne de Sade.

Il comptait parmi ses frères et sœurs Annibal, seigneur de Bellecombe, Alexandre, seigneur de Verclause, Sybille et Olympe, mariées avec Jean et Claude de Joannis, l'un seigneur de Châteauneuf et l'autre de Pierrelongue (1). On ne trouve l'origine de ses droits sur Lemps que dans l'usurpation armée.

Quant à Jacques de Paparin de Chaumont, il sortait du Forez où un autre Jacques, lieutenant particulier au Bailliage du pays, avait été anobli en 1578. Sa postérité fut attirée en Dauphiné par Pierre de Paparin, nommé évêque de Gap, après avoir servi avec distinction dans les armées.

Claude, neveu du prélat, composa un volume de vers, imprimé en 1621 et signalé par M. H. de Terrebasse dans sa savante brochure intitulée : *Un poète forésien*. Il s'établit en Provence, non loin de La Baume-lès-Sisteron en 1589, et épousa, en 1594, Suzanne du Serre, fille de Daniel, seigneur de Melve, nièce de Salomon du Serre, coadjuteur de l'évêque Paparin et son successeur au siége de Gap (2).

Les consuls de Lemps, séquestres des revenus du prieuré, en rendirent compte en 1632 à Jacques de Paparin, à peine réintégré dans ses droits. Ils accusèrent 85 charges 2 émines de blé, 220 quintaux de foin, 62 de paille, 7 livres 4 sols de censes, 3 livres 12 sols pour la cense des poules en recettes et 350 livres de dépenses.

Annibal de La Tour revendiqua à son tour la seigneurie de Lemps ; mais le sénéchal de Forcalquier le débouta de ses prétentions, le 19 décembre 1633. Des pièces de procédures qualifient Annibal « homme d'épée et violent », et ne ménagent pas mieux son mandataire dans la seigneurie.

Quoi qu'il en soit, Jacques Paparin ne tarda pas, une fois dé-

---

(1) *Tableaux généalogiques*. Nous donnerons d'autres détails à Verclause.
(2) H. de Terrebasse, *Un poète forésien*.

livré de son compétiteur, à tourner son ardeur processive contre ses propres sujets. Il les attaqua d'abord comme garants de du Rieu, agent d'Annibal de La Tour (1640), les obligea à lui déclarer les fonds de sa directe et à reconnaître de nouveau les redevances et censes féodales (1658) déclarées en 1527 et 1579 (1). Il voulut aussi empêcher le bûcherage et les défrichements dans la montagne, exiger les arrérages de censes de 29 ans, réclamer un hommage lige, dû au souverain seul, et la reconnaissance de ses droits seigneuriaux, à Sisteron, lieu de son habitation ordinaire, et se libérer de l'aumône annuelle en offrant la 24ᵉ partie de la dîme etc. Ce qui exaspéra le plus les habitants de Lemps ce fut la prétention du prieur de faire revivre les transactions de 1359 et 1366 sur la présentation des volailles à vendre, la fourniture de lits et de draps de lit, l'arrosage des prés et le paiement de 40 charges de blé et de 19 florins d'or.

Un arrêt du Parlement d'Aix, du 30 juin 1662 condamna les consuls à rendre au prieur le moulin du lieu, le sol et l'emplacement de la vieille église, chargea des experts de vérifier aux frais du prieur si les fonds réclamés par lui étaient ceux du dénombrement donné en 1537 par Pierre Bérenger, soumit les habitants et forains à lui passer nouvelle reconnaissance, rejeta la demande du prieur touchant la reconstruction de la vieille église, l'obligea à restituer le sol et emplacement du vieux four et les censes payées en 1635 et 1636, conformément à la transaction du 7 décembre 1639 (2).

Cette décision n'arrêta pas les difficultés ; elle aigrit au contraire le prieur qui se livra à des voies de fait envers quelques habitants à deux reprises différentes.

Le 28 mars 1670 le Parlement d'Aix lui adjugea le droit de présentation des œufs, poules, poulets, veaux et chevreaux, les lits et draps de lit des personnes qui lui rendaient visite, en cas

---

(1) Une consultation d'avocat lui refuse le premier point et lui accorde le second, 1659.

(2) Archives de Lemps, à Valence.

de nécessité seulement, l'arrosage des lundis et mardis, sans contribuer à l'entretien des canaux, la dîme des porcs à la cote 10ᵉ à raison d'un pourceau par 3 portées, 40 charges de blé et 20 florins d'or et l'exécution des reconnaissances passées en 1659. Les consuls étaient condamnés aux dépens.

Ils ne s'étaient pas défendus, se bornant à produire une sentence arbitrale qui obligeait le prieur à une aumône. Celui-ci s'inscrivit en faux contre cette pièce et fit informer contre les notables du lieu. C'étaient des gens illettrés et ignorants ; ils furent décrétés d'ajournement personnel.

Or, comme ils appartenaient à la religion réformée, ils se pourvurent à la Chambre de l'édit qui les déchargea de l'ajournement ; mais le Parlement de Provence, continuant les poursuites commencées contre eux, un arrêt du Conseil défendit à cette cour d'aller plus loin et commit le lieutenant du sénéchal de Brignolle pour instruire le procès.

Sur ces entrefaites, Jacques de Paparin remit le prieuré à François, son neveu, qui produisit un extrait des transactions de 1359 et 1366, argué de faux, et réclama le paiement des frais que le Parlement d'Aix lui adjugea le 13 mai 1607 et fit déclarer fausse la transaction invoquée par les consuls (1).

Dès ce moment nous perdons le secours des archives communales et l'issue du procès nous est inconnue. Une déclaration du châtelain de Lemps faite en 1695, nous apprend seulement que François de Paparin, domicilié à Sisteron, possédait, comme seigneur spirituel et temporel de Lemps, la juridiction entière du lieu, des censes, des lods, un four, un moulin et quelques fonds, d'un revenu total de 550 livres par an, outre les dîmes évaluées 500 livres, sur lesquelles était payée la portion congrue du curé, soit 300 livres.

En 1713, on rencontre à la fois Jean de Paparin, neveu de François, et Jean-François Bernard avec le titre de prieurs.

---

(1) Archives communales de Lemps, à Valence. François succéda à Jacques en 1673 et Joseph de Paparin à François en 1707.

Le dernier l'emporta sur son concurrent, puisque de 1734 à 1760 nous le trouvons en procès contre les habitants au sujet des cas de droit, des demi-lods et du droit de fournage.

Enfin en 1780, le prieuré appartient à Henri-Joseph-Léon de Massilian, prévôt de St-Didier d'Avignon et il déclare avoir à La Fare sur 10 maisons 150 livres de dîme dont 24 pour les décimes et 9 pour la 24ᵉ due aux pauvres (1).

§ 2. — L'Eglise et la Commune.

L'église de Lemps, d'après la tradition, aurait été construite par un moine revenu de la croisade, avec celles de St-André-de-Rozans et de Lagrand. Puis, l'architecte bénédictin étant décédé à Carpentras, son corps tarnsporté à St-André-de Rozans, aurait à son passage, changé en vin l'eau d'une fontaine, appelée encore aujourd'hui fontaine vineuse.

M. Jouve qui a reproduit cette tradition place à Lemps cette fontaine qui est à La Bâtie-Verdun, et attribue à l'architecte des trois églises précitées, un miracle dû à St-May.

Il existe une autre difficulté que M. Jouve n'a pas résolue : c'est la différence de style et de dates des églises de Lemps, de St-André-de-Rozans et de Lagrand.

La dernière, en effet, se trouve mentionnée dans une charte de donation de l'an 1091 au St-Sépulcre d'Aquapendente, la 2ᵉ dans une charte de Cluny de 988 et la première remonterait seulement au XIIᵉ ou au XIIIᵉ siècle, témoin la voûte du chœur en berceau à plein-cintre, les quatre arcs en ogive, encastrés dans chacun des murs latéraux et la voûte ogivale de la nef avec arcs-doubleaux de même courbure.

Cette église se compose d'une seule nef, divisée en quatre travées et d'un chœur de forme rectangulaire ; elle a 27 ᵐ. 50 de longueur hors d'œuvre sur 12 de largeur et 10ᵐ 75 de hauteur à la nef, 8ᵐ 90 au chœur et 5ᵐ 70 à la 1ʳᵉ travée.

---

(1) Archives communales de Lemps, à Valence. En 1760, Masse remplaça Bernard.

Trois fenêtres rectangulaires au sud et un œil de bœuf circulaire à l'ouest (1) y répandent la lumière. Les murs de la nef, sans contreforts, ont près de 2 mètres d'épaisseur et leurs parements intérieurs et extérieurs présentent des assises irrégulières de pierres de taille.

M. Jouve accuse les Vaudois, maîtres de Lemps en 1380, d'avoir dévasté le prieuré et démoli la façade principale de l'église et la voûte de la première travée ; il ajoute que la menace d'un envoi de troupes contre eux et la solidité de l'édifice le préservèrent d'une ruine complète. Nous avons bien rencontré dans les archives de Lemps l'indication « d'un brullement » par des gens de guerre à la date de 1380, mais rien ne désigne les Vaudois. Il est plus probable que c'étaient des Compagnies franches, alors disséminées dans le midi ou les gens de Raymond de Turenne.

Au surplus, selon M. Epailly, la porte principale, placée vraisemblablement sur la façade occidentale de l'édifice, aurait été détruite à l'époque des guerres de religion, et lorsqu'on reconstruisit cette façade, on n'y rétablit pas le portail, soit faute de ressources, soit pour tout autre motif.

Plus tard, la première travée, démolie avec la façade ouest, aurait été reconstruite avec les autres façades sur une partie seulement de la hauteur totale, et deux arcades à plein-cintre auraient été pratiquées dans un mur transversal établi sur la projection de l'arc-doubleau pour mettre en communication la 1re travée avec le reste de l'édifice. Selon M. Jouve, malgré les ordonnances épiscopales, il ne fut ouvert définitivement au culte qu'en 1660 (2).

---

(1) *Statistique monumentale de la Drôme*. Il y a seulement deux fenêtres rectangulaires ; celle du milieu à plein cintre fut ouverte vers 1820 pour donner plus de jour.

(1) On y voit cependant en 1634 Jacques de Paparin servir de parrain à Madeleine Pons et en 1655, y baptiser lui-même Bernard de l'Homme, fils d'Antoine, seigneur de Montferrand. Il fut réparé et non reconstruit.

En 1597, Jacques de La Tour, seigneur de St-Sauveur échangea

A la Révolution, la commune déclara vouloir acquérir « une maison appelée château, composée de cave, écurie, cour et régales, située au quartier de Tripot (1) ; un colombier avec jardin, pré et terre contigus ; une terre et un pré à la Condamine, séparés par le béal vif de Pontet ; une terre au Verger, une à la Tuilière et une autre à Tenargues, ainsi que les biens de la chapelle Ste-Catherine.

En résumé, si les Bénédictins de l'Ile-Barbe favorisèrent le développement du village, leur prieuré, en tombant aux mains de titulaires séculiers, appelés prieurs commendataires, déchut bien vite de sa splendeur, et les difficultés suscitées par eux à la population y favorisèrent les progrès de la Réforme, autant que la toute puissance des La Tour de St-Sauveur.

Un arrêt du Parlement de Provence ayant dépossédé les protestants de la maison qui leur servait de temple, le Parlement de Grenoble la leur rendit en 1655.

Pendant les premières guerres de la fin du XVIe siècle, Montbrun s'empara de Lemps, et l'église, ouverte à tous les vents, servit plus d'une fois de position stratégique aux catholiques et aux réformés.

Les documents conservés se taisent sur ces luttes, et ce que l'on sait se réduit à l'achat d'un cheval à Montbrun avec le prix des cloches de la paroisse, à l'envoi d'une compagnie de gens de pied, commandée par le seigneur de Valouse, le 30 décembre 1597 et à de nombreux paiements d'aides au Buis et aux autres lieux de garnison.

Indépendamment d'un hôpital à Lemps en 1715, il y avait une aumône aux pauvres distribuée par le prieur.

---

avec les consuls une maison et un pré, estimés 270 écus, « contre la place où souloit estre l'église, le bastiment rompu et la place où souloit estre le cimetière » valant 280 écus. Le cimetière nouveau est celui d'aujourd'hui.

(1) Ancien Jeu de paume, à l'angle de la façade sud de l'église et le mur ouest de la cour du château, après le transfert de l'ancien cimetière.

Quant à l'instruction de la jeunesse, il existe une délibération consulaire de 1595, tenue au petit cimetière « juxte l'église » portant que « dores en avant, chacun an, per-« pétuellement, il seroit levé la somme de 12 escus de 60 sols, » destinée « à un precepteur qui seroit retenu par deux, « trois ou plus des habitants, sy mieux les consuls ne s'y « employoient à le retenir.» Il lui était fourni le logement dans la maison commune et en 1781 le plancher en fut rétabli à cet effet.

En 1680, Faure recevait 1 émine de blé, les mois des élèves et 7 livres pour 2 mois. De 1650 à 1667 Girousse, Jouve, Guendon, Marcellin, Brunel et Engilberge tiennent l'école et sont en même temps secrétaires ou sonneurs de cloches. En 1781, François Girousse obtenait pour 5 mois outre le logement, 21 livres de la commune et 25 des enfants qui recevaient ses leçons.

Si l'on veut connaître maintenant l'organisation communale de Lemps dans les siècles passés, nous rappellerons que là comme ailleurs des consuls élus en assemblées générales géraient les affaires et qu'en 1783, Deydier et Garcin étaient nommés 1er et 2e consuls et qu'à cette date l'affouagement s'élevait à 920 livres 16 sols, les taillon et subside à 43 livres, les impositions de la viguerie à 54, les vingtièmes à 283, les chemins à 100, les arrérages à 531, le traitement du maître d'école à 31, celui du trésorier à 21, celui du secrétaire à 9, la pension des pauvres à 9 etc.; total 2067.

Un arrêt du Conseil d'Etat du 14 mai 1715 avait fixé les charges locales à 9 livres pour les gages des consuls et autres officiers, à 30 ceux du maître d'école, à 6 ceux du sonneur, à 5 ceux du greffier, à 35 le droit de foraine, à 9 le droit de lates, à 4 émines de blé pour l'aumône de Ste-Marguerite, à 1 livre pour la messe de ce jour-là, à 9 au recteur de l'hôpital, à 45 pour dépenses diverses, total 145 livres 21 sols.

A cette époque les dettes communales furent liquidées à 4.363 livres.

Les contributions de 1873 y ont donné

A l'Etat.	1561 f. 58
Au département.	726 56
A la commune.	1627 65
En non valeurs.	67 06
Total	3.982 f. 85

Il y avait 549 hectares de bois, 469 de terres labourables, 39 de vignes, 20 de prairies, 297 de pâturages, 41 de routes et rivières etc., total 1,607, en 1835. Quatre ans plus tard, le revenu des 1566 hectares imposables s'élevait à 14,094 fr. soit 9 fr. l'un et celui de 76 maisons à 914 fr., total 15.008 fr.

Les productions consistent en noix et fruits. Foire le 1er juin.

De 395 en 1820, la population est descendue à 352 en 1840, à 340 en 1850, à 327 en 1860, à 320 en 1870 et à 291 habitants en 1880.

La distance de la mairie à Valence est de 129,909 mètres, à Nyons de 40,117 mètres et à Remuzat de 14,572 mètres.

En terminant cette notice, nous tenons à constater deux faits honorables pour M. l'abbé Isnard, ancien desservant de Lemps et aujourd'hui curé de Suze-la-Rousse: le premier consiste en ce que, préparant lui-même un travail sur la vallée de l'Oule, il a bien voulu nous communiquer ses notes, et le second, en ce que, après avoir sauvé de la destruction une partie des archives anciennes dont on se servait pour le poêle de l'école, il les a gracieusement adressées au dépôt départemental, où elles seront classées et conservées.

Historien lui-même et écrivain de talent, M. l'abbé Isnard a compris l'importance des archives publiques pour les travaux d'érudition et sa conduite mérite nos plus sincères éloges.

MÉRINDOL

Merindolii, quod nunc caret arce, cacumen.

Une montagne boisée s'étend de Nyons vers Châteauneuf-de-Bordette, Piégon et Puyméras, et sur son versant méridional, presque au sommet, apparaissent les ruines amoncelées d'un château fort et des maisons vassales, bâties à ses pieds. De là se déroule un immense panorama vers le Mont-Ventoux, les crêtes aiguës qui dominent Vaison, la vallée du Rhône et les montagnes du Gard. Une situation si pittoresque lui valut le nom de Mérindol, de *Mérinda*, guérite ou belvéder, en basse latinité. (1)

Pendant longtemps ce village dut être peu accessible, et c'est au voisinage de l'établissement thermal de Propiac, à n'en point douter, qu'il doit la route en zigzags passant à peu de distance de ses premières maisons.

Si le coteau de Mérindol est à peu près stérile, il n'en est pas de même de la partie de son territoire en plaine au-dessus de Faucon et de Puyméras; là croissent les céréales et l'olivier; là se trouvent la mairie, l'école et la chapelle d'Aguillan, d'une assez haute antiquité.

Aussi la population agricole est-elle descendue peu à peu du vieux bourg, et les nombreux visiteurs que ses ruines attirent chaque année pendant la saison thermale, n'y trouvent plus que des pierres muettes et des murailles à demi tombées.

Il y eut là pourtant, à une époque ancienne, de l'animation et de la vie, et les seigneurs les plus puissants de la contrée, jaloux de la possession de Mérindol, vinrent en faire le siège, comme s'il se fût agi d'une place importante.

---

(1) De Coston, *Etymologies des noms de lieu de la Drôme.* — Boyer de Sainte-Marthe, *Histoire de l'église de Vaison.*

Essayons de raviver le souvenir de ces temps agités et des hommes d'armes chargés de sa défense.

Le voisinage de Vaison permit aux Romains de parcourir le territoire de Mérindol, et une inscription publiée dans ce *Bulletin*, y rappelle un emplacement funéraire de 12 pieds de profondeur et de 31 de face.

A part cela, l'histoire des premiers habitants du lieu, Gaulois ou Romains, n'a pas conservé d'autres témoins de leur civilisation.

Les premiers seigneurs de Mérindol portèrent d'abord le nom de leur fief et, parmi eux, Raymond et Raoul assistaient comme témoins en 1219, à une sentence rendue par Raymond de Mévouillon sur le différend de Raymond de Pierre ou de Peyre avec le seigneur de Plaisians ; puis, en 1230, Rostaing transférait ses droits au baron de Mévouillon, moyennant une minime somme, indice d'une possession restreinte.

Dès ce moment, jusqu'à la fin du XIIIe siècle, aucun fait saillant ne s'accomplit à Mérindol ; mais, à cette époque une expédition armée eut un grand retentissement.

D'après le récit de l'historien de l'église de Vaison, Bertrand de Baux, prince d'Orange, prit, le 8 juin 1300, possession des château et village, reçut le serment de fidélité des habitants, fit arborer ses armes et établit de la Garde pour juge et Durban pour bailli.

Le 12 juin, Raymond de Beaumont, évêque de Vaison, constata cette prise de possession et réclama la restitution du château, conformément aux conventions passées entre le prince et Pierre Isoard, mandataire de Raymond de Mévouillon. Ce point obtenu, il fit enlever les armes de Bertrand de Baux et garda les clefs du village et du château. Or, une dispute étant survenue à cette occasion entre Isoard et le prince, la guerre faillit commencer. L'évêque l'arrêta et la garde du fort, en ami commun, lui fut confiée, à la condition d'y mettre les gens de son château de Beaumont, de traiter avec le baron de Mévouillon à son retour, et, en cas d'insuccès de rendre le château à Bertrand de Baux, après inventaire de tout ce qu'il y avait dedans.

Il fut stipulé en outre que des arbitres examineraient les droits de Bérengère, belle-fille d'Albert de Médici, de ses enfants, de Pierre Reynier et de Béatrix de Mévouillon, et que la trêve durerait quinze jours après le 24 juin. Le prince, l'évêque et Isoard jurèrent d'observer ces clauses.

Le 18 juin, Mathias de Théate, recteur du Comtat et commissaire du pape, enjoignit à Raymond de Beaumont, à peine de la perte de son temporel, de garder Mérindol, terre de l'église, de la munir de forces nécessaires pour résister et de la rendre à réquisition.

Le 21 juin, nouvel ordre fut donné à Pernes par le recteur et par Eberard, juge du Comtat ; mais l'évêque répondit ne pouvoir prendre pareil engagement sans l'ordre du conseil de Mathias de Théate.

Le 4 juillet, de la Garde et des Attis invitent de Beaumont à observer le compromis antérieur et lui offrent de Monteil, Durban et autres pour garder le château, s'il les garantissait de tout danger.

Allemand du Puy, au nom de Raymond de Mévouillon et les coseigneurs de Mérindol informent l'évêque de leur résolution de lui rendre la place, si le prince d'Orange ne le secourait pas dans la journée.

Il répondit qu'il y était disposé et qu'il allait à Puyméras se mettre à la tête des gens de Bertrand de Baux pour les amener, au péril de sa vie. En même temps, il annula la convention passée entre du Puy et les coseigneurs de Mérindol et invita Pierre de Lardier, Lardier de Lardier, Raymond de Mérindol et autres à bien garder le château.

Il envoya deux religieux franciscains vers Raymond de Mévouillon pour le prier de laisser entrer les gens du prince ; mais le baron se contenta d'exiger que les mandataires de Bertrand de Baux viendraient à lui sans retard.

Alors Raymond de Beaumont permit l'entrée de Mérindol.

Boyer de Ste-Marthe s'arrête là, et toute sa préoccupation paraît avoir été de montrer la conduite régulière et la bonne foi de l'évêque de Vaison, sans se soucier des droits des Mévouillon.

Or, Valbonnais qui cite à l'appui de son récit des actes authentiques va nous permettre d'élucider certains points de cette affaire.

Albert Médici, noble émigré de Florence, seigneur de Mérindol, du Poet, etc., avait eu d'une Bérenger un fils appelé Giraud, mort jeune, en laissant Giraud II, Guillaume dit du Poet, Albert II et Eliénor, femme de Ponce Reynier, seigneur d'Oze.

En 1299, Albert I, alors très âgé, avait défendu à ses petits-fils, par testament, d'aliéner Mérindol, et Guillaume avait promis d'obéir, en ajoutant, que si la clause était violée, le château appartiendrait à Raymond de Mévouillon.

Or, le même Guillaume, héritier d'Albert II, vendait la même année Mérindol à Bertrand de Baux IV, prince d'Orange, qui en prit aussitôt possession et, pour fortifier ses droits, en rendit hommage à Mathias de Théate, après avoir fait assigner le baron de Mévouillon à comparaître devant le représentant de l'église.

Raymond de Mévouillon, pour toute réponse réunit ses amis et vassaux : la dauphine, Jean, comte de Gap, Alleman du Poet, Jean de Ste-Sabine, Guigues Alleman, Guillaume et Hugues Artaud d'Aix, Raymond de Montauban, Jourdain de Rosans, Jean de Sahune, Geoffroy de Bésignan, Pierre de l'Epine, Guillaume Ogier, Pierre Reynier, chevaliers et le dauphin Humbert, heureux d'humilier le prince d'Orange, partisan du comte de Savoie.

Pierre Isoard, commandant des troupes baronales, commence immédiatement les travaux du siège et c'est alors qu'intervient l'évêque de Vaison.

Pendant les négociations déjà exposées, Raymond de Mévouillon ne se jugeant pas engagé par un traité conclu en son absence, ordonne de continuer le siège et de préparer un assaut. Mais le recteur du Comtat le menace d'excommunication et d'amende. Il répond, le 3 juillet, que Mérindol a toujours été de sa mouvance, que Bertrand de Baux n'a pu reconnaître d'autre suzerain sans donner lieu à la commise ;

que le fief lui a été vendu par Giraud Médici et que l'affaire étant féodale il ne pouvait être valablement excommunié. Il en appelle donc au pape et aux cardinaux.

Le 6 juillet, l'évêque de Carpentras au nom du recteur du Comtat somme le baron de Mévouillon de lever le siège. Celui-ci refuse et trois jours après entre en pourparlers avec Bausan de Ménerbes, défenseur de la place pour l'évêque de Vaison. Ce commandant, privé alors de sa compagnie et du secours des neveux du prélat et, depuis 15 jours, dépourvu d'eau potable, se rend à discrétion.

Valbonnais s'arrête là ; seul, *l'Inventaire analytique des chartes de la maison de Baux* mentionne à la date du 20 juillet 1300 un appel au pape et au sacré collège de l'ordonnance de Mathias de Théate aux Dauphins Humbert I et Jean, son fils, et à leurs partisans d'avoir à lever le siège mis devant Mérindol où se trouvait enfermé le prince d'Orange.

Cottier, après avoir accusé d'abus d'autorité de toute sorte le recteur du Comtat, ancien archidiacre de Dreux et évêque de Théate (Chiéti), dans l'Abruzze-Citérieure, mentionne sans détails une guerre que lui fit avec avantage Raymond de Mévouillon, pour se venger de l'excommunication fulminée contre plusieurs de ses partisans. Selon cet écrivain, le pape aurait même chargé Guillaume de Saint-Marcel d'obliger à la soumission le baron rebelle ; mais l'inquisiteur de Provence, préférant les moyens de douceur à l'emploi des armes spirituelles, aplanit heureusement toutes les difficultés (1).

Le fief de Mérindol ne demeura pas longtemps dans la famille de Raymond et passa avec les autres biens des Mévouillon aux dauphins de Viennois ; ainsi, on trouve en 1349 une cession de Mérindol, Propiac et le Poet à Charles, héritier d'Humbert II par Rostaing de Sault, en échange de faveurs octroyées aux habitants de Plaisians et de Guibert (2), et dix ans plus tard,

---

(1) *Notes sur les recteurs du Comtat.*
(2) Barthélemy, *Inventaire des titres des de Baux.*

un Guillaume de Baux, prisonnier à Montbrison et ensuite à Mérindol, sans aucune explication du fait (1).

Il en est de même de la décharge de tous ses torts accordée au dauphin vers 1350, par la population de Mérindol et de l'hommage que lui rendirent Olivier Lardier et Raymond Raimbaud et après eux Rican Lardier, en 1384 (2),

Plus tard, Jean Louet ou Louvet reçut la même seigneurie en échange de Theys et, en 1438, Louis Louet, fils de Jean, obtint Mirabel, en récompense de ses rentes et de son artillerie de Mérindol, fief dont il ne jouit point au témoignage de Guy Allard.

Des commissaires du roi le vendirent le 11 décembre 1543, à Germain d'Urre pour 1400 livres et à François d'Urre pour une année de revenu, soit 139 livres. Il fut réuni de nouveau, en 1582, au domaine et aliéné le 19 novembre 1593 en faveur de Louis d'Agout seigneur de Bonneval, et de Charles d'Agout en 1638, aussi Mme de Montpezat en 1789 le possédait-elle (3).

Le roi-dauphin, en 1680, y avait la juridiction haute, moyenne et basse, l'emplacement d'un château, une petite tour en bon état voisine de l'ancienne église démolie et du cimetière protestant, un four banal, des lods au 12e et au 6e denier, les 15e et 16e parties des grains, vendange et chanvre, la tâche des fruits, des servis et censes et une terre.

En 1517, la tâche rapportait 20 sommées de blé, le cinquain du vin 8 sommées, le four 52 sommées, les censes 13 sétiers etc. Il y avait alors 41 habitants.

Au dire des historiens, Mérindol joua un rôle pendant les guerres du XVIe siècle. Chorier en fait partir Montbrun, fuyant la France en 1560, et le P. Justin (Boudin) place le fait au Buis.

Le dernier auteur ajoute que les habitants, en 1562, « ayant

---

(1) Barthélemy : *Inventaire des Baux*.
(2) Inventaire de la Chambre des Comptes.
(3) Inventaire de laChambres de Comptes.

« appelé des troupes catholiques, sous prétexte de se mettre
« sous leur sauvegarde, les avaient entièrement massacrées, à
« l'exception du chevalier de Vénasque, grièvement blessé,
« retenu prisonnier. »

Lesdiguières s'empara du fort en 1586 et à diverses reprises les réformés en furent maîtres.

Mais en 1623, Vachon et Armand, commissaires du roi écrivirent aux châtelain et consuls de Mérindol « de ne faire
« faulte de leur envoyer, le 17 février, de bon matin, 25 hommes
« des meilleurs travailleurs qu'ils eussent, avec des pics,
« pioches et 5 ou 6 pals de fert, pour travailler à la desmoli-
« tion et razement du chasteau et forteresse de Mérindol,
« pendant deux jours (1). »

Le vieux village ainsi privé de ses murailles ne fut pas plus heureux dans la suite, témoin la requête des habitants en 1631, où il est représenté comme l'un des plus misérables, après les *foules* du siècle précédent. Cette même année, il loge plusieurs compagnies de gens de pied et emprunte pour cela plus de 1,200 livres, de sorte que ses habitants sont réduits « à mendier leur pain. » Bien plus, ajoute le document, la compagnie du comte de Sault vient d'arriver de Vinsobres et il faut l'entretenir ; ils demandent en conséquence ou une décharge ou des aides. Ils obtinrent sans doute le secours des communes voisines, puisque, en 1632, ils se plaignaient de Plaisians pour refus de vivres et pour insultes et coups à leur consul (2).

Voilà tout ce que l'on sait d'une commune, dépourvue d'archives, dépendante du bailliage du Buis, de l'Election de Montélimar et des Parlement et intendance de Dauphiné, partant bien différente d'un autre Mérindol près de Cavaillon, tristement célèbre dans l'histoire.

Son territoire comprenait en 1835 : en bois, 49 hectares, en terres labourables, 282, en vignes 145, en prairies 4, en pâtu-

---

(1) *Histoires des guerres du Comtat* au XVIe siècle.
(2) Archives du département à Valence, série E, Supplém.

rages 420, en routes et rivières 34, etc., total 940, dont 890 imposables en 1839, d'un revenu de 17,800 fr. soit 20 fr. l'un avec 1,403 fr. pour ses 133 maisons.

En 1873 le produit des contributions a été de :

Pour l'Etat	1976 f. 84	
Pour le département . .	917 76	
Pour la commune . . .	2449 42	4534 fr. 87.
Pour non valeurs . . .	90 65	

De 332 habitants en 1820, la population a atteint les chiffres de 388 en 1840, de 386 en 1850, de 378 en 1860, de 385 en 1870, de 366 en 1880.

La distance de la mairie au Buis, son chef-lieu de canton est de 15,025 mètres, à Nyons de 19,288 mètres, à Valence de 109,080 mètres sud-est (1).

Au point de vue religieux, Mérindol est succursale depuis 1807 avec Corporière, pour chapelle de secours depuis 1847. Avant le Concordat, la paroisse dépendait du diocèse de Vaison, l'église était dédiée à Saint-Martin et le prieuré de Notre-Dame de l'orporière (et non de Corporière), à Aguilhan, formait la prébende d'un chanoine de Vaison, à la collation du pape.

MÉVOUILLON

I. Origines.

Une page de géographie du milieu du XV° siècle nous montre ce village, du canton de Séderon, au sommet d'une montagne taillée à pic d'un côté, avec surface plaine et boisée d'un quart de lieue de France en longeur et d'un huitième en largeur. Ses maisons touchaient au château fort dont elles n'étaient

---

(1) Archives de la Drôme. — *Rapport* de M. Mermoz et *Statistique* de M. Delacroix.

séparées que par une grosse tour ronde. Une autre tour carrée dominait vers le nord la cîme du rocher béant. Au pied de la montagne s'étendaient des terres labourables arrosées par des sources d'eau, dont l'une, au témoignage de Guy-Allard, avait jadis le goût du vin (1). Ce serait donc la 3ᵉ fontaine de ce genre dans les Baronnies, les deux autres ayant été signalées à Lemps et la Bâtie-Verdun ; mais leur propriété merveilleuse a depuis longtemps disparu, avant d'attendre le phylloxéra.

Aimar du Rivail fait preuve de peu d'exactitude en plaçant Mévouillon au bas d'une montagne (2) ; aussi, malgré l'affirmation contraire du traducteur de sa description du Dauphiné, croyons-nous fermement qu'il n'avait point vu ce Bourg.

Aujourd'hui le fort et les maisons contiguës démolis par ordre de Louis XIV en avril 1684, ne peuvent plus guider les recherches de l'archéologue ; une lettre de 1803 assure même que l'ancienne église aurait été rasée ; seule la montagne circulaire de 1.178 mètres d'élévation, qui leur servait de piédestal, se dresse encore majestueuse, comme un géant solitaire au milieu d'une plaine peu fertile et d'un aspect monotone, accusant de la sorte une position stratégique importante, qualifiée avec raison par Nostradamus « de fort inforçable. »

Des nombreux hameaux actuels dont se compose la commune, deux seulement méritent une mention : Gresse, où est la mairie et Pelleret, autrefois Pereyret, dotés l'un et l'autre d'une église et d'une succursale.

A des époques reculées, une peuplade celtique s'établit-elle à Mévouillon pour cultiver la contrée ? Les preuves font défaut, et malgré l'autorité de du Rivail, de Salvaing de Boissieu etc., le bourg n'aurait pas même servi de chef-lieu aux Médulles, Médyles ou Médualles, retrouvés par M. Revillout sur le sommet des montagnes d'où sortent la Doire et la Durance, au

---

(1) *Choix de documents inédits* publié par M. l'abbé Chevalier.
(2) *Description du Dauphiné* p. 216 — *De Allobrogibus* p. 133.

nord des Caturiges et des Allobroges, entre les Ceutrons et les Ucénes (1).

Toutefois, la raison tirée du nom de *Castrum Medullum* donné à Miolan en Maurienne est pour nous sans valeur, Mévouillon s'appelant *villa Medullis* dès 1070 et *castrum Medoilo* en 1095. Aussi M. de Coston, excellent juge en étymologies, a-t-il adopté l'ancienne tradition.

En attendant des preuves contraires, n'est-il pas possible d'admettre deux tribus différentes, l'une des Médulles en Maurienne et l'autre de Médualles aux Baronnies ? c'est l'opinion de Chorier ; ou bien une colonie de Médulles savoisiens qui fonda Mévouillon ? Le lecteur choisira.

On n'y trouve aucune trace d'occupation romaine ni gallo-romaine, ni même préhistorique et quand, à l'origine de la féodalité, un administrateur civil ou militaire s'y rendit indépendant et s'estima assez fort pour dominer la région, nul monument précis ne consacra sa prise de possession un peu irrégulière.

« Lors de la décadence du dernier royaume de Bourgogne, dit Guy-Allard, les gouverneurs et les évêques s'emparèrent, de leurs gouvernements et de leurs diocèses et un nommé Raymond s'attribua celui dont les peuples étaient connus sous le nom de Médulles ou Médulliens avec la ville du Buis, pour capitale (2). »

Si les assertions de Guy-Allard reposent sur quelque fondement, il y eut sans doute alors de sérieuses résistances pour obliger l'usurpateur à échanger les charmes de la plaine et des bords de l'Ouvèze contre la solitude aérienne de Mévouillon. Mais n'insistons pas : l'histoire exige des preuves et non des hypothèses.

Au surplus, les auteurs sont en complet désaccord sur l'origine du nouveau maître. Aimar du Rivail le fait sortir des montagnes du voisinage ; Peiresc et M. de Pisançon estiment

---

(1) *Congrès scientifique de Grenoble* en 1857.
(2) Notes manuscrites. — *Cartulaire de Saint Victor de Marseille*.

qu'il descendait, par la maison de Sault, d'une comtesse de Die, et eut avec les Montauban une commmune origine : la maison de Provence ; de son côté, Papon rapporte un acte de 1174, où Bertrand, comte de Forcalquier, appelle ses cousins les Sabran et les Simiane et Raymond de Mévouillon, son parent (1).

Sans repousser l'opinion de ces estimables écrivains, nous croyons pouvoir retrouver le véritable point de départ d'une famille, longtemps puissante, dans une charte de 1064 à 1099 portant donation par Gisla aux moines de St-Victor de Marseille de ses droits au village de *Medullis* sur l'église, le cimetière, l'agglomération et les terres, en présence de son frère Raymond (2).

Malheureusement l'acte est muet sur la famille de Gisla.

Or, au décès de Rodolphe III dit le Fainéant, (1032), les grands qui l'avaient dépouillé de son vivant, n'eurent garde de prendre au sérieux les menaces d'un successeur étranger plus disposé d'ailleurs, à leur donner des terres qu'à les conquérir les armes à la main.

Le père de Gisla se trouvait vraisemblablement dans ce cas pour que son héritière éprouvât des remords et cédât ses biens à une abbaye.

Quoi qu'il en soit, les premiers Raymond de Mévouillon sont demeurés inconnus jusqu'à 1121 et 1125, époques où l'*Histoire de l'église cathédrale de Vaison* mentionne l'un d'eux parmi les coseigneurs de Valréas, autorisant l'évêque Rostaing à acquérir les dîmes du lieu moyennant 70 sols valentinois, et où Fontanieu et l'Inventaire de la Chambre des Comptes lui font accorder la protection du saint Siège, tant qu'il servirait en Terre-Sainte (3).

---

(1) *De Allobrogibus et Description du Dauphiné. De l'allodialité dans la Drôme. — Histoire de Provence.*

(2) *Cartulaire de Saint-Victor.*

(3) Anselme Boyer de Ste-Marthe p. 17 — *De l'allodialité dans la Drôme* — Aubenas, *Notice sur Vairéas*.

L'absence de toute croisade au temps d'Honorius II, l'affirmation de M. l'abbé Vincent qui fait croiser Raymond de Mévouillon avec Philippe-Auguste, de 1189 à 1190, et le silence absolu du *Recueil des historiens des croisades* sur le départ d'un seigneur déjà puissant, paraissent toutefois infirmer la dernière assertion.

II. Les premiers Mévouillon.

Un écrivain sérieux a déjà constaté que jamais nom peut être n'a été traduit plus diversement en français. « On trouve « d'abord *de Médul, de Medouilhon, de Médullion,* puis « *Myolon, Meulhon, Méolhon, Mévillon, Mévoillon, Mévouillon, Mévolhon* » et Meuillon (1).

La même variété existe dans les formes latines : *villa Medullis,* de 1064 à 1079 ; *castrum de Medoilo* en 1095, *de Medullio* en 1115, *Medulio* en 1254, *Meduluon* en 1288, etc. (2).

A ces difficultés orthographiques vient s'ajouter encore l'uniformité de prénoms des possesseurs de la baronnie qui s'appellent tous Raymond. Aussi les auteurs ont ils distingué, comme Guy-Allard :

Raymond I, mari de Laure,
Raymond II, allié avec Comitissonne,
Raymond III, époux de Sybille,
Raymond IV, père de Legasse, la dernière de sa branche (3).

Ou comme M. de Pisançon :

Raymond I, fils de Ripert,
Raymond II, dit le Dominicain,
Raymond III, surnommé Raymondet,
Raymond IV, le dernier de la famille (4).

Nos recherches permettront désormais de préciser les faits et les dates.

---

(1) Laplane, *Histoire de Sisteron* I, 101, note. — Guy-Allard, Notes.
(2) *Cartulaire de St-Victor* ; — *Inventaire des Dauphins* — Valbonnais.
(3) *Dictionnaire historique du Dauphiné.*
(4) *De l'allodialité dans la Drôme.*

Raymond I assiste, en 1160, à une donation à la Chartreuse de Durbon et c'est de lui sans doute que parle le poète Vacquyras, en décrivant un tournoi de 1177 : « Un seigneur de « Mévouillon, dit-il, était si bien armé, qu'il n'y manquait rien. « Il joûta contre Nicolau dont il fit sauter le casque en pièces, « sans qu'il y restât une maille. Mais Nicolau ne fit qu'en rire « et ne parut s'en inquiéter (1). »

C'est le même aussi qui reçut l'année suivante de l'empereur Frédéric confirmation de tous ses droits de fief et de franc alleu et de toutes ses acquisitions postérieures à Mévouillon, le souverain le retenant à son service avec exemption de toute suprématie et de toute juridiction étrangères (2).

Vers le même temps, Tiburge ou Tibour d'Orange et son fils Guillaume engageaient les château et village de Barret pour 5000 sols et, en cas de décès sans héritiers de Guillaume, le château devait appartenir à Raymond ou aux siens, 40 jours après la mise en demeure.

La charte publiée par M. J. Roman mentionne en outre la « molher » et les fils de Raymond, sans les nommer (3).

Guillaume de Baux, fils de Bertrand, prince d'Orange, et de Tiburge (1130-1181) épousa d'abord Esmenjarts ou Ermengarde de Mévouillon et ensuite Ermengarde de Sabran.

Or, à l'époque du premier mariage, Raymond I de Mévouillon avait donné en dot à sa fille 7000 sols et Raymond II 12000 à sa sœur.

En répudiant Esmenjarts pour cause de parenté, Guillaume de Baux fut contraint de restituer aux Mévouillon, en 1204, le domaine de Revest et d'hypothéquer le surplus de la dot sur Jonquières et Tulette (4).

Il avait eu d'elle: Tiburge, épouse de Giraud Amic, et Guillau-

---

(1) Notes de Moulinet. — Papon, *Histoire de Province* II, 255.
(2) *Diplomatique de Bourgogne* par M. l'abbé Chevalier p. 18, et son *Inventaire des Dauphins.* N° 2.
(3) *Romania.*
(4) Barthélemy, *Inventaire des titres des de Baux* n. 115.

me II, père de Guillaume III de Baux, marié en 1239 avec Galburge de Mévouillon.

Raymond I, dégouté des grandeurs, se retira dans sa vieillesse chez les Cisterciens de Sénanque, fondés près de Cavaillon en 1148, et il y fut enseveli.

Ces renseignements nous sont révélés par la donation que fit en 1208 à la même abbaye Raymond II son fils, d'une condamine ou ferme à Mévouillon (1).

Guy Allard, dans ses notes inédites, donne deux fils et une fille à Raymond I : Raymond II, son successeur dans la baronnie, Guillaume, seigneur de Mirabel et Aalmos ou Almuse alliée aux Sabran et aux Isoard, d'Aix qui, le 10 juin 1227 vendit Barnave et Jansac à Bertrand, évêque de Die pour 16000 sols, viennois ou valentinois (2).

Rien ne révèle donc une parenté rapprochée avec Raymond, fils de Ripert de Mévouillon et de Sance, l'auteur des libertés et franchises de Lachau, en 1209 (3).

Un grand nombre d'actes vont nous permettre de suivre de près Raymond II.

En 1202, il est témoin à Manosque d'un accord entre le comte de Forcalquier, les de Baux, les Simiane etc.

De 1205 à 1206, il engage la terre de Mourgues à Guillaume, comte de Forcalquier pour la garantie d'un emprunt de 12000 sols viennois ; assiste en 1208 à l'affiliation aux Templiers du fils de Giraud Amic et de Tiburge d'Orange ; transige en 1213, avec Draconet et Raymond de Montauban, père et fils ; reçoit en 1214, l'hommage de Pons de Blacons pour *Bracoso* et obtient l'abandon de St-Marcellin-lès-Vaison du baron de Montauban en échange de ses droits sur la moitié de Montbrison et Roussieu (4).

---

(1) *Gallia christiana* I. 961.
(2) *Cartulaire do Die*.
(3) *Notice sur Lachau* et Valbonnais II, 19, 20.
(4) Barthélemy — *Inventaire des titres des Baux* nº 115. — *Gallia christiana*, I, 401. — *Inventaire des Dauphins* — Archives des Bouches-du-Rhône B. 303. Papon, *Histoire de Province*. II, 277 ; pièces justif.

Guy Allard lui fait reconnaître, en 1215, à l'abbé de Cruas le haut domaine des moulins du Buis, sis hors la ville, et la même année il ménage un accord entre Armand d'Autane, Pelestort de Bourdeaux, Roland et Ripert d'Autane, au sujet de violences réciproques. A cette charte est encore appendu son sceau en plomb portant d'un côté un chevalier armé et de l'autre les *hermines* du blason de sa famille. Pareil office était rendu la même année par le même seigneur à Raymond de Peyre, seigneur d'Eygaliers et aux seigneurs de Plaisians (1).

La piété le porta, ainsi que Saure, son épouse, en 1222, à céder leurs droits sur Buisson aux Templiers de Roaix pour le salut de leur âme et de celles de leurs parents. Cette même année il inféodait à Pierre Roux la seigneurie de Montaulieu, le quart de Vilar et la part d'Hugues Nicolas, aux Pilles (2).

Bien qu'en vertu de concessions impériales, il fût exempt de toute suprématie, on le voit rendre hommage à Bertrand, évêque de Die, pour le Buis, Villefranche, Propiac, Vercoiran etc., le 18 septembre 1230, et ce devoir, plusieurs fois renouvelé dans la suite par lui et ses successeurs, permet de supposer d'anciens engagements restés inconnus (3).

L'année suivante Gertut de Sahune se déclare son vassal à Curnier et lui cède ses droits sur Sahune. Raymond acquiert aussi les fiefs de Ste-Jalle en 1231, rend justice à quelques habitants du Buis, en 1237, et sert d'arbitre, trois ans plus tard, aux syndics et à l'évêque de Die (4).

Il traita en 1242 avec l'abbé de l'Ile-Barbe au sujet de leurs droits réciproques, obtint de Frédéric II l'approbation des amendes imposées à Moncalin (de Pommerol) et régla le diffé-

---

(1) Notes de Guy Allard. — *Inventaire des archives dauphinoises de M. Morin Pons.* — Valbonnais I, 6 et 17.

(2) *Cartulaire des Templiers de Roaix* pp. 125 et 126. *Inventaire des Dauphins.*

(3) Valbonnais II, 105.

(4) *Inventaire des Dauphins* et *Cartulaire de Die*, p. 90.

rend survenu entre Raymond de Baux, prince d'Orange, et Draconet de Montauban au sujet du château de Condorcet (1).

Guy Allard mentionne un testament de cette année ou de la suivante dans lequel il se réservait les revenus de plusieurs terres pour acquitter ses dettes ; mais Raymond prolongea sa vie bien au delà de cette époque ; car nous le voyons, en 1243, recevoir l'hommage d'Hugues de Montbrun pour Avolan (Aulan) et de Jordan de Rosans pour Remuzat en 1259 ; acheter de Guillaume Flotte pour 5000 sols la moitié d'Ubrils, en 1247; disputer au Dauphin L'Epine et Sorbiers en 1251; inviter la prieure de Nyons à protester contre l'aliénation de Mirabel, Nyons et Vinsobres, en 1260; déléguer Jaucelin de Propiac pour recevoir quittance des 5000 sols, bonne monnaie, qu'il avait donnés à Agnès sa nièce, veuve de Dauphinet, en 1262, et disposer de sa baronnie, le 29 mai 1263, en faveur de Raymond III, son fils (2).

Il était alors novice chez les Dominicains d'Avignon où il fit profession, en 1269, et mourut vers 1280.

Une aussi longue existence a donné lieu aux méprises et aux erreurs des historiens, et pour dissiper les ténèbres annoncées autour de Raymond II, il est nécessaire d'établir 1° qu'il épousa Saure de Clérieu et ensuite Sybille ; 2° qu'il entra chez les Dominicains vers 1255 et s'y trouvait encore en 1280.

Les preuves du premier point se tirent d'un accord de l'année 1213, ménagé par Guillaume de Baux, où il est déclaré que Raymond de Mévouillon, au nom de Saure, sa femme, revendiquait la moitié du fief tenu à Valréas par Draconet et Raymond de Montauban, père et fils, la moitié de Montbrison et de

---

(1) *Inventaire des Dauphins. Diplomatique de Bourgogne*, Barthélemy n° 298.

(2) *Inventaire des Dauphns* n° 1316. — Archives du prieuré de Nyons Valbonnais II, 60 — Nous n'avons trouvé aucune mention de la guerre engagée en 1251 entre Raymond de Mévouillon et le Dauphin Guigues si ce n'est dans Chorier, et encore cet auteur ne donne-t-il aucune date.

Grillon, tout le château de Roussieu, le quart de Cayrane, le fief de Guillaume de Mirabel, deux condamines (fermes) à Rorebel et Mezalon, ainsi que Girard Faure et son tènement, tous biens ayant appartenu à Mételine, mère de Saure, et le château du Pègue, ancienne propriété de Roger de Clérieu, aïeul de la même dame (1).

Ce n'est pas tout ; un autre acte du 18 juin 1252 nous apprend que les châteaux des Pilles, Montaulieu, Rochebrune, Avalon, St-Marcellin, la Roche-St-Secret et Blacons avaient été donnés à Draconet de Montauban, lors de son mariage avec Almuse, sœur de Raymond II, par feu Raymond I, père de l'une et de l'autre (2). D'après ces documents, de 1213 à 1252 le doute n'est donc pas possible, et il ne l'est pas davantage de de 1252 à 1281.

En effet, le 19 octobre 1256, Raymond, alors novice chez les Dominicains, donnait à Saure, sa fille, femme de Pierre Isoard, seigneur d'Aix, une somme de 2500 sols à prendre sur ses biens et sur ceux de Sybille, son épouse défunte, et payables par Raymond, son fils et héritier (3).

Or, nous retrouvons, le 19 juin 1273, la même Saure, veuve de Pierre Isoard, d'Aix, Frère Raymond-le-Vieux, dominicain d'Avignon, autorisé par Galtier, son prieur, Raymond, son fils, seigneur de Mévouillon soumettant à un arbitrage leurs difficultés et celles des autres seigneurs de Visan et des syndics de Visan et de Tulette pour droits d'usage dans la baylie delz Fizels et la ramière de l'Argentier et approuvant en 1274 la sentence arbritale rendue (4).

Enfin, Valbonnais, en citant l'inféodation de Mollans par Raymond de Mévouillon à Raymond, son fils, du 22 juillet

---

(1) *Inventaire des Dauphin*, n°* 1425-6-7 et 1437 Barthélemy, Inventaire n° 162
(2) id. id. n° 1441.
(3) Notes de Moulinet, manuscr.
(4) L'abbé Isnard, *Saint Bertrand de Garrigue* pp, 4-31-32,

1281, remarque Raymond, religieux de S. Dominique, Raymond, son fils et héritier, un autre Raymond, son exécuteur testamentaire, et un petit-fils, appelé également Raymond. Le testament de Saure de Mévouillon du 30 décembre 1286, nomme encore Raymond de Mévouillon, frère de la testatrice, Cyprien et Rodulphe ou Raoul, religieux dominicain, ainsi que Raymond-le-Bossu : Ces deux derniers fils de Saure (1).

Il est à propos de noter ici que le Raymond chargé d'exécuter les dernières volontés de son père, Raymond II le dominicain, fut l'évêque de Gap (1281) et l'archevêque d'Embrun (1289), mort au Buis en 1294 et enseveli à Sisteron dans la chapelle de Sainte Madeleine, où son épitaphe se lisait encore à la Révolution.

Il avait pris l'habit de S. Dominique à la Baume-lès-Sisteron en 1256, à l'exemple de son père, et acquit une belle renommée comme professeur et comme écrivain (2).

Au reste les Frères Prêcheurs avaient alors assez de Mévouillon pour que d'après Moréri, le chapitre provincial de 1282 permît à l'un d'eux, évêque de Gap, « de choisir entre les « religieux de sa famille un lecteur de physique pour Siste- « ron (3). »

---

(1) Valbonnais.
(2) Laplane, *Histoire de Sisteron* II — *L'arrondissement de Nyons*, notice sur le Buis.
(3) *Grand dictionnaire historique* au mot Mévouillon.

III — Derniers Mévouillon.

Nos lecteurs auront trouvé sans doute un peu longue la carrière de Raymond II, puisque en lui supposant 25 ans en 1202, il en aurait 103 en 1280. Cette objection disparaîtrait en admettant deux Raymond dans cet intervalle : l'un mari de Saure de Clérieu et l'autre de Sibille ; mais toutes les recherches dans les sources à notre disposition ne peuvent autoriser cette hypothèse.

Quoi qu'il en soit, ce point n'est pas le seul qui restera obscur encore dans la généalogie de cette famille ; ainsi, il est difficile de préciser l'entrée en scène de Raymond III, son père ayant administré la baronnie avant de prendre définitivement l'habit de S. Dominique. Emancipé et mis en possession de l'héritage de ses aïeux en 1263, il reçut l'hommage d'Isnard de Chalançon pour Cornillon et Cornillac et prêta le sien à l'abbé de l'Ile-Barbe pour les mêmes terres en 1268 ; donna des libertés et franchises à ses hommes de Mévouillon en 1270 ; confia à des arbitres ses différends à Visan et Tulette en 1273 ; acquit le Poet-Sigillat en 1278, et traita la même année avec les seigneurs de Brantes ; puis, las des affaires, émancipa Raymond IV, son fils en 1281, et lui abandonna la baronnie, à l'exception de Mévouillon, Villefranche et Barret (1).

On sait qu'il avait épousé Comitissonne et que de ce mariage naquirent Raymond IV, Béatrix, dame de Visan, et Agathe, femme de Bertrand de Baux d'Avellin ; mais il n'existe aucune preuve, de son entrée en religion chez les Frères-Mineurs d'Avignon.

Bien plus, le testament de Saure, sa sœur, de l'année 1286 lui donne pour unique qualification celle de seigneur de

---

(1) *Inventaire des Dauphins* n°ˢ 1222, 1306, 1316, 1348 et 1349 ; — Cartulaire de Mévouillon aux archives de la Drôme ; Inventaire de la Chambre des Comptes ; — M. Isnard, *S. Bertrand le Garrigue* p. 431-32.

Mévouillon et un acte de 1293 le dit alors défunt, ainsi que Comitissonne (1).

Une fois maître de la baronnie, Raymond IV s'efforça de lui rendre son ancienne splendeur, obtint de Bertrand de Baux d'Avellin le quart de Brantes, la part d'Agnès de Donzère et un huitième de Guibert, et, en 1288, de Guigues Alleman le château de Cornillon pour 800 livres viennoises ; comme il en devait 5000 à Bertrand de Baux, il vendit Mollans à Albert de Médici et Barret *de Lieura* (de Lioure) à Isnard Rigaud (2).

Tous ces détails, faciles à multiplier, peuvent avoir de l'intérêt au point de vue de l'histoire de chaque fief ; mais ils pâlissent devant l'importance d'évènements précurseurs d'une annexion prochaine au Dauphiné.

Déjà Raymond III avait eu à lutter contre les tentatives du comte de Toulouse et du roi de Sicile pour s'immiscer dans ses affaires ; son fils ne tarda pas lui aussi à se trouver en présence d'un autre prétendant, non moins attentif à étendre ses domaines (3).

« L'ambition des Dauphins, dit Valbonnais, ne permettait guères à ceux qui possédaient des terres en franc alleu dans leur voisinage de conserver leur indépendance. »

Aussi Raymond IV chercha-t-il vainement à retarder l'heure fatale en vendant à l'évêque de Valence et Die la suzeraineté de ses fiefs pour 6000 livres, qu'il reçut en 1293 (4).

Il n'est pas facile de démêler chez les historiens les phases de l'affaire ; toutefois, il paraît que Raymond y déploya moins de prudence que d'astuce.

Jean de Genève s'étant rendu à Murat auprès de l'empereur

---

(1) Valbonnais, II, 61 et 107 — Barthélemy, *Inventaire des titres* des de Baux n° 365.

(2) *Catalogue des manuscrits de Carpentras* par Lambert, III. — *Inventaire des Dauphins* par M. Chevalier n° 1248.

(3) Inventaire de la Chambre des Comptes. — *De l'Allodialité dans la Drôme*, par M. H. de Pisançon.

(4) Valbonnais I, 34-36 ; — II 244-45.

d'Allemagne, prétendit, au retour, exiger les frais de son voyage du clergé et des habitants de Die ; une émeute s'ensuivit et l'évêque dut renoncer à ses projets et lever les censures encourues (1392). Ces concessions ne calmèrent les esprits qu'un moment, tout comme en 1294, l'arbitrage du prince d'Orange: chanoines, bourgeois et artisans reprirent bientôt les armes et choisirent Raymond de Mévouillon pour les commander. En face d'un pareil danger, le prélat recourut à l'archevêque de Vienne et au seigneur de Saint-Trivier en Dombes, qui lui gagnèrent le Dauphin.

A cette nouvelle, les insurgés s'apaisent et le prince envoie offrir à Raymond IV, fortement compromis, une protection désormais indispensable et 6000 livres en espèces, en échange de son hommage lige. L'acte passé à Chabeuil, le 10 juillet 1293, stipule la conservation des droits seigneuriaux du baron, la faculté de battre monnaie à son coin, l'obligation de servir le Dauphin dans ses guerres, sauf contre l'empereur, l'abbé de l'Ile-Barbe et l'évêque de Vaison, le privilège de n'être dépouillé de ses biens, même pour trahison, qu'après jugement du Conseil delphinal et la promesse, en cas de réclamation des terres cédées, de restituer seulement à l'évêque de Die les sommes qu'il avait reçues de lui (1).

Cette dernière clause s'imposait, car Jean de Genève, instruit du manque de parole de son vendeur, l'attaqua ouvertement et sans succès, l'archevêque de Vienne et le seigneur de Saint-Trivier, amis du Dauphin, ayant déclaré seule valide la dernière vente, à la condition par l'acquéreur de rendre hommage à l'évêque, de lui céder ses droits sur Crest, Aouste et Divajeu et de lui aider à soumettre les habitants de Die, révoltés de nouveau.

Pendant que l'évêque demeurait suzerain de la baronnie, Raymond IV, devenu vassal du Dauphin, conservait ses droits sur le Buis, Mévouillon, Mollans, Roche-sur-Buis et la Bâtie de

---

(1) Valbonnais, loc. cit. et II, 68, 69, 89, 109.

Cost et sur les fiefs tenus de lui à Alauzon, Arpavon, Autane, Beauvoisin, Benivay, Bésignan, Bâties des cols Soubeyran, Gabaron, Gouvernet et Marsen, à Boisset, Clermont, Curnier, Eygaliers, Châtelard et Guibert, à Montréal, Lapenne, Pierrelongue, Plaisians, Poet-en-Percip, Poet-Sigillat, Propiac, Proyas La Rochette, Sahune, Ste-Jalle, St-Sauveur et Villar.

Raymond IV, débiteur de 1800 livres aux juifs en 1296, vendit Visan au Dauphin en 1299, entra dans l'alliance conclue en 1298 entre Guigues Alleman, Artaud de Roussillon et l'évêque de Valence et Die, et soutint, en 1300, ses droits sur Mérindol, les armes à la main (1).

Pour couvrir les frais de cette campagne, il vendit Cornillon en 1302, et aussitôt Charles II ordonna au sénéchal de Provence, Richard de Gambatesa, de protester contre cette aliénation et d'en punir rigoureusement l'auteur, qui, du reste, avait « osé s'emparer de la personne du moine venu pour réclamer « le fief au nom de son couvent (2). »

On ignorerait les suites de cette affaire sans la cession de Séderon, en 1306, au même Gambatesa (3).

Raymond IV paraît encore dans plusieurs actes ou comme partie ou comme arbitre, et enfin, par acte du 2 septembre 1317, passé à Avignon, donne au dauphin Jean les châteaux de Mévouillon, le Buis, Ubrils et Mérindol, avec les fiefs d'Alauzon, Arpavon, Arzeliers, Autane, Ayguians, Beauvoisin, Benivay, Bésignan, les Bâties de Gouvernet et Pons-Guillaume, de Châteauneuf-de-Chabre, Cost, Curnier, l'Epine, Etoile, Eygaliers, Guibert et Châtelard, Izon, Laborel, Mollans, Montaiglin, Montaut, Montréal, La Penne, Pierrelongue, Plaisians, Poet-Sigillat, Poet-en-Percip, Pomet, Propiac, Proyas, Reilhanette, Roche-sur-Buis, La Rochette, Sahune, Ste-Jalle, St-Sauveur,

---

(1) Notice sur Mérindol dans ce *Bulletin* — Valbonnais I, 254.
(2) *Inventaire des Dauphins* n° 1240. — *Inventaire des archives des Bouches-du-Rhône* B 265.
(3) *Gallia Christiana* I, 341.

Saléon, Sorbiers, Villebois et Villefranche et généralement tout ce qui avait été donné en 1293 (1).

Cette double énumération a l'avantage de préciser l'étendue de la baronnie.

Le donateur se réservait dans l'acte de 1317 l'usufruit de ses biens sa vie durant, et s'il partait pour la Croisade, selon son projet, en exigeait le revenu de cinq ans. Quant au donataire, il prit l'engagement de maintenir les libertés et privilèges de ses nouveaux sujets et de ne les astreindre à prendre les armes que pour faire ou soutenir le siège d'une de ses places, de ne lever que 200 hommes pour guerre hors de la baronnie et du Gapençais, une fois par an et pendant 1 mois, et 300 pour guerre dans la baronnie ; dans le premier cas, il les nourrissait à partir du 9ᵉ jour et dans le second, à dater du 16ᵉ.

Il était convenu, en outre, qu'Agout de Baux serait indemnisé et que le prieur du Buis et le provincial des Dominicains, héritiers de Raymond II et de son fils l'archevêque d'Embrun, feraient abandon de leurs droits sur les biens cédés ; que Raymond IV autoriserait l'acquisition de Mollans par le Dauphin et que ce prince lui donnerait Orpierre.

L'évêque de Valence et de Die se plaignit de ce nouveau marché, mais en vain ; seul Agout de Baux, grâce à une substitution stipulée dans le testament de Raymond III, au cas où son fils viendrait à mourir sans héritiers légitimes, obtint 1000 livres, une rente sur le Buis et la moyenne juridiction dans la même ville, sous réserve de l'hommage (2).

M. de Laplane énumère encore parmi les réclamants les Frères-Prêcheurs d'Avignon et rappelle à ce propos la tirade « ampoulée et philosophique » de Chorier, ajoutant que l'historien avait confondu Raymond III avec Raymond II et les Franciscains avec les Dominicains (3).

---

(1) Valbonnais I, 276 et 310 ; II, 165.
(2) Valbonnais loc. cit. — Barthélemy, Inventaires des de Baux nʳ 1016.
(3) *Histoire de Sisteron* II, 523.

Ce dernier point d'histoire n'ayant pas été suffisamment éclairci, nous ajouterons que les droits de ces religieux ne dérivaient pas de la législation canonique du temps, mais d'un testament de Raymond II; car Valbonnais mentionne un legs de 2000 livres au couvent d'Avignon et l'Inventaire de la Chambre des Comptes, une procuration de Raymond IV à Constant pour plaider devant l'évêque de Vaison, commissaire apostolique, contre le provincial de Provence, qui réclamait la moitié des revenus de la baronnie, et une invitation du même seigneur à Pierre Isoard, d'Aix, d'intervenir au procès (1).

Est-il exact de dire que Raymond IV fut contraint de céder aux Dominicains un emplacement au Buis pour bâtir un couvent et une église de leur ordre et que cette créance fut l'une des causes de la cession de 1317 ?

Sur le premier point, le doute n'est guère possible en présence des faits déjà exposés ailleurs et de la mort de l'archevêque d'Embrun en 1294 dans la maison du Buis ; sur le second, Valbonnais nous semble mieux informé, en attribuant la décision du dernier Mévouillon à ses relations intimes avec le Dauphin et à son désir d'aller en Terre-Sainte (2).

Quoi qu'il en soit, certains parents de Raymond IV, irrités de la perte de leurs espérances, cherchèrent à se venger de lui et gagnèrent Jean de Verdun, son cuisinier. Celui-ci, surveillé de près et pris en délit, fut condamné le 23 juillet 1323, par les juges généraux de la Baronnie à être placé nu sur un ais, lié par les pieds à la queue d'un cheval, depuis le portail de Mévouillon jusqu'aux limites du territoire et à travers celui de Villefranche jusqu'au grand jardin et, en allant et venant, tenaillé en huit parties du corps par des tenailles aiguës, rougies même, et ensuite pendu aux fourches patibulaires.

---

(1) Inventaire de la Chambre des Comptes.
(2) L'abbé Vincent, *Notice sur Mévouillon.* — *De l'allodialité dans la Drôme.*

« On ne sait, dit M. H. de Pisançon, si cette exécution eut
« lieu. »

A partir de ce moment, Raymond IV disparait complètement de nos annales, et Mévouillon perd avec lui sa cour majeure, transférée au Buis, ses honneurs et son rang de métropole. Le dauphin Humbert II en 1349 annexe à son tour ses états à la France, et le village aérien n'a plus pour administrateurs que des châtelains delphinaux ou royaux et de temps à autre des engagistes domiciliés ailleurs.

Les noms des châtelains de 1331 à 1421 sont connus ; ceux des engagistes le sont également (1). En 1421, Charles VI, alors en guerre avec les Anglais, aliéna Mévouillon à Jean Louet ou Louvet, son chambellan, avec faculté de rachat ; François Ier en 1538, le céda à Pierre Bon, capitaine de ses galères ; les commissaires royaux, le vendirent, en 1593 à René de La Tour-Gouvernet, vers 1638 à Jean et à Charles Dupuy-Montbrun (2) et vers 1711 aux La Tour-Montauban, qui le gardèrent jusqu'à la Révolution.

D'après Guy Allard, lors de la vente en 1638 aux Montbrun, l'évêque de Die revendiqua le fief par droit de prélation ; mais un arrêt du Parlement de Toulouse du 15 novembre 1640 décida que les gens de main-morte ne pouvaient exercer pareil droit.

Des auteurs ont prétendu que Raymond IV laissa une fille et lui transmit ses droits ; Guy Allard lui donne même le prénom de Legasse, la confondant avec Agathe, sœur et non fille du dernier Mévouillon, et femme de Bertrand de Baux d'Avellin (3).

A la vérité, le nom de Mévouillon survécut à Raymond IV et fut même porté avec distinction par une branche des Grolée ;

---

(1) Inventaire de la Chambre des Comptes.
(2) Guy Allard, notes communiquées par M. Ad. Rochas et archives de Mévouillon à la Préfecture de la Drôme. L'Inventaire de la Chambre des Comptes fait acquérir la seigneurie en 1572 par Jacques de Calignon, parent du Chanchelier de Navarre, et cependant, Pierre Bon la possédait encore en 1585 et 1586.
(3) Guy Allard, *Dictionnaire historique*.

mais il y avait des Mévouillon à Malaucène, à Lachau, à Ribiers et à St-Vincent-lès-Sisteron. Ces derniers, connus dès le XIIIe siècle, renoncèrent même en 1483, à leurs droits de substitution sur les biens de la branche de Ribiers et furent les ancêtres d'un chanoine de St-Omer, orateur et écrivain décédé en 1827, d'un député à l'Assemblée constituante et d'un conseiller à la cour de Poitiers en 1843 (1).

Nous avons déjà parlé des Mévouillon de Lachau, qui laissèrent et reprirent tour à tour leur nom patronymique.

Quant aux seigneurs de Ribiers descendaient-ils des Lachau ou de toute autre branche ? la question n'est pas résolue. D'après un tableau généalogique imprimé, Pierre I (1356-1365) laissa Baudoin I, Guillaume I, Lambert etc. Baudoin I eut pour fils Guillaume II, François etc. Guillaume I (1416), fils de Pierre I, épousa Louise de Grimaldi qui lui donna Pierre II, Guillaume III et Béatrix, unie en secondes noces à un Grolée.

Guillaume I se distingua dans les guerres de son temps et Chorier, d'après une chronique manuscrite, lui attribue une partie des succès du baron de Sassenage en Italie, vers 1388.

Pierre II, seigneur d'Arzeliers et frère du seigneur de Ribiers, fut bailli de Sisteron et Digne, chevalier de l'ordre du Croissant, institué par le roi René, et conseiller du Dauphin en 145.

Guillaume III, sénéchal de Beaucaire et de Nîmes et maréchal du roi de Sicile, cité plusieurs fois dans les *Lettres de Louis XI*, laissa ses biens à Aimar et Antoine de Grolée, seigneurs de Bressieu, ses neveux (2).

Aimar, surnommé le Renard, seigneur d'Arzeliers, épousa Philippine de Sassenage, aimée du prince Zizim ; Antoine fut lieutenant de roi et gouverneur en Dauphiné ; tous les deux étaient nés du mariage de Jean de Grolée avec Béatrix de Mévouillon.

---

(1) Laplane, *Histoire de Sisteron* I, 283-4 ; II, 285, 455.
(2) Archives de la Drôme. — Charavay, *Lettres de Louis XI*.

Antoine laissa un fils de même prénom, dit le *Vendeur*, à cause de ses nombreuses aliénations de terres, et périt à la bataille de Novare.

Antoine, dit l'*Oncle*, et Aimar-François, tué à Ganap en Auvergne, furent ses enfants.

Ce dernier avait eu de Catherine d'Oraison : *Catherine*, alliée à Antoine de La Baume-Suze ; *Laurent*, mari de Marguerite de St-Michel et *Louis*, créé marquis de Bressieu en 1612, décédé sans postérité.

Des substitutions au profit des enfants mâles depuis Pierre en 1374, firent naître, au XVIIe siècle, de nombreux procès entre les de Morges, les La Baume-Suze et les autres héritiers des Grolée-Mévouillon (1).

Ces détails, étrangers à notre sujet, étaient cependant nécessaires pour montrer l'erreur des écrivains qui ont parlé des Mévouillon.

Indépendamment des branches collatérales, il y eut aussi des Mévouillon dont la filiation n'est pas connue, témoin Raymond le Bossu qui maria sa fille Galburge, en 1247, avec un Adhémar; un autre Galburge, femme de Bertrand de Baux, dame de Serres, et une troisième, dame d'Izon, épouse de Rostaing de Sault et de Raimbaud de Lachau.

Mais il est temps de s'occuper du clergé et du tiers état de Mévouillon.

IV — Le clergé.

Si Gisla, comme on l'a vu, donna de 1064 à 1079, à St-Victor de Marseille ses droits sur Mévouillon et sur ses église et cimetière, on ignore pourquoi, l'église de St Arey ou Ariey, confirmée par Urbain II, en 1095, à la même abbaye, passa peu de temps après aux chanoines de St-Ruf, récemment fondés à Avignon, auxquels Pascal II, en 1115 en approuva l'annexion avec celle de Sarrières sur Eygalayes. Innocent III, en mai 1206,

---

(1) Archives de la Drôme. E 960.

accrut encore cette faveur en y ajoutant les églises du Poet (en Percip) de Vers, de Bruc vers Aulan et les chapelles d'Izon, Vaudejart et du S. Sépulcre.

L'ordre de St-Ruf, alors à Valence, entretenait à Mévouillon un prieur, un sacristain et un curé ou vicaire perpétuel, tous les trois chanoines, et ces bénéficiers rendirent hommage lige au Dauphin en 1325 t au roi-Dauphin en 1393. «Pasteurs zélés durant une longue période, ils s'acquittent de leurs fonctions ; puis la tiédeur ou les exigences de la vie monacale aidant, ils s'éloignent, afferment les revenus du prieuré et se reposent du soin du culte et de l'administration des sacrements sur un prêtre séculier (1). »

En 1444, l'évêque de Troyes était pourvu du prieuré, malgré l'opposition de l'abbé de St-Ruf, qui en reprit possession quelques années plus tard.

La sacristie et la cure étaient données, en 1558, à Jean, évêque, chanoine de St-Ruf, et ces bénéfices, tour à tour unis et distincts, ne répondaient plus aux intentions des fondateurs ni aux besoins du culte.

La Réforme profita de ces errements pour faire des prosélytes, et l'église paroissiale fut démolie sous René de La Tour-Gouvernet.

Vers 1610, Jacques de La Tour s'empara « des bastiments et
« fonds situés sur le roc et dépendant du prieuré, y établit une
« garnison et en fit une place forte, par le moyen de laquelle
« il faisoit des invasions sur les fruicts et effects des catholi-
« ques, et particulièrement sur ceux du prieuré, en sorte que
« M. Manuel de La Fay, prieur, contraint de céder à la force,
« fut obligé de lui bailher en emphytéose les fonds et basti-
« ments sur le roc et toute la plaine où estoit bastie l'église
« St-Laurent, sous la rente annuelle d'un paon, le 12 septem-
« bre 1619. »

---

(1) *Cartulaire de St-Victor de Marseille.* — Inventaire de St-Ruf à Valence. — Inventaire de la Chambre des Comptes. — L'abbé Vincent, *Notice sur Mévouillon.*

La même année, ce seigneur compensa avec les sommes données par lui aux prieurs d'Arzag, Argoud et Charpin, les arrérages des dîmes et revenus qu'il avait perçus pendant 29 ans.

Quant aux bâtiments, situés dans l'enceinte de château, il fut convenu que l'abbé de St-Ruf se pourvoirait au Conseil d'Etat pour les obtenir (1).

L'évêque de Gap, de son côté, préoccupé des besoins spirituels de son diocèse vient à Mévouillon en 1612 et ordonna la construction d'une nouvelle église, en remplacement de celle du fort, ruinée et inabordable.

Peu de temps après le siège de 1626, c'est-à-dire en 1628, Balleyguier, vicaire perpétuel et sacristain se chargeait vis-à-vis de l'abbé de St-Ruf de faire célébrer le culte « tant en « l'esglize perrochialle..... où il s'est fait de présent que au « prieuré de St-Ariès au chasteau de Mulhon » entretenant à cet effet un cloîtrier ou secondaire et un clerc ou diacre, moyennant 270 livres et divers fonds de terre (2).

Artus de Lionne, évêque de Gap, en tournée pastorale, ayant rendu plusieurs ordonnances en 1640 pour assurer le service religieux, enjoignit à Loste, son promoteur, de les faire exécuter. Ce dernier, muni des pouvoirs nécessaires, se rendit en 1645 à Mévouillon, constata la ruine de l'église de Villefranche, et l'inexécution des réparations prescrites à celle du prieuré, tant par les habitants que par le bénéficier. D'après son rapport, le presbytère (sanctuaire) non blanchi, « s'en va en ruine pour estre tout escarté. » Il n'y a point « de balustre, » point de marche pied d'autel, point de lampe, ni de luminaire, point de chandeliers de laiton, mais deux en bois, point d'autre nappe « que celle de la charité, » point de devant d'autel, point de chappe, point d'encensoir, point de coffre pour les ornements sacerdotaux « que les souris rongent sur l'autel, » point de moule à hosties ; les fenêtres n'ont ni vitres, ni treillis « ce qui « est cause que le vent amousse la lumière sur l'autel (3). »

---

(1) Archives de St-Ruf, à Valence.
(2 et 3) Archives de St-Ruf.

A la lecture de ces détails on croirait entendre le poète Lenoble décrivant une église de campagne :

> A travers l'une et l'autre vitre,
> En hiver, il gèle au pupitre ;
> Il y pleut et grêle en juillet,
> Et les vents tournent le feuillet
> De l'évangile et de l'épître.
> D'ordinaire, par ces mutins,
> Qui tour à tour soufflent sans cesse,
> Pendant le temps de la grand'messe,
> Trois fois les cierges sont éteints.
> Le jour entre par quatre faces,
> Le chœur aussi n'est pas obscur :
> On voit le ciel par les crevasses
> De la voûte et de chaque mur... (1)

Comme le prieur n'avait pas obéi aux ordres de l'évêque, Loste lui fit saisir 450 livres pour l'entretien du prêtre de Villefranche et de l'église de Mévouillon.

La cloche du château, acquise de M. Duvivier, gouverneur, passa au clocher de la paroisse en 1664, et l'année suivante, la voûte de l'église fut réparée ; dans sa tournée pastorale de 1586, l'évêque de Gap en ordonna l'agrandissement et fixa à Reynier l'emplacement de la maison curiale.

Toutefois, en 1730, un autre prélat trouvait cette église délabrée et située en lieu désert, bien qu'au centre de la paroisse.

Ces visites et d'autres postérieures mentionnent la chapelle de Pereyret dès 1664, (interdite en 1712), et celle de Gresse à la même date ; elles prouvent en outre l'ameublement précaire de S. Arey et le peu de zèle des desservants. Sacristain curé et secondaire ne résident point et négligent le service. Les plaintes des fidèles recommencent à chaque tournée épiscopale.

A l'extinction de l'Ordre de St-Ruf, en 1771, le prieuré de Mévouillon disparut et des lettres patentes du roi, de mars

---

(1) *Elite de poésies décentes* III, 353.

1776, en portèrent les revenus au séminaire de Gap, soit pour l'entretien d'un 2ᵉ professeur de philosophie, soit pour des bourses aux étudiants ecclésiastiques (1).

Ce prieuré, en 1525, percevait des censes et redevances allant à 6,218 livres, savoir 2.159 à Vers, 2,086 à Mévouillon, 1.494 au Buis, 473 à La Rochette et au Poet-en-Percip.

Un document de 1613 évalue la dîme de Mévouillon à 110 charges de grains, 1 de vin et 40 agneaux, celle du Poet et La Rochette à 30, celle d'Aulan à 8 et celle de Vers à 45.

Sur ces revenus il fallait entretenir le prieur, le sacristain et le curé, fournir les ornements sacerdotaux, payer les *joies* de la jeunesse et la 24ᵉ partie de la dîme aux pauvres, les décimes au roi et les traitements des curés de La Rochette, d'Aulan, du Poet et d'Izon.

En 1693, le tout s'affermait 2.850 livres, sans les *joies* et la 24ᵉ partie de la dîme ; déduction faite des charges, il restait de 5 à 600 livres aux titulaires.

Il y avait encore une aumône en pain à tout venant, le lundi de Pâques, prélevée sur la ferme du moulin de Rigaud, acquis par la commune en 1411, et deux écoles l'une à Pereyret et l'autre à Gresse, dès 1630, chaque maître recevant de 60 à 100 livres par an.

Quant aux *joies*, une requête des consuls à l'évêque de Gap nous apprend qu'elles furent affectées, en 1738 au luminaire du S. Sacrement, à cause des rixes, blasphèmes et querelles amenées par la distribution des prix, qui s'achetaient avec les 5 livres du prieur pour la fête de S Arey, patron de la paroisse, et les 5 du seigneur pour celle de St-Laurent (2).

Nous terminerons ces détails sur l'organisation religieuse par la décision prise en conseil général tenu le 10 juillet 1644 de renouveler un vœu, fait antérieurement « duquel s'en es-
« toient bien treuvés jusques à maintenant qu'on l'a rompu, de

---

(1) Archives de la commune à Valence. — E 3248 et archives des Hautes-Alpes, série GG.

(2) Archives de St-Ruf et de la commune à Valence.

« ne cuire point les samedis à cause du dommage qu'une herbe
« appelée *Ardenne* donne aux blés des habitants et de solenni-
« ser la feste de Ste-Marguerite, de faire celebrer la messe et
« de vaquer à prieres et bonnes œuvres, afin qu'elle intercede
« envers N. S. J. C. que lad. ardenne ne puisse porter aucun
« dommage aux blés. » Les contrevenants devaient payer 2
livres de cire au luminaire de l'église et 10 sols au procureur
d'office, et le pain cuit le samedi ou le dimanche était confisqué
au profit des pauvres.

L'ardenne, roussette ou thalaspi, dans les terrains maigres et
sablonneux, étouffe le blé en se développant, et par sa multiplicité de graines, envahit bientôt le territoire entier. Vers 1735
cette plante et la sécheresse réduisirent la récolte de deux
tiers (1).

Il resterait à parler de Notre-Dame de Barbentane dans le
voisinage de l'église de St-Ariey ; d'actes de 1305 à 1307 par
lesquels Agathe de Mévouillon, veuve de Bertrand de Baux
d'Avellin ordonne aux habitants d'Aulan de payer la dîme au
prieur de Mévouillon ; d'un accord du 18 novembre 1615 entre
Guillaume-Manuel de La Fay, abbé de St-Ruf, prieur de Mévouillon, et Mirabel, prieur d'Aulan, par lequel ce dernier
abandonne ses droits sur le tènement de terres et pré où se
trouvaient les ruines de la chapelle de Notre-Dame de Mévouillon ou de Barbentane, et de La Fay se désiste de toutes ses
prétentions sur le prieuré d'Aulan, dépendance de St-André de
Villeneuve-lès-Avignon (2) et d'un procès, en 1640, entre le
prieur « de Meuvoillon, » et Jean Dupuy-Montbrun, seigneur
du lieu au sujet de la dîme, qu'il fut condamné à payer à la cote
13e au lieu de la 30e ; mais nous en avons dit assez pour faire
connaître la situation du clergé et des fidèles dans les siècles passés (3).

---

(1) Archives de la Drôme E 3191, 3225.

(2) Barthélemy, *Inventaire des titres des de Baux*. — Archives de
St-Ruf à la préfecture de la Drôme.

(3(Guy Basset, *Plaidoyers*, I, liv. I, p. 47.

V. — Le Tiers Etat.

La condition des habitants de Mévouillon sous les Romains et les Gallo-Romains nous est inconnue (1) ; mais, en Dauphiné d'après M. Emile Berger, les hommes attachés à la culture du sol étaient, à l'origine, de véritables esclaves (2) : ils devinrent successivement serfs, main mortables et enfin propriétaires, soumis à des redevances foncières.

Ces haltes accomplies dans la voie d'émancipation de la terre et des cultivateurs ne sauraient être étudiées isolément, à Mévouillon surtout, où les sources d'information nous manquent tout-à-fait.

Bien plus, la première charte de franchises, datée de décembre 1270, ne renferme aucun détail révélateur des charges de la population ; tout s'y réduit aux points suivants : permission absolue du pacage à Gresse, de Noël à Pâques ; paiement de 5 sols monnaie courante, au seigneur, par tout possesseur de deux ou de plusieurs bœufs de labour, de 4 sols par tout possesseur d'un seul bœuf et de 3 sols par tout manouvrier ; obligation pour chaque habitant de faire les messages du seigneur et de son bailli, réduite pour les hommes de qualité aux seuls cas d'urgence, moyennant 4 deniers, du 16 juin au 1er novembre, et de 3 deniers par jour, le reste de l'année ; double cense, lors de l'acquisition par le seigneur d'une terre de plus de 5000 sols, ou même de plusieurs terres à la fois d'une valeur supérieure ; promesse par le seigneur de ne donner ni vendre les herbages du territoire, à moins de guerre ; paiement, comme au Buis, de la cense en argent due au seigneur (3).

---

(1) Un autel, en granit dédié à Silvain, et dont la photographie nous a été gracieusement communiquée par M. le chanoine Ulysse Chevalier prouve que le Dieu des forêts avait des adorateurs à Mévouillon au 3e ou 4e siècle.

(2) *Les communes et le régime municipal en Dauphiné* p. 103.

(3) Archives de Mévouillon à la Préfecture de la Drôme. E 3187.

Il n'y a là, on le voit, aucune clause relative au droit d'acheter, de vendre et de tester, ni aux franchises municipales

Faut-il en conclure que les habitants tenaient ces libertés si naturelles des premiers Mévouillon ou du droit romain ? Nous ne pouvons rien affirmer.

Toutefois, lorsqu'en 1325, le dernier Raymond, alors réfugié dans sa maison de Carpentras, chargea Tournaire, son agent, de venir à Mévouillon confirmer la charte de 1270, celui-ci s'adressa à Chabrol et à Chalvet, syndics ou procureurs des habitants (1).

A cette époque reculée, les syndics étaient élus par les chefs de famille assemblés, pour une seule affaire, c'est-à-dire rarement ; et il est permis de croire que la répartition de l'impôt annuel, établi sous Louis XI, amena seule la création des consuls ou syndics annuels.

Des hommages rendus à Raymond de Mévouillon, de 1316 à 1323, par ses vassaux, ne nous apprennent rien de précis, se bornant à promettre la fidélité.

Il faut arriver à 1499 pour trouver quelques détails : à cette date, le roi-dauphin y possède un four (2) et un péage, la moitié du pulvérage, un château et l'emplacement contigu vers le plan St-Laurent, l'église et le cimetière de St-Ariey, et les rochers ; le pré comtal, entre le chemin de Villefranche au Buis et de Séderon à Mévouillon ; la condamine de La Coste et une autre terre ; il a droit, en outre, au lait des chèvres et brebis trait dans la journée du 24 juin ; à 5 sols de chaque habitant pour cense et servis personnels, à 2 gros de corvée des possesseurs de bœufs et 1 gros des autres habitants, ainsi qu'à une sommée de bois de chaque chef de famille, le 30 novembre.

---

(1) Id. E. 3189 et 3187.

(2) François Iᵉʳ permit aux habitants d'avoir des fours en payant 18 deniers au dessus de 7 ans et en construisant à leurs frais une maison pour S. M. et une tour destinée aux prisonniers. (Invent. de la Chambre des Comptes).

En 1548, le pré comtal s'affermait 20 florins, le pré « des Maires » 8 sols, le ban 24, le lait des brebis 12 sols, le péage 4 florins, les tasques des vignes 2 émines d'avoine, celles des terres 16 sommées, moitié avoine et moitié blé, 9 de seigle, 8 d'orge, 12 d'épeautre et 4 de tous grains, plus 6 perdrix de la chasse.

Jean Dupuy-Montbrun, baron de Mévouillon, affermait aux consuls tous ses droits seigneuriaux pour 14 charges de blé et 117 livres d'argent, en 1636, et Charles-René Dupuy-Montbrun pour 26 charges de blé et 18 livres d'argent, en 1662 : ce qui nous dispense d'autres détails sur ce point.

Indépendamment des droits seigneuriaux, René-Louis-Henri de La Tour, en 1735, jouissait encore à Mévouillon d'un domaine et du pré comtal, affermés l'un 160 livres et l'autre 200, sur laquelle somme il payait 5 livres chaque année « pour les joyes de la jeunesse (1). »

De son côté, Charles-Antoine Rey, contrôleur général, président-juge des Gabelles en résidence au Buis, y possédait à la même époque 2 domaines affermés l'un 14 charges de blé, 1 d'avoine et 17 livres pour 52 bêtes d'average et l'autre 25 charges 4 émines de blé et 25 livres pour 60 têtes de bétail à laine.

Nous ne reviendrons pas sur la dîme et les biens ecclésiastiques, déjà connus (2).

Parallèlement aux redevances féodales, il y eut depuis Louis-Dauphin les charges royales ou la taille, et dès 1462, la population se plaignait d'avoir été imposée avec Villefranche, à raison de 3 feux, alors qu'au vieux village de Villefranche « ne demeu-
« roit homme quel qu'il soit » et qu'à Mévouillon « la povreté et
« mal attrayt du lieu l'avoit appetissé en nombre de beluges de
« plus de 4. »

Malgré ces plaintes, le nombre de feux persista, et une

---

(1) Archives de la Drôme, C. 100.
(2) *Inventaire sommaire de la Drôme*, E. 3245

sentence arbitrale de 1465 confirma l'union des deux localités.

Après le siège de 1626, les consuls réclamèrent une indemnité pour leurs maisons détruites et une diminution de leurs feux. La Chambre des Comptes, le 14 août 1627, les réduisit de 3 1/2 à 2 ; mais l'Election de Die, en 1632, les remit sur l'ancien pied et malgré des poursuites, sa décision ne put-être réformée (1).

L'édit de 1706 sépara Mévouillon de Villefranche et attribua au premier 1 feu 1/3 pour les fonds nobles, 2 feux 3/4 pour les fonds taillables et 1/12 pour les fonds affranchis, et au second 1/6 pour les fonds nobles et autant pour les fonds roturiers.

En 1789, les impôts dus au roi atteignaient 2.771 livres, plus 387 pour le remplacement de la corvée sur les grands chemins, et les charges locales comprenaient 809 livres pour la construction d'un nouveau moulin, 55 pour le garde, 100 pour les trois instituteurs, 50 pour le logement du curé, 60 pour le député envoyé à Dieulefit, 15 pour le pied fourché, 6 pour le cierge pascal, etc., total 1.176.

Par quels efforts la population agricole, confinée dans un espace cultivable peu fertile de 600 sétérées ou 200 charges de semences, pouvait-elle supporter de si lourdes impositions, lorsque surtout les biens exempts de tailles absorbaient la meilleure part du territoire ?

Bien plus, à certaines époques, ne lui fallut-il pas nourrir des troupes, sans cesse en mouvement, et défendre ses foyers, en suspendant toute culture ?

Le tableau de ces temps malheureux n'a pas encore été esquissé, et nos recherches mêmes ne permettront pas de le faire complètement. Toutefois, si l'on manque de détails sur les guerres du moyen âge, nous en donnerons du moins quelques-uns sur celles de la fin du XVIe siècle.

M. l'abbé Vincent dans sa *Notice sur Mévouillon*, publiée en 1876, fait attaquer la place par les Protestants en 1562, et

---

(1) *Inventaire sommaire de la Drôme*, E. 3236.

rapporte une tradition fort vague, d'après laquelle les assiégeants en auraient été éloignés à l'aide d'un stratagème : nos documents se taisent sur cette période.

D'après Videl, Jacques Colas, visénéchal de Montélimar, aurait, én 1679, pris « Mévillon avant que le capitaine Bragard, « qui gardoit Orpierre au voisinage, eût eu moyen d'y mener « du secours, et le château de la Roche-sur-Buis, par com- « position. »

Le même auteur tait accourir aussitôt Lesdiguières à Mévouillon, et autant par sa présence que par ses armes, l'arracher à la Ligue, tandis que Gouvernet, de son côté, s'emparait de la Roche-sur-le-Buis.

Chorier, moins affirmatif, se contente de faire assiéger la place par Lesdiguières, ajoutant que l'arrivée de la reine en Dauphiné l'engagea à se retirer.

Or, au dire du maréchal de Bellegarde, les garnisons de Mévouillon, Tulette, Roynac, Saou et Grane durent être licenciées par Maugiron, gouverneur de la province, et ces lieux rendus libres, pour assurer la pacification.

Deux ans plus tard, en 1581, Gouvernet (René de La Tour), lieutenant de Lesdiguières, s'approchait de Mévouillon, de nouveau gardé, dans l'espoir de s'en rendre maître. « Il s'y vit « dit Chorier, dans un grand danger par la valeur de La Made- « lène, qui en était le capitaine. Il reçut deux arquebusades « dans sa cuirasse, eut son cheval tué sous lui, et ayant « perdu quelques hommes, se retira avec force blessez. »

Le même historien prétend que le frère de Gouvernet, à une date indéterminée, revint à la charge sans plus de succès. Quoi qu'il en soit, le lieu se trouve dès lors dans une agitation à peu près constante (1).

« Consuls de Meulhon, écrit Cayrel, vibailli du Buis, le 27 « juin 1585, j'ay entendu que vous et la commune vous estes

---

(1) *Vie de Lesdiguières.* — *Histoire générale de Dauphiné* II, 705, 709. — *Actes et correspondance de Lesdiguières* I, 33-4.

« saysis des clefs du fort et chasteau ; se ensin est, — chose
« que je ne puis croyre, — je vous commande sous peyne d'estre
« pendus, de ne rien fere ne attanter contre le service du Roy,
« més d'estre tousiours bons, fidelles serviteurs à S. M. Je ne
« sçay à quelle occasion vous pouviés avoyr fait si grand
« excez ; vous ne ferés faute de m'en advertir par ung de vous
« conseilhiers et autre personne féable, afin d'y remedier. »

De son côté, Antoine Bon, seigneur du lieu, le 1er septembre 1585, leur mandait qu'à la nouvelle « de la forte guerre » qu'ils avaient « quasi sur les bras, » il se rendait en Dauphiné, « pour moyenner avecque M. de Maugiron et ceulx du païs, « tout ce qu'il pourroit pour leur seureté. » Puis il ajoutait : « j'ay entendu comme quelqu'uns de mes subjets font des bri« gues, menées et conjurations contre ceulx que j'ay mis dans « mon chasteau, chose que je trouve bien estrange. Moyennés « que ces perturbateurs du bien public changent leurs mau« vais desportements, affin que je ne sois contraint de les faire « chastier et punir, comme ils méritent. » Sa lettre se termine par des recommandations à l'union et à l'obéissance et par la promesse d'aller les voir à son retour de Grenoble (1).

A quelques jours de là (17 septembre 1585), Cayrel, vibailli du Buis, informait les mêmes consuls du choix de M. de Ste-Jalle pour commander dans les Baronnies et de la levée de 400 hommes de pied, auxquels il fallait fournir le logement et les vivres.

Le nouveau gouverneur les avertissait, à son tour, le 12 novembre suivant, de l'arrivée d'un receveur et de quelques soldats pour recouvrer les impositions, et les louait fort de leur affection au service du roi, « grandement favorable à tous « ses pays des Baronnies (2). »

D'après M. l'abbé Vincent, Antoine Bon, en 1586, « ayant « fortifié Mévouillon, restauré les murs et le château, gardait « lui-même son fief et commandait la place (3).

---

(1) Archives de la Drôme, E 3195.
(2) Archives de la Drôme, E 3195.
(3) *Notice historique sur Mévouillon.*

Effectivement, elle ne fut menacée que deux ans plus tard. Une requête de Louis d'Alauzon de Chabestan au conseil de justice nous apprend qu'en juillet 1588, « il y avoit eu accord
« de trefve perpétuelle entre les consuls, manants et habitants
« de Meulhon et le seigneur de Gouvernet, par lequel lesdits
« de Meulhon auroient promis de vivre en paix sans comettre
« aulcun acte d'hostillité, tant que les présentes guerres dure-
« roient, faisans leurs affaires sans mollester aulcun et fere
« sortyr tous estrangers, de ne donner aulcune ayde, faveur,
« ne retraicte à aulcunes gens de guerre, de n'exiger aulcunes
« contributions, subcides ni arrerages, pour la garde dudit
« Meulhon, mais de le garder à leurs costs et despens, sous
« l'obeyssance du roy, » à peine de 2000 livres d'amende, dont
« Robaud, Jean, etc , se rendirent cautions (1).

Il ne manqua pas de prétextes à Gouvernet pour exiger la somme, à la suite de violations du pacte réelles ou prétendues, et un procès surgit à cette occasion.

Une lettre de Lesdiguières à Calignon, chancelier de Navarre, confirme les faits énoncés par d'Alauzon : « Pour l'offensive,
« vous verrés, y est-il dit, par le traité faict avecque ceux de
« Gap et de Tallard qu'ils se rendront par force observateurs
« de leurs promesses. Mueillon a faict de mesmes et encore
« plus, car ils promettent de se garder sans garnison, et de tout
« avons bonnes asseurances. »

Toutefois, dans une autre lettre du 28 mars 1589, il est noté que l'accord fait par Lesdiguières avec Gap, Tallard et Mévouillon se trouvait « éteint et assoupi, » comme étant compris dans la trève générale.

Cette accalmie ne dura pas ; le 2 septembre suivant, les commis des Etats confiaient à Mondon Pissavin la garde des

---

(1) Archives de la Drôme, E 3195. Le 24 juillet 1588 « advis du traitté de Mévillon, assiégé par Gouvernet ; arrivée du s' d'Eybens qui confère avec Lesdiguières sans effet. » (*Actes et correspondance de Lesdiguières*, III, 49.

château et forteresse de Mévouillon sur l'avis « d'une entre-
« prinse pour s'en saisir et l'occuper, ce qui causeroit la tota-
« le ruine du païs et particulièrement des Baronnies. » De son
côté, Lesdiguières, alors à Serres, chargeait Gouvernet « de
« remettre soubz l'obéissance de S. M. la ville et chasteau de
« Meulhon, occupé par les ennemis, » en s'y transportant
« avec les forces circonvoysines, » en y faisant bâtir les
forts nécessaires, après adjudication devant le vibailli du Buis,
et en ordonnant des levées d'hommes, de chevaux, de vivres
et de munitions.

Le 31 juillet 1590, Lesdiguières commit Jean Gontin, juge
de Lachau, à la fourniture des vivres indispensables à un long
siége « par la fortune de l'assiette du lieu, » et vint lui-même,
le 2 avril 1591 s'assurer des efforts de son lieutenant. Après
avoir parlementé en vain durant 3 heures il se dirigea sur
Ribiers, les Mées, Valensol, etc. (1).

Ce fut le 3 mai seulement que Gouvernet, Cayrel, d'Arzag,
prieur, et procureur des consuls de Mévouillon signèrent au fort
de Charance les clauses de l'entrée dans la place du baron
d'Aix, gouverneur et commandant pour le roi aux Baronnies.

D'après les archives de Mévouillon, ce blocus avait duré
neuf mois et au témoignage de Nostradamus, l'arrivée de 400
chevaux et de 500 arquebusiers conduits par Besaudun fut
seule capable d'y mettre un terme.

Un document conservé dans les archives de St-Ruf rend à
l'énergie des habitants et à l'habilité du commandant Pissavin
un témoignage honorable, et à ce long siège sa réelle importance : nous en donnons l'analyse :

I. L'exercice de la religion catholique sera librement exercé
à Mévouillon, comme par le passé, « estant les personnes et
« biens des ecclesiastiques mis soubs la protection de S. M., de

---

(1) Archives de la Drôme, E. 3195. — *Actes et correspondance de
Lesdiguières,* I, 131 et III, 66.—*Histoire et chroniques de Provence,*
899.

« M. d'Ornano et de M. de Lesdiguières ; » les habitants y jouiront « plainement de leurs biens en toute asseurance, et ne « sera faict aucun trouble. » (*Accordé avec toutes les assurances*).

2. Tous les habitants y pourront résider « sans estre recher-« chés de leur conscience. » (*Accordé*).

3. « Les enfens natifs et absens, causant la guerre, se pour-« ront retirer aud. Meullion et en leurs biens en toute asseu-« rance, en prestant serment de fidélité à S. M. » (*Accordé*).

4. Nul ne pourra être recherché « de ce qui a esté faict par « le passé et dès le commencement des guerres civilles jus-« qu'à présent, et toutes choses faictes demeureront estainctes « et assoupies comme non advenues. » (*Accordé*).

5. Liberté aux habitants, soldats ou non, de se retirer où bon leur semblera avec leurs familles, hardes et bagages, et de vendre ou affermer leurs biens de Mévouillon (*Accordé* avec promesse « *de toute asseurance.* »)

6. « En ce qui concerne la garde du chasteau, de Gouvernet « sera supplié et requis y vouloir installer et mettre noble » René de La Tour, sieur de Lachau, son fils, pour y comman-« der soubs le service de S. M., avec tel nombre de soldats « qu'il sera advisé, » sans que les habitants soient chargés de les nourrir. (*Accordé en attendant la volonté du roi, de d'Ornano et de Lesdiguières*).

7. Maintien des anciennes franchises, sans innovation (*Accordé.*)

8. Remboursement des pertes subies durant le siège. (*Gouvernet promet de supplier M. le colonel, M. de Lesdiguières et MM. les commis du pays d'y avoir égard*).

9. Décharge des impositions, tailles et créances de Gouvernet, durant ces guerres, et surtout de la somme de 2000 livres exigée de leurs cautions, à cause « des contreventions » à l'accord passé avec lui, commises par les gouverneurs du lieu et non par les habitants. (*Remis à la décision de d'Ornano et de Lesdiguières, « attendu que les plèges ont payé.* »)

10. Abandon aux habitants « de la despeulle des forts et

gaches que sont autour de Meulhon » pour leur être distribuée par les châtelain et consuls. (*Accordé*)

11. Les arrérages aux soldats de la garnison, sous Pissavin et les autres gouverneurs, leur seront payés suivant les mandats des gouverneurs généraux du pays, du Parlement et des trésoriers généraux, sans entrave. (*Renvoyé à l'Etat prochain*). (1).

« Plairra aussi à M. de Gouvernet gratifier lesd. soldatz d'un don et présent de 500 escus pour les peines qu'ils ont souffertes durant ce siège (*Renvoyé à M. de Savoye pour les payer, pour luy avoir bien gardé la place*) (2). «

13. Permission au capitaine Borrely et à ses soldats de se retirer où ils voudront avec leurs armes, bagages, hardes et marchandise, sans obstacle et Gouvernet donnera « ostages « capables à la ville de Sault jusques à entière effectuation » (*Il y engage sa foi et honneur*).

14. Livraison de 100 charges de blé aux habitants par charité, « attendu leur extrême pauvreté. » (*Accordé et deslivré tout aussitôt*).

15. « Et pour estre icelle pauvreté et faim si grande, » Gouvernet les prendra sous la sauvegarde de S. M., de d'Ornano et Lesdiguières et « moyennant ce, remettront entre ses mains et « pouvoir leur lieu et chasteau. » (*Accordé et accepté.*)

15. Promesse, une fois entré, d'obliger les gouverneurs, capitaines et soldats à se conduire sans violence, ni extorsions et à faire observer le traité (*Accordé*).

17. Le seigneur de Mévouillon jouira de ses droits comme auparavant. (*Remis à ce que plairra à S. M. d'en ordonner*).

---

(1) Les Etats assemblés à Grenoble, le 24 mai 1591, ajournèrent à une autre temps la requête des soldats de la garnison sous Lafontaine et Pissavin (Archives de la Drôme, E. 3195).

(2) Cette réponse dérisoire est démentie par la nomination que les commis des Etats avaient faite de Pissavin pour y commander. (Archives de la Drôme E, 3195).

18. Le présent accord devait être ratifié par d'Ornano, Lesdiguières et le Parlement (1).

Devenu ainsi gouverneur militaire de Mévouillon, René de la Tour rechercha la possession de la seigneurie elle même et l'acquit en 1593 à la condition de rembourser le précédent engagiste.

Jacques de La Tour-Gouvernet profita de son omnipotence pour s'emparer des bâtiments et des fonds du prieuré et fit de Mévouillon une place forte d'où il dominait le voisinage.

Puis, en 1625, à l'appel de Brison, soulevant le Vivarais, Hector de La Tour-Montauban prit les armes de nouveau.

« Nous avons eu en ceste province, écrivait Lesdiguières au
« maréchal de Bassompierre, le 4 février 1626 quelques petits
« mouvements de rébellion que Montauban y a faicts, à la
« faveur d'une place assez bonne, nommée Mévouillon ; c'est
« ce qui lui donne l'asseurance de ce qu'il a faict ; mais j'espère
« bientost le réduire à comprendre qu'il n'y a rien qui puisse
« garentir de l'indignation du Roy ceux qui lui désobeissent et
« qu'ils peuvent trouver le chastiment de leur temerité (2). »

Le connétable descendit à Valence et fit bloquer Mévouillon par quelques troupes de pied et de cheval, sous les ordres de La Motte-Verdeyer, gentilhomme de considération et capitaine lieutenant de sa compagnie de gens d'armes. « Celui-ci serra
« la place de si près, dit Videl, qu'encore que le circuit du
« blocus fût grand, Montauban pouvoit faire estat d'estre dans
« une étroite prison.

Elle se rendit après 46 jours de résistance, moyennant 100,000 livres comptées à ce gentilhomme (3).

Selon M. Arnaud, la place fut livrée le 13 septembre 1626 et une pièce des archives communales parle du 2 octobre et porte à 28,190 livres le montant des pertes subies par les habitants, en maisons, meubles et bétail.

---

(1) *Archives de St-Ruf à la Préfecture de la Drôme.*
(2) *Actes et correspondance de Lesdiguières.*
(3) Videl, V*ie de Lesdiguières.*

Malgré de si rudes épreuves, les commis de l'étape et les consuls de Luc et de Beaurières poursuivaient avec tant de rigueur la population de Mévouillon qu'elle recourut au duc de Créqui et à la Chambre des Comptes. Cette cour réduisit ses feux de 3 1/2 à 2 ; mais en 1632, l'Election de Die rétablit l'ancienne base et ne voulut entendre aucune raison.

D'un autre côté, de Cosson, lieutenant du gouverneur, enlevait de force, grains et récoltes sous prétexte de nourrir ses 5 ou 6 soldats et, en 1639, le duc de Lesdiguières dut lui défendre de maltraiter les plaignants, auxquels il demanda un état de leurs pertes.

Peu après, le roi fit démolir les maisons placées au dessous du fort, et le gouverneur s'attribua le sol de ce village ; le fort, lui-même disparut en 1684 par ordre souverain.

Dès cette époque le gouvernement militaire ne fut plus qu'idéal et en 1767, le maréchal de Clermont-Tonnerre reconnaissait l'erreur commise en le laissant subsister au nombre des états-majors des places fortes (1).

On trouve parmi les gouverneurs, après d'Alauzon, Robert La Mont décédé à Mévouillon, où son épitaphe est conservée, le 30 novembre 1647, Duvivier et Charles Le Camus, seigneur de Montandié, en 1662.

Telle est rapidement esquissée l'histoire militaire du bourg.

Au point de vue judiciaire et administratif, il reste peu de documents : on sait que les barons et, après eux, les Dauphins y tenaient un juge et un châtelain. En 1501, Raymond Silve était condamné à 1000 livres d'amende pour malversations commises en tenant les assises et en renouvelant le terrier de S. M.

D'autre part, en 1314, Raymond de Mévouillon y avait créé un chancelier pour surveiller les notaires, taxer leurs actes et en prélever un quart du produit, sa vie durant.

En 1481, le procureur fiscal poursuivait devant le vibailli du

---

(1) Archives de la Drôme, E. 3195 et suiv.

Buis le meunier, les ouvriers de l'église et aumône et les syndics de Mévouillon ; le magistrat décida que la mouture du moulin appartenait à l'aumône du Lundi de Pâques, sauf la 12e partie revenant au roi et le salaire du meunier et mit les syndics hors de cour et procès.

En 1497, le bailli Brunel présidait une assemblée composée de 7 conseillers et de 25 notables souscrivant une rente perpétuelle.

Il y avait trois consuls annuels en 1789 ; mais ils ne pouvaient agir qu'après délibération prise en assemblée générale.

La population tout agricole s'occupait de l'élevage du bétail. Le 24 mars 1546 une assemblée générale de 94 chefs de famille décida que les défends ou devès seraient gardés, selon leurs limites, ainsi que les prés des Paluds, mais que les autres prés seraient limités par experts.

En 1771, les consuls réclamaient au Parlement le maintien de cette liberté du pacage dans les prés des Paluds ou Paluns sur Gresse, savoir pour les bœufs et bêtes de bât depuis la levée de la première coupe jusqu'à la Toussaint, et pour le menu bétail, de la Ste-Catherine au 1er dimanche de mars, l'imposition aux tailles et la délimitation des fonds vacants et terres gastes défrichées, depuis 1713, par les propriétaires voisins, afin d'y conserver leur droit de vaine pâture, la réparation des chemins allant à la *Ponchelle* ou *fort endroit* (emplacement de l'ancien village), à cause de la difficulté de louer sans cela les biens communaux du quartier et enfin la délimitation avec Rioms, Montbrun et Barret-de-Lioure.

Le Parlement autorisa les poursuites nécessaires.

D'après un document de 1789, il y avait 70 paires de bœufs et 2200 brebis ou moutons, deux montagnes couvertes de petits bois servant à « l'average et au chauffage des habitants. » Les récoltes s'y réduisaient aux céréales et aux noix ; aucun commerce et aucune industrie (1).

---

(1) Archives de la Drôme. C. 4.

La commune en 1835 comprenait 341 hectares de bois communaux, 293 de bois particuliers, 1121 de terres labourables, 86 de prairies, 12 de vignes, 928 de pâturages, 66 de chemins ou rivières, etc., total 2.909.

En 1839, le revenu des 2,483 hectares imposables atteignait 31.480 fr. soit 7 fr. 20 en moyenne chacun et celui de ses 168 maisons 2.226.

Elle payait en 1873 sur ses contributions :

A l'Etat 3.496 41
Au département. 1.634 84
A son receveur. 2.418 41   7.695.77
Pour non valeurs 146 11

Sa population de 557 personnes en 1755, de 550 en 1789, s'est élevée à 738 en 1820, 780 en 1840, 799 en 1850, 751 en 1868 707 en 1870, 728 en 1880 et à 770 en 1886.

La mairie se trouve au hameau de Gresse à 9.178 mètres de Séderon, son chef-lieu de canton, 44.805 de Nyons et 134.597 de Valence.

Depuis peu de temps, il a été découvert à Gresse un petit autel portatif en granit, avec base et couronnement, dont M. le chanoine Chevalier nous a gracieusement offert une photographie, communiquée à M. Allmer. Le savant épigraphiste a lu ainsi l'inscription grossièrement gravée (Les L en forme de K et les V se rapprochant de l'U).

SILVA
NOSER   A Silvain Servandus (a élevé cet autel)
AVND   Silvain, dieu des forêts et des montagnes.
VS

Sur la face supérieure se voit, entre les deux volutes de la *lysis*, une cavité taillée en carré et la dernière ligne de l'inscription est gravée sur la plinthe de la base. Hauteur 0^m 19, largeur 0^m 09.

Une statue se voyait autrefois sur l'autel, car une mortaise carrée en retenait le pied au milieu de la face supérieure (1).

---

(1) *Revue épigraphique du Midi de la France* N° 43.

MIRABEL

Entre Nyons et Vaison, sur un plateau sablonneux et couvert d'oliviers, le bourg de Mirabel domine au nord le frais vallon de la Gaude et la plaine de l'Eygues. A l'est, une chaîne de montagne boisée et à l'ouest, un coteau peu fertile resserrent seuls son immense horizon.

« Bâti en amphithéâtre autour d'un mamelon, dit M. l'abbé Vincent, il doit son appellation au spectacle d'une campagne étendant au loin ses magnificences. Du haut de la terrasse où sont établies la maison des Frères et l'église, se déroule un immense panorama, qui offre aux regards étonnés les plus admirables aspects. Le soleil du midi colore les accidents du paysage de ses tons chauds et éclatants. La vue embrasse la vallée de l'Eygues, Nyons, Vinsobres, Suze, Orange et les sombres rochers du Vivarais ; à gauche se dressent les collines de Vaucluse et les croupes majestueuses du mont Venétoux (1). »

« Le bourg est entouré de mauvaises murailles percées de quatre portes. Il présente trois enceintes bien marquées, qui attestent et l'antiquité de sa fondation et ses accroissements successifs. Sous le régime féodal, s'élevait dans la première enceinte, connue encore sous le nom de *Courtine*, un château fort, auprès duquel était une chapelle des Dauphins, remarquable par sa structure antique ; c'est maintenant l'église de la paroisse. Il y avait à quelques pas de là un oratoire, où les habitants faisaient les exercices du culte, séparément des Dauphins, et dont il ne reste que des vestiges. A l'angle occidental de cette ancienne chapelle des Dauphins, est un des trois piliers sur lesquels a été bâtie la muraille qui forme de ce côté l'en-

---

(1) *Notice historique sur Mirabel*, Valence, Chaléat 1862.

ceinte de l'église, telle qu'elle a été agrandie en 1651. Si l'on en croit la tradition, il aurait existé sur ces trois piliers une tour d'une telle hauteur, que de son sommet on apercevait la ville d'Orange : elle avait le nom de *turris mirabella* (1). » A 45 ans de date M. l'abbé Vincent ajoute : « Des legs du passé aucun n'est debout ; ils s'en sont allés, un à un. La chapelle des Dauphins, l'ancienne église de Saint-Victor, les remparts, le donjon, le château, tout à disparu... Un puits, des blocs de maçonnerie et le nom de *courtine* demeuré à l'emplacement de la maison des Frères attestent seuls l'existence du donjon. De rares débris ont survécu à la ruine des châteaux ; semés de distance en distance, ils peuvent aider à reconnaître le pourtour du manoir féodal. L'église actuelle présente le cachet de deux époques ; au style ogival appartient le chœur, dernier reste de la chapelle delphinale. Il y a là des nervures ; il y a là un agencement d'où sort une voix accusatrice et un blâme contre des innovations sans harmonie ou puisées en dehors des règles de l'art chrétien (2). »

Un arrêt du conseil du roi Louis XIII en 1633 prescrivit la démolition du donjon et des fortifications de Mirabel ; quant à sa fameuse tour, attribuée par une *Géographie de la Drôme* aux Sarrasins, elle a seulement existé dans l'imagination populaire, tout comme le quartier converti en lac à une époque reculée.

Parmi les curiosités naturelles de la commune nous signalerons, après Aimar du Rivail, les pierres sphériques de Châteauneuf-de-Bordette dont il existe des spécimens sur le portail du château moderne de Mirabel ; des fontaines minérales à La Peyrouse et à la Trempe qui n'ont pas été encore analysées, et après Faujas de Saint-Fond, des *balanites* ou glands de mer, dans une terre argileuse, à la grange de Risane, un peu avant le torrent de Rieussec : « Le terrain en cet endroit, dit M. « Scipion Gras, renferme des moules de Vénus, ayant encore

---

(1) *Statistique de la Drôme*, p. 542, et 1ʳᵉ édition p. 340.
(2) *Notice historique*, p. 53.

« une partie de leur test, des moules de patelles, des petites
« bucardes, des coquilles turriculées, beaucoup d'huîtres
« étroites à talon très allongé et enfin quelques os fossiles (1). »

« Mais ce qui est surtout digne d'intérêt, c'est l'espèce de phénomène qu'offre le ruisseau de la Gaude. Ses eaux limpides coulent au bas et au nord-est de Mirabel, où elles alimentent une vingtaine de canaux d'arrosage. Elles sont plus abondantes dans les temps de sécheresse qu'en hiver et au printemps. Elles semblent épuisées à chaque saignée de dérivation ; mais des sources qui jaillissent partout, du lit même du ruisseau, permettent d'ouvrir plus bas d'autres canaux de distance en distance, jusqu'au point où la Gaude se jette dans l'Eygues, vis-à-vis de Vinsobres (2). »

On conçoit aisément que pareille ressource ait été mise à profit par l'industrie de la soie et de l'huilerie.

Enfin, la tour de Mialons, d'après la légende, renferme en des souterrains profonds un immense trésor toujours caché, malgré des recherches incessantes (3).

Tout cet ensemble de beautés et de richesses naturelles a contribué sans doute à l'appellation donnée au territoire témoin le dicton local :

> Mirabéau
> Et Malacéu
> Sous le souléu,
> Ren de plus béau.

Aussi M. de Coston trouve-t-il dans ce nom le radical *Mira*, point de vue, coup d'œil, guérite, conciliant de la sorte l'opinion de M. l'abbé Vincent avec celle de M. Delacroix, c'est-à-dire le *point de vue* avec la *tour merveilleuse*.

Malaucène a trouvé dans M. l'abbé Saurel un historien aussi

---

(1) Faujas Saint-Fond, *Histoire naturelle de la province de Dauphiné* I, 310. — Scipion Gras, *Statistique minéralogique de la Drôme*, 160.

(2) *Statistique de la Drôme.*

(3) *Notice historique*, 56.

consciencieux qu'érudit ; Mirabel possède à son tour une *Notice* de M. l'abbé Vincent, fort élégamment écrite.

Mais il y a toujours des choses nouvelles à dire sur une ville et sur un village ; les documents qui les concernent sont trop éparpillés pour arriver tous entre les mains d'un seul chercheur, quelque zélé qu'il soit.

Ces considérations nous feront pardonner cette étude sur Mirabel.

Son territoire en 1835 comprenait 26 hectares de bois de l'Etat, 81 de bois communaux, 265 de bois particuliers,1.121 de terres labourables, 169 de vignes, 16 de prairies, 410 de pâturages 166 de chemins et rivières, etc., total 2.271.

M. Mermoz, en 1839, évaluait à 47.794 fr. le revenu de ses 1734 hectares imposables et à 11.477 fr. celui de ses 423 maisons

Voici le montant de ses contributions en 1873 :

Part de l'Etat.	9.538 80
De la commune	8.191 76
Du département	3.781 85
Non valeurs.	623 24
Total	22.135 65

Sa population de 1731 habitants en 1820 est arrivée à 1734 en 1840 ; à 1761 en 1850 ; à 2008 en 1860 ; à 1747 en 1870 pour descendre à 1442 en 1886.

A quelle époque remonte la fondation de Mirabel ? L'étude des temps préhistoriques est muette : la tour sarrasine accuserait cinq ou six siècles avant notre ère, si elle avait existé ; enfin une inscription révélerait l'existence d'une tribu appelée *Gaudenses*, comprenant les riverains de la Gaude :

  .... VENTVRI
   GAVDENSES

A la vérité, cette lecture aurait besoin d'être contrôlée sur le monument lui-même, déposé au château de Vérone sur Vinsobres, tout comme celle de M. l'abbé Vincent :

  ...... VINIVRI.
  .... ADIENSES
  V. S. L. M.

M. Long donne une troisième version :
VI ... XVRI
CADIENSES
V. S. L. M

et ajoute que Moreau de Vérone et Millin lisent *Jovi anxuri Cadienses votum solverunt libentes merito,* ce qui lui paraît hasardé (1).

D'autre part, le *Bulletin archéologique* du Comité des travaux historiques et scientifiques, établi près le ministère de l'Instruction publique, a tout récemment rendu compte d'une communication faite par M. Joseph Vallentin, de Mirabel aux Baronnies. Il s'agissait d'une monnaie en bronze de la colonie de Nîmes, avec les têtes adossées d'Auguste et d'Agrippa ; or, d'après M. Chabouillet, c'est tout ce qu'il y a de plus commun.

Voilà toute la part connue de la domination romaine.

I. — La Seigneurie.

Des Romains les Baronnies passèrent aux Burgondes et de ceux-ci aux Francs, aux Bosonides, aux Hugonides, aux empereurs d'Allemagne et aux barons de Mévouillon et de Montauban ; mais les documents sur Mirabel à ces époques diverses nous font absolument défaut.

Au XII° siècle (1177), d'après Guy Allard, l'évêque de Die aurait reçu le fief, qu'il rétrocéda au pape, dont Guy, Dauphin, en 1322 et Humbert II en 1337, se reconnurent les vassaux.

Le même auteur, dans ses notes manuscrites, attribue la possession de Mirabel aux Mévouillon et à Guillaume, fils de Raymond, en 1178 ; puis oubliant que Montauban formait alors une baronnie distincte, il fait rendre hommage en 1206, à Draconet de Montauban par les Venterol, les Caderousse et les Camaret pour la même localité.

Enfin, selon lui, Béatrix de Mévouillon ayant épousé Bertrand de Mirabel, leur postérité conserva la seigneurie jus-

---

(1) *Mémoires sur les Antiquités du pays des Vocontiens.*

qu'après 1406, la mort sans enfants de Pierre de Mirabel l'ayant transférée aux Dauphins (1).

Cet exposé nous parait inacceptable et si l'on trouve des hommages rendus au pape, c'était à cause des biens de St-Césaire.

Au témoignage de M. l'abbé Vincent, la seigneurie advint aux Montauban après la chute du trône des Hugonides. Le premier d'entre eux s'appelait Draconet et le dernier en 1276 portait le même prénom (2).

Il y a là des lacunes.

En effet, le *Cartulaire de Roaix* mentionne en 1153 Willelme Arnoux de Mirabel; en 1203 Willelme Mirabel et en 1226 Mateude, femme de Gy... de Mirabel, sans rien dire de leurs seigneuries. Toutefois on ne prenait alors que le nom de ses terres (3).

D'autre part, on sait que St-Césaire, archevêque d'Arles, ayant fondé près de cette ville un monastère de filles, fit venir de Marseille sa sœur Césarie pour les diriger, en 517, et à sa mort en 520, la remplaça par une autre Césarie, sa parente, qui gouverna jusqu'à 200 religieuses (4).

Le couvent d'Arles établit à Nyons, à une époque inconnue, une petite succursale au quartier de St-Pierre et plus tard dans le bourg lui-même (5).

On ignore les noms de ses premiers fondateurs; mais au nombre des biens de sa dotation figurent les châteaux de Mirabel, Nyons et Vinsobres.

Frédéric II, en 1223, en donnant à St-Césaire divers immeubles en Provence lui confirma la possession des mêmes châteaux, d'après un *vidimus* du 28 septembre 1260.

Or, en 1259, l'abbesse du couvent arlésien trouvant trop

---

(1) Notes communiquées par M. Adolphe Rochas.
(2) *Notice historique sur Mirabel aux Baronnies.*
(3) *Cartulaires des Templiers de Roaix.*
(4) *Papon, hist. de Provence.*
(5) *Statistique de la Drôme.*

faibles les revenus de ces trois terres les inféoda à Barral de Baux et à ses descendants pour 3,200 sols, sous la réserve de la haute seigneurie, de l'hommage, de la fidélité et d'un marc d'argent ouvré de cense.

On possède aussi une sentence arbitrale rendue par Raymond de Mévouillon, le 30 août 1262, condamnant Barral de Baux à donner à Bertrand de Baux, de Pertuis, son neveu, immédiatement après son mariage avec Draconette de Montauban, les revenus des trois châteaux précités. Mais soit que Bertrand fût mort bientôt après, soit par suite d'un arrangement, Barral de Baux se reconnaissait en 1264, vassal de St-Césaire et d'Adélaïde de Caslar son abbesse, lui promettant une coupe avec son pied et 7 marcs d'argent. Il est dit dans cet acte que les habitants de Mirabel et Draconet de Montauban devaient aussi l'hommage à St-Césaire (1).

Informé que Raymond Geoffroy de Castellane et Randonne de Montauban, sa femme, se proposaient de céder leurs droits sur Mirabel, Nyons, etc., à Bertrand de Baux, comte d'Avellin, l'archevêque d'Arles écrivit le 30 mars 1279 aux chapelains de ces paroisses de s'y opposer, ainsi qu'à la vente des fiefs de St-Césaire, dont il était suzerain, à Guillaume de Villaret, prieur de St-Gilles et recteur du comtat. Il leur prescrivait même, s'ils trouvaient une copie de pareille vente, de prononcer dans leurs églises et sur les places publiques une sentence d'excommunication, d'interdit et de confiscation, à moins que Randonne n'annulât pareil acte dans trois jours.

Toutefois, il paraît que l'inféodation de 1249 faite par l'abbesse de St-Césaire à Barral de Baux, au préjudice du monastère arlésien, fut reconnue valide, puisque en 1280, l'archevêque la confirma en faveur de Bertrand de Baux, fils de Barral (2).

La dernière des Montauban, Randonne, avait épousé en secondes noces Ronsolin de Lunel, dont elle eut un fils du même

---

(1) Barthélemy, *Inventaire des titres de Baux*.
(2) Barthélemy, ouvr. cité.

prénom, ami et protecteur des religieuses de St-Césaire ; aussi, à sa mort, l'abbesse en exprima-t-elle ses regrets aux officiers et aux habitants de Mirabel, en leur recommandant d'éviter tout conflit armé avec le comte d'Avellin. Ce Ronsolin avait épousé Béatrix et, celle-ci étant devenue veuve, l'abbesse de St-Césaire lui défendit ainsi qu'à Hugues Adhémar, seigneur de Clansayes et de Lombers, à leurs officiers et aux habitants de Mirabel, Nyons, etc., d'aliéner ou de laisser aliéner ces châteaux en faveur du Dauphin. Béatrix avait hérité à titre de legs viager de Mirabel et Hugues Adhémar, de Nyons et Vinsobres.

De son côté, l'archevêque d'Arles, instruit des droits de Bertrand de Baux d'Avellin, envoya des recommandations pareilles à l'évêque de Vaison.

Mais le Dauphin pour arriver à son but, s'étant fait substituer aux droits du comte d'Avellin, s'empara violemment de Mirabel et chassa même quelques habitants de leurs maisons.

A cette nouvelle, l'archevêque d'Arles, le 13 novembre 1300, réitéra l'ordre à son suffragant d'agir sans délai à peine de passer à ses yeux pour violateur des droits de l'église (1). Le Dauphin répondit que le monastère d'Arles n'avait jamais possédé les terres réclamées, que si l'abbesse avait des droits sur la directe de ces terres, la cause devait être jugée, comme matière féodale, par le Souverain ou par la Cour de ses pairs ; qu'il ne reconnaissait ni l'archevêque ni l'évêque pour le temporel et le spirituel ; qu'au surplus il allait recourir à l'Empereur ou qu'il s'en tiendrait à la décision du Pape « Ce démêlé, dit Valbonnais, n'eût pas alors de suites. » (1302-1304).

Vers le même temps, Alasacie de Lambesc, abbesse de St-Césaire, en vue de se créer une protection efficace, échangeait contre le quartier de Coudoulet à Orange, avec Raymond, prince de cette ville, la moitié des châteaux de Mirabel, Nyons

---

(1) Barthélemy, ouvrage cité. — Valbonnays, *Histoire du Dauphiné*, I. 260.

et Vinsobres, sous la réserve de la haute juridiction et de l'hommage et sous la promesse de ne les vendre et de ne les armer en guerre sans son consentement.

A la mort du Dauphin Humbert Ier, Pierre Colonna, cardinal, termina ainsi le différend naguères survenu entre lui et l'abbesse de St-Césaire : Jean, Dauphin, devait rendre hommage à celle-ci et à son couvent et Guy, Dauphin, se reconnaître vassal de Jean pour les trois fiefs ; Guy était obligé, en outre, de payer annuellement au monastére un marc et une once de bon argent, et les droits des religieuses passaient de la sorte à l'un et à l'autre prince. (16 juillet 1309).

Le 7 août suivant, l'abbesse recevait l'hommage de Jean II et se réservait les lods des châteaux à cause des droits de Béatrix d'Avellin, femme de Guy, baron de Montauban.

Devenu ainsi maître de trois places qui lui ouvraient l'entrée des Baronnies, le Dauphin choisit en 1315 des commissaires pour délimiter, avec ceux du Comtat, Mirabel et Villedieu (1).

De son côté Guy, Dauphin, qui s'était fait une réputation dans les armes sous le nom de baron de Montauban, contractait une maladie mortelle en visitant Mirabel et ses alentours en 1317 et sa fille unique, Anne de Viennois, qui épousa Raymond, prince d'Orange, n'hérita point de la baronnie de Montauban, ni de ses autres terres.

Mais une transaction de 1319 entre Jean II et Béatrix de Baux, veuve de Guy, portait qu'en raison de ses reprises dotales sur Mirabel, Nyons, Piégon, etc, elle recevrait tous les meubles et joyaux, moins les armes, de la Bâtie-en-Royans, St-Nazaire et Pisançon, une somme de 16,000 livres, une rente annuelle et la juridiction de la Baume-d'Hostun, avec clause de retour de ces châteaux au Dauphin, si elle se remariait.

Il restait encore à désintéresser le prince d'Orange pour ses droits au domaine supérieur de Mirabel, Visan et Montauban,

---

(1) Barthélemy, ouvrage cité. — *Inventaire des Dauphins*. — Cottier, *Notes sur les recteurs du Comtat*.

et une transaction du dernier janvier 1318 lui octroya 10,000 livres de petits tournois.

Il paraît toutefois qu'Anne de Viennois, veuve du prince d'Orange, créancière du Dauphin Humbert II pour 26,760 florins, obtenait, en 1345, les revenus de Mirabel jusqu'à extinction de sa créance et une autre seigneurie, et que pour terminer toute contestation avec Charles, fils aîné du roi de France, héritier du Dauphin, elle lui céda en 1367 pour 3,000 florins d'or tous ses droits sur Mirabel (1).

Humbert II devait d'autre part 30,000 florins d'or au pape ; il en avait payé 12,800, et Benoît XII pressait la rentrée du surplus. « Après plusieurs remises, il employa les censures « ecclésiastiques comme le moyen le plus propre à faire l'im- « pression qu'il souhaitait sur l'esprit de son débiteur. » Le Dauphin, ne pouvant donner que des terres, offrit celles de Mirabel, de St-Marcellin, au diocèse de Vaison, ou en leur place, celle de Visan. Le pape refusa ce bail en paiement et répondit à Maillebaille, envoyé d'Humbert II, que l'excommunication ne serait pas levée sans l'intégral paiement de la somme due. Il fallut donc la trouver et quand Amblard de Beaumont fut député à Avignon, « pour la remettre au trésor de l'église et « rapporter une décharge qui mît sa conscience en repos, la « chambre apostolique refusa de la recevoir si l'on n'y joignait « la terre de Visan. » (1341) (2).

Humbert II inféoda Mirabel en 1340 à Amédé de Poitiers et Aimar, successeur de ce gentilhomme, recevait en 1352 la reconnaissance de Jean Bornez, mari de Fleurie de Mirabel, pour la juridiction haute, moyenne et basse de la seigneurie (3).

Déjà Henri, Dauphin, qui l'avait possédée, l'échangeait en

---

(1) Barthélemy, ouvrage cité.
(2) *Histoire de Dauphiné*, par Valbonnais, I, 323-4.
(3) Inventaire de la Chambre des Comptes.

1326 avec Jean de Montluel contre les châteaux de Bellegarde et de St-Donat (1).

On trouve en 1330 l'indication d'hommages rendus à Guigues, Dauphin, par Jordan de Châteauneuf, Pierre Drogon, Nicolas de Laurac, Giraud d'Eyroles, Bertrand de Venterol et Bertrand de Mirabel, possesseurs de biens dans la seigneurie.

Les Laurac renouvelèrent ce devoir en 1334 et en 1370, pour maison, terre et pré ; les d'Eyroles en 1334 et les de Vesc, leurs héritiers en 1336 ; les Venterol en 1334 et 1339, et les d'Urre de Teyssières, leurs représentants, en 1406 ; les Mirabel de 1334 à 1413 pour la leyde des vignes, les langues de bœufs et les *nombles* des porcs tués à la boucherie, une maison près de la Courtine, un chasal avec pigeonnier rompu et une terre provenue de noble Hugues Drogon (2).

Rien ne prouve que ces derniers aient joui de la seigneurie entière.

Les Dauphins faisaient gérer par un châtelain leurs revenus et biens de Mirabel et aliénaient parfois momentanément le fief, selon les besoins de leur fisc.

Ainsi Louis, Dauphin (Louis XI) engagea la châtellenie à Louis Louvet en 1448, et François Ier, le fief à Marin de Soyans, homme d'armes de la compagnie du comte de Tende en 1543. Ce dernier, dix ans plus tard, renonçait à tous ses droits en faveur des habitants pour 2,100 livres tournois, avec réserve de la justice au roi et d'une pension annuelle.

D'après Guy Allard et l'inventaire de la Chambre des Comptes, la seigneurie avait été aliénée en 1531 en faveur de Balthazar Dubois, moyennant 3,316 livres, et celui-ci dont l'*Armorial du Dauphiné* ne mentionne pas la famille, l'aurait gardée jusqu'en 1538 seulement.

---

(1) *Inventaire des Dauphins*.
(2) Invent. de la Chambre des Comptes.
(3) Invent. somm. des *Archives de la Drôme* E. 4545. — *Notice hist. sur Mirabel*.

Les archives de Mirabel renferment un acte du 11 mars 1581 où René de La Tour, seigneur de Gouvernet, baron d'Aix, gouverneur du Diois et des Baronnies est déclaré « achapteur des « droicts seigneriaulx et vingtain perpétuel du lieu. » Ce gentilhomme fit réparer le château, remplacé aujourd'hui par une vaste esplanade au dessous du mamelon que l'église de St Julien et le donjon couronnaient autrefois, et s'attira par ses actes arbitraires l'animadversion de ses vassaux.

Aussi les habitants, sous Louis XIII, ayant réclamé le rachat de la seigneurie, obtinrent-ils confirmation de leurs anciens droits en payant 9,660 livres à César de La Tour (1638).

Guy Allard prétend, toutefois que Charles d'Arbaiestier et un de La Tour en 1645 et Hector d'Agoult, en 1677, auraient de nouveau possédé Mirabel à titre d'engagistes.

En 1789, le duc de Montpezat et Caton de Thalas s'en disaient également seigneurs, mais leur possession était à peu près purement nominale.

De ces suzerainetés et dominations diverses celle des Dauphins profita seule à Mirabel, à cause de l'atelier monétaire qu'ils y établirent avant le 22 juillet 1345 et qu'ils transférèrent à Embrun en 1408 (1).

II. — Le Clergé.

Un prieuré connu sous le nom de St-Victor, dans le quartier de ce nom, relevait de l'ordre de St-Benoît. Rostaing, évêque de Vaison, l'unit en 1117 à l'abbaye de St-Victor de Marseille et Guy Pape cite un arrêt de 1456 validant la possession d'un de ses fonds accensé aux Richard (2).

Les Réformés ruinèrent cette église et l'on a découvert dans ses décombres des tombeaux d'une seule pièce remontant au IXe ou au Xe siècle.

---

(1) *Notice historique*. — Morin-Pons, *Numismatique féodale du Dauphiné* pp. 109-198.

(2) Chorier, *La jurisprudence de Guy Pape*, p. 49.

Une fête ou vogue conserve seule aujourd'hui le souvenir de St-Victor ; elle se tient vers le 20 septembre et dure quatre jours, pendant lesquels on danse, on court à pied ou sur des ânes, on joue aux boules, à la paume, aux trois sauts, à l'étrangle chat : toutes choses assez étrangères à la religion.

L'église paroissiale dédiée à St-Julien était à l'origine une annexe du château et passait pour l'œuvre du Dauphin Humbert II. Elle avait été donnée à l'ordre hospitalier de St-Jean-de-Jérusalem, appelé de Malte plus tard, et une transaction de l'an 1347 en mettait les réparations à la charge du commandeur pour 1/4 et des habitants pour 3/4. Cet accord avait eu lieu entre la population et Draconet de Montauban, commandeur de Beaulieu et Manas ; il n'empêcha pas, non plus qu'un arrêt du Parlement de 1692, de nombreuses difficultés dans la suite et en 1773 notamment, sous prétexte que les visiteurs du grand prieuré de St-Gilles en avaient dispensé le commandeur de Poët-Laval.

Ce n'étaient pas les seules ; car en 1599 l'évêque de Vaison l'avait obligé à rebâtir la chapelle du chœur et à mettre une pierre sur l'autel ; vers 1615 le paiement du prédicateur du carême lui était demandé, en 1624 celui des ornements sacerdotaux et en 1758, celui des cordes de la cloche. Il refusa le tout et contribua pourtant en 1789, à la refonte d'une cloche, et sans doute aussi à l'achat des ornements.

D'un autre côté, la perception de la dîme à son profit suscita souvent des plaintes ou des procédures. En 1648, il l'exigeait à l'aire et à la cuve, ce qui en aggravait le poids ; en 1667, il réclamait celle du blé noir et en 1714, celle du millet ; la commune répondit ne l'avoir jamais payée ; enfin un ordre des comsuls en 1616 défendait à tout habitant d'aquitter « aucune disme
« du raspail de l'hière, ni des crappiers, tout fraud cessant, ni
« moins de la femelle du chanvre, attendu que ce n'étoit point
« la coustume. »

D'après les lois du temps il en devait la 24ᵉ partie aux pauvres et en 1618, ceux-ci retiraient 20 émines de grains (12 de méteil et 8 d'avoine) et le plus possible pour le vin ou autres récoltes ; en 1709, 1 émine 14 cosses de blé, 5 émines 1 cosse de méteil, 4 émines 2 cosses d'orge, 4 cosses de fèves, 6 de lentilles, 2 de pois bruns et 7 de gesses, 2 émines d'épeautre ordinaire et 5 d'épeautre blanche (1).

Un chanoine de Vaison retirait comme prébende un quart de la dîme de Mirabel sans concourir à la portion congrue du curé et du vicaire, à la fourniture des ornements et aux frais de visite pastorale.

Le commandeur de Poët-Laval, ayant cru à une usurpation, prit à ce sujet l'avis des canonistes et des jurisconsultes qui répondirent négativement : 1° par l'antériorité des prébendes canonicales de Vaison aux églises paroissiales ; 2° par l'existence 5 ou 6 fois séculaire de la prébende, témoin la sentence arbitrale de l'évêque d'Avignon en 1259 qui la mentionnait, avec celle de l'Autaret sur Mirabel, mais de la dîmerie de Piégon ; 3° par l'exiguité des revenus du chanoine prébendé à Mirabel, n'excédant pas 100 écus, et du chanoine prébendé à L'Autaret, 110.

La possession du chapitre de Vaison paraissant régulière, l'affaire en demeura là.

Comme le chevalier qui administrait la commanderie de Poët-Laval n'était pas prêtre, il se faisait remplacer à Mirabel par un curé auquel en 1716 il donnait 7 charges de grains et 30 barraux de vin de portion congrue et par un vicaire, doté de 3 charges de grains et de 20 barraux de vin.

Pareille situation entraînait parfois le curé à exagérer ses honoraires, et, en 1661, les consuls recouraient à l'autorité ecclésiastique pour les régler. La commune, en 1692 fut condamnée à lui construire une maison (2).

Il y avait dans le territoire plusieurs chapelles avec des revenus : près des remparts, celle de Notre-Dame de Bon-Repos,

---

(1) L'émine de Mirabel égalait 25 litres 8 décilitres.
(2) Archives de la commune et *Inventaire sommaire des archives de la Drôme*. Archives de la Préfecture.

transformée vers 1661 en oratoire des Pénitents, celles de St-Jaume, de St-Basile, de Ste-Catherine et de St-Roch ; mais la plus célèbre, Notre-Dame de Beaulieu, se trouvait aux confins de Mirabel, Puyméras et Villedieu. Randonne de Montauban l'avait construite et Draconet, son père, y avait été enseveli en 1296. Deux prêtres de St-Jean-de-Jérusalem y célébraient les offices à cause de la cession de Venterol faite à leur ordre par le baron défunt, de ses droits de patronage sur le prieuré et peut-être aussi des 228 sétérées de terres cultes et incultes que possédaient les chevaliers à Mirabel, affermées 600 livres avec la dîme (1).

« Le grand renom de courage et de vertu que laissait Draconet, poussa les habitants vers sa tombe ; ils s'y rendaient en procession à Pâques, la veille de l'Ascension et le jour de l'Assomption. Au pélerinage de Pâques assistaient le châtelain, les consuls et les notables de la communauté. Les paroisses voisines s'acheminaient elles aussi à Beaulieu, et quand la foule avait empli la nef, commençaient les prières pour très haut et très magnifique Draconet passé de vie à trépas (2). »

C'est là encore, d'après l'auteur de la *Statistique de la Drôme* que les habitants vont demander la pluie ou le soleil selon les besoins de l'agriculture, et qu'après les prières générales on en fait de particulières pour Randonne et Draconet.

La chapelle est mentionnée dans un acte du 29 mars 1212. Elle fut détruite pendant les guerres du XVI° siècle, malgré ses sculptures et sa belle construction, et n'a été relevée que plus tard sans aucun ornement. Un compte de 1616 reporte à cette date « la fabrique de la chapelle et baptiment de Beaulieu, » mais un rapport de 1663 nous apprend que les murs en étaient « fort corrompus » et qu'après la demande inutile de réparations au commandeur du Poët-Laval, elle ne servait plus à rien en 1750.

---

(1) *Inventaire sommaire des archives de la Drôme.*
(2) *Notice historique sur Mirabel.* — Archives de la commune.

Notre étude sur l'*Enseignement primaire dans l'arrondissement de Nyons* a établi que la commune de Mirabel eut son école dès 1553 et surtout dès les premières années du XVII° siècle et qu'elle donna aux directeurs de 30 à 180 livres par an jusqu'en 1789.

Quant aux pauvres, ils jouissaient de la 24° partie de la dîme, des aumônes volontaires du commandeur et des revenus d'un hôpital s'élevant en 1750 à 228 livres. Marc Candy les accrut par un legs de 3000 livres en 1755.

La piété des habitants égalait leur charité : Auzias fonda des prédications pendant l'octave du S. Sacrement et, en 1756, les arrérages de cette rente servirent à payer la croix de mission plantée par le P. Bridayne sur l'esplanade de l'église. Vers 1760, Catherine Aubenas fonda une autre mission à la Toussaint et à Pâques.

M. Boisson, notre bienveillant collègue, nous a communiqué en outre une copie des statuts de la confrérie du Corps de Dieu, faite en 1599 sur un document original de 1345, en partie « deschiré et gasté, » ce qui obligea le notaire à laisser alors beaucoup de mots en blanc. Chaque confrère devait payer une redevance annuelle et des cierges pour la procession, assister aux funérailles de ses collègues, léguer en mourant à la confrérie au moins 2 gros et « donar un jornail a pres fach à
« foïre olliviers, adoubar les vignes de la confrérie, sensse
« aulcune viande... Quiconque si deffallira sia attengut de payar
« 2 gros et per aquelle somme lous bayles lous pueysson faire
« gagiar et vendre lous gages, toutes oppositions ou subter-
« fuge sessant. »

Le nombre des confrères ne devait pas dépasser 100 et les femmes y étaient admises, mais elles ne pouvaient manger avec les hommes.

Un prieur et un baile administraient les biens et revenus de l'association et rendaient leurs comptes chaque année.

Il est bien regrettable que ces curieux statuts nous soient arrivés incomplets, car ils auraient donné une idée des confréries du moyen-âge.

Celle des Pénitents fondée en 1653 avait aussi ses statuts ; mais nous n'y trouvons plus de repas, de *confréresses* et de travaux aux champs.

III. — Le tiers Etat.

La perte des archives communales ne permet pas de faire connaître d'une manière exacte la condition des habitants sous les Montauban, les de Baux et les Dauphins. On a vu déjà que la population avait acquis la seigneurie et qu'elle retirait, en 1789, des censes féodales, du moulin à blé, du four et des mesures à huile jusqu'à 3,000 livres de revenus, absorbées par l'entretien des moulins d'olives et à farine, par le four, les fontaines, les charges locales, pensions et impositions pour soutenir des procès ruineux.

Une reconnaissance générale de 1680, (20 février), attribue au roi-dauphin, seul seigneur supérieur du lieu, la justice haute, moyenne et basse et le droit d'établir tous officiers nécessaires à son administration, un denier par an de fouage de chaque habitant, un bois de chênes et pins, dit bois du roi, un four banal où le fournage se paie à la cote 20e, un moulin banal avec droit de mouture à la cote 24e, les langues des bœufs et *nombles* des pourceaux tués à la boucherie, un droit de péage et de pulvérage, affermé 60 livres par an, les lods au 60e denier en cas d'aliénation et mi-lods en cas d'échange, un droit de prélation et d'investiture, une corvée d'âne et de bœufs à la St-Michel et le charroi d'une charge de bois à la Noël, 100 sols de 2 liards l'un ou 50 sols tournois (1).

Or, un état dressé en 1742 par le contrôleur ambulant de l'Election de Montélimar énumère ainsi les charges et les revenus de la communauté de Mirabel, à laquelle la seigneurie domaniale avait été adjugée par arrêt du Conseil du 5 avril 1729.

Charges. — 1º 100 livres de rente annuelle au roi Dauphin ;

---

(1) Inventaire de la Chambre des Comptes.

2° 22,090 livres à M. Caton du Pailly, ancien commissaire d'artillerie, précédent engagiste, plus 10,000 de l'ancienne finance.

Revenus. — 1° Droits seigneuriaux, lods et censes en grain et en argent, affermés 190 livres ;

2° Four banal, attaché à la seigneurie, 558 livres ;

3° Droits de corvées, estimés 8 livres, personne ne voulant les affermer ;

4° Greffe seigneurial estimé 3 livres ;

5° Bois taillis de 36 sommées d'aucun produit ;

6° Un moulin banal affermé 1200 livres ;

7° 3 moulins à huile affermés 17 livres, le 4° sans produit ;

8° Un moulin à grignons ou noyaux d'olives affermé 410 livres ; revenu peu sûr, chaque habitant pouvant retenir ses grignons ;

9° Droit de mesurage sur le vin à 6 deniers par barral, pesant 96 livres et composé de 98 péchiés d'un demi pot chacun, affermé 25 livres 5 sols ;

10° Droit de mesurage sur vin, à raison de 6 deniers par émine, du poids de 23 livres, affermé 90 livres 15 sols ;

11° Egoût des mesures à huile, affermé 39 livres 10 sols ;

12° 140 livres de rente dues par les fourniers qui cuisent le pain.

Le total arrivait à 2,655 livres 10 sols sur lesquelles il fallait déduire les frais d'entretien des moulins soit 406 livres 15 sols (1).

Tels auraient été alors les revenus du roi dauphin sans la cession de la seigneurie à la commune. Ils comprenaient en 1367 : 20 florins d'or du four, 42 sommées d'avoine des moulins, 3 florins des tâches et quartons, 1 florin d'or et 8 gros turons des corvées, 1 florin d'or des pacages, 8 gros turons des bans ou amendes.

---

(1) Archives de la Drôme C. 100. Dixième.

En 1517, les tâches appartenaient à la chapelle de St Georges, de fondation royale : la leyde et le péage rapportaient 35 florins (1), le droit de fournage 8 florins delphinaux, le pacage au Devès 46 gros delphinaux, le greffe 30 gros, les corvées 4 florins, la chasse aux perdrix 1 perdrix.

Le régime municipal, en 1789, comprenait un châtelain royal, 2 consuls annuels, 12 conseillers et un secrétaire greffier.

Comme les affaires importantes se décidaient en assemblées générales des chefs de famille et qu'il était difficile de les réunir, il fut décidé le 7 février 1755 que 24 conseillers pourraient délibérer sur les affaires de la communauté ou à défaut de 24, « 12 d'iceulx » Une délibération du 1er janvier 1674 constate la difficulté de « treuver des consuls capables pour la régie des « affaires, n'y ayant que 8 ou 10 maisons qui souffrent la « charge de premier consul. Le 9 janvier 1678 il a été résolu de « porter à 30 le nombre des conseillers, dont la moitié pourrait « délibérer sur les affaires courantes, » et à 8 ceux du conseil particulier, sans les officiers. D'après un document contemporain, la plupart des habitants refusaient de venir dans la maison consulaire, et s'ils y venaient en grand nombre, « il n'y « arrivoit que confusion et embarras et bien souvent sans « aucune résolution. »

Une amende était réclamée en 1724 contre ceux qui n'assistaient pas aux assemblées où se traitaient les affaires communales et 31 notables furent choisis en 1735 pour les gérer, avec pouvoir à 8 d'entre eux de délibérer sur les plus urgentes. En 1705, il y a seulement 24 conseillers et nous trouvons en 1716 un refus du conseil de racheter l'office du maire, à cause des prétentions de Duclaux, châtelain, d'autoriser les assemblées consulaires, d'assister aux rendements de compte et de recevoir

---

(1) Dans une enquête de 1446 un témoin dépose qu'il se lève à Mirabel, sauf la veille, le jour et le lendemain des foires, 6 deniers par charge d'huile, 4 par bœuf, 12 par âne, 1 gros par cheval ou mulet, 1 gros par charge de drap, un gros par juif à pied et 2 par juif à cheval, 1 denier par colporteur de verres, vitres, etc.

les gages de cet office. Les gages des consuls furent arrêtés en 1773 à 30 livres pour le premier et 15 pour le second, à condition de ne rien exiger de plus pour leurs vacations dans le lieu (1).

Le courage et l'intelligence de ces administrateurs se révélait surtout dans les moments périlleux ou difficiles, comme au temps de la peste de 1348, de 1629 et de 1720, lors du saccagement de la *Juiverie*, sous Humbert II, et pendant toute la durée des guerres du XVI⁰ siècle et des passages de troupes au XVII⁰ ; mais leur vigilance ordinaire s'étendait à tous les détails de la vie communale.

On manque de renseignements sur les luttes soutenues par la population contre Raymond de Turenne et les Compagnies franches, sur le combat du *Serre des Huguenots*, où l'on trouve quantité d'ossements humains et des fragments de lances, et sur l'occupation successive du bourg par les Catholiques et les Réformés.

D'Aubais et le P. Justin font soumettre Mirabel et Vinsobres aux comtes de Tende et de Suze le 20 février 1568, repousser Gouvernet dix ans plus tard par la population de Mirabel et reconnaître Lesdiguières en 1588.

Quelques années plus tard, René de la Tour-Gouvernet seiseigneur du lieu et gouverneur des Baronnies, abusait de son autorité pour acheter des créanciers de la commune une partie de ses dettes passives, ce qui en empêcha la réduction. « Davan-
« tage venant à y faire bâtir un grand et superbe chasteau, il
« occupa les places et rues publiques sans que les consuls ayent
« ozé s'en plaindre. » (2)

Le 27 octobre 1621 « Myrebel de Gouvernet » écrivait aux consuls d'empêcher tout enrôlement de soldats, en attendant l'arrivée de son frère La Charce. « J'envoye, ajoute-t-il, le
« capitaine Vignal vous visiter et vous annonce que les trou-

---

(1) Invent. des archives de la Drôme E 4527 et suivants.
(2) *Inventaire des Archives de la Drôme*. E 4615.

« pes de M. de Montbrun reviennent bientost sa bas et que il
« faut tascher d'esviter les logements, à quoy je desire m'em-
« ployer de tout mon pouvoir. » Après avoir recommandé de
surveiller les voleurs qui courent le pays, il ajoute : « Il se
« prépare des orages que si Dieu n'a pitié de nous, tout sera en
« désolation. » Le 4 novembre, Montbrun, « general des eglises
reformées du Dauphiné en l'absance du seigneur duc de Lesdiguières, » leur enjoint de loger les compagnies de chevau-légers,
du s^r de Mirabel et la compagnie de carabins et de leur fournir
les vivres nécessaires au taux fixé par les églises. (1)

L'année suivante, le même Montbrun leur octroie une sauvegarde et l'exemption des logements militaires, puis les engage à
s'entendre avec leurs collègues de St-Maurice et de Mérindol
pour les ustensiles de la compagnie de M. de St-Barthélemy.
Une ordonnance de Lesdiguières du 26 avril 1622 renferme à ce
propos les détails suivants :

« Attendu que le s^r de St-Barthélemy n'a satisfait à l'ordre
que nous luy avions prescrit lors de son établissement à Mirabel pour sa nourriture et entretenement, nous avons ordonné
qu'il remboursera les consuls et habitans du lieu de ce qu'il a
trop receu d'eux, et en cas de reffus ou difficulté qu'il sera
retenu sur sa prochaine monstre ce que montera de plus, par
le trésorier general de l'extraordinaire des guerres ou son commis près de nous, à peine de le payer du sien, et pour l'advenir qu'ils suivront nostre dit ordre, qui est de payer tout ce
qu'ils prendront : à 9 deniers la livre de pain, 1 sol le pot de
vin, la chair au prix de la boucherie, le foin à 10 sols le quin-
tal et l'emine de l'avoine à 12 sols, le cappitaine prenant pour
10 soldats, le lieutenant pour 6, l'enseigne pour 4, le sergent
pour 2, et pour les presents et actuellement servans tant seullement et non pour les absents, ayant pourveu aux utencilles
par nostre decret sur requeste presentée par M. de Mirebel du
jourd'huy, et en ce qui regarde leur corps de garde, qui doit

---

(1) Invent. précité.

estre au devant du logis du cappitaine, icelluy ne pourra exiger d'eux que 2 quintaux de bois et demi livre chandelles par jour, sans autre chose, faict à Valence, le 26 avril 1622. (2)

La sécurité n'était pas rétablie, et le 30 mai 1625 le capitaine Jean Martinel avec Joseph Vernet gardait le Bourg. Peu de jours après, le 26 juillet, il est parlé de la dépense faite par les habitants de Vinsobres venus à son secours et ensuite à l'enterrement « de celluy qui avoit esté tué. »

Une lettre de Montbrun (Jean Dupuy) écrite de Die le 18 octobre 1625, nous parait devoir être reproduite ici :

« MM. les consuls et communauté de Mirabel, on nous a faict entendre que l'on avoit donné quelques commissions pour lever des gens de guerre en vos quartiers contre nostre party, et que vous estiés sur le point de les recepvoir : c'est pourquoy je vous ay voulu advertir de ne le souffrir point, si vous ne voulés nous oster le moyen de vous assister. Vous y devés faire considération pour ne vous attirer toutes nos troupes dessus. Que si vous estiés oppressés, nous vous donnerons secour contre ces gens, car je desire que vous demeuriés paisibles et en repos, et vous tesmoigner que je suis vostre bien humble et affectionné à vous faire service. »

C'était l'époque de la révolte de la Rochelle qui eut son contre-coup en Dauphiné, d'abord avec Montbrun (1621-1622) et ensuite avec Brison et la Tour Montauban. (1625-1626). Aussi trouve-t-on Mirabel gardé par ses habitants à tour de rôle le 4 janvier 1626 et, le 24 octobre suivant, des excès commis par des soldats de passage qui battirent le consul, ravagèrent les jardins, rançonnèrent et maltraitèrent leurs hôtes. (1)

---

(1) La lettre est signée par Lesdiguières et par Bremond. Réparons ici l'oubli d'une indication relevée dans le journal du même chef. « Le 19 avril 1586, Mirebel, près de Nyons porta ses clefs au sr des Diguières, sans estre asssiegée. Il n'y avoit que les habitants dedans » — *Actes et correspondance* III, 26.

(2) Archives de la Drôme, E.

Le seigneur du lieu, sollicité par les consuls, de leur venir en aide, leur écrivait de Nyons le 18 avril 1628 :

« Je suis bien mary de n'etre en commodité de vous pouvoir envoyer un homme tel que vous me demandés, ou de pouvoir y aler moy mesme : je vous prefereres à ceux de La Charce, Cornillon et à tout ce quy m'apartient. Vous voyés que je ne puis abandonner cette citadelle que je desire mieux conserver que ma vie, puisqu'il a pleu au Roy me la balier en garde. Retirés-vous tous dans le lieu, défendés vous y vigoureusement ; je vous assure que si vous prenés cette resolution que personne ne vous ataquera. L'on en pourra bien faire le semblant pour sonder nos courages ; mais s'ils nous voyent resolus, ils metront de l'eau dans leur vin. Cecy est une boutade quy ne fera que passer, et ceux qui ne leur resisteront seront desolés en leurs biens et honneurs de leurs fames. Mirebel a toujours resisté à tous ses voysins. Soyés seulement courageux et gardés bien la ville là où elle est plus foyble. Tout ce qui vous voudra fere peur ne veulent que piliotter les villages. Je vous chercheray un brave homme ; soyés cependant bien courageux et assurés-vous que je vous temoigneray en tout ce que je pourray que je suis vostre très affectionné à vous servir.

« Depuis ma lettre escrite, j'ay parlé au cappitaine Vigne qui est homme de bien et brave soldat, et je luy ay dit que tous vous autres m'aviés prié de le vous envoyer ; il est très disposé à cela ; mais il desire d'avoir 15 ou 20 étrengers : se vous seret trop de depense. Je crois très raisonable qu'il aye 5 ou 6 de ses amis. Sy vous le voulés en ceste condition, renvoyés-moy demain vostre volonté et, avant cela, puisqu'il quitte ses afferes pour garentir vos biens, vos personnes et l'honneur de vos fames et de vos filles, resolvés-vous à luy bien obéir ou ne le mandés pas querir. »

Ces lettres nous donnent la véritable physionomie de l'époque, et malgré les lacunes trop fréquentes de nos archives publiques, projettent la lumière sur les évènements principaux.

La peste succéda à cette agitation ; dès le mois de janvier 1629, les malades étaient relégués « dans l'infermerie du cousté de la grange de Martin Chauffier et de Jasset des Faulcons », puis, le 18 février, dans le bâtiment de Beaulieu. « Le nombre des pestiférés exigea bientôt la construction de plusieurs cellules ou cabanons de bois : c'est là qu'ils subissaient les angoisses et les épreuves de la quarantaine. (1) Accourus en hate, les Capucins de Villedieu vinrent s'asseoir à leur chevet, consolant les uns, assistant les autres donnant à tous des paroles d'espérance et de résignation..... Le fléau sévissait depuis onze mois, quand, s'inspirant de la tradition des âges, les Consuls, au nom de la Communauté, firent un vœu en l'honneur de S. Roch. L'humble chapelle assise aux abords du village nous redit encore et la protection du saint et le souvenir de la douloureuse période qu'eut à traverser Mirabel. »

M. l'abbé Vincent qui a puisé ces détails dans les archives communales, rend aussi hommage au dévouement des châtelain et consuls : « combattre la peur, la famine et la peste, créer des greniers publics, ranimer la confiance, diminuer l'intensité de la crise, aucun de ces devoirs ne fut omis. »

En 1633, de la Rochette, conseiller au Parlement et député du roi, ordonna la démolition de plusieurs parties des murs d'enceinte (19 juin) ; elle ne dut pas être entière puisqu'en 1652, les murailles étaient réparées à cause des bruits de peste, des larcins commis dans les champs et des excès des troupes de passage.

Ces excès provoquaient de telles craintes que le 27 avril 1657, M. de Cornillon, fils du marquis de La Charce recommandait aux consuls de « retirer le meilleur de leurs granges en lieu sûr et les engageait à la résistance : « Vous vous délivrerés ainsi de tout mal ; tenés-vous dans vos murailles et ne mesprisés pas faire quelque obstacle à qui voudroit ou vous menacer ou faire du mal en effet..... » (2)

---

(1) Il mourut 92 personnes dans les champs de Beaulieu ou Gironde. — (Archives de la commune.)

(2) Archives de la commune et *Inventaire sommaire* des Archives de la Drôme, III.

Les archives municipales renferment de nombreuses doléances sur ce point.

Mais à partir du XVIII⁰ siècle, il n'est plus question que des soldats de la Ligne de santé en 1721 et nous n'aurons garde d'entrer dans les détails des affaires litigieuses engagées par la communauté pour la défense de ses droits. — Par conséquent notre tâche est terminée. Toutefois, un mot des familles notables de Mirabel doit ici trouver sa place.

Les d'Agoult, seigneurs de Piégon et de Mialons ou Meulons seront étudiés ailleurs. Le dernier fief, sur Mirabel, comprenait, en 1670, une vieille masure appelée tour, incendiée, démolie et inhabitable, qui fut reconstruite vers 1660.

Venus d'Allemagne aux Baronnies, les Cato ou Caton ne devinrent puissants que vers le milieu du XVII⁰ siècle, Hector, capitaine major au régiment de Lorraine, obtint pour ses services des lettres de confirmation et, au besoin, d'anoblissement. Antoine, fils de Louis, eut trois fils qui entrèrent dans la compagnie de gentilshommes établie à Besançon ; l'un d'eux devint même capitaine. Il y eut les Caton du Colombier, les Caton de Pailly et les Caton de Thalas, tous officiers dans les armées du roi.

Il a été question déjà des Duclaux de Bésignan, sortis d'une famille noble de Mirabel.

Quant aux de Pierre ou de Peyre, possesseurs du fief de Chameil, vendu aux consuls vers 1573, ils s'établirent ailleurs et n'ont laissé dans la commune que de faibles souvenirs. (1)

La notice sur Mirabel termine le 1ᵉʳ volume de nos études sur l'*Arrondissement de Nyons*. Commencées à la fin de 1877, elles auront mis 10 ans pour faire connaître 30 communes sur 74. En de telles conditions, il est difficile d'éviter quelques redites et de conserver toujours le même caractère.

> Le temps qui change tout, change aussi nos humeurs.

Dans l'œuvre difficile des notices locales, l'essentiel est d'ins-

---

(1) Archives de la commune.

truire toujours et de plaire quelquefois. Avec les rares documents conservés d'ordinaire, il n'est pas très facile d'arriver à pareil résultat. Ce qui manque surtout c'est l'intime connaissance de chaque endroit, de ses mœurs, de ses usages, de ses traditions. Peut-on, en voyant une commune une ou deux fois à la course, se rendre un compte suffisant de son rôle dans le passé ? Nous ne le pensons pas, et notre but n'a été et ne pouvait être que de préparer la voie aux historiens futurs de la Drôme en leur indiquant les ressources des archives publiques et des bibliothèques.

Jusqu'ici la *Statistique* de M. Delacroix avait seule fourni quelques indications plus ou moins exactes sur l'arrondissement ; nous avons élargi le cadre au point de vue de la science, de l'archéologie et de l'histoire, et fort des encouragements de nos maîtres et de la bienveillance de nos lecteurs, nous espérons mener à bonne fin notre œuvre patriotique.

L'illustre auteur des *Essais*, Montaigne, ayant dit quelque part : « Je vouldrois que chascun escrivit ce qu'il sçait et autant « qu'il ensçait , » nous avons obéi à son désir, dans la mesure de nos forces. Mais, faute de temps et d'argent, ni les archives départementales de l'Isère et des Bouches-du-Rhône, ni les richesses de la bibliothèque de Carpentras, n'ont pu être explorées. Là, se trouvent des chartes et des documents pleins d'intérêt, comme les libertés de la ville du Buis et les testaments et autres actes des Mévouillon.

L'achèvement seul des inventaires en cours de publication pourra permettre de reconstituer le passé et, en l'état, pour écrire une monographie complète, il faudrait presque y consacrer un vie entière. Quel temps exigerait donc l'histoire de 74 communes ?

Heureusement, si les traits saillants d'un homme suffisent à le reconnaître, on peut en dire autant des localités. Ce sera là notre excuse.

Il reste cependant un point à élucider, celui de l'enseignement primaire dans l'arrondissement ou tout au moins dans la partie déjà parcourue.

Or, il existe sur ce sujet divers travaux suffisamment explicites pour combler la lacune signalée. En effet, M. Dupré de Loire a publié, en 1873 un travail d'ensemble dans le *Bulletin de la Société d'Archéologie*; et M. Fontanille, dans le même *Bulletin* à dix ans d'intervalle, s'est attaché à faire connaître en particulier la circonscription de Nyons aux divers points de vue du choix des maîtres, de leurs gages, de leur savoir et des conditions de leur existence. De notre côté, nous avons donné dans le *Bulletin départemental de l'instruction primaire de la Drôme* et dans le *Dauphiné*, journal de Grenoble, des notes historiques sur presque toutes les communes des cantons du Buis, Nyons, Remuzat et Séderon. Si les premières notes n'ont pas été réunies en brochure, M. Xavier Drevet a recueilli les articles de son Journal et par conséquent rien n'est plus facile que de connaître la question.

Quelques faits sommaires suffiront au lecteur peu soucieux des détails.

Dans plusieurs communes le Conseil, formé des chefs de famille, choisit le maître d'école sans l'intervention du clergé, indispensable ailleurs, et souvent la capacité des candidats est sacrifiée à la considération du traitement. On prend le moins exigeant et le moins cher. D'après les marchés connus, le prix ordinaire de l'année ne dépasse pas d'abord 30 livres; mais il s'élève au 18e siècle de 60 à 140. Il y eut des écoles gratuites et des écoles payantes où la rétribution variait de 2 à 15 sols, selon le degré d'instruction des élèves.

Parmi les fonctions accessoires du maître, on lui trouve celle de sonneur de cloche, de conducteur de l'horloge, de sacristain ou de diacre et de secrétaire de la commune et des habitants.

Une lettre de M. le subdélégué du Buis aux consuls de Cornillac en 1737 nous apprend que, dans les petits villages, l'école ne devait pas être ouverte plus de 6 mois et, en 1759, l'intendant de la Province refusait d'autoriser à Condorcet l'imposition des gages de l'instituteur.

D'autres refus pareils constatés ailleurs à la fin du 18e siècle avaient diminué le nombre des écoles et delà sans doute est née l'opinion généralement reçue naguères sur l'ignorace de nos pères avant 1790.

L'étude des archives communales dans le plus petit et le plus pauvre des quatre arrondissements de la Drôme a prouvé le contraire, et l'organisation municipale d'alors faisait d'ailleurs une nécessité de l'instruction primaire, chaque citoyen se trouvant appelé à tour de rôle à la gestion des affaires communales comme receveur des tailles, péréquateur, consul ou conseiller.

Que le degrés d'instruction des comptables d'alors et de leurs maîtres n'a pas été élevé, soit; Chausenc en 1593 offre aux consuls du Buis de former leur jeunesse aux bonnes mœurs, de lui apprendre à lire en latin et en français et toutes sortes de lettres, et à conjuguer les verbes ; en 1680, ... « pour tesmonier za la communauté de Mirabel » son zèle et son désir de la bien servir, offrait « d'aprandre et enseigner ‡ ҫ enfans ou filles « pauvres sans aucun sallaire. »

Il serait facile de multiplier les citations. Toutefois, il est juste de constater que la comptabilité communale était aussi régulièrement tenue alors que de nos jours et que ces consuls, soit disant illettrés, savaient résister à l'occasion à leurs seigneurs et à leurs prieurs et même aux attaques des ennemis.

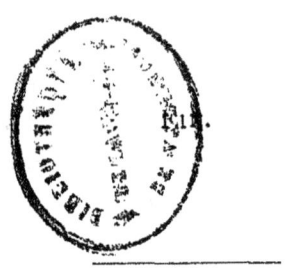

TABLE DES MATIÈRES

Introduction 1
Arpavon 5, 282
Aubres 15
Aulan 29
   — Les Suarès d'Aulan. 33
   — Relations littéraires. — Pithon-Curt 49
   —   —   — Mme du Deffond 65
   — Clergé et Tiers-Etat 83
Ballons 87
Barret-de-Lioure 91
Beauvoisin 108
Bellecombe 113
Benivay 109
Bésignan 123
Buis-les-Baronnies. Les origines 132
   — Extension de la ville 141
   — Les Baronnies à la France 149
   — Un peu de statistique 152
   — Le XVIe siècle 157
   — Les XVIIe et XVIIIe siècles 177
   — Supplément 209
Charce (La) 193
   — Philis de la Tour 199
   — Supplément 209
Châteauneuf-de-Bordette 211
Chauvac : Premiers Seigneurs 217
   — Les Achard-Ferrus 222
   — Faits particuliers 238
Condorcet : Géologie, minéralogie, topographie . . . 233
   — Premiers seigneurs 239
   — Les Caritat 247
   — Le Clergé 251
   — Le Tiers-Etat 256
Cornillac 266
Cornillon 270
Curnier 276

Eygalayes	289,295
— St-Jacques de Sarrières	290
— Gaudissard	291
Eygaliers	302
Eyrolles.	306
Fare (La)	311
Ferrassières	314
Izon	320
Laborel. — Les Seigneurs	323
— Les Gruel.	327
Lachau : Topographie et antiquités	337
— Seigneurs et vassaux	339
— Les Mévouillon et les Adhémar	344
— Les La Tour-Montauban	348
— Le Clergé	353
— Les églises	358
— Le Tiers-Etat	364
Laux-Montaux	374
Lemps. — Seigneurs et prieurs.	378
— L'église et la commune	386
Mérindol	391
Mévouillon. — Origines	398
— Les premiers Mévouillon	402
— Derniers Mévouillon	409
— Le Clergé	417
— Le Tiers-Etat	423
Mirabel. — Topographie	437
— Les seigneurs	441
— Le Clergé	448
— Le Tiers-Etat	453

ERRATA

Quelques fautes se sont glissées dans le premier volume et nous nous faisons un devoir de les signaler.

Pages	Lignes	Lecture vraie
195	10	corrobore.
211	22	d'après laquelle.
219	25	rendue.
220	34	captivité, visite du prince.
225	7	tous les ans.
230	14	meilleures routes.
244	21	seigneuries, excluent.
248	18	ni à aucun parti.
249	note	G, 31.
149	18	prélat distingué.
257	13	1621.
257	15	cinq civayers.
296	24	Eourres.
342	7	recourir.
343	15	mandement.
347	24	Constantinople.
397	8	de Mirabel.
403	note 3	Romania, t. XIV, p. 275,
412	note 1	Effacer : *dans ce Bulletin*.
327	5	1579.
436	27	VAND.
443	22	Comtat.

www.ingramcontent.com/pod-product-compliance
Lightning Source LLC
Chambersburg PA
CBHW060519230426
43665CB00013B/1578